互联网金融系列丛书

互联网金融法规

何平平　邓旭霞　车云月　主　编
周春亚　王杨毅彬　副主编

清华大学出版社
北京

内 容 简 介

　　本书根据经济类专业的本科学生学习和掌握经济法的需要，从理论联系实际的原则出发，以相关最新经济法律法规为基础，对互联网金融领域的两个细分领域电子商务和金融相关法律法规作了全面系统的介绍。全书共分为十章，第 1 章阐述了电子商务法和金融法的产生和发展、基本概念、法律关系以及我国的金融监管体制，这是整个互联网金融法规的基础；第 2 章主要介绍了电子合同、电子签名、电子认证的相关法律制度，这部分内容属于电子商务法，是本书内容的重点之一；第 3 章至第 7 章以及第 9 章主要介绍了借贷合同法、金融担保、融资租赁、支付结算业务、保险业以及金融犯罪相关法律制度，这部分内容属于金融法律制度；第 8 章主要阐述的是互联网证券、互联网保险、互联网银行等互联网金融相关法律规范，这是当前研究的热点问题；第 10 章介绍的是互联网金融消费者权益保护与反不正当竞争法律制度，这是互联网金融法律制度研究的最新进展。

　　本书内容丰富、新颖，论述问题深入易懂，是专门为高等学校经济院系、法律院系本科生撰写的教材，同时也可供研究生、大专生使用，并可作为国家经济、金融立法的参考资料。

图书在版编目(CIP)数据

　　互联网金融法规/何平平，邓旭霞，车云月主编. —北京：清华大学出版社，2017（2022.12重印）
（互联网金融系列丛书）
　　ISBN 978-7-302-48523-0

　　Ⅰ．①互…　Ⅱ．①何…　②邓…　③车…　Ⅲ．①互联网络—金融法—中国—高等学校—教材　Ⅳ．①D922.28

　　中国版本图书馆 CIP 数据核字(2017)第 237831 号

责任编辑：杨作梅
封面设计：李　坤
责任校对：吴春华
责任印制：丛怀宇
出版发行：清华大学出版社
　　　　网　　　址：http://www.tup.com.cn, http://www.wqbook.com
　　　　地　　　址：北京清华大学学研大厦 A 座　　邮　　编：100084
　　　　社 总 机：010-83470000　　　　　　　　　邮　　购：010-62786544
　　　　投稿与读者服务：010-62776969, c-service@tup.tsinghua.edu.cn
　　　　质量反馈：010-62772015, zhiliang@tup.tsinghua.edu.cn
　　　　课件下载：http://www.tup.com.cn, 010-62791865
印 装 者：小森印刷霸州有限公司
经　　销：全国新华书店
开　　本：185mm×260mm　　　印　　张：22.75　　　字　　数：550 千字
版　　次：2017 年 10 月第 1 版　　印　　次：2022 年 12 月第 4 次印刷
定　　价：59.00 元

产品编号：076701-02

前言

近年来，互联网金融在我国迅速发展，开启了金融创新的时代，打破了传统的金融格局。但在发展过程中，安全性和高收益相互制约，使互联网金融面临不同于传统金融的新风险。其中，法律法规是抵御风险的不二之选。因此，建立互联网金融法规教学体系，培养互联网金融法律意识，能够有效促进互联网金融持续健康发展。

相较于其他金融法教材，本书主要有如下几个特点。

(1) 内容新颖。本书新增了电子合同、电子签名、电子认证法律制度(第 3 章)、互联网金融法律规范(第 8 章)、互联网金融消费者权益保护与反不正当竞争法律制度(第 10 章)等前沿性法律问题，在其他金融法教材中基本还未涉及这一块。本书以我国最新金融法律法规为基础，参阅国内外金融法学研究的最新理论成果，结合最新的金融体制和金融动态，系统介绍了互联网金融所有重要领域，如互联网基金销售、互联网保险、互联网银行等，对相关法律关系、法律问题、法律制度等作了深入研究和分析。

(2) 体例新颖。本书贯彻以学生为中心的教育理念，编写体例上彰显了可读性和互动性。每章前有"本章目标"和"本章简介"，每章末有"本章小结"和"本章作业"。书中除了理论教学，还配有相关案例和解析，突出理论与实践相结合，打破了传统"罗列法条"的经济法教材编写模式，通俗易懂，开阔了学生的视野，更好地满足培养既懂专业知识又熟悉相关法律法规知识，还能运用所学知识解决实际问题的"复合型"金融人才需求。

本书由新迈尔(北京)科技有限公司组织研发，大纲由何平平拟定，湖南大学互联网金融研究所组织编写。本书由何平平、邓旭霞、车云月任主编，周春亚、王杨毅彬任副主编，各章的编写分工如下，第 1 章至第 5 章由车云月、邓旭霞(湖南工程学院)和王杨毅彬负责编写，第 6 章至第 10 章由何平平和周春亚负责编写。本书终稿由何平平审定。

本书编写过程中参考了大量金融法文献著作，在此感谢相关作者。本书的出版希望给读者一些新意。囿于时间和个人能力，书中难免有错误和不足之处，敬请读者批评指正。有些经济法理论问题和实践问题还需要进一步的深入研究，这些都有待于作者今后倍加努力。

编　者

目录

第 1 章

绪　论

本章目标

- 了解电子商务法和金融法的渊源。
- 掌握电子商务法和金融法的概念、调整对象和主要内容。
- 掌握电子商务法和金融法的法律关系特征与构成要素。
- 了解我国的金融监管体制。

本章简介

　　近年来，随着我国经济领域的快速发展，越来越多的新生事物开始出现。电子商务的快速发展和互联网金融的异军突起就是其中最为突出的表现。作为新生事物的电子商务和互联网金融在快速渗入人们日常生活的同时，也暴露了一定的新问题。因此，本章将通过对电子商务法和金融法的法律渊源和主要内容进行讲解，以及对我国目前金融监管体制进行介绍，为读者后续的深入学习打下坚实的基础。

　　本章将重点讲解电子商务法与金融法的概念、调整对象和主要内容，以及二者各自的法律关系特征与构成要素。

电子商务法、金融法的产生和发展

法律，是基于人类生活经验的总结所形成的，为特定人群共同认可并具有普遍适用性的规则。通过法律规范和引导社会成员的行为，以建立良好稳定的社会秩序。而经济法，就是通过保护市场参与者以意思自治为基础所形成的契约、干预和调节市场参与者的经济活动，保障社会和经济的整体利益。

1.1.1 电子商务法的产生与发展

电子商务的出现和发展，在我国国民经济和社会发展中发挥了重要作用。随着电子商务在我国的快速发展，电子商务法也应运而生。

我国最早出台的关于电子商务的法律规范，是于 2000 年 6 月颁布的《药品电子商务试点监督管理办法》。而在 2004 年 8 月 28 日颁布的《中华人民共和国电子签名法》，首次明确了电子认证服务的市场准入制度，赋予电子签名与手写签名或盖章同等的法律效力。2005 年 4 月 18 日，出台了《网上交易平台服务自律规范》，同年 10 月 26 日出台《电子支付指引(第一号)》，进一步对电子支付业务的风险和资金安全进行规范，以保障客户和银行在电子支付活动中的合法权益。2007 年 6 月，出台我国首部电子商务发展规划——《电子商务发展"十一五"规划》。2009 年 4 月，出台《关于加强银行卡安全管理预防和打击银行卡犯罪的通知》，意在加大对第三方支付企业的监管力度。2011 年 7 月，发布《第三方电子商务交易平台服务规范》，进一步规范第三方电子商务交易平台的经营活动，营造公平、诚信的交易环境。2012 年 3 月，出台《电子商务"十二五"发展规划》。2013 年 1 月 15 日，发布《证券投资基金销售机构通过第三方电子商务平台开展证券投资基金销售业务指引(试行)》，意在保障基金销售机构在第三方电子商务平台上的基金销售活动安全有序地开展，维护基金投资人的合法权益。2013 年 12 月 7 日，全国人大常委会正式启动了《电子商务法》的立法进程。2015 年 8 月 3 日，发布《非银行支付机构网络支付业务管理办法征求意见稿》，意在通过规范非银行支付机构网络支付业务，对支付风险进行防范，进而保护当事人的合法权益。2015 年 12 月 29 日，发布《网络借贷信息中介机构业务活动管理暂行办法(征求意见稿)》，通过规范网络借贷信息中介机构业务活动，保护相关当事人的合法权益，促进网络借贷行业健康发展，从而更好地满足中小微企业和个人的投融资需求。2016 年 3 月，商务部部长助理王炳南表示，2013 年年底正式启动立法工作的《电子商务法》正在制定，预计于 2017 年推出，以完善对电子商务的监管。

1.1.2 金融法的产生与发展

金融即资金的融通，是指与货币流通和银行信用有关的一切活动。如货币的发行与流通、存款的组织、贷款的发放和管理、国内外汇兑、票据的承兑与贴现、有价证券的发行和交易、衍生金融业务的开展等活动，都属于金融的范畴。

在我国，金融业务和金融管理一般都要通过银行业组织和其他金融机构进行的。银行业组织和其他金融机构在从事金融业务和金融管理的过程中，同社会发生的与货币流通、银行信用活动有关的各种经济关系，即为金融关系，是经济关系中的一种特殊形式的分配关系。为了促进金融关系的正常发展，保证金融事业的顺利进行，国家制定了一系列的以调整金融关系为对象的法律规范。金融法就是按照国家的意志制定的调整金融关系的法律规范的总称。金融法是经济法的重要组成部分，是国家领导、组织和管理金融行业的法律规范。

金融法的内容不是一成不变的，而是随着金融活动的发展、金融体系的完善而不断发展起来的。金融法的内容，在很大程度上受金融活动内部规律的制约。金融活动的产生与发展及其对社会的影响，决定了国家对金融活动的干预、组织和立法管理。

新中国成立后，1986年1月7日国务院发布《中华人民共和国银行管理暂行条例》，这是新中国成立以来第一部比较全面的银行管理基本法规。1993年12月25日，国务院做出了关于金融体制改革的重要决定。1995年3月18日第八届全国人民代表大会第二次会议通过并公布了《中华人民共和国中国人民银行法》，并于公布之日起实行；同年5月10日第八届全国人民代表大会常务委员会第十三次会议通过了《中华人民共和国商业银行法》，于同年7月1日起施行；同时还通过了《中华人民共和国票据法》，于1996年1月1日施行；同年6月3日第八届全国人民代表大会常务委员会第十四次会议通过并公布了《中华人民共和国保险法》和《中华人民共和国担保法》，于1995年10月1日起施行；此次全国人大常委会还通过并公布了《关于惩治破坏金融秩序犯罪的决定》，并于公布之日起施行。1993年1月20日国务院令第108号发布《中华人民共和国国家货币出入境管理办法》，1994年3月25日国务院发布关于《结汇、售汇及付汇管理暂行规定》的批复，1995年7月27日中国人民银行发布《信贷通则(试行)》。

完善的金融法律体系是深化金融体制改革的重要保障。近几年来，我国金融方面的立法工作发展很快，为了适应进一步深化金融体制改革的需要，中国人民银行已决定要建立起章法适度、体系完整的金融法律体系，以满足各项金融业务、各种监督形式、各类调控机制的需要，使整个金融工作有章可循、有法可依。

@ 1.2 电子商务法、金融法的概念、调整对象和主要内容

1.2.1 电子商务法的概念、调整对象和主要内容

随着电子信息技术在商业领域的广泛应用和快速发展，更加复杂和多样的商事交易迫切需要专门的法律法规对其进行规范和调整。目前，票据的流通、证券的交易、银行业与保险业的经营和新兴投资方式的进行，大多以数据电文为媒介进行交易并发生法律关系，因此要尽快出台全面且规范的电子商务法，以使电子商务领域实现有法可依。

1. 电子商务法的概念

电子商务法作为新兴的综合法律领域，是调整电子商务活动中所产生的各类交易活动的法律规范的总称。换言之，是民商法律制度、经济法律制度、诉讼法律制度与电子商务

技术相结合后所产生的各类法律规范的集合。

上述为电子商务法广义的概念，而站在狭义的角度上，电子商务法是指致力于解决确认电子签名效力、选定电子鉴别技术、确立安全标准与认证机构以及确定相关参与主体权利与义务等方面的问题。

电子商务法通过调整参与主体在电子商务活动中所产生的各种社会关系，从而对参与主体在进行电子商务活动时的行为进行规范和引导。

2. 电子商务法的调整对象

电子商务法的调整对象是以数据电文为交易手段形成的与各类商业事务相关的交易活动关系。

根据《电子商务示范法》中的定义，数据电文是指通过电子手段、光学手段或类似手段生成、发送、接收和存储的信息。除了传统的电子数据交换、电报等以无纸化方式进行信息传送属于电子商务法的调整对象，网上资金划转、网上证券交易等也均会产生电子商务关系，因此同为电子商务法的调整对象。

3. 电子商务法的主要内容

电子商务法可以分为电子商务交易法和电子商务安全法两部分。其具体包括如下内容：电子商务网站建设及其相关法律问题、在线交易主体及市场准入问题、数据电文引起的法律问题、电子商务中产品交付的特殊问题、特殊形态的电子商务规范问题、网上电子支付问题、在线不正当竞争与网上无形财产保护问题、在线消费者保护问题、网上个人隐私保护问题、网上税收问题和在线交易法律适用和管辖冲突问题。

1.2.2　金融法的概念、调整对象和主要内容

1. 金融法的概念

金融法，是调整金融关系的法律规范的总称。金融法是国家制定或认可的，用以确定金融机构的性质、地位和职责权限并调整在金融活动中形成的金融监管、调控关系和金融业务关系的法律规范的总称。[1]

2. 金融法的调整对象

金融法的调整对象是在金融活动中所发生的金融关系，具体包括金融监管、调控关系和金融业务关系两部分。

其中，金融监管、调控关系指的是国家金融监管体系中的中国人民银行、中国银行业监督管理委员会(简称"银监会")、中国证券业监督管理委员会(简称"证监会")、中国保险业监督管理委员会(简称"保监会")、国家外汇管理局等各监管部门在对国家金融业和金融市场进行监督管理和调节控制时所形成的监管与被监管的关系。具体来讲包括：对货币流通的监管调控关系、对金融机构主体资格的监管关系、对金融机构业务活动的监管关

---

① 朱大旗. 经济法[M]. 北京：中国人民大学出版社，2007：35.

系和对查处市场参与主体(包括金融机构、非金融机构和个人)非法金融活动时所发生的惩治处罚关系。

而金融业务关系,是指市场参与主体之间所发生的金融交易关系,即市场参与主体于法律规定的范围内从事业务活动在相互之间所产生的经济关系。具体来讲包括:银行类金融机构与存贷款主体之间的资金借贷关系、非银行金融机构与投融资主体之间的服务和交易关系、银行类金融机构与其他市场参与主体之间的金融中介服务关系和特殊融资关系(例如:期货交易、期权交易和外汇交易等)。

3. 金融法的主要内容

1) 金融监管法的主要内容

调整金融监管、调控关系的法律,被称作金融监管法。金融监管法的主要内容包括如下四个方面。

(1) 金融市场的准入问题。众所周知,金融市场的系统性风险较大,因此需要国家金融主管部门对金融机构的设立标准做出明确的规定。世界各国政府均对金融市场设立了较高的准入资格,而我国的金融准入门槛较国际平均水平要更高。我国对商业银行、证券公司、证券登记机构、保险公司和外资金融机构在注册资本、产权结构、经营制度、组织结构等诸多方面均做出了明确且严格的规定。

(2) 金融机构经营范围的问题。金融机构金融范围越大,获利机会也就更多,风险也随之加大。一直以来金融机构经营都有两种模式,分别是"分业经营"和"混业经营"。根据目前我国的商业银行法和证券法的规定来看,我国实行的是分业经营模式。但是我国证券监管机构在具体实践中,也开始进行证券市场资金多元化的发展方向探索,例如,允许保险资金通过证券投资基金的形式进入股市;允许国有企业和国家控股企业通过证券投资基金的形式进行证券投资。

(3) 金融机构的自律问题。由于金融市场的主要风险是系统性风险,一家金融机构出现问题很可能会导致整个金融市场出现危机。因此,要建立从内到外的金融机构自律体系,即金融机构内部的自律机制、金融机构同业之间的自律机制和客户对金融机构的监督机制。

(4) 对存款人和投资者的保护问题。在金融法律关系中,法律更加注重保护存款人和投资者的利益。

2) 金融交易法的主要内容

调整金融业务关系的法律,被称作金融交易法。其主要内容包括如下四个方面。

(1) 金融市场宏观调控问题。大到国家的货币和财政政策,小到日常的金融交易往来,无不体现着政府监管部门对金融市场的宏观调控。

(2) 金融市场秩序维护的问题。我国一直在加强金融法制建设,其目的就在于对金融市场中出现的违法行为进行严厉惩治,保障金融市场稳定运行。

(3) 金融体系信用机制建设的问题。完善的信用制度可以促进金融市场稳定发展,因此建立完善的信用制度在市场经济的建设过程中显得尤为突出和重要。

(4) 金融市场对外开放的问题。自我国加入世界贸易组织之后,我国的金融市场正逐渐对外开放。金融法律界要把我国的金融市场发展情况与世界金融市场的发展情况相比较,预先做好立法准备。

@ 1.3 电子商务、金融法律关系

1.3.1 电子商务法律关系

电子商务法律关系是在电子商务活动中形成的，以一定权利和义务为内容的、为电子商务法所调整的社会关系。

电子商务法律关系按构成要素分别是：电子商务法律关系的主体、客体和内容。

1. 电子商务法律关系的主体

电子商务法律关系的主体是指参与电子商务活动的相关主体，其具体可分为电子商务的交易主体和电子商务的辅助主体。

电子商务的交易主体是指在电子商务活动中基于商品或服务所产生的交易关系的买卖双方。包括法人、其他具有经营资格的非法人实体和个人。

而电子商务的辅助主体是指在电子商务活动中为交易主体提供辅助服务的参与者。包括网络运营商、电子商务网站、物流配送机构、资质认证机构和金融机构。

2. 电子商务法律关系的客体

电子商务法律关系的客体是指电子商务法律关系的主体所具有的相关权利和所承担的相关义务所指向的对象，是电子商务法律关系产生的基础。其具体包括物、行为或服务、精神财富或智力成果。其中，物包括具有实物形态的物和不能脱离网络环境所存在的无形的物(即无形商品)；行为或服务包括电子商务活动以及为了获得服务所发生的电子商务交易；精神财富或智力成果包括商标、专利、著作权和专有技术等。

3. 电子商务法律关系的内容

电子商务法律关系的内容是指电子商务法律关系的主体所具有的相关权利和所承担的相关义务。其中，权利是指依据法律法规电子商务活动中的相关主体在电子商务法律关系中可以作为、不作为或要求他人作为的许可、认定和保障；义务是指依据法律法规相关主体在电子商务法律关系中必须作为或不得作为的行为约束。不同的电子商务法律关系主体，其所享有的权利和应承担的义务也不尽相同。

1.3.2 金融法律关系

金融法律关系是在金融监管、调控活动和金融业务活动中所形成的、以一定权利和义务为内容的、为金融法所调整的社会关系。

金融法律关系按构成要素分别是：金融法律关系的主体、客体和内容。

1. 金融法律关系的主体

金融法律关系的主体，是在金融法律关系中享有权利并承担义务的当事人，主要包括：

(1) 由中国人民银行、中国银行业监督管理委员会、中国证券业监督管理委员会、中国保险业监督管理委员会和国家外汇管理局所代表的特殊主体。

(2) 银行和非银行金融机构。其中银行类金融机构包括政策性银行和商业性银行，非银行金融机构包括从事证券、保险、信托、租赁等金融业务的机构。

(3) 经济组织、事业单位和社会团体。其中经济组织包括法人组织和非法人组织(合伙企业和联营企业)。

(4) 自然人。即具有相应权利能力和行为能力的中国公民、外国公民和无国籍人士。

(5) 国家。在特定情况下(例如发行货币、发行国债等),国家作为法律关系的主体参与金融活动。

2. 金融法律关系的客体

金融法律关系的客体,是金融法律关系的主体所具有的相关权利和所承担的相关义务所指向的对象,是金融法律关系产生的基础。其具体包括货币、有价证券等金融资产和金融监管、金融交易、金融服务的行为。

3. 金融法律关系的内容

金融法律关系的内容,是指金融法律关系的主体所具有的相关权利和所承担的相关义务。其中,权利是指依据法律法规金融法律关系的主体在金融法律关系中可以作为、不作为或要求他人作为的许可、认定和保障;义务是指依据法律法规金融法律关系的主体在金融法律关系中必须作为或不得作为的行为约束。不同的金融法律关系主体,其所享有的权利和应承担的义务也不尽相同。

金融法律关系的保护,是指特定的保护机构通过采取一定的保护方法来保证金融法律关系的主体能够正确地行使权利和切实地履行义务,维护良好的金融市场秩序,保障相关参与主体的合法权益。其中,特定的保护机构包括金融监管机构(即中国人民银行、中国银行业监督管理委员会、中国证券业监督管理委员会、中国保险业监督管理委员会和国家外汇管理局、仲裁机构,即仲裁委员会,司法机构,即人民法院和人民检察院);保护方法包括金融市场立法活动、金融市场执法活动和金融市场司法活动。

@ 1.4 我国的金融监管体制

目前我国所实行的是金融市场分业经营的体制,因此我国采用分业监管的金融监管体制。具体来讲,我国的金融监管体制是以中国人民银行、中国银行业监督管理委员会、中国证券业监督管理委员会和中国保险业监督管理委员会为主体的"一元多头"的金融监管体制。其中,中国人民银行作为金融监管体系的核心,对我国金融市场进行全方面的监督和指导;中国银行业监督管理委员会、中国证券业监督管理委员会和中国保险业监督管理委员会则分别对银行、证券和保险市场进行具体和有针对性的监督管理。

1.4.1 中国人民银行

中国人民银行作为我国的中央银行,是国务院的组成部分,其三大职能分别为制定和执行货币政策、维护金融稳定和提供金融服务。作为我国金融监管体系的核心,中国人民银行是具有相对独立性的国家金融调控与监管机关。

1. 中国人民银行的职责

根据《中国人民银行法》第四条的规定,中国人民银行的职责有如下 13 项:①发布与履行其职责有关的命令和规章；②依法制定和执行货币政策；③发行人民币，管理人民币流通；④监督管理银行间同业拆借市场和银行间债券市场；⑤实施外汇管理，监督管理银行间外汇市场；⑥监督和管理黄金市场；⑦持有、管理、经营国家外汇储备、黄金储备；⑧经理国库；⑨维护支付、清算系统的正常运行；⑩指导、部署金融业反洗钱工作，负责反洗钱的资金监测；⑪负责金融业的统计、调查、分析和预测；⑫作为国家的中央银行，从事有关的国际金融活动；⑬国务院规定的其他职责。

其中，第①、④、⑤、⑥、⑩项所体现的是中国人民银行的金融监管职能；第②、③、⑦项所体现的是中国人民银行作为发行的银行的职能；第⑧、⑪、⑫项所体现的是中国人民银行作为政府的银行的职能；第⑨项所体现的是中国人民银行作为银行的银行的职能。

2. 中国人民银行的金融监管权

《中国人民银行法》第五章"金融监督管理"中，对中国人民银行所享有的金融监管权做出了详细明确的规定。

《中国人民银行法》第三十一条规定，中国人民银行有权依法检测金融市场的运行情况，对金融市场实施宏观调控，以促进其协调发展。

《中国人民银行法》第三十二条规定，中国人民银行有权对金融机构以及其他单位和个人的下列行为进行检查监督：①执行有关存款准备金管理规定的行为；②与人民币特种贷款有关的行为；③执行有关人民币管理规定的行为；④执行有关银行间同业拆借市场、银行间债券市场管理规定的行为；⑤执行有关外汇管理规定的行为；⑥执行有关黄金管理规定的行为；⑦代理人民银行经理国库的行为；⑧执行有关清算管理规定的行为；⑨执行有关反洗钱规定的行为。

《中国人民银行法》第三十三条规定，中国人民银行根据执行货币政策和维护金融稳定的需要，可以建议银监会对银行业金融机构进行检查监督。

《中国人民银行法》第三十四条规定，当银行业金融机构出现支付困难，可能引发金融风险时，为维护金融稳定，中国人民银行经国务院批准有权对银行业金融机构进行检查监督。

《中国人民银行法》第三十五条规定，中国人民银行根据履行职责的需要，有权要求银行业金融机构报送必要的资产负债表、利润表以及其他财务会计、统计报表和资料。

《中国人民银行法》第三十六条规定，中国人民银行负责统一编制全国金融数据、报表，并按照国家有关规定予以公布。

通过前述条款可以看出，中国人民银行的金融监管权侧重对金融市场的全面监测和宏观调控，并有权对部分金融机构的业务进行监管。并且中国人民银行的金融监管并不以所处行业来判断被其监管的对象，因此属于功能性监管。

1.4.2 中国银行业监督管理委员会

1. 监管对象

《银行业监督管理法》中规定，银监会负责对全国银行业金融机构及其业务活动进行监督管理的工作。其中，银行业金融机构是指在中国境内设立的商业银行、农村信用合作社等吸收公众存款的金融机构和政策性银行；在中国境内设立的金融资产管理公司、金融租赁公司、信托投资公司、财务公司和其他经银监会批准设立的金融机构同样受银监会的监督管理；除此之外受银监会监督管理的还有境内银行业金融机构在境外的业务活动和经银监会批准在境外设立的金融机构。

2. 主要职责

银监会作为银行业的主要监管主体，其主要职责如下[①]。

(1) 依照法律、行政法规制定并发布银行业金融机构及其业务活动监督管理的规章、规则；

(2) 依照法律、行政法规规定的条件和程序，审查批准银行业金融机构的设立、变更、终止以及业务范围；

(3) 对银行业金融机构的董事和高级管理人员实行任职资格管理；

(4) 依照法律、行政法规制定银行业金融机构的审慎经营规则；

(5) 对银行业金融机构的业务活动及其风险状况进行非现场监管，建立银行业金融机构监督管理信息系统，分析、评价银行业金融机构的风险状况；

(6) 对银行业金融机构的业务活动及其风险状况进行现场检查，制定现场检查程序，规范现场检查行为；

(7) 对银行业金融机构实行并表监督管理；

(8) 会同有关部门建立银行业突发事件处置制度，制定银行业突发事件处置预案，明确处置机构和人员及其职责、处置措施和处置程序，及时、有效地处置银行业突发事件；

(9) 负责统一编制全国银行业金融机构的统计数据、报表，并按照国家有关规定予以公布；对银行业自律组织的活动进行指导和监督；

(10) 开展与银行业监督管理有关的国际交流、合作活动；

(11) 对已经或者可能发生信用危机，严重影响存款人和其他客户合法权益的银行业金融机构实行接管或者促成机构重组；

(12) 对有违法经营、经营管理不善等情形的银行业金融机构予以撤销；

(13) 对涉嫌金融违法的银行业金融机构及其工作人员以及关联行为人的账户予以查询；对涉嫌转移或者隐匿违法资金的申请司法机关予以冻结；

(14) 对擅自设立银行业金融机构或非法从事银行业金融机构业务活动予以取缔；

(15) 负责国有重点银行业金融机构监事会的日常管理工作；

(16) 承办国务院交办的其他事项。

1.4.3 中国证券业监督管理委员会

1. 监管对象

根据《证券法》和《期货交易管理暂行条例》中的相关规定，证监会的监管对象包

[①] 中国银行业监督管理委员会官网 http://www.cbrc.gov.cn/chinese/yjhjj/index.html

括：证券发行人、上市公司、证券交易所、证券公司、证券登记机构、证券服务机构、证券投资基金管理公司、证券业协会、期货交易所、其他期货交易机构、期货服务机构、证券高级管理人员及从业人员、期货高级管理人员及从业人员、其他影响证券活动的单位和个人以及其他影响期货活动的单位和个人。

2. 主要职责

证监会作为监督管理证券市场的主体，在对证券市场进行监督管理的过程中履行如下职责[①]。

(1) 研究和拟订证券期货市场的方针政策、发展规划；起草证券期货市场的有关法律、法规，提出制定和修改的建议；制定有关证券期货市场监管的规章、规则和办法。

(2) 垂直领导全国证券期货监管机构，对证券期货市场实行集中统一监管；管理有关证券公司的领导班子和领导成员。

(3) 监管股票、可转换债券、证券公司债券和国务院确定由证监会负责的债券及其他证券的发行、上市、交易、托管和结算；监管证券投资基金活动；批准企业债券的上市；监管上市国债和企业债券的交易活动。

(4) 监管上市公司及其按法律法规必须履行有关义务的股东的证券市场行为。

(5) 监管境内期货合约的上市、交易和结算；按规定监管境内机构从事境外期货业务。

(6) 管理证券期货交易所；按规定管理证券期货交易所的高级管理人员；归口管理证券业、期货业协会。

(7) 监管证券期货经营机构、证券投资基金管理公司、证券登记结算公司、期货结算机构、证券期货投资咨询机构、证券资信评级机构；审批基金托管机构的资格并监管其基金托管业务；制定有关机构高级管理人员任职资格的管理办法并组织实施；指导中国证券业、期货业协会开展证券期货从业人员资格管理工作。

(8) 监管境内企业直接或间接到境外发行股票、上市以及在境外上市的公司到境外发行可转换债券；监管境内证券、期货经营机构到境外设立证券、期货机构；监管境外机构到境内设立证券、期货机构、从事证券、期货业务。

(9) 监管证券期货信息传播活动，负责证券期货市场的统计与信息资源管理。

(10) 会同有关部门审批会计师事务所、资产评估机构及其成员从事证券期货中介业务的资格，并监管律师事务所、律师及有资格的会计师事务所、资产评估机构及其成员从事证券期货相关业务的活动。

(11) 依法对证券期货违法违规行为进行调查、处罚。

(12) 归口管理证券期货行业的对外交往和国际合作事务。

(13) 承办国务院交办的其他事项。

---

① 中国证券监督管理委员会官网 http://www.csrc.gov.cn/pub/newsite/zjhjs/zjhjj/

1.4.4 中国保险业监督管理委员会

1. 监管对象

根据《保险法》《外资保险公司管理条例》和国务院的相关规定，保监会的监管对象主要包括：中资保险公司及其分支机构、外资保险公司及其分支机构、保险集团公司、保险控股公司、保险资产管理公司、保险经纪公司及其分支机构、保险代理公司及其分支机构、保险公估公司及其分支机构、其他保险中介机构及其分支机构、境外保险机构代表处、境内保险机构和非保险机构在境外设立的保险机构、保险业协会及学会等保险业社团组织、各类保险机构高级管理人员和保险从业人员、其他以合法形式参与或影响保险活动的人员、非法设立保险机构和非法从事保险业务的单位和个人。

2. 主要职责

保监会作为监督管理保险市场的主体，在对保险市场进行监督管理的过程中履行如下职责[1]。

(1) 拟定保险业发展的方针政策，制定行业发展战略和规划；起草保险业监管的法律、法规；制定业内规章。

(2) 审批保险公司及其分支机构、保险集团公司、保险控股公司的设立；会同有关部门审批保险资产管理公司的设立；审批境外保险机构代表处的设立；审批保险代理公司、保险经纪公司、保险公估公司等保险中介机构及其分支机构的设立；审批境内保险机构和非保险机构在境外设立保险机构；审批保险机构的合并、分立、变更、解散，决定接管和指定接受；参与、组织保险公司的破产、清算。

(3) 审查、认定各类保险机构高级管理人员的任职资格；制定保险从业人员的基本资格标准。

(4) 审批关系社会公众利益的保险险种、依法实行强制保险的险种和新开发的人寿保险险种等的保险条款和保险费率，对其他保险险种的保险条款和保险费率实施备案管理。

(5) 依法监管保险公司的偿付能力和市场行为；负责保险保障基金的管理，监管保险保证金；根据法律和国家对保险资金的运用政策，制定有关规章制度，依法对保险公司的资金运用进行监管。

(6) 对政策性保险和强制保险进行业务监管；对专属自保、相互保险等组织形式和业务活动进行监管。归口管理保险行业协会、保险学会等行业社团组织。

(7) 依法对保险机构和保险从业人员的不正当竞争等违法、违规行为以及对非保险机构经营或变相经营保险业务进行调查、处罚。

(8) 依法对境内保险及非保险机构在境外设立的保险机构进行监管。

(9) 制定保险行业信息化标准；建立保险风险评价、预警和监控体系，跟踪分析、监测、预测保险市场运行状况，负责统一编制全国保险业的数据、报表，并按照国家有关规

---

[1] 中国保险业监督管理委员会官网 http://www.circ.gov.cn/web/site0/tab5200/

定予以发布。

(10) 承办国务院交办的其他事项。

本 章 小 结

- 电子商务法通过调整参与主体在电子商务活动中所产生的各种社会关系，从而对参与主体在进行电子商务活动时的行为进行规范和引导。电子商务法的调整对象是以数据电文为交易手段形成的与各类商业事务相关的交易活动关系。

- 金融法是国家制定或认可的，用以确定金融机构的性质、地位和职责权限并调整在金融活动中形成的金融监管、调控关系和金融业务关系的法律规范的总称。金融法的调整对象是在金融活动中所发生的金融关系，具体包括金融监管、调控关系和金融业务关系两部分。

- 我国的金融监管体制是以中国人民银行、中国银行业监督管理委员会、中国证券业监督管理委员会和中国保险业监督管理委员会为主体的"一元多头"的金融监管体制。其中，中国人民银行作为金融监管体系的核心，对我国金融市场进行全方面的监督和指导；中国银行业监督管理委员会、中国证券业监督管理委员会和中国保险业监督管理委员会则分别对银行、证券和保险市场进行具体和有针对性的监督管理。

本 章 作 业

1. 简述电子商务法的构成要素。
2. 简述金融法的调整对象。
3. 如何理解对金融法律关系的保护？

第 2 章
电子合同、电子签名、电子认证法律制度

本章目标
- 掌握电子合同法律制度的相关内容。
- 掌握电子签名法律制度的相关内容。
- 掌握电子认证法律制度的相关内容。

本章简介

　　在电子商务活动中，当事人之间产生法律关系的基础就是电子合同。鉴于电子合同是通过电子信息网络以电子形式所达成的，因此电子合同的整个交易过程都需要一系列的技术标准予以规范。电子签名和电子认证就是电子合同中最为常见的技术标准，也是电子合同得以存在的基础。

　　本章将重点讲解电子合同的概念及电子合同的订立和履行、电子签名的概念及《电子签名法》、电子认证的概念及电子认证当事人之间的法律关系。

@ 2.1 电子合同法律制度

我国对电子合同相关内容的立法起步较晚，第九届全国人民代表大会第二次会议于1999 年 3 月 15 日通过的《中华人民共和国合同法》中首次明确了电子合同的法律地位。随着电子商务的广泛应用和快速发展，电子合同作为电子商务活动中必不可少的一部分，在电子商务领域乃至全社会发展中发挥着越来越重要的作用。

2.1.1 合同与电子合同

1. 合同

合同，是指法律地位平等的自然人、法人和其他组织之间设立、变更、终止民事权利义务关系的协议。合同是反映双方或多方意思表示一致的民事法律行为。

合同的法律特征包括以下几个方面。

(1) 合同是双方或多方的民事法律行为。即合同的主体必须有两个或两个以上，合同的订立是双方或多方意思表示一致的结果，合同是一种民事法律行为。

(2) 合同是以在当事人之间设立、变更、终止民事权利义务关系为目的，即相关当事人之间为实现其特定目的通过合同来订立、变更、终止某一特定民事权利义务关系。

(3) 合同的当事人之间具有平等的法律地位。任何一方都不得将自己的意志强加给对方。

(4) 合同具有法律约束力。任何一方均不得擅自变更或解除合同，且违反合同要承担相应的违约责任。

2. 电子合同

电子合同，是指法律地位平等的自然人、法人和其他组织之间通过电子技术手段设立、变更、终止民事权利义务关系的协议。

电子合同是合同的特殊形式。即从实质上讲合同与电子合同并无不同，均属于法律地位平等的自然人、法人和其他组织之间设立、变更、终止民事权利义务关系的协议。二者之间最大不同在于，电子合同是利用信息技术通过电子手段所订立的。电子合同较传统合同有其独有的特殊性。

1) 电子合同的订立、变更和解除都通过电子方式实现

在订立、变更和解除电子合同的过程中，意愿的表示是以电子数据的形式做出的，传统合同关于要约和承诺所需要的谈判过程，在电子合同中通过网络实时的信息交换来实现。而传统合同中表示合同成立的签名方式，在电子合同中被电子签名所替代。

2) 电子合同具有虚拟性和较大的信用风险

电子合同是无纸化合同，其产生于网络的虚拟世界。电子合同的当事人仅通过网络进行交流商谈，签订和履行合同，双方的真实身份、信用状况和履约能力具有很大的不确定性，因此电子合同的虚拟性致使其存在一定的违约和欺诈风险。

3) 电子合同生效地点不同于传统合同

传统合同的生效通常是通过最后一方签名或盖章来实现的,其生效地点即为最后一方签名或盖章的地点。而在电子合同中,根据《电子商务示范法》的规定,合同生效地点通常是收到合同一方的主营业地,若收到合同一方不具备主营业地,则以其经常居住地确定。

4) 电子合同容易消失和改动

电子合同的信息是以电子形式存储的,因此极易因操作不当等造成电子合同信息难以恢复的损失;而计算机病毒、物理毁损或主观人为破坏等因素,也极易导致电子合同的数据被损坏或出现流失;加之电子合同是基于信息通过网络进行实时传递实现的,信息在传递的过程中也可能被他人窃取,因此电子合同的安全性较差。

2.1.2 电子合同的订立

电子合同的订立是电子商务活动的参与主体通过电子数据交换、电子邮件等方式进行接触和商谈,最后达成协议的过程。

电子合同的订立过程较之传统的合同订立过程所具有的特殊性表现在:虚拟化的主体身份、数字化的权利客体(如电子货币、电子证券)、电子化的交易行为和即时的信息传递。

1. 发出和收到数据电文的时间

根据联合国《电子商务示范法》的规定,数据电文的发出时间,以其进入发端人或代表发端人发送数据电文之人控制范围之外某一信息系统的时间为准,但发端人和收件人之间另有协议的除外。

根据联合国《电子商务示范法》的规定,数据电文的收到时间,应按如下原则确定,但发端人和收件人之间另有协议的除外。

若收件人为接收数据电文指定了某个信息系统,则以数据电文进入该指定的信息系统的时间确定为收到时间;若数据电文并没有进入指定的信息系统而是进入其他的信息系统,则以收件人检索到该数据电文的时间确定为收到时间。若收件人并未为接收数据电文指定某个信息系统,则以数据电文进入收件人任一信息系统的时间确定为收到时间。

我国《合同法》中第十六条规定,采用数据电文形式订立合同,收件人指定特定系统接收数据电文的,该数据电文进入该特定系统的时间,视为到达时间;未指定特定系统的,该数据电文首次进入收件人的任何系统的时间,视为到达时间。

我们可以看到,我国对收件人为接收数据电文指定了某个信息系统,数据电文并没有进入指定的信息系统而是进入其他的信息系统的情况并未做出明确约定,因此在实践中,在采用电子邮件作为交易方式时,当事人应当对可能发生的情况进行详细约定。

2. 发出和收到数据电文的地点

根据联合国《电子商务示范法》的规定,数据电文的发出地点,应以数据电文发端人的营业地点确定;数据电文的收到地点,应以数据电文收件人的营业地点确定。若发端人

或收件人有两个及两个以上的营业地点，则应以与基础交易有密切联系的营业地点为准；若不存在基础交易则以其主要营业地点为准。若发端人或收件人没有营业地点，则以其惯常居住地为准。

我国《合同法》规定，采用数据电文形式订立合同的，收件人的主营业地为合同成立的地点；没有主营业地的，以其经常居住地为合同成立的地点。当事人之间另有约定的，从其约定。

3. 数据电文格式的表示力

数据电文格式的表示力是指其中的意思表示能够被相对人所理解的程度。数据电文作为信息表达的载体，其所表达的信息必须能够为对方所了解，即具有表示力。

4. 要约、要约邀请与承诺

要约，是希望与他人订立合同的意思表示。要约应当符合下列规定。

① 该意思表示内容要具体明确；

② 要表明经受要约人承诺，要约人即受该意思表示的约束。

要约邀请，是希望他人向自己发出要约的意思表示。

承诺是指受要约人同意要约的意思表示。承诺只有在具备以下条件时，才能产生法律效力。

① 承诺必须在要约确定的有效期内到达要约人；

② 承诺必须由受要约人向要约人做出；

③ 承诺必须与要约的内容完全一致；

④ 承诺必须表明受要约人决定与要约人订立合同；

⑤ 承诺的方式必须符合要约的要求。

首先，对电子合同中要约与要约邀请进行区分。电子合同中的要约邀请是通过非交互式电子交易程序所表达的信息。例如，通过电子邮件寄送的产品信息和报价、在网页上展示商品信息等形式，其在本质上与传统的广告并无区别，属于要约邀请。但信息发端人明确表示受约束的情况，属于要约。而通过交互式电子交易程序销售产品的信息则为要约。

链接·网络广告性质判断

1. 介绍产品的名称、性能、价格等，点击"购买"即可成交；

2. 发布者在主页上刊载信息，供客户浏览；

3. 发布者提供某项产品的信息，且规定价格、数量；

4. 明确客户单击"购买"后，必须有网页拥有人的确认；

5. 在广告中嵌入了电子邮件，客户可以按照广告发布者的要求填写相关内容。

将从如下三种情形对以上几个术语做出说明。

1) 在线支付+在线交货

该种类型主要是数字信息化的产品或服务。在该产品或服务是在线使用的情况下，若在网络界面上给出了明确的价格、规格等产品信息，则构成要约。顾客在线购买行为即构成承诺。

2) 在线支付+离线交货

该种类型主要是传统的产品或服务。商家在网络界面上给出产品或服务的相关信息，构成要约邀请。顾客的确认购买行为构成要约。在确认购买后出现支付的跳转界面，构成商家的承诺。

3) 离线支付+离线交货

该种类型是第 2)种情形的特殊形式，即在支付环节，顾客所选择的支付方式为货到付款。在该情形下，顾客的确认购买行为构成要约。商家向顾客发出通知的行为构成承诺；若商家并未向顾客发出通知，则发出商品的行为构成承诺。

其次，电子合同中要约的撤回、要约的撤销及要约的失效问题。

要约的撤回，是指要约人在发出要约之后、要约到达受要约人之前，要约人取消其要约的行为。我国《合同法》第十七条中规定，要约可以撤回，但撤回要约的通知应当在要约到达受要约人之前或与要约同时到达受要约人。

要约的撤销，是指在要约生效之后、受要约人做出承诺之前，要约人使生效的要约失效的行为。我国《合同法》第十八条中规定，要约可以撤销，但撤销要约的通知应当在受要约人发出承诺通知前达到受要约人。

在在线交易中，基于电子信息技术所传递的信息是即时到达的，所以要约人做出的要约即时到达受要约人，中间并没有可以撤回的时间间隔。因此，电子合同中的要约在实践中不能撤回。

而对于电子合同中要约的撤销，需要分情况说明。若电子合同的双方当事人采用的是电子自动交易系统，那么承诺的做出也是即时的，要约人所做出的要约不能撤销；若电子合同的双方并未采用自动交易系统，有一定的协商空间，那么要约人可以在受要约人做出承诺之前撤销要约。

要约的失效，是指要约失去了法律效力。即要约人和受要约人均不再受要约的约束，受要约人也失去了承诺的能力。根据我国《合同法》第二十条的规定，出现以下情形时，要约失效。

① 拒绝要约的通知到达要约人；

② 要约人依法撤销要约；

③ 承诺期限届满受要约人未做出承诺；

④ 受要约人对要约内容做出实质性变更。

最后，电子合同中承诺的撤回问题。

承诺的撤回，是指受要约人在发出承诺通知之后、承诺正式生效之前，受要约人撤回其承诺的行为。根据我国《合同法》第二十七条中的规定，承诺可以撤回，撤回承诺的通知应当在承诺通知到达要约人之前或与承诺通知同时到达要约人。

在在线交易之中，基于电子信息技术所传递的信息是即时到达的，所以受要约人做出的承诺即时到达要约人，中间并没有可以撤回的时间间隔。因此，电子合同中的承诺在实践中也不能撤回。

链接·欧盟《远距离合同中保护消费者的指令》

第六条规定了消费者的撤诉权

消费者有权撤销合同而没有惩罚和不需要提供任何理由，除了为了退回货物的直接费用外，消费者不应该被收取任何费用。

一般消费者有权行使此权利的期限为 7 个工作日，起算点因为合同的标的是货物还是服务而不同。

如果是货物，从消费者接收到货物之日算起。

如果是服务，从合同成立之日算起。

5. 确认收讫原则

确认收讫，是指在接收人收到发送人所发送的信息时，由其本人或其指定的代理人或通过自动交易系统向发送人发出表明其已收到信息的通知。

在到达主义下，确认收讫可以使发送人及时了解接收人是否已收到信息，帮助减少发送人的风险，具有重大的商业价值和法律价值。

确认收讫在本质上是一个功能性回执，并非承诺，仅对信息是否到达接收人、信息传递过程中有无差错等问题做出证实。

2.1.3 电子合同的效力与履行

1. 电子合同的效力

1) 电子合同的生效要件

电子合同的生效，是指已经成立的电子合同在当事人之间产生了一定的法律效力，即该合同具有法律约束力。

我国《合同法》第四十四条规定，依法成立的合同，自成立时生效。但合同成立并不意味着合同生效，只有依法成立的合同才能在合同成立之时生效。合同的生效要件包括：

(1) 合同当事人订立合同时具有相应的缔约行为能力。民事行为能力是民事法律行为有效的基础条件，在合同生效的要件中，通常要求当事人应具有完全的民事行为能力；一般情况下无民事行为能力人所实施的民事法律行为无效，限制民事行为能力人实施的民事法律行为只有经其法定代理人的追认才能生效(不能完全辨认自己行为的精神病人和 10 周岁以上的未成年人是限制民事行为能力人，不能辨认自己行为的精神病人和不满 10 周岁的未成年人是无民事行为能力人)。而缔约行为能力，是指民事主体能够独立地订立合同，通过自己的行为获得民事权利或承担民事义务的法律资格。年满 18 周岁，或者年满 16 周岁以上不满 18 周岁的未成年人，以自己的劳动收入为主要生活来源的完全民事行为能力人有权订立合同；限制民事行为能力及无民事行为能力人可以订立纯获利的合同或者与其年龄、智力相适应的合同；法人具有在其生产经营和业务范围内的缔约行为能力，即其民事行为能力被限制在其经核准登记的生产经营和业务范围之内。

(2) 合同当事人的意思表示真实。意思表示是法律行为的构成要素，真实的意思表示是使合同生效的要件。通常情况下，一方在被欺诈、胁迫或者重大错误下订立的合同因其不具有真实的意思表示，属于无效或可撤销的合同。

(3) 合同不违反法律或社会公共利益。即合法有效的民事法律行为应符合社会公序良俗的要求。合同不违反法律，指的是合同的设立过程及内容不得违反当事人应当必须遵守、不得通过协商加以改变的强行性法律规定。即对于合同法中用以指导当事人订立合同的任意性规定，当事人并不必须遵守。若出现合同内容部分条款有效、部分条款无效的情况，被确认无效的部分条款并不影响其余有效条款的效力。

根据我国《合同法》第四十四条的规定，法律、行政法规中明确规定应当办理批准、登记等手续的合同，只有依照规定办理批准、登记等手续后才能生效；该类合同即便具备了上述合同的生效要件，在没有经过审批登记的情况下也不能产生法律效力。这一规定体现了国家对合同订立自由的适度干预和对善意第三人的保护。

2) 电子合同的当事人

在合同的订立过程中，合同当事人具有相应的民事行为能力是合同生效的要件。因此在电子合同中，对当事人身份的验证需要电子签名、电子证书等相关技术和服务的帮助。在实践中，当客户进入电子商务市场时，认证机构通常会对客户的真实身份进行验证并为客户签发电子证书，以此来证明客户在参与电子商务活动中的合法性。

由于电子合同是利用电子信息技术订立的，无法通过比对印鉴或签名的传统方式对当事人的身份进行确认。因此在对交易主体身份的同一性进行验证的时候，需要借助预先设置并留存的密码来进行。在该种情况下，若恶意第三人冒用当事人身份，相对人在对电子签名及密码验证无误后，存在将无权限者错认为有权限者的可能。

3) 电子代理人问题

电子代理人，是指不需要人的生产或操作，能够独立地发出、回应电子记录，以及部分或全部地履行合同的计算机程序、电子的或其他自动化手段。按照我国《合同法》的规定，电子代理人可以作为合同订立的有效形式。

电子代理人即网上自动交易系统，能够自动发送、接收和处理交易信息，进而完成合同订立的全过程。电子代理人的出现使交易的效率得到了极大的提升。

电子代理人其本身并没有法律人格，并不能独立地承担民事责任，仅是在自动地执行支配人的意思表示，依据支配人的意思订立和履行合同。

为保证交易的安全，电子代理人应当具备一定的条件。

首先，是对最终支配人的主体资格进行审核。尤其是针对那些社会影响范围较广的特殊行业，应当从其自身的技术水平条件、内部风险控制情况、经营管理情况等方面对其进行审核。

其次，电子代理人应当对其最终支配人的基本信息进行披露。基本信息包括最终支配人的名称、法定资格证明的文件编号、法人或其他组织的性质、注册资本、法定代表人或负责人、人工联系地址或方式等其他相关信息。只有当电子代理人向交易相对人显示其最终支配人的基本信息时，交易相对人才有理由相信电子代理人是代表其最终支配人做出表示的。

最后，电子代理人应当具备保证最终支配人和交易相对人都能根据自己的意愿进行缔约的功能。其中最为基本和重要的功能是保证交易相对人对要约或承诺的内容进行审查的权利。通常电子代理人为使交易相对人在短时间内完成对要约或承诺的审查，其所提供的交易信息是标准化和术语化的，这在一定程度上对交易相对人审查权形成了限制，在这种双方权利不对等的情况下，所订立的合同可能会被撤销。

目前我国的电子商务法仍在制定中，现有的法律条文并不能充分解决电子商务中出现的法律问题。作为被大量使用的交易手段，电子代理人迫切需要专门适用的法律对其进行规范，以减少所面对的法律风险。

4) 点击合同

点击合同是典型的电子格式合同。电子格式合同是指，通过电子通信方式订立的，由一方当事人事先制定，并适用于不特定第三人，且第三人不得加以改变的合同。

而点击合同，是指由商品或服务的提供人通过电子程序事先预设部分或全部合同条款来规定其与相对人之间的法律关系，当相对人点击"同意"后才能订立的合同。点击合同能够鼓励交易、降低成本，在明确责任的同时减少风险，有利于新的交易模式的出现。

作为格式合同的一种，点击合同的制作方可能会利用其优势地位，做出对自己有利而对对方不利的条款，所以要对点击合同进行规范。

格式合同相关的法条如下。

我国《合同法》第三十九条规定，采用格式条款订立合同的，提供格式条款的一方应当遵循公平原则确定当事人之间的权利和义务，并采取合理的方式提请对方注意免除或者限制其责任的条款，按照对方的要求，对该条款予以说明。

我国《合同法》第四十条规定，格式条款具有本法第五十二条和第五十三条规定情形的，或者提供格式条款一方免除其责任、加重对方责任、排除对方主要权利的，该条款无效。

我国《合同法》第五十二条规定，有下列情形之一的合同无效：一方以欺诈、胁迫的手段订立合同，损害国家利益；恶意串通，损害国家、集体或者第三人利益；以合法形式掩盖非法目的；损害社会公共利益；违反法律、行政法规的强制性规定。

我国《合同法》第五十三条规定，合同中的下列免责条款无效：(一)造成对方人身伤害的；(二)因故意或者重大过失造成对方财产损失的。

我国《消费者权益保护法》第二十四条规定，经营者不得以格式合同、通知、声明、店堂告示等方式做出对消费者不公平、不合理的规定，或者减轻、免除其损害消费者合法权益应当承担的民事责任。格式合同、通知、声明、店堂告示等含有前款所列内容的，其内容无效。

当事人意思表示是否一致是影响点击合同效力的因素。在 B2C 交易中，点击合同的条款要满足的条件包括：根据公平原则拟定条款、合理提醒消费者注意和保证消费者的审查机会；在 B2B 交易中，点击合同的条款要满足的条件包括：根据公平原则拟定条款、符合商业习惯和行业惯例、双方当事人在多次交易中使用、初次使用的条款要给予相对人充分理解的机会。

案例：易趣网络信息服务(上海)有限公司诉刘松亭支付网络平台使用费案

【案情】 原告：易趣网络信息服务(上海)有限公司 被告：刘松亭

2001 年 3 月 31 日，被告刘松亭以 "Jaliseng" 为用户名在原告经营的易趣网交易平台注册，成为易趣网的用户，由易趣网为被告提供免费的网络交易平台服务。2001 年 7 月 1 日，易趣网开始向用户收取网络交易平台使用费，并于 9 月 18 日发布了新的《服务协议》供新、老用户确认。该协议对用户注册程序、网上交易程序、收费标准和方式及违约责任等作了具体的约定。之后，被告确认了易趣网的《服务协议》，并继续使用易趣网的网络交易平台。至 2001 年 9 月 24 日，被告尚欠易趣网网络平台使用费 1330 元。

原告向上海市静安区人民法院起诉称：被告于 2001 年 1 月 1 日以 "本田一郎" 为用户名注册，成为原告的易趣网交易平台用户。2001 年 4 月 4 日，被告又以 "Jaliseng" 为用户名在易趣网交易平台注册了另一个用户名。被告注册后，即以上述两个用户名在原告的易趣网交易平台上发布商品信息，至 2001 年 9 月 24 日，被告共应支付原告网络平台使用费 4336.6 元。被告注册两个用户名及拖欠使用费的行为违反了双方间的服务协议，要求判令被告支付网络平台使用费 4336 元，赔偿原告律师费损失 2000 元、调查费损失 4 元。

被告刘松亭答辩称："本田一郎"用户名不是其注册的。原告的《服务协议》过于冗长，致使用户在注册时不可能阅读全文，故被告不应受该协议的约束。被告发布的信息经常遭原告的无理删除、修改，因此不同意全额支付原告起诉的服务费。

【审判】上海市静安区人民法院经审理查明："本田一郎"用户名是被告之父注册使用的，被告也认可此点。该院认为：原告制定的《服务协议》，经被告确认后即对双方产生约束力，故该份《服务协议》应认定为合法有效，双方均应遵守。被告未按约支付服务费已构成违约，应承担支付欠款并赔偿损失的民事责任。但原告要求被告支付用户"本田一郎"的服务费，缺乏充分的事实依据，本院不予支持。因原告的服务协议中约定，如用户不按协议付款将承担赔偿损失的费用中包括了律师费用，故本着当事人意思自治的精神，对原告诉请的律师费用可予支持，但应扣除原告要求被告支付"本田一郎"服务费而付出的律师费部分。被告辩称其发布的信息经常遭原告的删除、修改，但其提供的证人均未证实该节事实，且被告又未提供其他相应证据予以佐证，故不予采信。依照《中华人民共和国合同法》第八条、第一百零七条的规定，该院于 2001 年 12 月 30 日判决如下：

一、被告刘松亭支付原告易趣网络信息服务(上海)有限公司网络平台使用费 1330 元。

二、被告刘松亭赔偿原告易趣网络信息服务(上海)有限公司律师费损失 613.38 元、调查费损失 4 元。

三、原告易趣网络信息服务(上海)有限公司的其他诉讼请求，不予支持。

一审判决后，当事人均未提起上诉。

5) 电子错误

电子错误，是指在电子通信过程中所发生的错误，包括意外事件型电子错误和人为型电子错误。其中，意外事件型电子错误是指与当事人的意思和行为没有关系所产生的错误；人为型电子错误是指当事人非主观故意，但经其行为所产生的错误。

意外事件型电子错误造成合同不能履行或延迟履行，当事人可以根据我国《合同法》

第一百一十七条承担免责责任；人为型电子错误造成合同不能履行或延迟履行，应视为重大误解，当事人可依据法定程序对合同进行撤销或变更，其解决规则包括：网络信息系统服务的提供者应为使用人提供更正机会；使用人应当及时更正和撤回错误的信息；若网络信息系统服务的提供者未为使用人提供更正机会，使用人在未使用商品或服务、未获取实质性利益或价值且及时通知对方的情况下，可以撤回该部分的电子通信；错误输入的电子通信并非当然无效。

2. 电子合同的履行

电子合同的履行，是指义务人全面且适当地完成合同义务，使权利人的权利得以完全实现。

1) 电子合同的履行原则

电子合同的履行原则与传统合同的履行原则相同，其中包括适当履行原则、协作履行原则、诚实信用原则、经济合理原则、公平原则等。其中，适当履行原则要求当事人按照合同的约定或法律的规定履行合同义务；协作履行原则要求当事人不仅适当履行合同约定或法律规定的合同义务，还应基于诚实信用原则要求对方协助其履行。

2) 电子合同的履行方式

电子合同的履行方式可以分为以下三种：第一种，在线支付+在线交货。该种类型主要是数字信息化的产品或服务，其整个交易过程都是通过网络实现的。第二种，在线支付+离线交货。该种类型主要是传统的产品或服务，其整个交易过程并不完全依赖网络实现，仍需借助传统渠道供货。第三种，离线支付+离线交货。该方式是第二种方式的特殊形式，即在支付环节，顾客所选择的支付方式为货到付款。其整个交易过程仍依赖传统的合同履行方式。

3) 电子合同中双方的合同义务

(1) 在电子合同中，卖方需要承担的义务包括如下几项。

① 按照电子合同中的约定交付商品或提供服务。在订立电子合同时，双方应就交付合同标的物的时间、地点和方式做出明确的约定；若没有事先约定，则比照《合同法》和其他有关规定处理。

② 对电子合同中的合同标的物承担担保责任。在电子合同中，卖方应保证其对合同标的物享有合法权利，承担保证其所售商品或服务不受第三人追索的义务。

③ 卖方应对电子合同中的合同标的物承担质量担保义务。卖方应当保证其所售商品或劳务符合双方约定的质量标准、不存在不符合质量要求的瑕疵和与广告宣传内容相悖的内容。

(2) 买方需要承担的义务包括如下几项。

① 按照电子合同中约定的价款和支付方式履行支付义务。在电子合同中，合同价款支付的时间和地点通常并没有具体限制，且支付方式也呈现电子化和多样化的特点，因此，应当在电子合同中对价款的支付做出明确的约定。

② 应及时确认接收电子合同中的合同标的物。在卖方发出合同标的物后，买方应当在规定期限内接收商品或接受服务；逾期发生迟延接收的，买方应承担迟延履行的责任。

③ 在接收合同标的物后，应及时进行验收。尤其是在电子合同中，交易的信息不对

称更加明显。这就需要买方在接收合同标的物后，及时对卖方所提供的商品或劳务进行查验，发现问题后及时维权，要求卖方承担违约责任；若逾期提出产品存在瑕疵，卖方可以免责。

2.1.4 电子合同的违约责任

根据我国《合同法》第一百零七条的规定，当事人一方不履行合同义务或者履行合同义务不符合约定的，应当承担继续履行、采取补救措施、支付违约金或者赔偿损失等违约责任。

在电子合同中，违约救济的主要方式有实际履行、停止使用、终止访问、损害赔偿等几种。

1. 实际履行

实际履行，是指当出现当事人一方不履行义务的情形时，另一方可以要求其实际履行义务，在必要时可以通过人民法院采取强制手段使对方履行义务。

我国《合同法》第一百零九条规定，当事人一方未支付价款或者报酬的，对方可以要求其支付价款或者报酬。

我国《合同法》第一百一十条规定，当事人一方不履行非金钱债务或者履行非金钱债务不符合约定的，对方可以要求履行，但有下列情形之一的除外：(一)法律上或者事实上不能履行；(二)债务的标的不适于强制履行或者履行费用过高；(三)债权人在合理期限内未要求履行。

2. 停止使用

停止使用，是指电子合同中的被许可方出现违约行为，许可方在撤销合同、解除许可时，要求被许可方停止使用其所提供的电子商品或服务，并交回相关信息。

根据我国《合同法》第九十四条的规定，有下列情形之一的，当事人可以解除合同：(一)因不可抗力致使不能实现合同目的；(二)在履行期限届满之前，当事人一方明确表示或者以自己的行为表明不履行主要债务；(三)当事人一方迟延履行主要债务，经催告后在合理期限内仍未履行；(四)当事人一方迟延履行债务或者有其他违约行为致使不能实现合同目的；(五)法律规定的其他情形。

我国《合同法》第一百一十七条规定，因不可抗力不能履行合同的，根据不可抗力的影响，部分或者全部免除责任，但法律另有规定的除外。当事人迟延履行后发生不可抗力的，不能免除责任。本法所称不可抗力，是指不能预见、不能避免并不能克服的客观情况。

在电子合同中，可视为不可抗力的情形如下。

(1) 感染木马病毒。许可方有合理注意病毒的义务，在其尽到该义务后不再承担相关责任，但许可方返还被许可方已付价款的义务并不免除。

(2) 非因自己原因出现的网络中断。网络中断的原因一般可分为两种：一种是由传输线路发生物理损害所导致的，另一种是由病毒或黑客恶意攻击造成的。若许可方对网络中断无法预见和控制，即属于不可抗力。

(3) 非因自己原因出现的电子错误。在出现电子错误的情况下，若该错误并非由当事

人造成的，且当事人对该电子错误无法预见或控制，则当事人无须承担违约责任。

(4) 网络系统因遭受黑客攻击而无法履行合同。

我国《合同法》第一百一十八条规定，当事人一方因不可抗力不能履行合同的，应当及时通知对方，以减轻可能给对方造成的损失，并应当在合理期限内提供证明。

我国《合同法》第一百一十九条规定，当事人一方违约后，对方应当采取适当措施防止损失的扩大；没有采取适当措施致使损失扩大的，不得就扩大的损失要求赔偿。当事人因防止损失扩大而支出的合理费用，由违约方承担。

3. 终止访问

终止访问，是指电子合同中的被许可方出现违约行为，且该行为是严重违约的，许可方可以终止被许可方继续获取信息。

4. 损害赔偿

损害赔偿，是合同违约中最为常见的救济方式。构成损害违约的条件包括：存在违约事实、违约方给对方造成损害(不要求有过错)。

损害赔偿的范围为因违约行为所造成的，包括利润损失在内的实际损失；不包括由于被损害方原因所造成的进一步扩大的损失。损害赔偿的范围不得超过违约方在订立合同时可预见的范围。

我国《合同法》第一百一十二条规定，当事人一方不履行合同义务或者履行合同义务不符合约定的，在履行义务或者采取补救措施后，对方还有其他损失的，应当赔偿损失。

我国《合同法》第一百一十三条规定，当事人一方不履行合同义务或者履行合同义务不符合约定，给对方造成损失的，损失赔偿额应当相当于因违约所造成的损失，包括合同履行后可以获得的利益，但不得超过违反合同一方订立合同时预见到或者应当预见到的因违反合同可能造成的损失。经营者对消费者提供商品或者服务有欺诈行为的，依照《中华人民共和国消费者权益保护法》的规定承担损害赔偿责任。

在电子合同中，如果当事人中的一方泄露或者不正当地使用对方商业秘密，需要承担民事责任。我国《合同法》第四十三条规定，当事人在订立合同过程中知悉的商业秘密，无论合同是否成立，不得泄露或者不正当地使用。泄露或者不正当地使用该商业秘密给对方造成损失的，应当承担损害赔偿责任。

@ 2.2 电子签名法律制度

2.2.1 电子签名概述

1. 电子签名的由来及其功用

签名在我们当今社会尤其是商业领域发挥着极大的作用。签名作为一种法律行为，可以表明文件的来源、签字人对文件内容的确认和签字人对文件内容真实性和完整性的负责，具有确认相对人、防止当事人否认和保证完整性的功能。

早期的签名主要是手写签名，单纯依靠当事人书写完成，其中所存在的信用风险极大；后来又出现了盖章签名方式，且经常与手写签名配合使用，在一定程度上降低了早期签名所面对的信用风险；随着社会的发展又演化出传真打印、打孔、使用符号等形式，是对传统签名方式的进一步补充和发展；在电子商务领域蓬勃发展的今天，与传统签名方式拥有相同功能的电子签名方式也应运而生。

电子签名，从广义上讲，是指包括各种电子手段在内的电子签名。而在狭义的角度，电子签名是指以一定的电子签名技术为特定手段的签名，通常所指的是更加强调安全性的数字签名。

我国《电子签名法》中定义电子签名，是指数据电文中以电子形式所含、所附用于识别签名人身份并表明签名人认可其中内容的数据。其中本法所称数据电文，是指以电子、光学、磁或者类似手段生成、发送、接收或者储存的信息。

电子签名作为电子商务发展的产物，其最大的功用在于通过保证交易信息的保密性、完整性和防篡改性，对交易各方的身份进行认证，来保障电子商务交易的安全性。

根据技术实现方式的不同，电子签名通常可分为电子化签名、生理特征签名和数字签名。其中，电子化签名是通过手写板、精确的模式识别技术、笔记压缩技术和保密技术，对手写签名进行模式识别的方法；生理特征签名是指基于用户的指纹、声音波形、身体特征和面部特征等生理特征对身份进行识别的方法；数字签名是运用加密技术和电子记录所组成的电子签名，是目前运用最为广泛的电子签名。

2. 电子签名存在的问题及其进行认证的必要性

交易安全是电子商务活动中最为重要的问题。而电子商务活动中的交易安全通常需要依靠数据的保密性和完整性、不可否认的交易行为以及真实的交易对象身份等因素综合作用来实现。

在电子商务交易中，使用电子签名主要用于保障电子合同数据本身的安全，使相关数据不被篡改和否认；此外，电子签名从技术角度实现了对签名人身份的辨认，从而确认签名人与其所签订的电子合同之间的所属关系。

虽然电子签名在电子合同的订立中发挥了重要作用，但使用电子签名的电子合同仍存在着极大的违约风险。电子签名人(即私人密钥持有方)的信用度问题，包括以下两种情形：一是由于客观原因，电子签名丢失、被盗或解密，该电子签名所订立的电子合同的效力和责任归属问题；二是电子签名人在主观恶意的前提下，对其所订立的电子合同予以否定。由于电子合同所处的网络环境具有特殊性，在传统商业领域中与之相对应的解决方案无法发挥作用。[①]

此外，如今在网络信息安全保护中被广泛使用的证书体系，是通过公共密钥技术建立的。但公共密钥的确定性和交易人身份的可靠性无法单独通过电子签名来解决。

虽然传统签名中针对以上问题的解决方案由于电子合同所处的网络环境的特殊性而无法实现，但传统的解决方案在电子商务领域可以被加以改造和利用。目前多数国家和地区

---

① 张楚. 电子商务法初论[M]. 北京：中国政法大学出版社，2000：170.

都通过具有公信力的机构对签名人的签名或印章进行备案，在重要合同订立时，对合同中的签名进行验证。因此，在电子商务的交易活动中，为了防止签名人出现抵赖等违约行为，减少因密钥丢失、被盗或被解密的风险，需要有具有权威性和公信力的第三方机构对公开密钥进行辨别、对电子签名进行认证。换言之，只有通过电子认证的配合来保障交易关系的信用安全，才能实现电子签名的安全使用。

3. 电子签名证据的确认

电子签名既可以保障电子合同数据本身的安全，使相关数据不被篡改和否认，同时可以从技术角度实现对签名人身份的辨认。因此，电子签名在电子商务领域拥有极高的证据价值。

根据我国《电子签名法》第十三条的规定，电子签名同时符合下列条件的，视为可靠的电子签名：(一)电子签名制作数据用于电子签名时，属于电子签名人专有；(二)签署时电子签名制作数据仅由电子签名人控制；(三)签署后对电子签名的任何改动能够被发现；(四)签署后对数据电文内容和形式的任何改动能够被发现。当事人也可以选择使用符合其约定的可靠条件的电子签名。

但可以作为证据的电子签名并不仅仅是可靠的电子签名。因此对电子签名证据的认定并不能单纯地从可靠电子签名的合法性、关联性和真实性三个角度进行分析，而要更多地考虑电子签名作为证据与案件的关联性，以及对电子签名进行收集和保全的可行性。

1) 电子签名证据的收集

根据我国诉讼法的相关规定可知，证据的收集主要有当事人的提交和法院的主动收集两种方式。因此在电子商务领域的诉讼程序中，当事人有权提交其所掌握的电子证据，法院在特定情形下会对所需要的电子证据进行主动收集。

电子签名证据通常附属在数据电文之中，而数据电文只能通过计算机来呈现，因此电子签名证据通常通过电子邮件、网络云盘、U盘或硬盘等移动介质来存储。因而在电子签名证据的收集过程中，需要使用数据提取和分析的专用工具。

电子签名证据所依附的数据电文具有能够无限复制与无差异复制、可以不留痕迹地增删与修改和难以确定制作人三大特点。[①]因此，在对电子签名证据进行收集时，要对电子签名所依附的数据电文进行统一且全面的收集。

由于电子商务交易活动所处的网络环境具有虚拟性，因此电子签名证据的收集方法也具有独特性。常见的电子签名证据的收集方法有以下两种。

(1) 现场勘查。在电子商务的交易活动领域进行现场勘查与传统证据收集的现场勘查有很大的不同。在单机的情况下，电子签名证据通过切断计算机的网络连接，对计算机的硬件和软件环境进行系统的勘查，采集相关的网络日志文件；而在联机的状态下，还要对多台计算机所组成的网络环境进行全面的勘查，同样需要获取相关的网络日志文件。

(2) 搜查扣押。由于电子签名是依附于数据电文存储于一定的介质中的，因此在对电

---

① 万以娴. 电子签章法律问题研究[M]. 北京：中国人民法院出版社，2001：274-278.

子签名证据进行收集时，就需要对其存储介质进行搜查并扣押。在搜查时，要采取适当的方式对搜查过程进行记录取证；在扣押时，要对介质及时标注来源、相关人员等重要信息，以此来证明电子签名证据的真实性。

2) 电子签名证据的保全

电子签名所依附的数据电文极易被修改或损坏，因此电子签名证据面临很大的损坏风险。因此，需要对电子签名进行保全。通常对于一般的数据电文进行保全，可以采取现场勘查、提取并扣押存储介质、复制并存档等方式；而对包含电子签名的数据电文，通常会通过公证的方式来对特殊的电子签名证据进行保全。

在实践中，公证也是最为常见的保全方式。通过公证对电子签名证据进行保全，可以充分保证电子签名证据的完整性、合法性、关联性和真实性，使电子签名具有足够的证明力成为电子合同中的有力证据。针对网络环境的特殊性，对电子签名证据采用的是不同于传统公证方式的网络公证，从而为电子签名证据提供妥当的保全。

由于电子商务交易活动所处的网络环境具有虚拟性，因此电子签名证据的保全方法也具有独特性。常见的电子签名证据的保全方法有以下四种。

(1) 现场获取。这一方法是指对相关计算机中存储与电子签名证据相关的数据电文的硬盘进行复制或对相关计算机采取封存的保全方式。通过现场获取这一方式，可以直接对与电子签名相关的关键证据进行保全。

(2) 删除恢复。为了获得并保存完整的电子签名证据，要对相关计算机中已被删除的有关数据电文进行恢复。这一方法是对现场获取方法的后续补充。

(3) 网络调查。这一方法是指对在交易过程中数据电文的传送所留下的痕迹进行调查，即获取与电子签名相关的痕迹证据。

(4) 司法鉴定。这一方法是对前面所述三种电子签名证据保全方法的补充，是指在通过现场获取、删除恢复和网络调查方法仍无法对电子签名证据进行判断和获取的情况下，提出申请通过司法鉴定对电子签名证据做出最终认定的方式以实现对电子签名证据的保全。

3) 电子签名证据的出示

电子签名证据的出示是对其进行认定的最后环节。其中，出示就是将已经收集并保全的电子签名证据向电子合同的相关当事人和法庭进行公开的展示和演示。通过电子签名证据的出示和双方当事人的质证，为法庭的调查提供充分的证据证明。

由于电子签名证据本身所具有的特殊性，在电子签名证据的出示中也存在一些问题。一方面，通常电子签名所依附的数据电文容量很大，通过直接举证的方式很难实现；另一方面，电子签名所依附的数据电文，可能离开原有的电子环境后无法被显示。因此在现实中，电子签名证据通常是通过提交存储有关数据电文的介质，并说明与之相关的信息目录、数据组织方式、操作系统和查询方法等内容进行出示。[①]

随着社会科技水平的不断发展和提高，已经出现了在法庭上当场对数据电文进行审核

---

① 刘品新. 中国电子证据立法研究[M]. 北京：中国人民大学出版社，2005：36.

勘查的方法。我们有理由相信在可预见的未来，电子签名的出示将更加方便和全面。

2.2.2 电子签名法律制度

1. 《电子签名法》适用范围

我国《电子签名法》第三条中明确规定，民事活动中的合同或者其他文件、单证等文书，当事人可以约定使用或者不使用电子签名、数据电文。

当事人约定使用电子签名、数据电文的文书，不得仅因为其采用电子签名、数据电文的形式而否定其法律效力。

前款规定不适用下列文书。

(1) 涉及婚姻、收养、继承等人身关系的；

(2) 涉及土地、房屋等不动产权益转让的；

(3) 涉及停止供水、供热、供气、供电等公用事业服务的；

(4) 法律、行政法规规定的不适用电子文书的其他情形。

2. 《电子签名法》法律责任

1) 电子签名人的权利义务和违反法定义务的法律责任

在电子签名法律关系中，电子签名人既享有一定的电子签名和认证的权利，也承担着与电子签名和认证服务相对应的义务。

(1) 电子签名人的权利。

我国《电子签名法》第十四条中规定，可靠的电子签名与手写签名或者盖章具有同等的法律效力；第十六条中规定，电子签名需要第三方认证的，由依法设立的电子认证服务提供者提供认证服务。因此，电子签名人的权利主要体现在以下几个方面。

鉴于可靠的电子签名与手写签名或者盖章具有同等的法律效力，电子签名人享有但不限于的权利包括：

① 请求履行所订立的电子合同的权利；

② 要求对方为电子合同提供担保的权利；

③ 在合同目的无法实现时，请求解除电子合同的权利；

④ 在对方存在违约行为时，请求对方承担违约责任的权利。

鉴于电子签名通过依法设立的电子认证服务提供者进行电子认证，电子签名人享有的权利包括但不限于：

① 获得有效的电子签名认证证书的权利；

② 在相信其电子签名存在不安全情况时，中止或撤销认证证书的权利；

③ 依据电子认证服务提供者提供的电子签名认证服务在民事活动遭受损失，且电子认证服务提供者不能证明自己无过错的情况下，请求对方给予合理赔偿的权利。

(2) 电子签名人的义务。

鉴于可靠的电子签名与手写签名或者盖章具有同等的法律效力，电子签名人应承担的义务已在本章 2.1.3 节中叙述，在此不再重述。

鉴于电子签名通过依法设立的电子认证服务提供者进行电子认证，电子签名人应承担的义务包括但不限于：

① 真实陈述的义务。我国《电子签名法》第二十条规定，电子签名人向电子认证服务提供者申请电子签名认证证书，应当提供真实、完整和准确的信息。

② 及时缴纳认证费用的义务。电子认证服务提供者对电子签名人的电子签名进行电子认证是有偿服务，需要缴纳相关认证费用。

③ 妥善保管认证证书的义务。我国《电子签名法》第十五条规定，电子签名人应当妥善保管电子签名制作数据。电子签名人知悉电子签名制作数据已经失密或者可能已经失密时，应当及时告知有关各方，并终止使用该电子签名制作数据。

④ 配合认证证书更新的义务。认证证书的不断更新是对电子签名安全的有效保证。因此，电子签名人必须积极配合认证机构的证书更新。

(3) 电子签名人违反法定义务的法律责任。

当电子签名人在电子商务交易活动中存在有违反《电子签名法》相关规定的行为时，需要承担相应的民事法律责任。

例如，电子签名人没有在对电子签名进行认证时，做出虚假陈述，致使认证机构给其电子签名的认证证书上存在错误信息，进而认证机构需要对认证信息依赖方进行经济赔偿，认证机构的名誉也遭受损害。电子签名人对认证方的损失要承担违约赔偿责任。

我国《电子签名法》第二十七条规定，电子签名人知悉电子签名制作数据已经失密或者可能已经失密未及时告知有关各方，并终止使用电子签名制作数据，未向电子认证服务提供者提供真实、完整和准确的信息，或者有其他过错，给电子签名依赖方、电子认证服务提供者造成损失的，承担赔偿责任。

2) 电子签名依赖方的权利义务和违反法定义务的法律责任

(1) 电子签名依赖方的权利。

电子签名依赖方，是指在电子商务交易活动中，基于对电子签名及其认证证书的信任，与电子签名人进行交易往来的机构或个人。世界上大多数国家都通过法律规定电子签名人和电子认证机构对电子签名依赖方承担保证的义务。

电子签名依赖方的权利主要有以下几个方面。

① 要求电子签名人及其电子签名的认证机构向电子签名依赖方承担保证电子签名真实有效的义务；

② 在进行电子交易活动中，查询对方电子签名证书的权利；

③ 若电子签名人或其电子认证机构出现违约行为，对电子签名依赖方造成损害的，可以要求其承担违约赔偿责任。

(2) 电子签名依赖方的义务。

与电子签名人相比，电子签名的依赖方所承担的义务较少，主要有以下几个方面。

① 在订立电子合同之前，通过合理有效的方式对交易相对人的电子签名的可靠性进

行查验;

② 对电子认证的业务操作规范及认证证书的相关政策进行必要的了解;

③ 在订立电子合同之前，通过合理有效的方式对交易相对人的电子签名认证证书的有效性进行查验。

(3) 电子签名依赖方违反法定义务的法律责任。

电子签名依赖方通常在电子交易活动中处于被动的地位，世界上大多数国家都通过法律对其提供保护。但鉴于电子签名依赖方也有其应承担的义务，若其未履行前述应尽的义务，对其自身所造成的损害自行承担。

@ 2.3 电子认证法律制度

2.3.1 电子认证概述

1. 电子认证机构在电子商务和政务中的功能

电子认证，指的是认证机构通过电子加密技术，对电子签名、数字摘要、数字证书进行认证，从而为电子商务交易活动中的各方和政务系统的相关主体提供身份确认、数据电文真实完整保证的活动。

电子认证在现代社会中发挥着极大的作用。电子认证与电子签名的结合，解决了单纯依靠电子签名无法解决的交易主体信用度确认的问题，为电子交易活动提供了有效的安全保障。电子认证为电子交易活动所提供的安全保障主要表现在其对电子签名人的资信状况提供了有效证明，从而有效地规避了电子签名人抵赖否认和电子签名恶意欺诈的风险。

而在政务领域，通过电子认证机构对公共密钥的认证和辨别，合理地对政务系统中的相关权限、可访问资源进行管理和限制，可以有效地减少密钥丢失、损毁或解密所造成的不确定性，并对可能出现的风险进行预防，以保证政务系统的有效、安全运作。

2. 国内电子认证行业的立法情况

为了保障电子商务活动的有序开展， 2003 年 4 月， 由国务院法制办牵头，我国《电子签名法》进入了正式起草阶段；2004 年 8 月召开的第十届全国人民代表大会常务委员会第十一次会议通过了我国的《电子签名法》，并于 2005 年 4 月 1 日起正式开始实施。《电子签名法》作为我国第一部电子商务领域的专门立法，在内容上对电子签名的法律效力进行了明确，对电子签名的行为进行了规范，同时对认证机构的法律地位和认证程序做出了明确，对认证机构的行业准入设置条件，且对国务院信息产业主管部门是电子签名认证机构的监管机关的身份做出了明确。

《电子签名法》中规定了国务院信息产业部在电子认证服务监督管理方面明确的职责权限。根据《电子签名法》的授权，国务院信息产业部于 2005 年 2 月颁布了《电子认证服务管理办法》，从而细化了对电子认证服务的规范，为电子认证服务业的发展奠定了坚实的基础。于 2005 年 4 月 1 日与《电子签名法》配套实施的《电子认证服务管理办法》的主要内容有以下几个方面。

① 电子认证服务机构的资质条件、申请程序和许可证管理；

② 电子认证服务的业务和职责规定；

③ 电子签名认证证书的规定；

④ 电子认证业务的承接；

⑤ 监督管理的内容，违法行为的处罚等。

除此之外，我国还相继出台了《电子认证服务密码管理办法》《电子认证业务规则规范(试行)》等与之相配套的法律规范。综上我们可以看出，目前我国已基本建立了电子认证服务的法律体系。

2.3.2　电子签名认证过程中各方当事人的法律关系

1. 电子签名人与电子签名认证机构的认证服务合同关系

在电子交易活动中，电子签名人需要通过电子认证机构对其电子签名进行认证，从而证明其身份、实现数据电文的安全传输，为交易的顺利达成提供有效保障。电子认证机构所提供的认证服务是通过认证证书实现的，其中认证证书就是电子签名人与电子签名认证机构的认证服务合同的格式化表现。

在完整的电子认证活动中，首先需要电子签名人向电子签名认证机构提出申请，并向电子签名认证机构提供必要的信息和相关文件，即电子签名人向电子签名认证机构发出要约。待经电子签名认证机构进行审核，且在电子签名认证机构认定电子签名人的信息完整、准确的情况下，受理电子签名人签发认证申请，即电子签名认证机构做出承诺，此时二者之间的合同关系成立。在此之后，电子签名认证机构对认证证书的签发、后续管理和收取相关费用的行为，都是对合同的履行。

由于电子商务活动较之传统商业活动具有特殊性，且电子认证活动其本身也具有特殊性，法律对电子签名人与电子签名认证机构的认证服务合同关系设定了较多的硬性条款，具体内容将在下文中做出详细介绍。

2. 电子签名认证机构与电子签名依赖方的利益信赖关系

电子签名依赖方基于对电子签名认证机构的信赖，与交易相对人进行电子交易，因此电子签名认证机构与电子签名依赖方之间存在着利益信赖关系。二者之间的利益信赖关系主要有以下三种具体情形。

(1) 交易双方作为电子签名人均获得电子签名认证证书，且双方同属于同一电子签名认证机构的用户。在这一情形下，依赖方与认证机构之间存在有认证服务合同。

(2) 交易双方作为电子签名人均获得电子签名认证证书，但双方分别为两家电子签名认证机构的用户。在这一情形下，依赖方与认证机构之间没有合同，电子签名依赖方完全是基于对认证机构的信任，而相信电子签名人。

(3) 一方交易者持有电子签名认证证书，而电子签名依赖方并没有电子签名认证证书。在这一情形下，依赖方与认证机构之间同样没有合同，电子签名依赖方完全是基于对认证机构的信任，而相信电子签名人。

电子签名认证机构与电子签名依赖方之间存在着利益信赖关系的基础，就是电子签名

认证机构所签发证书的公正性。而这一利益信赖关系也正是电子签名认证行为的内涵。

3. 电子签名人与电子签名依赖方的交易关系

电子签名人与电子签名依赖方是电子合同的当事人双方，二者之间的交易关系与传统商业交易并没有太大的区别，只不过双方之间的交易关系是通过数据网络建立的。

在电子交易中，电子签名认证证书是交易顺利达成的基础，正是基于对电子签名认证机构的信赖，电子签名依赖方愿意与电子签名人达成交易。若在交易活动中，由于电子签名认证证书包含错误信息给双方造成损失，且电子签名认证机构存在过错的情况下，电子签名人和电子签名依赖方均可以向电子签名认证机构请求赔偿。

2.3.3 电子签名认证机构的权利义务和违约责任的归责原则及免责情形

1. 电子签名认证机构的权利和义务

1) 电子签名认证机构的权利

电子签名认证机构所享有的权利主要有以下四个方面。

(1) 要求电子签名人提供真实有效的信息和相关文件，并对其进行查验和审查的权利。

其中要求电子签名人提供的信息和相关文件包括：个人电子认证申请人的姓名、身份证的原件及复印件、联系电话、通信地址等相关个人资料；而法人或非法人机构电子认证申请人则要提供机构名称、机构性质、机构有效证件的原件及复印件、机构联系电话、机构通信地址、组织机构代码等相关资料。

我国《电子认证服务管理办法》第三十条规定，有下列情况之一的，电子认证服务机构应当对申请人提供的证明身份的有关材料进行查验，并对有关材料进行审查：(一)申请人申请电子签名认证证书；(二)证书持有人申请更新证书；(三)证书持有人申请撤销证书。

(2) 收取提供电子签名认证服务费用的权利。

(3) 在特定情形下，撤销其所签发的电子签名认证证书的权利。

我国《电子认证服务管理办法》第二十九条规定，有下列情况之一的，电子认证服务机构可以撤销其签发的电子签名认证证书：(一)证书持有人申请撤销证书；(二)证书持有人提供的信息不真实；(三)证书持有人没有履行双方合同规定的义务；(四)证书的安全性不能得到保证；(五)法律、行政法规规定的其他情况。

(4) 请求赔偿的权利。

我国《电子签名法》第二十七条规定，电子签名人知悉电子签名制作数据已经失密或可能已经失密未及时告知有关各方，并终止使用电子签名制作数据，未向电子认证服务提供者提供真实、完整和准确的信息，或者有其他过错，给电子签名依赖方、电子认证服务提供者造成损失的承担赔偿责任。

2) 电子签名认证机构的义务

电子签名认证机构应履行的法定义务主要有以下五个方面。

(1) 对业务进行合理说明和告知的义务。

我国《电子签名法》第十九条规定，电子认证服务提供者应当制定、公布符合国家有关规定的电子认证业务规则，并向国务院信息产业主管部门备案。电子认证业务规则应当包括责任范围、作业操作规范、信息安全保障措施等事项。

我国《电子签名法》第二十一条规定，电子认证服务提供者签发的电子签名认证证书应当准确无误，并应当载明下列内容：(一)电子认证服务提供者名称；(二)证书持有人名称；(三)证书序列号；(四)证书有效期；(五)证书持有人的电子签名验证数据；(六)电子认证服务提供者的电子签名；(七)国务院信息产业主管部门规定的其他内容。

我国《电子签名法》第二十三条规定，电子认证服务提供者拟暂停或者终止电子认证服务的，应当在暂停或者终止服务九十日前，就业务承接及其他有关事项通知有关各方。

电子认证服务提供者拟暂停或者终止电子认证服务的，应当在暂停或者终止服务六十日前向国务院信息产业主管部门报告，并与其他电子认证服务提供者就业务承接进行协商，做出妥善安排。

电子认证服务提供者未能就业务承接事项与其他电子认证服务提供者达成协议的，应当申请国务院信息产业主管部门安排其他电子认证服务提供者承接其业务。

电子认证服务提供者被依法吊销电子认证许可证书的，其业务承接事项的处理按照国务院信息产业主管部门的规定执行。

(2) 对电子签名人进行有效审查的义务。

我国《电子签名法》第二十条规定，电子签名人向电子认证服务提供者申请电子签名认证证书，应当提供真实、完整和准确的信息。电子认证服务提供者收到电子签名认证证书申请后，应当对申请人的身份进行查验，并对有关材料进行审查。

(3) 保证电子签名认证服务安全性的义务。

我国《电子签名法》第二十二条规定，电子认证服务提供者应当保证电子签名认证证书内容在有效期内完整、准确，并保证电子签名依赖方能够证实或者了解电子签名认证证书所载内容及其他有关事项。

我国《电子认证服务管理办法》第十七条规定，电子认证服务机构应当保证提供下列服务：(一)制作、签发、管理电子签名认证证书；(二)确认签发的电子签名认证证书的真实性；(三)提供电子签名认证证书目录信息查询服务；(四)提供电子签名认证证书状态信息查询服务。

我国《电子认证服务管理办法》第十八条规定，电子认证服务机构应当履行下列义务：(一)保证电子签名认证证书内容在有效期内完整准确；(二)保证电子签名依赖方能够证实或者了解电子签名认证证书所载内容及其他有关事项；(三)妥善保存与电子认证服务相关的信息。

其中，妥善保存与电子认证相关的信息的具体要求在我国《电子签名法》第二十四条中给出明确规定：电子认证服务提供者应当妥善保存与认证相关的信息，信息保存期限至少为电子签名认证证书失效后五年。

(4) 信息披露的义务。

电子签名认证机构应进行信息披露的内容包括：认证机构根证书的说明、用户的公钥、作废证书名单、认证业务说明、认证机构作为公司登记时应公开的有关记录、其他任何影响证书安全性能或认证机构服务能力的事实。[①]

---

① 高富平. 电子商务法律指南[M]. 北京：法律出版社，2003：222.

我国《电子认证服务管理办法》第十条规定，工业和信息化部应当自接到申请之日起四十五日内做出准予许可或者不予许可的书面决定。不予许可的，应当书面通知申请人并说明理由；准予许可的，颁发《电子认证服务许可证》，并公布下列信息：(一)《电子认证服务许可证》编号；(二)电子认证服务机构名称；(三)发证机关和发证日期。电子认证服务许可相关信息发生变更的，工业和信息化部应当及时公布。《电子认证服务许可证》的有效期为五年。

(5) 重要信息的保密义务。

我国《电子认证服务管理办法》第二十条规定，电子认证服务机构应当遵守国家的保密规定，建立完善的保密制度。电子认证服务机构对电子签名人和电子签名依赖方的资料，负有保密义务。

2. 许可认证机构的法律责任

电子签名认证机构要想获得从业许可，需要具备一定的条件。根据我国《电子签名法》第十七条的规定，提供电子认证服务，应当具备下列条件：(一)取得企业法人资格；(二)具有与提供电子认证服务相适应的专业技术人员和管理人员；(三)具有与提供电子认证服务相适应的资金和经营场所；(四)具有符合国家安全标准的技术和设备；(五)具有国家密码管理机构同意使用密码的证明文件；(六)法律、行政法规规定的其他条件。

我国《电子签名法》第十八条规定，从事电子认证服务，应当向国务院信息产业主管部门提出申请，并提交符合本法第十七条规定条件的相关材料。国务院信息产业主管部门接到申请后经依法审查，征求国务院商务主管部门等有关部门的意见后，自接到申请之日起四十五日内做出许可或者不予许可的决定。予以许可的，颁发电子认证许可证书；不予许可的，应当书面通知申请人并告知理由。取得认证资格的电子认证服务提供者，应当按照国务院信息产业主管部门的规定在互联网上公布其名称、许可证号等信息。

1) 认证机构对电子签名人的法律责任

在电子签名认证服务中，常见的对电子签名人造成违约的情形包括：未及时有效地签发证书、未能在合理期限内及时中止或撤销证书、证书库或作废证书表出现错误、认证机构的私钥丢失或损坏等其他情形。因以上行为给电子签名人造成的损害，电子签名认证机构要承担违约责任。

在电子签名认证服务中，常见的对电子签名人造成侵权的情形包括：由于违法违规发放认证证书；认证机构没有履行认证业务声明中载明的义务，或没有按照业务声明中的程序、标准或规范操作；违反保密义务，泄露电子签名人的个人资料，侵害其隐私权；除不可抗力因素外，因电子签名认证机构的过错，出现违反安全保障义务的其他情形。因以上行为给电子签名人造成损失的，电子签名认证机构同样需要承担违约责任。

2) 认证机构对电子签名依赖方的法律责任

在电子签名认证活动中，认证机构违反法定义务而给电子签名依赖方造成损失的，应对电子签名依赖方承担侵权责任。常见的对电子签名依赖方造成侵权的情形包括：电子签名认证机构未对认证证书申请人身份进行查验审核而错误签发证书；证书库或作废证书列表存在错误；未及时中止或撤销认证证书；未履行业务声明中载明的相关义务等其他情形。

我国《电子签名法》第二十九条规定，未经许可提供电子认证服务的，由国务院信息产业主管部门责令停止违法行为；有违法所得的，没收违法所得；违法所得三十万元以上的，处违法所得一倍以上三倍以下的罚款；没有违法所得或者违法所得不足三十万元的，处十万元以上三十万元以下的罚款。

我国《电子签名法》第三十条规定，电子认证服务提供者暂停或者终止电子认证服务，未在暂停或者终止服务六十日前向国务院信息产业主管部门报告的，由国务院信息产业主管部门对其直接负责的主管人员处一万元以上五万元以下的罚款。

我国《电子签名法》第三十一条规定，电子认证服务提供者不遵守认证业务规则、未妥善保存与认证相关的信息，或者有其他违法行为的，由国务院信息产业主管部门责令限期改正；逾期未改正的，吊销电子认证许可证书，其直接负责的主管人员和其他直接责任人员十年内不得从事电子认证服务。吊销电子认证许可证书的，应当予以公告并通知工商行政管理部门。

3. 自建认证机构的法律责任

随着电子认证的不断发展，一些有庞大电子签名认证需求的大型企业会根据自己业务的需要，开发自己专用的电子签名认证系统供其内部使用以向消费者提供安全的电子交易服务。自建认证机构在银行也最为常见，银行通过向其客户提供数字证书来保证电子银行交易的安全。

自建认证机构存在诸多弊端，其中最为突出的问题表现在自建认证机构是电子签名认证证书的提供者，同时又与电子签名人进行交易，即其兼具电子签名认证机构和电子签名依赖方的双重角色，在举证时其所提供的电子签名证据的法律效力很难认定。

由于自建认证机构并不属于独立的第三方电子签名认证机构，因此对自建认证机构违约行为的处理，并不能适用《电子签名法》。但由于在自建认证机构与电子签名人之间存在着合同关系，当自建认证机构未履行或未完全履行合同义务的情况下，可以参照适用《合同法》对自建认证机构应向电子签名人承担的法律责任进行具体判断。

对自建认证机构侵权行为，可以参照自建认证机构与电子签名人之间的合同关系处理。电子签名认证机构与电子签名依赖方之间存在着信赖利益关系，电子签名认证机构对电子签名依赖方同样负有义务。因此当自建认证机构在主观故意的前提下发生违法行为，并对电子签名依赖方造成损失时，电子签名依赖方可以要求自建认证机构对其进行赔偿。

4. 电子签名认证机构的归责原则及免责情形

1) 电子签名认证机构的归责原则

我国《电子签名法》第二十八条规定，电子签名人或者电子签名依赖方因依据电子认证服务提供者提供的电子签名认证服务从事民事活动遭受损失，电子认证服务提供者不能证明自己无过错的，承担赔偿责任。

从中我们可以看出，电子签名认证机构的归责原则采用的是过错推定原则。即在违法行为与损害事实之间存在因果关系的情况下，若电子签名认证机构无法证明自己对损害的发生不存在过错的，则推定电子签名认证机构在损害事实中存在过错，要承担相应的赔偿责任。

在电子签名法律关系中，电子签名认证机构与电子签名人和电子签名依赖方之间存在着严重的信息不对称，因此电子签名人和电子签名依赖方都处于弱势地位。采用过错推定原则正是从法律层面对电子签名人和电子签名依赖方进行合理的保护。

2) 电子签名认证机构的免责情形

在我国的《电子签名法》和《电子认证服务管理办法》中并没有对电子签名认证机构的免责情形做出规定，因此根据我国民事法律的相关原理，电子签名认证机构的免责情形有以下四种。

(1) 不可抗力。即在不可预见、不能避免、无法克服的情况下，电子签名认证机构对电子签名人和电子签名依赖方的损失不需承担法律责任。在本章 2.1.4 节中已对电子合同中的不可抗力做出详细说明。

(2) 紧急避险。这是指电子签名认证机构在发现与电子签名相关的数据电文面临重大风险或已经泄露的情况下，为避免损失的进一步扩大，电子签名认证机构及时告知电子签名人和电子签名依赖方并对出现问题的电子签名中止使用，由此使电子签名人和电子签名依赖方遭受损失的，电子签名认证机构可以免除或减轻相应的责任。

(3) 由电子签名人或电子签名依赖方的过错导致的。在这一情形下，电子签名人或电子签名依赖方所遭受的损失，由其自行承担；电子签名认证机构并不承担法律责任。

(4) 合同中约定的免责情形。即在电子认证服务合同中，电子签名人与电子签名认证机构事先约定了并不违反法律禁止性规定的免责情形；当约定情形出现时，电子签名认证机构不承担法律责任。

本 章 小 结

- 电子合同，是指法律地位平等的自然人、法人和其他组织之间通过电子技术手段设立、变更、终止民事权利义务关系的协议。电子合同的订立是电子商务活动的参与主体通过电子数据交换、电子邮件等方式进行接触和商谈，最后达成协议的过程。

- 在合同的订立过程中，合同当事人具有相应的民事行为能力是合同生效的要件。因此在电子合同中，对当事人身份的验证需要电子签名、电子证书等相关技术和服务的帮助。

- 在电子合同中，违约救济的主要方式有：实际履行、停止使用、终止访问和损害赔偿。

- 电子签名，是指数据电文中以电子形式所含、所附用于识别签名人身份并表明签名人认可其中内容的数据。其中本法所称数据电文，是指以电子、光学、磁或者类似手段生成、发送、接收或者储存的信息。在电子签名法律关系中，电子签名人和电子签名依赖方既享有一定的电子签名和认证的权利，同时也承担着与电子签名和认证服务相对应的义务。

- 电子认证，指的是认证机构通过电子加密技术，对电子签名、数字摘要、数字证书进行认证，从而为电子商务交易活动中的各方和政务系统的相关主体提供身份确认、数据电文真实完整保证的活动。在电子签名认证过程中存在着：电子签名人与电子签名认证机构的认证服务合同关系、电子签名认证机构与电子签名依赖方的信赖利益关系、电子签名人与电子签名依赖方的交易关系。

本 章 作 业

1. 简述电子合同的法律效力。

2. 分别简述电子签名人和电子签名依赖方在电子商务活动中的权利、义务和法律责任。

3. 简述电子认证机构在电子商务活动中的权利、义务和法律责任。

第3章

借贷合同

本章目标

- 掌握借贷合同的特征、成立要件和效力，以及借贷合同履行、转让和终止的情形。
- 掌握借贷合同违约责任的构成要件、具体形式和免责事由。
- 掌握民间借贷合同的界定、表现形式、成立要件和生效条件，以及民间借贷合同未生效、效力待定和无效的三种具体情形。
- 了解网络借贷合同的性质和类型，以及网络借贷民事纠纷的解决程序。

本章简介

　　借贷法律关系是金融领域最为基础和重要的法律关系，也是现代金融领域最为常见的法律关系。其中，民间借贷作为一种资源丰富、操作简捷灵便的融资手段，在一定程度上缓解了银行信贷资金不足的矛盾，但其本身的随意性和风险性也极易引发诸多社会问题。随着现代网络技术的进步和发展，网络借贷在现代金融领域中兴起。一方面，由于网络交易的虚拟性，在网络借贷中极易产生欺诈和欠款不还的违约纠纷；另一方面，由于存在监管空白，网络借贷中存在着非法集资和非法吸引公众存款的可能。因此，民间借贷和网络借贷需要逐步纳入法制化的轨道。

　　本章将重点讲解借贷合同的基础知识和相关法律规定、民间借贷合同的效力及表现形态，以及网络借贷合同相关法律问题。

@ 3.1 借贷合同的特征与成立

借贷合同，又称借款合同，是借款合同是借款人向贷款人借款，到期返还借款的合同。展开来说，当事人约定一方将一定种类和数额的货币所有权移转给他方，他方于一定期限内返还同种类同数额货币的合同。其中，提供货币的一方称贷款人，受领货币的一方称借款人。

按合同的期限不同，可以分为定期借贷合同、不定期借贷合同、短期借贷合同、中期借贷合同、长期借贷合同。按合同的行业对象不同，可以分为工业借贷合同、商业借贷合同、农业借贷合同。

3.1.1 借贷合同的法律特征

借贷合同的法律特征主要有以下几个方面。

(1) 借贷合同的客体是特定的。借贷合同，以金钱为标的物，非货币的财物不能成为借贷合同的客体。

(2) 借贷合同是转让标的物处分权的合同。借贷合同所转移的是标的物的处分权，而不是所有权。借贷合同的借用人按约定负有"返还"的义务，约定有利息的，还须支付利息。借贷合同的标的既不是被卖出，也不是被租出，而是被贷出，到期还要收回。借用人借贷的目的，主要不在拥有所有权，而在于为了自己的需要而处分。

(3) 借贷合同通常采用书面形式。我国法律规定，一般情形下借贷合同应当采取书面形式。若借款人和贷款人未以书面形式订立合同，在双方发生争议时，推定借贷合同关系不成立。但针对民间借贷中自然人之间订立的借贷合同，法律对其合同的形式则要求较为宽松，双方当事人约定采用口头形式的，其采用口头形式订立的借贷合同依然有效。

(4) 借贷合同的成立并不以货币给付为前提。不论货币是否已经给付，借款人与贷款人之间的借贷合同自双方协商一致时成立。

(5) 借贷合同，为双务、有偿合同。借贷合同双方当事人均负有义务。贷款人所负主要义务是，按照合同约定数额、期限及时拨付款项给借款人、借款人所负主要义务是按照约定期限归还相同数额款项，并支付利息。借款人所支付的利息，是合同的对价。

3.1.2 借贷合同的成立

借贷合同的成立通常需要满足如下三个条件。

① 借贷合同是双方或多方的法律行为，因此借贷合同需要有两个或两个以上的缔约当事人；

② 缔约当事人对借贷合同的内容形成合意。即借贷合同的当事人要对借贷合同的主要条款做出真实一致的意思表示；

③ 借贷合同通常需要通过要约和承诺两个环节确定缔约当事人形成合意。

1. 借贷合同的要约

借贷合同的要约,是指借贷合同中的一方当事人向相对当事人做出的希望与其订立借贷合同的意思表示。

1) 要约的成立

要约的成立通常需要满足如下五个条件。

① 该要约是具有缔约能力特定人并做出的真实意思表示;

② 要约人必须发给要约人希望与其订立合同的受要约人;

③ 该要约表明了要约人想要订立借贷合同的意图;

④ 该要约应以明确方式发出,其内容是具体且确定的;

⑤ 表明经受要约人承诺,要约人即受该意思表示约束。

2) 要约的生效

要约到达受要约人时生效,此时要约对要约人产生约束,要约人不得任意对要约进行限制、修改和撤销。

3) 要约的撤回

要约的撤回,是指要约在发出之后,未到达(或撤回通知与要约同时到达)受要约人之前要约并未生效时,要约人有权撤回其发出的要约。倘若撤回的通知于要约到达后到达,而按其通知方式依通常情形应先于要约到达或同时到达,依诚实信用原则,在此情况下,相对人应当向要约人发出迟到的通知,相对人怠于为通知且其情形为要约人可得而知者,其要约撤回的通知视为未迟到。

4) 要约的撤销

要约的撤销是指要约到达受要约人并生效之后,要约人可以通过发出撤销要约的通知使已生效的要约失效。撤销要约的通知应当在受要约人发出承诺通知之前到达受要约人。

在以下三种情形下,要约不得撤销。

① 要约是有承诺期限的要约。要约人确定了承诺期限或者以其他形式明示要约不可撤销。

② 要约内容中明确约定该要约是不可撤销的要约。

③ 受要约人有理由认为该要约是不可撤销的,已经为履行合同做了准备工作。

5) 要约的失效

要约一旦失效,则意味着要约对要约人和受要约人不再产生约束力。即使受要约人向要约人做出承诺,也不能使借贷合同成立。

在以下四种情形下,要约失效。

① 要约人依法撤销要约;

② 承诺期届满,受要约人未做出承诺;

③ 受要约人拒绝该要约的通知到达要约人;

④ 受要约人对要约的内容做出实质性的变更。

2. 借贷合同的承诺

借贷合同的承诺，是指受要约人做出同意接受要约人所做出的要约的意思表示。承诺生效之时，合同成立。

1) 承诺的成立

承诺的成立通常需要以下四个要件。

① 该承诺是由受要约人向要约人做出的；

② 该承诺在规定时间内到达要约人；

③ 该承诺的内容与要约的内容相一致[①]；

④ 该承诺是以要约中要求的方式做出的(在我国原则上采用通知的方式)。

2) 承诺的生效

承诺生效之时，合同成立。因此，确定承诺的生效时间对确定合同的生效时间具有重要意义。主要表现在以下几个方面。

(1) 承诺生效的时间直接决定了合同成立的时间。因为合同在何时生效，当事人就于何时受合同关系的拘束，享受合同上的权利和承担合同上的义务。

(2) 承诺生效的时间常常与合同订立的地点是联系在一起的，而合同的订立地点又与法院管辖权的确定以及选择适用法律的问题密切联系在一起。所以，确定承诺生效的时间意义重大。

根据我国《合同法》的规定，承诺生效时间的确定采用到达主义，即承诺到达要约人之时发生法律效力。其中所指的到达，并不是要约人已经阅读和了解承诺内容之时，而是指承诺到达要约人的可控范围内之时。可控范围包括要约人的住所、营业场所、代收信件处、邮箱等具体范围。

双方当事人也可以根据交易习惯或要约中明确的要求，约定以受要约人做出承诺行为之时作为承诺生效的时间。

3) 承诺的延迟

承诺的延迟，是指受要约人超出约定的期限做出承诺。承诺本应在承诺期限内做出，超过有效的承诺期限，要约已经失效，对于失效的要约发出承诺，不能发生承诺的效力，应视为新要约；受要约人在承诺期限内发出承诺，按照通常情形能够及时到达要约人，但因其他原因承诺到达要约人时超过承诺期限的，除要约人及时通知受要约人因承诺超过期限不接受该承诺的以外，该承诺有效。

4) 承诺的撤回

承诺的撤回，是指受要约人在承诺发出之后、承诺生效之前，做出的阻止承诺发生效力的意思表示。只有在承诺的撤回通知在承诺到达要约人或与承诺同时到达要约人的情况下，承诺才能够撤回以使其不产生效力。

---

① 需要说明的是，承诺的内容可以对要约的内容做出非实质性变更，但若要约人及时表达反对意见，则承诺不能成立；承诺的内容发生实质性变更时，视为做出新要约。

3.2 借贷合同的效力、履行、变更、转让及其终止

3.2.1 借贷合同的效力

借贷合同的效力是指依法成立并生效的借贷合同所具有的法律约束力。

1. 借款人的义务

借款人作为债务人，在借贷合同中所承担的义务主要包括以下几项。

(1) 信息披露义务。借款人的信息披露是指在借款合同订立的过程中，借款人应贷款人了解其资信情况的需要而提供的与借款有关的业务活动和财务状况的真实情况的活动。

(2) 借款人收取借款的义务。借款人需要按照约定的日期、数额收取借款。

(3) 借款人需要依约使用借款的义务。根据《合同法》的规定，借款人未按照约定的借款用途使用借款的，贷款人可以停止发放借款、提前收回借款或者解除合同。

(4) 借款人还需要依照约定来支付利息。

(5) 借款人需要按期返还借款的义务。根据《合同法》的规定，借款人应当按照约定的期限返还借款，对借款期限没有约定或者约定不明确，需要按照《合同法》第六十一条来确定，借款人可以随时返还；贷款人可以催告借款人在合理期限内返还。

2. 贷款人的义务

贷款人作为债权人，在借贷合同中应承担的义务主要包括以下两项。

(1) 按照合同约定的期限、数额提供给借款人借款，逾期交付借款，应承担违约责任。

(2) 通知借款人按期还款的义务，借款合同期限届满十日前，应书面通知借款人按期还款，未作书面通知的，造成借款人逾期归还借款的，借款人不承担逾期还款责任。

3.2.2 借贷合同的履行

借贷合同在履行过程中涉及的法律问题主要表现在抗辩权和对合同权利的保全两方面。

1. 借贷合同履行中的抗辩权

抗辩权是指借款合同的一方当事人在法定条件下对抗另一方当事人的请求权或否认对方权利主张、拒绝履行债务的权利。

按照抗辩权功能的不同可将抗辩权分为消灭抗辩权和延缓抗辩权。前者行使的效果是使请求权归于消灭，使请求权永久地不能行使，因此它又被称为永久抗辩权，如时效届满的抗辩权。后者行使的效果仅使请求权效力延期，使请求权在一段时间内不能行使，而不会使对方请求权归于消灭，因此又被称为一时抗辩权。延缓抗辩权是当事人在合同履行过程中行使的一项可以预先防范损失、有效保障当事人利益的权利。延缓抗辩权包括同时履

行抗辩权、先履行抗辩权和不安抗辩权，我国《合同法》第六十条、第六十七条和第六十八条对双务合同履行中的这三种抗辩权均做出了明确规定。

在资金借贷的法律关系中，由于贷款人先提供资金给借款人，借款人在占用并使用资金一段时间后才承担还款义务的，因此借贷合同属于异时履行的合同，而同时履行抗辩权则是建立在当事人没有履行时间的先后顺序的基础上，所以在借贷合同中不存在同时履行抗辩权，只存在先履行抗辩权和不安抗辩权。

1) 先履行抗辩权

先履行抗辩权是指借贷合同约定有履行先后顺序的，负有先履行义务的一方当事人未依照合同约定履行债务，后履行义务的一方当事人可以因此拒绝对方当事人履行请求权的一种抗辩权。

先履行抗辩权的构成要件：双方当事人互负债务；两个债务有先后履行顺序；先履行一方不履行或不适当履行。

适用先履行抗辩权，须符合以下条件。

(1) 当事人双方必须同时在同一借贷合同中，且双方互为给付义务。即在双方当事人之间因同一合同互负债务而形成的对价关系，其中对价关系是指一方履行与他方对价履行互为条件，具有牵连性。

(2) 当事人之间义务的履行存在先后顺序。这一履行的先后顺序可以是由法律规定的，也可以是当事人之间约定的，或由交易习惯确定的。

(3) 先履行一方必须不履行合同义务或者履行合同义务不适当。在异时履行合同中，先履行方应先履行其合同义务，若履行期限届满，先履行方仍未履行合同义务则构成违约，后履行方有权拒绝先履行方的履行请求。若先履行方的履行不符合合同的约定，则后履行方仅可以拒绝相应的履行请求，即与先履行方履行债务不符合约定的相应部分。

(4) 先履行方应先履行的债务必须是能够履行的。如果先履行方的债务已丧失了履行的可能性，那么后履行方通过行使先履行抗辩权的目的也就无法实现，此时可能导致该借贷合同的解除，从而不存在行使先履行抗辩权的问题。

先履行抗辩权的效力，在于阻止先履行方请求权的行使，但它并不能消灭先履行方的请求权。当先履行方完全履行了其应当履行的合同义务时，先履行抗辩权就随之消灭，后履行方必须履行自己的合同义务。后履行方因行使先履行抗辩权致使合同延迟履行，给先履行方造成的损失应由先履行方自行承担。

2) 不安抗辩权

不安抗辩权是指当事人互负债务，且履行有先后顺序的，先履行方有确切证据证明后履行方丧失履行债务能力时，有中止履行合同义务的权利。

(1) 适用不安抗辩权须符合以下条件。

① 双方当事人因同一双务合同而互负债务。有先后的履行顺序，享有不安抗辩权之人为先履行义务的当事人。对其理解与先履行抗辩权中相一致，在此不再赘述。

② 后给付义务人的履行能力明显降低，有不能为对待给付的现实危险。不安抗辩权制度保护先给付义务人是有条件的，只有在后给付义务人有不能为对待给付的现实危险、危及先给付义务人的债权实现时，才能行使不安抗辩权。

所谓后给付义务人的履行能力明显降低，有不能为对待给付的现实危险，包括：其经营状况严重恶化；转移财产、抽逃资金，以逃避债务；谎称有履行能力的欺诈行为；其他丧失或者可能丧失履行能力的情况。

履行能力明显降低，有不能为对待给付的现实危险，须发生在合同成立以后。如果在订立合同时即已经存在，先给付义务人若明知此情形而仍然缔约，法律则无必要对其进行特别保护；若不知此情形，则可以通过合同无效等制度解决。

③ 先履行义务的一方当事人必须有确切证据证明对方当事人丧失或可能丧失履行合同义务的能力。先履行一方的债务已经届满清偿期。根据《合同法》的规定；后履行方丧失或可能丧失履行合同义务的情形包括：后履行一方经营状况严重恶化；后履行一方转移财产、抽逃资金，以逃避债务；后履行一方严重丧失商业信誉；后履行一方有丧失或者可能丧失履行债务能力的其他情形。

④ 后履行一方未提供适当担保。如果后履行方在财产状况显著恶化等情况出现时，提供了担保，则其债务的履行就有所保障，先履行方的不安抗辩权便随之消灭。同时，为了保证双务合同中双方利益的公平，《合同法》要求主张不安抗辩权的当事人承担以下附随义务。

(a) 通知义务。这样做是为了避免对方因此而受到损害，同时也便于另一方在获此通知后及时提供担保，以消灭不安抗辩权；

(b) 对方提供适当担保，应当恢复履行。

(2) 不安抗辩权具有以下两种法律效力。

① 先给付义务人中止履行。按《合同法》第六十八条规定，先给付义务人有确切证据证明后给付义务人的履行能力明显降低，有不能为对待给付的现实危险的，有权中止履行。所谓中止履行，就是暂停履行或者延期履行，履行义务仍然存在。在后给付义务人提供适当担保时，应当恢复履行。此处所谓适当担保，既指设定担保的时间适当，更指设定的担保能保障先给付义务人的债权得以实现。至于担保的类型则不限，可以是保证，也可以是抵押、质押等。

② 先给付义务人解除合同。按《合同法》规定，先给付义务人中止履行后，后给付义务人在合理期限内未恢复履行能力并且未提供适当担保的，先给付义务人可以解除合同。解除的方式，由先给付义务人通知后给付义务人，通知到达时发生合同解除效力；但后给付义务人有异议时，可以请求人民法院或仲裁机构确认合同解除效力。后给付义务人的行为构成违约时，应负违约责任。

2. 借款合同权利的保全

借款合同权利的保全是指债权人为防止债务人的财产不当减少而危害其债权，对借款合同的关系以外的第三人所采取的法律措施或手段。虽然借贷合同中的合同关系在原则上不对第三人发生效力，但为保障债权人权利的实现，在一定的情况下，借贷合同也对第三人发生法律效力。借贷合同的保全制度就是其中的典型情形。它主要包括代位权与撤销权两项。

1) 借款合同中的代位权

借款合同中的代位权，是指当债务人怠于行使自己的权利而危及债权人的债权实现时，

债权人为了保全其债权，可以以自己的名义代替债务人直接向第三人主张权利的权利。

(1) 代位权的行使须满足以下四个条件。

① 债务人对第三人享有权利。其中该权利标的必须为已有效存在的债务人对第三人享有的财产权，将来存在的权利、非财产权利、具有专属性的权利、不得让与的权利均不能作为代位权的标的。《合同法》将可代位行使的权利限定为债务人到期的债权。

② 债务人怠于行使其权利。怠于行使是指债务人可以行使或应当行使而不积极加以行使。其中应当行使是指债务人若不及时行使该权利，则可能会导致权利的消灭或减损该权利价值的情况。

③ 债务人履行债务迟延。即履行债务的期限届满时，债务人仍未履行债务。若债务人的债务履行期未到，或者虽到履行期但履行期未届满，此时债务人的债权能否被清偿还难以预料，因而债权人不能行使代位权。

④ 债权人有保全债权的必要。我国《合同法》中仅以"债务人怠于行使权利的行为对债权人造成损害"视为保全的必要。法律设立代位权制度的唯一目的是保障债权的实现。如债务人现有财产足以清偿债务，债务人直接以强制执行来实现债权即可，没有必要行使代位权。

(2) 债权人行使代位权会产生如下效力。

① 对债务人的效力。

对债权人本人的效力《最高人民法院关于适用〈中华人民共和国合同法〉若干问题的解释(一)》第二十条规定："债权人向次债务人提起的代位权诉讼经人民法院审理后认定代位权成立的，由次债务人向债权人履行清偿义务，债权人与债务人、债务人与次债务人之间相应的债权债务关系即予消灭。"因此，债权人可以直接从行使代位权所得利益中受偿。本解释第十九条规定："在代位权诉讼中，债权人胜诉的，诉讼费由次债务人负担，从实现的债权中优先支付。"基于此规定，债权人行使代位权作预付的诉讼费用直接由次债务人负担。而债权人因行使代位权作支付的其他费用，如差旅费等可以向债务人追偿。本解释第二十一条规定："在代位权诉讼中，债权人行使代位权的请求数额超过债务人所负债务额或者超过次债务人对债务人所负债务额的，对超出部分人民法院不予支持。"可见，代位权的行使以满足债权人本人的债权为限度，如果第三人对债务人所负债务额超出债权人的债权额的，对超出部分，债权人无权代债务人行使；如果第三人对债务人所负债务额不足清偿债权人的债权额的，对不足部分，债权人无权要求第三人清偿，只能另行起诉债务人。

② 对次债务人的效力。

首先，对于次债务人(第三人)的效力代位权的行使，对次债务人的法律地位不应有任何影响。次债务人的一切抗辩权均得对债权人行使。《最高人民法院关于适用〈中华人民共和国合同法〉若干问题的解释》第十八条第一款规定："在代位权诉讼中，次债务人对债务人的一切抗辩，可向债权人主张。"

其次，经人民法院审理后认定代位权成立的，由次债务人向债权人履行清偿义务。

再次，在代位权诉讼中，债权人胜诉的，诉讼费用由次债务人负担，从实现的债权中优先支付。

③ 对债权人的效力。

首先，债权人可以直接从行使代位权所得利益中受偿。《最高人民法院关于适用〈中华人民共和国合同法〉若干问题的解释(一)〉(下文简称为《解释(一)》)第二十条规定，债权人向次债务人提起的代位权诉讼经人民法院审理后认定代位权成立的，由次债务人向债权人履行清偿义务，债权人与债务人、债务人与次债务人之间相应的债权债务关系即予消灭。

其次，债权人行使代位权作预付的诉讼费用直接由次债务人负担。而债权人因行使代位权作支付的其他费用，如差旅费等可以向债务人追偿。《解释(一)》第十九条规定，在代位权诉讼中，债权人胜诉的，诉讼费由次债务人负担，从实现的债权中优先支付。

最后，代位权的行使以满足债权人本人的债权为限度，如果第三人对债务人所负债务额超出债权人的债权额的，对超出部分，债权人无权代债务人行使；如果第三人对债务人所负债务额不足清偿债权人的债权额的，对不足部分，债权人无权要求第三人清偿，只能另行起诉债务人。《解释(一)》第二十一条规定，在代位权诉讼中，债权人行使代位权的请求数额超过债务人所负债务额或者超过次债务人对债务人所负债务额的，对超出部分人民法院不予支持。

2) 借款合同中的撤销权

借款合同中的撤销权是指当债务人实施减少其财产的行为从而危及债权人债权的实现时，债权人可以请求人民法院依法撤销该行为以维护债务人的责任财产的权利。

(1) 债权人的撤销权的成立要件，因债务人所为的行为是有偿行为还是无偿行为而有不同。在无偿行为场合，只需具备客观要件；而在有偿行为的情况下，则必须同时具备客观要件与主观要件。

其中客观要件主要包括以下三个方面。

① 须有债务人的行为。依《合同法》第七十四条第一款规定，债权人可以撤销的债务人的行为，一是放弃到期债权的行为；二是无偿转让财产的行为；三是以明显不合理的低价转让财产的行为。另外，依《合同法解释(二)》第十八条规定，债务人放弃其未到期的债券或者放弃债权担保，或者恶意延长到期债权的履行期的行为，债权人可以撤销。依《合同法解释(二)》第十九条规定，对于《合同法》第七十四条规定的"明显不合理的低价"，人民法院应当以交易当地一般经营者的判断，并参考交易当时当地的物价部门指导价或者市场交易价，结合其他相关因素综合考虑予以确认。转让价格达不到交易时交易地的指导价或者市场交易价格 70%的，一般可视为明显不合理的低价；对转让价格高于当地指导价或市场交易价 30%的，一般可视为明显不合理的高价。债务人以明显不合理的高价收购他人财产的，人民法院可以根据债权人的申请，参照《合同法》第七十四条的规定予以撤销。

② 债务人的行为必须以财产为标的。所谓以财产为标的的行为，是指财产上受直接影响的行为。债务人的行为，非以财产为标的者不得予以撤销。例如，结婚、收养或者终止收养、继承的抛弃或者承认等，不得撤销。以不作为债务的发生为目的的民事行为，以提供劳务的目的的民事行为，财产上利益的拒绝行为，已不得扣押的财产权为标的的行为，均不得作为债权人的撤销权的标的。

③ 债务人的行为有害债权(《合同法》第七十四条第一款)。所谓有害债权，是指债务人减少其清偿资历，不能使债权人依债权本旨得到满足。债务人减少清偿资历包括两种情况：一为减少积极财产；二为增加消极财产。

(2) 在债务人的行为是有偿行为时，除了具备上述客观要件外，撤销权的行使还应满足主观要件——债务人和受益人存在恶意。对于债务人有无恶意，《合同法》以债务是否以明显不合理的低价转让为判断依据。而受益人的恶意则是以其是否知道其所为的行为有害于债权为判断依据，而不要求受益人与债务人有串通危及债权的合意。至于受益人恶意的证明，应当由债权人承担举证责任。

在具体判断是否构成侵害行为时，通常理论上所说的客观要件与主观要件仅应作为一般论，而不能机械地套用。应当对行为的主观状态、客观状态以及行为的效果等因素进行全面把握，从而形成综合且客观的判断。

案例

原告：王会、王绍顺   被告：吴忠   第三人：陈昌

2005 年 6 月至 9 月间，被告吴忠先后为李进借款和担保借款共计人民币 31 000 元，2006 年 9 月 20 日原告以李进、吴忠为被告，以民间借贷纠纷为案由向法院起诉。法院依法审理后做出民事判决，该判决主文为："一、由被告李进归还原告王绍顺借款人民币 15 000 元，限判决生效后十日内付清，由被告吴忠承担连带清偿责任；二、由被告吴忠归还原告王会借款共计人民币 16 000 元，限判决生效后十日内付清。"在诉讼期间，被告吴忠未履行其还款义务，反而于 2006 年 10 月 12 日与其朋友陈昌签订了赠与协议，约定将其名下两间店面无偿赠与陈昌，并于 2006 年 10 月 23 日在房产登记机构办理了变更登记。人民法院法律文书生效后，两原告向人民法院申请执行，并提供上述房产为执行财产。法院在执行过程中，第三人陈昌提出执行异议。2007 年 3 月 31 日两原告诉称，被告吴忠、第三人陈昌之间赠与行为完全置法律于不顾，严重侵害了原告的合法权利，请求撤销被告吴忠与第三人陈昌 2006 年 9 月 20 日签订的赠与协议，以保障原告债权得以执行。被告及第三人称，转让该房地产是事实，但被告及第三人并不是为逃避债务而转让，因所转让的店面是共有财产，转让与否并不影响被告吴忠对民事判决的履行，故请求人民法院驳回两原告的诉讼请求。

【审判结果】

经审理后认为：①本案被告吴忠系本院已生效判决中的债务人，应对原告积极履行还款义务。被告在原告起诉追偿欠款过程中，将其名下房产赠与陈昌，其主观恶意明显，逃避债务明确；②被告及第三人的赠与行为给原告造成损害，使债权难以实现；③被告及第三人的赠与行为虽办理了过户登记手续，但因被告的赠与行为主观上逃避债务规避法律，故该行为应认定为无效；④被告及第三人认为转让的房屋是共有财产，转让与否并不影响被告吴忠对民事判决的履行的抗辩，理由不成立，本院不予采纳。据此判决撤销被告吴忠将房屋赠与第三人陈昌的行为。

(3) 债权人撤销权行使的效力可及于债务人、受益人及债权人。

① 对债务人的效力。债务人的行为一经被撤销，视为自始无效，并产生无效行为的

后果。在行为已经履行的情况下债务人应当承担返还财产、赔偿损失等责任；若行为尚未履行，则不再履行。

② 对受益人的效力。债务人的行为被撤销，使得受益人受领债务人财产的行为丧失了合法根据，受益人因而负有返还不当得利的义务。通常应返还原物，若原物不能返还的，应当折价赔偿；受益人已向债务人支付对价的，可以要求债务人返还。

③ 对债权人的效力。行使撤销权的债权人可以请求受益人将所得利益返还给债务人，归入债务人的责任财产之中，且行使撤销权的债务人没有从受领的给付物中优先受偿的权利。

3.2.3 借贷合同的变更

借贷合同的变更有广义和狭义之分。广义借贷合同的变更主要是指借贷合同主体的变更与借贷合同内容的变更。其中借贷合同主体的变更是指借贷合同内容并不发生改变，仅是一方当事人将借贷合同的全部或部分权利义务转让给第三人，又称借贷合同的转让。借贷合同内容的变更则是指当事人不变，仅借贷合同的内容发生变化，这也就是狭义的借款合同变更。在此处本书所阐述的是狭义的借贷合同变更。

1. 借贷合同变更的条件

借贷合同变更应具备如下四个条件。

(1) 借贷合同内容发生变化。借贷合同内容的变化主要包括标的物的变更、价款金额的变更、履行条件的变更、所附条件和期限的变更以及其他内容的变更。

(2) 当事人应以书面形式对合同进行变更。法律明确要求对借贷合同进行变更应当采取书面形式，因此必须遵守此项要求。

(3) 原已存在有效的借贷合同关系。借贷合同的变更是指对原借贷合同关系的改变，因而借贷合同变更的前提条件是有已存在的借贷合同关系。同时这种借贷合同关系必须是有效的，因为无效的借贷合同自其成立时起就不具有法律效力，因而不存在合同变更的问题。

(4) 借贷合同的变更应以当事人的约定或法律的规定或法院、仲裁机构的裁决为依据。当事人协商一致变更借贷合同是通过形成新的合意来变更原来的借贷合同内容的，因此应当符合有关借贷合同成立和生效的规定，否则不能发生变更借贷合同的效果。而根据法律的规定而直接变更借贷合同的，其法律效果可以直接发生，并不以当事人协议或法院的裁决为必经程序。此外，借贷合同因意思表示不真实而导致变更或者因适用情形的变更而导致变更的，均须法院、仲裁机构进行裁决。

2. 借贷合同变更的效力

(1) 借贷合同的变更原则上仅对借贷合同未履行的部分发生效力。借贷合同变更原则上仅对借贷合同未履行的部分发生效力，对已履行的部分没有溯及力，已经履行的债务不因借贷合同的变更而失去效力，但法律另有规定或当事人另有约定的除外。

(2) 借贷合同变更对权利义务的影响。借贷合同的变更，以原借贷合同关系的存在为前提，变更部分不能超出原借贷合同关系之外。因此原借贷合同债权所有的利益与瑕疵继

续存在。但在增加债务人负担的情况下，若未经保证人书面同意，则保证不发生效力；若未经物上保证人同意，物的担保不及于扩张的债权价值额。

(3) 借贷合同的变更不影响当事人要求赔偿损失的权利。根据我国法律规定，借贷合同变更或解除，不影响当事人要求赔偿损失的权利。

3.2.4 借贷合同的转让

借贷合同的转让，是指借贷合同的主体变更，是指在借贷合同的内容与客体保持不变的情形下，借贷合同的主体发生变更。它实际上是借贷合同权利义务的转让，借贷合同当事人一方依法将合同权利、义务全部或部分地转让给第三人，使第三人成为借贷合同的新债权人或债务人。借贷合同的转让包括债权的让与、债务的承担和债权债务的概括转移三方面内容。

1. 债权的让与

债权让与，是指不改变合同内容的合同转让，债权人通过债权转让第三人订立合同将债权的全部或部分转移于第三人，即借贷合同权利主体发生的变更债权的让与通常以合同的形式实现。债权人与第三人订立的关于债权转让的协议被称作债权让与合同。让与债权的一方为让与人，受让债权的一方为受让人。

1) 债权让与的方式

债权让与可分为全部让与和部分让与。债权的全部让与是指债权人将其借贷合同债权全部转让给受让人。自转让生效后，受让人即成为该借贷合同的债权人。而债权的部分让与是指债权人将债权的一部分转让给第三人，自转让生效后，原债权人与受让人共同成为该借贷合同的债权人。

2) 债权让与的条件

债权让与须具备以下条件才能生效。

(1) 存在有效的借贷合同债权。债权让与合同的标的是转让债权，因而必须以有效债权的存在为基本前提。转让人不享有有效债权的，其让与合同当然无效。

(2) 所让与的债权应具有可让与性。债权一般有很强的可流通性，具有可让与性，债权人可以将其债权让与他人。但是并非所有的债权都具有可让与性。根据法律规定或当事人约定，某些债权不具有可让与性，此时债权人不得转让该债权。

(3) 当事人应通知债务人。债权让与虽不以债务人的同意为生效要件，但以通知债务人作为对债务人产生法律效力的要件。因此债权人转让权利的，应当通知债务人；债务人未收到债权让与通知的，该转让对债务人不发生效力。

(4) 当事人之间就债权让与达成合意。即让与人与受让人均希望通过订立债权让与合同进行合同债权的转让或受让。

3) 债权让与的效力

债权让与的效力是指债权让与在让与人、受让人及债务人之间所发生的法律效果，可分为内部效力与对外效力两个方面。其中债权转让在让与人与受让人之间的效力，被称为债权让与的外部效力；而债权让与对债务人的效力，则被称为债权让与的外部效力。

(1) 债权让与的内部效力主要体现在以下四个方面。

① 法律地位的取代。债权让与生效后，在债权全部转让时，该债权即由原债权人(让与人)移转于受让人，让与人脱离原合同关系，受让人取代让与人成为合同关系的新债权人，但在债权部分转让时，让与人与受让人共同享有债权。

② 从权利随之转移。债权人转让权利的，受让人取得与债权有关的从权利。但该从权利专属于债权人自身的除外。随同债权转移而一并移转的从权利包括：担保物权保证物权、定金债权、优先权(例如职工工资的优先受偿权)、形成权(如选择权、催告权)、利息债权、违约金债权和损害赔偿请求权。

③ 让与人应将债权证明文件全部交付受让人，并告知受让人行使合同权利所必需的一切情况，对此《合同法》虽然未作规定，但依据诚实信用原则，该义务构成让与人的从给付义务，其中有关的债权证明文件包括债务人出示的借据、票据、合同、来往电报信等。应告知受让人主张债权的必要情况，一般指债务的履行期、履行地、履行方式、债务人的住所、债权的担保方式以及债务人可能会主张的抗辩等。此外，债权人占有的债权担保物，也应全部移交受让人占有。

④ 让与人对其让与的债权应负瑕疵担保责任。由于债权让与另一人后，又就同一债权让与其他人，由此引起的债权让与合同效力和债权归属问题。对此通常认为应按照以下规则处理：全部转让中的受让人优于部分转让中的受让人取得权利；已通知债务人的债权转让优先于未通知的债权转让。

(2) 债权让与的外部效力主要体现在以下四个方面。

① 债权转让对债务人的效力以债权转让通知为准，该通知不得迟于债务履行期。在债务人收到债权让与通知之前，对让与人(原债权人)所为的民事法律行为有效，即债务人仍以让与人为债权人履行义务的，同样可以免除其债务，受让人不得以债权已经转让为由，要求债务人继续履行，而只能要求让与人返还所受领的债务人的履行。但债务人在收到债权转让通知后，即应将受让人作为债权人履行债务，其对让与人的履行不能构成债的清偿，债务不能免除，仍须向受让人履行，而让与人如果仍然受领债务人的清偿，则属非债清偿。债务人可以以不当得利请求返还。

② 表见让与的效力。当债权人将其债权转让给第三人的事项通知债务人后，即使让与并未发生或者让与无效，债务人基于对转让事实的信赖而向该第三人所为的履行仍然有效，此即为表见让与。

③ 债务人接到债权转让通知时，债务人对让与人的抗辩可以向受让人主张。债务人对受让人的抗辩权包括：合同不成立及无效的抗辩权；履行期尚未届至的抗辩权；合同已经消灭的抗辩权；合同原债权人将合同上的权利单独让与第三人，而自己保留债务时，债务人基于让与人不履行相应债务而产生的同时履行抗辩权、不安抗辩权等。对于以上抗辩事由，不论是发生在转让前，或转让后，也不论是发生在转让通知前还是转让通知后，债务人均可主张。

④ 债务人接到债权转让通知时，债务人对让与人享有债权，债务人仍然可以依法向受让人抵消。如果对受让也享有债权，也可以直接主张和受让抵消。

2. 债务的承担

债务的承担，是指在不改变合同的前提下，债权人、债务人通过与第三人订立转让债务的协议，将债务全部或者部分转移给第三人承担的法律现象。依当事人之间的合意而发生的债务承担是最为常见的债务承担形式。因此，一般所说的债务承担仅指依当事人之间的合意，将债务人的债务转移于承担人(即新债务人)承担。当事人间关于移转债务的合意即为债务承担合同。

1) 债务承担的类型与要件

(1) 债务承担按照承担后原债务人是否免责为标准，可以分为免责的债务承担和并存的债务承担。狭义的债务承担仅指免责的债务承担。

① 免责的债务承担：是指债务人经债权人同意，将其债务部分或全部移转给第三人负担。免责的债务承担的效力表现在，原债务人脱离债的关系，不再对所移转的债务承担责任(免责)；第三人则成为新债务人，对所承受的债务负责。与主债务有关的从债务，除专属于原债务人自身的以外，也随主债务移转给新债务人承担。同时，原债务人对债权人享有的抗辩权，新债务人也可以对抗债权人。

② 并存的债务承担：是指债务人不脱离债的关系，第三人加入债的关系，与债务人共同承担债务。在并存的债务承担中，由于原债务人没有脱离债的关系，对债权人的利益不会发生影响，因而原则上无须债权人同意，只要债务人或第三人通知债权人即可发生效力。

(2) 债务承担应满足三个要件。

① 存在有效的债务。债务承担合同转移的应是有效的债务，若债务并不存在、无效或已消灭，则债务转移合同也不能生效。

② 存在以债务承担为目的的有效合同。如果当事人之间订立的合同不是以转移债务为目的，或合同存在无效事由的，该合同均不能发生债务承担的后果。债务承担合同可以由债权人与第三人订立，也可以由债务人与第三人订立。由债务人与第三人订立债务承担合同的，须经债权人同意才能有效。

③ 所转移的债务应具有可转移性。若借贷合同中债权人与债务人约定不得转移债务的，则该借贷合同中的债务就不具有可转移性。

2) 债务承担的效力

债务承担的效力主要表现在以下三个方面。

① 债务全部转移的，承担人取代原债务人的地位而为新债务人，原债务人脱离借贷合同关系，不再承担合同中所约定的债务。债务人的债务部分转移给第三人的，第三人加入借贷合同关系且原债务人并不脱离借贷合同关系，该第三人与原债务人共同承担债务。

② 新债务人同样享有原债务人基于借贷合同的权利义务关系所享有的抗辩权。但新债务人不得以原债务人对债权人所享有的对同一类债权的抵销权主张抵销。

③ 非专属于原债务人的从债务也一并转移，由新债务人承担。债务人转移债务的，新债务人应当承担与主债务有关的从债务，但该从债务专属于原债务人自身的除外。但担保债务并不能随主债务的转移而转移，担保人为原债务人提供担保的，若在债务承担时担保人未书面同意继续提供担保的，则债权人就该借贷合同所享有的担保权随债务的转移而

消灭。

3. 债权债务的概括转移

债权债务的概括转移是指把全部或某一特定的债权、债务全部转移给受让人，而不仅仅是权利或义务的转移。债权债务的概括转移可为全部债权债务的转移，也可为部分债权债务的转移。

根据《合同法》的规定，涉及合同权利转让的部分可准用债权让与的有关规定，涉及合同义务转移的部分则可准用债务承担的有关规定。因此，债权让与和债务承担产生的法律效力也同样适用于债权债务的概括转移。但债权债务的概括转移不等于债权让与和债务承担的简单相加。在债权让与和债务承担中，由于第三人并非原借贷合同的当事人，因而与原债权人或原债务人利益不可分离的权利并不随之转移于受让人或承担人。但在债权债务概括转移的情形下，由于承受人完全取代了原当事人的法律地位，借贷合同内容也全部转移于新当事人，所以依附于原当事人的一切权利和义务，如解除权和撤销权等，都转移于承受人。

3.2.5 借贷合同的终止

借贷合同的终止是指因出现法律所规定或当事人所约定的情况，使借贷合同所设定的权利义务在客观上已不再存在，进而导致当事人之间的权利义务关系的消灭。借贷合同终止的原因主要包括以下几个方面。

1. 借贷合同的解除

1) 借贷合同解除的类型

借贷合同解除是指在借贷合同有效成立以后，在法律规定或合同约定的解除条件发生时，因当事人一方或双方的意思表示，使借贷合同的效力自始或仅向将来消灭的行为。在我国现行的民事立法中，解除是导致借贷合同关系终止的原因之一。

借贷合同的解除可以分为以下几种类型。

(1) 单方解除和协议解除。单方解除是指依法享有解除权的一方当事人依单方意思表示将合同解除的行为。解除权人行使解除权将借贷合同解除的行为，即它不必经过对方当事人的同意，只要解除权人将解除合同的意思表示直接通知对方，或经过人民法院或仲裁机构向对方主张，即可发生借贷合同解除的效果。而协议解除行为并不依赖于对解除权的行使，是指当事人双方通过协商同意将合同解除的行为。即当事人在合同成立后，履行完毕前，可以通过协商一致解除合同。

(2) 法定解除和约定解除。法定解除是指在借贷合同中出现了法律中所规定的合同直接解除的条件，解除权人可直接行使解除权以解除借贷合同的行为。而约定解除则是指当事人在订立借贷合同之时对借贷合同的解除进行约定，即在该借贷合同中约定为当事人中的一方或双方保留解除权。保留解除权的合意即为解除条款，解除条款可以在当事人订立合同时约定，或在之后另行订立保留解除权的合同。

2) 借贷合同法定解除的条件

《合同法》规定的法定解除条件大致有三种类型：①是由不可抗力所致使的合同目的

无法实现；②是实际违约行为；③是预期违约。

就第一种类型而言，不可抗力致使不能实现借贷合同目的，该借贷合同已无法履行，根据《合同法》的规定，允许当事人通过行使解除权的方式解除借贷合同。此时，当事人双方应当互通情况，互相配合，通过采取积极的措施，尽量避免或减轻损失。而实际违约行为与预期违约将在 3.3 节中详细介绍，在此不再赘述。

3) 借贷合同解除的效力

借贷合同解除的效力主要体现在以下三个方面。

(1) 借贷合同的解除与追溯力。通常而言，解除行为使借贷合同关系溯及以往地终止，借贷合同自始均未成立。

(2) 借贷合同解除与恢复原状。恢复原状是借贷合同的解除所具有的溯及力的直接效力，是双方当事人基于借贷合同所产生的债务全部免除的必然结果。需要注意的是，恢复原状义务只发生借贷合同部分或全部履行的情况下，若合同尚未履行则不存在恢复原状义务。

(3) 借贷合同解除与赔偿损失。《民法通则》第一百一十五条规定，合同解除并不影响当事人要求赔偿损失的权利。《合同法》中也明确规定，已履行的合同被解除后，当事人可根据合同履行的情况和合同的性质，要求对方当事人恢复原状或采取其他补救措施。当事人在借贷合同解除前已获得的损害赔偿请求权并不因借贷合同解除而丧失，因此当事人还可要求对方当事人进行损失赔偿。

2. 借贷合同终止的其他原因

1) 清偿

清偿，即合同的履行，是指债务人按合同的约定了结债务、配合债权人实现债权目的的行为。从债务人角度来看，清偿与履行的意义相同，因为清偿就是债务人按照借贷合同中的约定有效地履行自己的义务；而借贷合同履行的结果就是债务的清偿和债权的实现。但清偿与履行在侧重点上有所不同，履行是从借贷合同终止的动态过程中而言的，而清偿是从借贷合同终止的静态角度而言的。

2) 免除

免除又可称为债务免除，是指债权人抛弃债权，从而使债务全部或部分消灭的意思表示。自免除成立后，债务人不再负担已被债权人免除的债务，债权人相应的债权也不再存在，即债权债务关系消灭，此时借贷合同终止。

债权人免除债务人部分债务或全部债务的，合同中相应的权利义务部分或全部终止。从中我们可以看出，债务免除是债权人的单方行为，无须征得债务人的同意，债权人向债务人做出免除债务的意思表示就可发生免除效力。

债务免除的成立必须具备以下四个条件。

(1) 免除要有意思表示。

免除在性质上一般认为属单方法律行为。它仅依债权人表示免除债务的意思而发生效力，不以债务人的同意为必要。免除既为债权人放弃权利的意思表示，则民法关于意思表示的规定，在免除中应予适用。

(2) 免除意思要向债务人表示。

向第三人为免除的意思表示，不发生免除的法律效力，债权债务关系并不消灭。例如，债权人与第三人约定抛弃对债务人的债权，而由第三人给予适当补偿。在此情况下，仍应由债权人向债务人另做出免除的意思表示，债权债务关系才能消灭。当然，免除的意思表示可以向债务人的代理人为之。

(3) 债权人抛弃债权的意思表示不得撤回。

免除为单方法律行为，自向债务人或其代理人表示后，即产生了债务消灭的法律效力。因此，一旦债权人做出了免除的意思表示，即不得撤回。

(4) 债权人须有处分能力。

免除为债权人处分债权的行为，因而需要免除人具有处分该项权利的能力，无行为能力或限制行为能力人未取得其法定代理人的同意，不得为免除行为；无权处分时，也不发生免除效力。债权人被宣告破产时，因债权人不得任意处分其债权，故不得为免除的意思表示。债务人因纯获利益，且债务人的处分能力与免除的效力无关，所以即使债务人行为能力有欠缺，免除仍可成立。

债务免除的效力表现在债权债务关系的消灭。债权人免除债务人全部债务的，债务人的全部债务消灭，有债权证书的，债务人可以请求债权人返还债权证书；债权人免除债务人部分债务的，债务人的部分债务消灭。主债务因免除而消灭的，从债务也随之消灭。保证债务的免除不影响被担保债务的存在，而被担保债务的免除则使保证债务也消灭。

3) 抵销

抵销，是指二人互负债务时，各以其债权充当债务的清偿，而使其债务与对方的债务在对等额内相互消灭。抵销债务，也就是抵销债权。用于抵销的债权，又被称为主动债权或能动债权，是抵销权人的债权；被抵销的对方当事人的债权，又被称为被动债权或反对债权，是被抵销人的债权。

抵销可分为法定抵销与合意抵销。法定抵销是指在具备法律所规定的条件时，依当事人一方的意思表示所做出的抵销。我们通常所说的抵销就是指法定抵销。《合同法》规定：当事人互负到期债务，该债务的标的物种类、品质相同的，任何一方可以将自己的债务与对方的债务抵销，但依照法律规定或者按照合同性质不得抵销的除外。当事人主张抵销的，应当通知对方。通知自到达对方时生效。抵销不得附条件或者期限。而合意抵销是指根据当事人双方意思表示的一致所做出的抵销，又称为契约抵销。《合同法》规定，当事人互负债务，标的物种类、品质不相同的，经双方协商一致，也可以抵销。合意抵销对于标的物的种类、品质没有特别要求，对于双方所负债务的履行期限是否届满也无要求，只要不违背法律强制性规定和禁止性规定，原则上都可以进行合意抵销。

抵销会发生如下效力。

(1) 双方当事人所负债务全部或者部分消灭。双方债务数额相等的，自抵销后双方的债权债务全部消灭；双方的债务数额不等的，自抵销后数额少的一方的债务全部消灭，另一方的债务在与对方所负债务相等的数额内消灭，其余额部分仍然存在，债务人对剩余部分的债务仍负有清偿责任。

(2) 因抵销使双方所负债务发生的消灭为绝对消灭。除法律另有规定外，任何人不得主张撤销抵销。若对已抵销的债务进行清偿，则将发生不当得利。

(3) 抵销具有溯及效力。尽管我国法律并没有明确规定抵销的溯及力，但通常认为抵销具有溯及力。具体而言，债务自被抵销时即消灭，不再发生利息债务；自债务被抵销时起，当事人之间不再发生迟延责任；自债务抵销发生后，就一方当事人所发生的损害赔偿及违约金责任，因抵销的溯及力而归于消灭。

4) 混同

混同是指债权与债务同归于一人，从而使借贷合同的法律关系发生消灭的事实。在法律层面上，广义的混同包括权利与权利的混同、义务与义务的混同和权利与义务的混同；而狭义的混同，仅指权利与义务的混同。本书在此所讲的混同为狭义的混同。

债权债务的混同，由债权或债务的承受而产生。其承受包括概括承受与特定承受两种。

概括承受是发生混同的主要原因，例如，债权人继承债务人的财产、债务人继承债权人的财产、企业合并、营业的概括承受等。在企业合并场合，合并前的两个企业之间有债权债务时，企业合并后，债权债务因同归一个企业而消灭。

特定承受，是指债务人自债权人受让债权，或者债权人承担债务人的债务时，因而发生的混同。例如，债务人从债权人处受让债权，债权债务就因同归于一人而发生混同。

债权和债务同归于一人的，合同的权利义务终止，但涉及第三人利益的除外。因此，混同的效力是导致借贷合同关系发生绝对消灭，并且主债消灭，从债也随之消灭，即利息债权、违约金债权、担保债权等从权利随主权利一同消灭。但在涉及第三人利益的情形下，为保护第三人的利益，即便发生混同，债权债务关系也不能消灭。

5) 提存

提存，是指由于债权人的原因而无法向其交付合同标的物时，债务人将该标的物交给提存机关而消灭债务的制度。

《合同法》第一百零一条规定，有下列情形之一，难以履行债务的，债务人可以将标的物提存：①债权人无正当理由拒绝受领；②债权人下落不明；③债权人死亡未确定继承人或者丧失民事行为能力未确定监护人；④法律规定的其他情形；⑤数人就同一债权主张权利，债权人一时无法确定，致使债务人一时难以履行债务。标的物不适于提存或者提存费用过高的，债务人依法可以拍卖或者变卖标的物，提存所得的价款。

因提存涉及三方当事人及三方面的法律关系，因而提存在不同的当事人之间产生不同的效力。

(1) 就债务人与债权人之间的效力而言，债务人在将标的物提存后，无论债权人受领与否，均依法发生债消灭的效力，债务人不再负清偿责任；提存物的所有权转归于债权人，标的物毁损、灭失的风险由债权人承担；提存期间，标的物的孳息归债权人所有。

(2) 就提存人与提存机关之间的效力而言，提存机关有保管提存标的物的权利和义务。提存机关应采取适当的方法妥善保管提存标的物。提存人可以凭法院的判决、裁定或者所提存之债已经清偿的公证证明，取回提存物。提存受领人以书面形式向提存机关表示抛弃提存物的，提存人可以取回提存物，但应负担提存费用，提存人未支付提存费用前，提存机关有权留置价值相当的提存标的。

(3) 就提存机关与提存受领人之间的效力而言，债权人可随时领取提存物，但债权人对债务人负有到期债务的，在债权人未履行债务或提供担保前，提存机关根据债务人的要求应拒绝其领取提取物。债权人领取提存物的权利，自提存之日起五年内不行使而消灭，提存物扣除提存费用后归国家所有。提存机关未按法定或者当事人约定条件给付提存标的物，给当事人造成损失的，提存机关应负赔偿责任。此外，标的物在提存后，其意外灭失的风险责任由债权人承担，因而在提存后因不可归责于提存机关的原因致使提存标的物毁损灭失的，提存机关不负赔偿责任，但如果由于提存机关的故意或者重大过失所致，债权人有权请求提存机关进行赔偿。

@ 3.3 借贷合同的违约责任

3.3.1 借贷合同违约责任的法律特征和构成要件

借贷合同的违约责任又称为违反借贷合同的民事责任，是指借贷合同的当事人未履行借贷合同义务或者未按约定履行借贷合同义务时所应当承担的民事责任。

1. 法律特征

借贷合同违约责任具有以下三个法律特征。

(1) 违约责任具有任意性。违约行为的发生在借贷合同订立时具有不确定性，因此合同当事人可以在法律允许范围内，对当事人的违约责任做出事先安排，例如，可事先约定违约金的数额或幅度，事先确定损害赔偿的数额或计算方法。

(2) 违约责任是基于借贷合同当事人之间的合同关系所产生的民事责任。这是违约责任不同于其他民事责任的重要特征，即合同责任的发生是以合同有效成立为条件；而同样作为民事责任的侵权责任，其发生不以加害人与受害人之间存在合同关系为条件。

(3) 违约责任是财产责任。之所以说违约责任是财产责任，是因为违约责任具有经济内容，即当借贷合同一方当事人未履行或者未按约定履行合同义务时，将受到以经济利益为内容的违约责任的处罚。支付违约金和进行损害赔偿是常见的违约责任承担形式。

2. 构成条件

我国借贷合同采用的是严格责任。在严格责任的原则下，无论当事人主观是否故意、行为是否存在过错，一旦当事人发生违约行为，便应当承担违约责任；有免责事由的除外。因此，借贷合同违约责任的构成要件主要为违约行为和无免责事由。

违约行为是指借贷合同当事人不履行或者不完全履行借贷合同义务的客观事实。不履行借贷合同是指当事人根本没有按照合同约定的条款履行合同义务；不完全履行借贷合同是指当事人对借贷合同约定的义务只是部分履行，而没有履行所有约定的全部义务。借贷合同关系的有效存在是违约行为发生的前提。违约行为是构成违约责任最重要的条件，一旦发生违约行为即存在违约责任。

仅有违约行为这一积极要件还不足以构成违约责任，违约责任的构成还需要具备另一消极要件——不存在法定和约定的免责事由。《合同法》中规定，因不可抗力不能履行合同的，根据不可抗力的影响，可以部分或全部免除责任，但法律另有规定的除外。当事人迟延履行后发生不可抗力的，不能免除责任。其中不可抗力就是最为常见的法定免责事由。除法定的免责事由外，当事人还可以自行约定合法的、不违反社会公共利益的免责事由。

3.3.2　借贷合同违约责任的形态

根据违约行为发生的时间不同，违约责任的形态可分为预期违约和实际违约。

1. 预期违约

预期违约，也称先期违约、事先违约和预期毁约，是指在借贷合同规定的履行期到来之前，一方虽无正当理由但明确表示其在履行期到来后将不履行合同，或者其行为表明在履行期到来后将不可能履行合同。

1）预期违约的分类

预期违约分为明示毁约和默示毁约两种，二者的构成要件各不相同。

(1) 明示毁约，是指当事人一方明确表示其将不再履行合同的主要义务。其构成要件包括如下四个方面。

① 毁约方必须是在借贷合同履行期到来以前，做出拒绝履行义务的表示。

② 违约方必须明确肯定地向对方提出违约的表示。违约方的自愿、肯定地提出将不履行合同的主要债务时，构成预期违约。有人认为，由于违约方在做出违约的表示后，另一方应向对方发出一种要求对方撤回违约表示的催告，才能证实对方的表示为最终的表示，从而确定其是否构成提前违约，这种方式有一定道理。但按新《合同法》的规定，只要违约方做出违约的表示是明确肯定的，就构成预期违约，而不必等受害人催告其是否有意撤回。

③ 毁约方表示的内容必须是不履行借贷合同的主要义务。毁约方既可以是直接拒绝履行借款合同义务，也可以是以其他借口拒绝履行借贷合同义务。

④ 明示预期违约无正当理由。在审判实践中，债务人做出预期违约的表示，常辅以各种理由和借口，这就需要准确地分析这些理由是否构成正当理由。这些正当理由主要包括：债务人享有法定的解除权；合同具有无效或不成立因素；合同债务人因显失公平或欺诈而享有撤销权；有权被免除义务因素，如因不可抗力致合同不能履行等，只有在没有正当理由的情况下明确表示不履行合同，才构成预期违约。

(2) 默示毁约，是指当事人一方有足够的证据表明对方将不履行或不能履行借贷合同的主要义务，而对方当事人又未提供必要担保。

默示毁约的构成要件主要包括三个方面。

① 当事人一方预见另一方在履行期到来时，将不履行或不能履行借贷合同的主要义务。其中，预见是指当事人一方根据另一方的行为或资产情况所做出的合理判断。根据《合同法》中的规定，判断的主要依据包括：经营状况严重恶化，为逃避债务而转移财产、抽逃资金，丧失商业信誉等。

② 当事人一方有确凿的证据对自己的预见加以证明。当事人一方的预见不足以表明对方违约，因而主张对方毁约的当事人一方必须提供确凿的证据来证明自己判断的恰当性、合理性与可靠性。

③ 被认为存在预期违约可能的当事人一方不能在合理期限内提供充分的担保。当事

人一方认为另一方将不履行其借贷合同义务的，必须通知对方并要求其提供相应担保，若对方当事人在合理期限内未提供担保，主张存在预期违约的当事人才可以要求对方承担违约责任。

2) 预期违约责任的承担

预期违约行为是违约行为的一种形式，因此债务人在发生预期违约行为时便应承担由此产生的违约责任。未违约方可以在履行期满前直接要求违约方实际履行借贷合同中的义务或承担违约责任，也可以在履行期届满后要求违约方实际履行借贷合同中的义务或承担违约责任。

2. 实际违约

在借贷合同中，实际违约是指在合同履行期限到来以后，当事人不履行或不完全履行合同义务的行为。主要包括以下几种违约行为。

1) 拒绝履行

拒绝履行，又被称为履行拒绝、给付拒绝，是指履行期届满时，债务人无正当理由表示不履行借贷合同义务的行为。

拒绝履行的构成包括以下几个要件。

① 以合法有效的借贷合同存在为前提。

② 必须有拒绝履行的意思表示。该意思表示可以采用明示或默示的形式。

③ 债务人在履行期到来后才做出拒绝履行的意思表示。如果债务人拒绝履行的意思表示是在履行期到来前做出，则属于预期违约的范畴。

④ 该拒绝履行行为必须无正当理由。

2) 迟延履行

迟延履行(也称延迟履行)是指合同当事人的履行违反了履行期限的规定。履行迟延在广义上包括给付迟延(债务人的迟延)和受领迟延(债权人的迟延)，狭义上是指债务人的给付迟延。

迟延履行的构成包括以下几个要件。

① 它是以合法有效的借贷合同存在为前提的。

② 该借贷合同义务的履行是可能的。

③ 债务人违反了履行期限的规定。判断合同义务的履行是否迟延主要标准是债务人履行债务是否超过了履行期限，超过履行期限的才能构成迟延履行。

④ 履行期届满，债务人没有履行债务。在债务人仅履行了部分借贷合同债务的情况下，则可能构成合同部分履行、部分迟延履行。

⑤ 该迟延履行行为必须无正当理由。

3) 不完全履行

不完全履行，又被称作不完全给付、不适当履行，是指债务人虽然以履行借贷合同的意思向债权人进行给付，但其给付行为不符合借贷合同中的相关约定。不完全履行主要包括存在数量瑕疵、质量瑕疵、履行地点不当和履行方法不当等行为。

(1) 不完全履行的构成包括以下几个要件。

① 必须有给付行为。不完全履行是部分给付，若不存在给付行为则构成拒绝履行或迟延履行。

② 该不完全履行行为不符合借贷合同的约定或法律的规定。

③ 该不完全履行行为可归因于债务人。

(2) 部分履行是指合同虽然履行，但履行不符合数量的规定，即履行在数量上存在不足。

部分履行的构成包括以下几个要件。

① 须有履行行为。不完全履行的基本条件就是债务人有履行债务的行为，如果没有履行行为，则可能构成履行不能，而不会构成不完全履行。还需注意的是，债务人的履行行为，是指以履行债务为意思的行为；与履行债务无关的行为造成债权人损害的，不属于加害给付，属于一般的侵权行为。

② 须债务人的履行不完全合乎债务的内容。债务人履行债务应以满足债权人的利益为目的，同时债务人的履行行为也不能给债权人带来损害。

③ 须可归责于债务人。可归责于债务人，是指债务人对其履行债务所造成的对于债权人的损害，未尽相当的注意。

④ 须债务人无免责事由。如果债务人履行不符合债务本旨，是不可抗力所致，则债务人并不负不完全履行的责任。此外，如果当事人对不完全履行存有有效的约定的免责条款，也可以不负不完全履行的责任。

根据《合同法》第一百一十一条规定，不适当履行是指当事人交易的标的物不符合合同规定的质量要求，也就是说履行具有瑕疵。

3.3.3 借贷合同违约责任的具体形式

借贷合同违约责任的具体形式是指违约方违反借贷合同中的约定所应当承担的违约责任的各种具体形式。其主要包括实际履行、违约金、损失赔偿等形式。

1. 实际履行

实际履行，也称继续履行、强制实际履行或特定履行，实际履行是指在一方违反合同时，另一方有权要求其依据合同的规定继续履行的补救方式。

1) 实际履行的种类

实际履行包括金钱债务违约的实际履行和非金钱债务违约的实际履行。非金钱债务通常表现为提供货物、提供劳务或完成工作，与金钱债务相比其债务标的往往更具有特定性和不可替代性，所以非金钱债务的履行更加强调实际履行原则。

而借贷合同中的实际履行属于金钱债务违约的实际履行。金钱债务又叫货币债务。当事人未履行金钱债务的违约行为主要包括完全未支付价款或报酬、不完全支付价款或者报酬两种情形。由于金钱是具有可替代性的种类物，不存在无法履行的问题，因此无论当事人违约行为的形态如何，未违约方都拥有要求违约方支付相应价款或报酬的权利。

2) 实际履行与其他责任形式的关系

实际履行可以与违约金、赔偿损失、定金罚则并用，但不能与解除合同并用。因为解除合同将导致借贷合同的债权债务关系不复存在，债务人也无须履行合同义务，所以解除合同与实际履行是完全对立的补救方法，两者不能并用。

2. 违约金

违约金是指不履行或者不完全履行借贷合同义务的违约方按照借贷合同中约定，支付给未违约方一定数量的金钱赔偿。

1) 违约金的种类

(1) 根据产生的原因不同，违约金可以分为约定违约金和法定违约金。约定违约金是指合同双方当事人在借贷合同中约定的违约金。当事人可以约定一方违约时应当根据违约情况向对方支付违约金的固定数额，也可以约定因违约行为所产生的损失赔偿额的计算方法。法定违约金是指由法律直接规定的违约金。

(2) 根据性质不同，违约金可分为惩罚性违约金和赔偿性违约金。惩罚性违约金是根据借贷合同约定或法律规定由违约方支付一定数额的款项，作为对违约行为的惩罚。而赔偿性违约金是合同双方在订立借贷合同时预先估计的损害赔偿总额，违约方在承担违约金责任后，不再承担实际履行或损害赔偿等违约责任。

2) 对违约金责任的限制

对违约金的约定是合同自由的体现，但合同自由并不是绝对的，为了维护双方利益的平衡，法律对违约金责任做出了必要的限制。《合同法》第一百一十四条第二款的规定，约定的违约金低于所造成的损失的，当事人可以请求人民法院或者仲裁机构予以增加；约定的违约金过分高于所造成的损失的，当事人可以请求人民法院或者仲裁机构予以适当减少。在实践中多数法院所认定的"过分高于"比例界限为 30%，即当事人约定的违约金超过造成损失的 30%的，当事人可以请求人民法院或者仲裁机构予以适当减少。

3) 违约金与其他责任形式的关系

通常情况下，违约金与实际履行可以并用。当事人就迟延履行约定违约金的，违约方支付违约金，还应当履行债务。实际履行原则旨在实现当事人订立合同的目的，当事人不可以以承担违约金来拒绝实际履行。

承担违约金责任与解除合同不存在冲突，当一方已有违约行为时，即使合同被解除，也应承担违约金责任。

3. 损失赔偿

损失赔偿是指合同当事人由于不履行合同义务或者履行合同义务不符合约定，给对方造成财产上的损失时，由违约方以其财产赔偿对方所蒙受的财产损失的一种违约责任形式。赔偿损失是世界各国一致认可的也是最重要的一种违约救济方法。它不仅适用于违约责任，也适用于侵权行为及其他一些民事违法行为所造成的损失；不仅适用于有效合同的违约行为，也适用于无效合同所造成的损害赔偿。

1) 损失赔偿的种类

损失赔偿主要有以下几种类型。

(1) 约定损失赔偿和法定损失赔偿。约定损失赔偿是指在合同当事人订立合同时预先对因一方违约造成损失的赔偿额的计算方法进行约定。法定损失赔偿是指合同当事人一方违约时，对于给未违约方所造成的损失，直接根据法律的规定来确定损失赔偿的数额。

(2) 信赖利益的赔偿与期待利益的赔偿。英美法系合同中常对赔偿作此类划分。所谓期待利益，主要是指交易的损失，即主要通过金钱赔偿使未违约方处于合同得以履行后所处的状态。信赖利益赔偿主要是涉及对实际支付费用的赔偿。即通过金钱赔偿使未违约处于合同订立前的状态，例如当事人撤销要约，它应赔偿对方当事人为准备履行合同而支付的合理费用。

(3) 直接损失赔偿和间接损失赔偿。关于直接损失与间接损失的划分一般采用的标准是根据损害与违约行为之间的因果关系来区分。如果损害是由违约行为直接引起的，并没有其他因素介入，则属于直接损失；如果损害并不是因违约行为直接引起的，而是违约行为和所介入的其他因素共同作用的结果，则属于间接损失。

2) 确定赔偿的原则

确定赔偿通常需要遵循以下原则。

(1) 完全赔偿原则。它是指违约方应赔偿未违约方因自己的违约行为而遭受的全部损失。违约方赔偿的范围包括积极损失和消极损失。积极损失是指未违约方因对方的违约行为所遭受的现实财产的减少，而消极损失是指未违约方因合同履行应当得到而未得到的利益。完全赔偿原则是对受损失方的利益所提供的全面且充分的保护。

(2) 合理预见原则。合理预见原则，又称为可预见性原则，是指违约方所承担的赔偿责任范围不得超过他在订立合同时可以预见的损失范围。我国《合同法》中规定，损失赔偿不得超过违反合同一方订立合同时预见到或者应当预见到的因违反合同可能造成的损失。对违约方能否预见进行判断采用主观和客观相结合的标准，即通常以处于类似情形下合理人的预见能力为标准，并结合合同当事人的具体情况做出综合性的判断。

(3) 减轻损害原则。即采取适当措施避免损失扩大的原则，是指在一方违约行为发生并造成损害后，未违约方必须采取合理措施以防止损害的扩大；否则受害人应对扩大的损害承担责任，违约方也有权请求从损害赔偿金额中扣除本可避免的损害部分。这一原则要求未违约方负有减轻损害的义务，并以此对违约方的赔偿责任进行限制。《合同法》中规定，当事人一方违约后，对方应当采取适当措施防止损失的扩大；没有采取适当措施致使损失扩大的，未违约方不得就扩大的损失要求赔偿。

3) 损失赔偿与其他责任形式的关系

损失赔偿与其他责任形式的关系主要体现在以下三个方面。

(1) 损失赔偿与实际履行。实际履行与损失赔偿可以并用。实际履行是实现合同目的的有效方式，但在实际履行之前未违约方可能早已受到损失，而这一部分损失是实际履行方式所难以救济的，此时便需要采取损失赔偿方式对未违约方所遭受的损害提供补偿。

(2) 损失赔偿与解除合同。解除合同与损害赔偿可以并用。解除合同使双方之间的权利义务关系终止，但它并不影响当事人请求对方赔偿其因合同解除而受到的各种损失，即这一部分损失可以通过损失赔偿获得补偿。

(3) 损失赔偿与违约金。损失赔偿与违约金可以并用。违约金可视为约定的损害赔偿，如果违约金不足以弥补未违约方的损失，那么未违约方仍可以请求违约方赔偿其剩余的损失。但值得注意的是，违约金的适用并不以损害发生为必要条件。

3.3.4　借贷合同违约责任的免责事由

借贷合同违约责任的免责事由是指法律规定或者借贷合同中约定的当事人对其不履行或者不适用履行借贷合同的行为免于承担违约责任的条件。它通常包括不可抗力、债权人过错和免责条款。

1. 不可抗力

不可抗力是当事人不能预见、不能避免并且不能克服的客观情况。换言之，不可抗力是当事人不可抗拒的外来力量，是不受当事人意志左右、支配的自然现象或社会现象。

1) 不可抗力的特征

不可抗力具有如下几个特征。

(1) 不可抗力是当事人不能控制的事件。对于不可抗力是否发生、何时发生和发生后的影响后果，当事人都无法进行控制，即该事件的发生不为当事人的意志所左右。

(2) 不可抗力具有客观性和外在性。虽然当事人可以约定不可抗力的范围，但不可抗力仍是独立于当事人意志和行为以外的客观事件。

(3) 不可抗力是当事人不能预见的事件。当事人订立借贷合同时不能预见不可抗力事件将会发生，因此这也是构成不可抗力的主观要件。对可预见性的判断应以合理人的注意标准来衡量，只要尽到了合理的注意义务仍不能预见，便符合不可抗力的主观要件。

2) 不可抗力事件的范围

能够构成不可抗力的事件繁多，因此在法律中无法对不可抗力的范围进行明确规定。但当事人之间可以在借贷合同订立时约定不可抗力条款，进而将法律对不可抗力的规定具体化。当事人在借贷合同中没有约定不可抗力条款的，法院可以根据事实情况对是否构成不可抗力做出约定。

可以构成不可抗力的事件通常包括以下几种。

(1) 自然灾害。我国法律认为自然灾害是典型的不可抗力。尽管随着科学技术的进步，人类已不断提高了对自然灾害的预见能力，但自然灾害仍频繁发生并影响人们的生产和生活，阻碍合同的履行。所以，我国法律将自然灾害作为不可抗力是合理的。因自然灾害导致合同不能履行的，应使当事人被免除责任。

(2) 政府行为。指当事人在订立合同以后，政府当局颁发新政策、法律和行政措施而导致合同不能履行。如订立合同以后，由于政府颁布禁运的法律，使某些运输合同不能履行。

(3) 社会异常事件。主要是指一些偶发事件阻碍合同的履行，如罢工、骚乱等。这些行为既不是自然事件，也不是政府行为，而是社会中人为的行为，但对于合同当事人来说，在订约时是不可预见的，因此也可以成为不可抗力的事件。

3) 不可抗力对责任承担的影响

不可抗力导致借贷合同全部不能履行的，发生违约行为的一方可以全部免责；导致借贷合同部分不能履行的，发生违约行为的一方就该部分合同义务的履行免责；导致借贷合同不能如期履行的，发生违约行为的一方就该迟延行为免责，但当事人迟延履行后发生不可抗力的，则不能免除责任。主张因不可抗力免责的一方当事人承担举证责任。

为避免对方当事人因由不可抗力所引发的违约行为遭受不必要的损失，主张因不可抗力免责的一方当事人同时负有通知义务。对方当事人在接到通知后，应积极采取措施减少或避免损害。

2. 免责条款

免责条款是指借贷合同当事人约定的排除或者限制其将来可能发生的违约责任的条款。基于意思自治原则，民事主体可以依法放弃民事权利，免除他人的民事义务和民事责任。因此，当事人在订立借贷合同时，当事人可以通过协商约定具体的免责条款。若当事人的违约行为属于免责条款约定的情形，则其无须承担违约责任。

但是，并非所有的免责条款都受法律保护。我国《合同法》中规定，合同中的免除造成对方人身伤害、因故意或者重大过失造成对方财产损失的违约责任的免责条款无效，当事人对此类损害仍应当承担赔偿责任。

@ 3.4 民间借贷合同效力及表现形态

3.4.1 民间借贷

1. 民间借贷的界定和表现形式

民间借贷是指自然人、法人、其他组织之间及其相互之间进行资金融通的行为。经金融监管部门批准设立的从事贷款业务的金融机构及其分支机构，因发放贷款等相关金融业务引发的纠纷，不属于民间借贷。

换言之，民间借贷是指不以金融机构为中介的直接融资，是在社会活动中自发形成的民间信用。民间借贷通常没有金融机构介入，且多发生于相互熟识的个体之间，借贷利率也具有很大的随意性。

最新的民间借贷司法解释——《最高人民法院关于审理民间借贷案件适用法律若干问题的规定》已于 2015 年 6 月 23 日由最高人民法院审判委员会第 1655 次会议通过，并自 2015 年 9 月 1 日起施行。

按照借款用途的不同，民间借贷合同可以分为互助式借贷和商业式借贷。互助式借贷的借款人进行借款是为满足生产、生活的需要；而商业式借贷则是为满足企业运转或获得更高的收益。互助式借贷以互助互利为目的，而商业式借贷强调资金收益。

随着民间借贷的不断发展，出现了互助式借贷逐渐向商业式借贷发展的趋势。出现这一趋势的主要原因在于中小企业融资渠道的有限。在无担保或担保能力弱的情况下，众多中小企业难以通过传统融资渠道进行融资，进而催生出更多的民间借贷需求。日益突出的中小企业融资难问题使得民间借贷规模日益扩大，借贷利率不断提高，民间借贷的人缘性、地缘性特征弱化，传统民间借贷的信息对称性相对减弱，进而使违约的机会成本降低。

2. 民间借贷案件的受理与管辖

(1) 民间借贷属于合同纠纷，但是当事人之间往往没有书面借款合同，因此借据、收据、欠条等债权凭证以及其他能够证明借贷法律关系存在的证据可以作为证明借贷关系的证据。如果当事人持有的借据、收据、欠条等债权凭证没有载明债权人，仍可以提起诉讼，但被告对原告的债权人资格提出有事实依据的抗辩，人民法院经审理认为原告不具有债权人资格的，裁定驳回起诉。

(2) 在管辖问题上，如果借贷双方就合同履行地未约定或者约定不明确，事后未达成补充协议，按照合同有关条款或者交易习惯仍不能确定的，以接受货币一方所在地为合同履行地。

3.4.2　民间借贷合同

民间借贷合同，是指自然人之间、自然人与非金融机构法人、其他组织之间，为了生活或生产的需要，双方达成合意签订的，由贷款人提供货币给借款人，由借款人到期返还贷款人借款并支付一定利息(自然人之间借款未约定利息的除外)的合同。[①]

民间借贷合同的主体包括自然人、非金融机构、其他组织。而依照法律规定，签订民间借贷合同的主体是否具备法律资格涉及民间借贷合同是否生效的问题。我国法律规定：

① 除涉及非法集资、集资诈骗、非法金融贷款的民间借贷合同按无效处理，自然人与非金融企业之间可以建立有效的民间借贷法律关系。

② 具有营业执照的其他组织与自然人之间可以建立有效的民间借贷法律关系。

③ 非金融企业、具有营业执照的其他组织之间可以建立有效的民间借贷法律关系。

④ 自然人之间可以建立有效的民间借贷法律关系。

1. 民间借贷合同的界定

民间借贷合同的标的是货币的给付行为，而货币给付行为中又蕴含着合同内容中的债权债务关系。在民间借贷合同中，通常包含着借贷资金的本金和利息两方面的货币给付行为，本金之债和利息之债又共同形成民间借贷合同的债权债务关系。

民间借贷合同的标的物为货币，包括人民币、外币、国债等有价证券。其中有价证券是持有人持有的能代表一定收入的权利凭证，它本身没价值，但有交换价值。股票、债券、基金份额、汇票、银行本票、支票、货单和仓单等均属于有价证券。

2. 民间借贷合同的分类

根据民间借贷合同的主体、成立要件和合同标的可以对不同类型的民间借贷合同进行划分。

根据民间借贷合同的主体不同，可将民间借贷合同划分为：企业之间的民间借贷合同、企业与自然人之间的民间借贷合同和自然人之间的民间借贷合同。

根据合同是否以当事人双方意思表示一致和物的转移为成立要件，可将民间借贷合同划分为实践性合同和诺成性合同。依照《合同法》第二百一十条中的规定，非自然人之间

---

①诸葛隽. 民间金融：基于温州的探索[M]. 北京：中国经济出版社，2007：200.

签订的合同自合同成立时生效，为诺成性合同；自然人之间签订的合同自提供借款(实际交付)时成立，为实践性合同。

根据合同相对人之间的相互依存程度的高低和是否互为给付为标准，可将民间借贷合同划分为单务合同、双务合同。我国《合同法》第一百九十六条、第二百一十一条中规定，自然人之间签订的未约定利息的借贷合同为单务合同；非自然人之间的民间借贷合同为双务合同。在民间借贷合同中，主体一方为非金融企业、其他组织的，多数以生产经营为目的，属于商业式借款，借款人向贷款人给付利息促进融资，符合市场规律；主体双方为自然人的，多数以生活互利为目的，属于互助式借款，当事人可选择约定不以给付利息为对价。

区分单务合同和双务合同的意义在于，在合同被撤销或认定合同无效的情况下，对这两种合同的处理结果不同：在不以给付利息为对价的自然人之间借贷合同中，双方当事人之间相互依存程度较低，过失方通常并不承担以信赖利益保护为基础的缔约过失责任；而在给付利息的借贷合同中，合同相对人相互依赖程度高，过失方需承担缔约过失责任。因此，在双务合同中因合同不成立或效力缺陷给过失方所带来的对信赖利益的损害赔偿程度相对较高。

3. 民间借贷合同的效力

1) 民间借贷合同的生效要件

我国 2015 年新出台的《最高人民法院关于审理民间借贷案件适用法律若干问题的规定》(以下简称《规定》)中第九条规定：具有下列情形之一，可以视为具备《合同法》第二百一十条关于自然人之间借款合同的生效要件。

① 以现金支付的，自借款人收到借款时；

② 以银行转账、网上电子汇款或者通过网络贷款平台等形式支付的，自资金到达借款人账户时；

③ 以票据交付的，自借款人依法取得票据权利时；

④ 出借人将特定资金账户支配权授权给借款人的，自借款人取得对该账户实际支配权时；

⑤ 出借人以与借款人约定的以其他方式提供借款并实际履行完成时。

2) 民间借贷合同的生效

《规定》中第十条明确规定，除自然人之间的借款合同外，当事人主张民间借贷合同自合同成立时生效的，人民法院应予支持，但当事人另有约定或者法律、行政法规另有规定的除外。

《规定》中第十一条明确规定，法人之间、其他组织之间以及它们相互之间为生产、经营需要订立的民间借贷合同，除存在合同法第五十二条、本规定第十四条规定的情形外，当事人主张民间借贷合同有效的，人民法院应予支持。

【相关链接】《合同法》第五十二条所规定的情形包括：

(1) 一方以欺诈、胁迫手段订立合同，损害国家利益；

(2) 恶意串通，损害国家、集体或者第三人利益；

(3) 以合法形式掩盖非法目的;

(4) 损害社会公共利益;

(5) 违反法律、行政法规的强制性规定。本《规定》的第十四条在下文中介绍。

《规定》中第十二条明确规定，法人或者其他组织在本单位内部通过借款形式向职工筹集资金，用于本单位生产、经营，且不存在《合同法》第五十二条、本规定第十四条规定的情形，当事人主张民间借贷合同有效的，人民法院应予支持。

《规定》中第十三条明确规定:

借款人或者出借人的借贷行为涉嫌犯罪，或者已经生效的判决认定构成犯罪，当事人提起民事诉讼的，民间借贷合同并不当然无效。人民法院应当根据《合同法》第五十二条、本《规定》第十四条的规定，认定民间借贷合同的效力。

担保人以借款人或者出借人的借贷行为涉嫌犯罪或者已经生效的判决认定构成犯罪为由，主张不承担民事责任的，人民法院应当依据民间借贷合同与担保合同的效力、当事人的过错程度，依法确定担保人的民事责任。

3) 民间借贷合同的无效

《规定》中第十四条明确规定:

(1) 法人之间、其他组织之间以及它们相互之间为生产、经营需要订立的民间借贷合同，原则上有效，除非存在如下情形之一。

① 存在《合同法》第五十二条规定的无效情形(参考前文);

② 套取金融机构信贷资金又高利转贷给借款人，且借款人事先知道或者应当知道的;

③ 以向其他企业借贷或者向本单位职工集资取得的资金又转贷给借款人牟利，且借款人事先知道或者应当知道的;

④ 出借人事先知道或者应当知道借款人借款用于违法犯罪活动仍然提供借款的;

⑤ 违背社会公序良俗的;

⑥ 其他违反法律、行政法规效力性强制性规定的。

(2) 法人或者其他组织在本单位内部通过借款形式向职工筹集资金，用于本单位生产、经营签订的民间借贷合同，其效力与第(1)款作相同处理。

(3) 借款人或者出借人的借贷行为涉嫌犯罪，或者已经生效的判决认定构成犯罪，当事人提起民事诉讼的，民间借贷合同并不当然无效。人民法院应当根据 A 情形中的规则认定民间借贷合同的效力。担保人以借款人或者出借人的借贷行为涉嫌犯罪或者已经生效的判决认定构成犯罪为由，主张不承担民事责任的，人民法院应当依据民间借贷合同与担保合同的效力、当事人的过错程度，依法确定担保人的民事责任。

4) 当事人的举证责任

《规定》中第十五条明确规定，原告以借据、收据、欠条等债权凭证为依据提起民间借贷诉讼，被告依据基础法律关系提出抗辩或者反诉，并提供证据证明债权纠纷非民间借贷行为引起的，人民法院应当依据查明的案件事实，按照基础法律关系审理。但当事人通过调解、和解或者清算达成的债权债务协议的除外。

《规定》中第十六条明确规定:

原告仅依据借据、收据、欠条等债权凭证提起民间借贷诉讼，被告抗辩已经偿还借

款，被告应当对其主张提供证据证明。被告提供相应证据证明其主张后，原告仍应就借贷关系的成立承担举证证明责任。

被告抗辩借贷行为尚未实际发生并能做出合理说明，人民法院应当结合借贷金额、款项交付、当事人的经济能力、当地或者当事人之间的交易方式、交易习惯、当事人财产变动情况以及证人证言等事实和因素，综合判断查证借贷事实是否发生。

《规定》中第十七条明确规定，原告仅依据金融机构的转账凭证提起民间借贷诉讼，被告抗辩转账系偿还双方之前借款或其他债务，被告应当对其主张提供证据证明。被告提供相应证据证明其主张后，原告仍应就借贷关系的成立承担举证证明责任。

《规定》中第十八条明确规定，根据《关于适用〈中华人民共和国民事诉讼法〉的解释》第一百七十四条第二款的规定，负有举证证明责任的原告无正当理由拒不到庭，经审查现有证据无法确认借贷行为、借贷金额、支付方式等案件主要事实，人民法院对其主张的事实不予认定。

5）保证人的保证责任

《规定》中第二十一条明确规定，他人在借据、收据、欠条等债权凭证或者借款合同上签字或者盖章，但未表明其保证人身份或者承担保证责任，或者通过其他事实不能推定其为保证人，出借人请求其承担保证责任的，人民法院不予支持。

6）互联网借贷平台的法律责任

《规定》中第二十二条明确规定，借贷双方通过网络贷款平台形成借贷关系，网络贷款平台的提供者仅提供媒介服务，不承担担保责任。网络贷款平台的提供者通过网页、广告或者其他媒介明示或者有其他证据证明其为借贷提供担保的，网络贷款平台的提供者应当承担担保责任。

7）法定代表人在民间借贷合同中的责任

《规定》中第二十三条明确规定：

企业法定代表人(或者负责人)以企业名义与出借人签订民间借贷合同，出借人、企业或者其股东能够证明所借款项用于企业法定代表人(或者负责人)个人使用，出借人可以要求将企业法定代表人(或者负责人)列为共同被告或者第三人。

企业法定代表人(或者负责人)以个人名义与出借人签订民间借贷合同，所借款项用于企业生产经营，出借人可以请求企业与个人共同承担责任。

8）民间借贷与买卖合同混合时的处理规则

《规定》中第二十四条明确规定：

当事人以签订买卖合同作为民间借贷合同的担保，借款到期后借款人不能还款，出借人请求履行买卖合同的，人民法院应当按照民间借贷法律关系审理，并向当事人释明变更诉讼请求。当事人拒绝变更的，人民法院裁定驳回起诉。

按照民间借贷法律关系审理做出的判决生效后，借款人不履行生效判决确定的金钱债务，出借人可以申请拍卖买卖合同标的物，以偿还债务。就拍卖所得的价款与应偿还借款本息之间的差额，借款人或者出借人有权主张返还或者补偿。

9）民间借贷的利息与利率

《规定》中第二十五条明确规定：

借贷双方没有约定利息，出借人不得主张支付借期内的利息。

除自然人之间借贷外，借贷双方对借贷利息约定不明，出借人主张利息的，应当结合民间借贷合同的内容，并根据当地或者当事人的交易方式、交易习惯、市场利率等因素确定利息。

关于利率的约定，《规定》中第二十六条明确规定：

借贷双方约定的利率未超过年利率 24%，出借人请求借款人按照约定的利率支付利息的，人民法院应予支持。

借贷双方约定的利率超过年利率 36%，超过部分的利息约定无效。借款人请求出借人返还已支付的超过年利率 36%部分的利息的，人民法院应予支持。

《规定》中第二十七条明确规定，借据、收据、欠条等债权凭证载明的借款金额，一般认定为本金。预先在本金中扣除利息的，人民法院应当将实际出借的金额认定为本金。

《规定》中第二十八条明确规定：

借贷双方对前期借款本息结算后将利息计入后期借款本金并重新出具债权凭证，如果前期利率没有超过年利率 24%，重新出具的债权凭证载明的金额可认定为后期借款本金；超过部分的利息不能计入后期借款本金。约定的利率超过年利率 24%，当事人主张超过部分的利息不能计入后期借款本金的，人民法院应予支持。

借款人在借款期间届满后应当支付的本息之和，不能超过最初借款本金与以最初借款本金为基数，以年利率 24%计算的整个借款期间的利息之和。出借人请求借款人支付超过部分的，人民法院不予支持。

关于逾期利率，《规定》中第二十九条明确规定：

借贷双方对逾期利率有约定的，从其约定，但以不超过年利率 24%为限。

借贷双方未约定逾期利率或者约定不明的，应区分不同情况处理。

① 既未约定借期内的利率，也未约定逾期利率，出借人主张借款人自逾期还款之日起按照年利率 6%支付资金占用期间利息的，人民法院应予支持；

② 约定了借期内的利率但未约定逾期利率，出借人主张借款人自逾期还款之日起按照借期内的利率支付资金占用期间利息的，人民法院应予支持。

关于逾期利率与其他违约责任的竞合，《规定》中第三十条明确规定：

出借人与借款人既约定了逾期利率，又约定了违约金或者其他费用，出借人可以选择主张逾期利息、违约金或者其他费用，也可以一并主张，但总计超过年利率 24%的部分，人民法院不予支持。

10) 其他相关条款

根据《规定》中第三十一条规定，没有约定利息但借款人自愿支付，或者超过约定的利率自愿支付利息或违约金，且没有损害国家、集体和第三人利益，借款人又以不当得利为由要求出借人返还的，人民法院不予支持，但借款人要求返还超过年利率 36%部分的利息除外。

根据《规定》中第三十二条规定，借款人可以提前偿还借款，但当事人另有约定的除外。借款人提前偿还借款并主张按照实际借款期间计算利息的，人民法院应予支持。

3.4.3 民间借贷合同的成立和生效的区别

合同的成立是合同生效的前提。

自当事人意思表示一致时,合同即成立。而合同生效则是指合同具备生效要件,已成立且能够发生法律约束力;合同成立强调合同当事人之间达成意思合意,而合同生效则强调国家权力能够对合同行为的干预。

民间借贷合同的成立与生效的所需进行的区分主要表现在以下三个方面。

(1) 借据是民间借贷合同成立的证据还是民间借贷合同生效证据。

在民间借贷合同中,通常以借款人向贷款人签立借据来证明当事人之间资金借贷关系。通常需要通过对借款上载明的文字和借款主体以及借款标的额大小的认定来判断结局是否能够证明当事人之间民间借贷关系已经产生法律效力。

若借据上有"收到款项","借到款项","已收到款项"等语句表述,即表明该借据具有收条的性质,是在贷款人已将款项交付给借款人之后订立的,相关款项已经实际交付,此时借据能够直接证明该民间借贷合同已经生效。

在非自然人之间的民间借贷合同中,借据中载明付款时间和交付方式,即可直接作为合同生效的证据。但在自然人之间的民间借贷关系中,借据明确约定自借据出具之日起一定期限后付款并约定届时具体的交付方式,则说明相关款项尚未交付,鉴于自然人之间的民间借贷合同自款项实际交付时合同生效,因此此时借据并不能证明合同已经具有法律效力。

在具体实际的司法实践中,在自然人之间签订民间借贷合同所涉及的合同标的额较大的情况下,若该合同约定贷款人将相关款项以现金方式而非转账方式交付的,法院还需要求贷款人另行出具证据,来证明其自身的经济实力、交易习惯,从而对该民间借贷合同是否生效做出判定。

(2) 自然人之间签订的民间借贷合同,在相关款项尚未实际交付的情况下,合同是否已经成立。

自然人之间的民间借贷合同作为实践性合同,其生效条件包括当事人双方意思表示一致且发生物的转移或处分。所以,订立民间借贷合同(即提供借款)不是自然人之间民间借贷合同的生效要件,但应当是该民间借贷合同的成立要件。其中,借款的提供也并不一定采用要式合同中所要求的符合相关法律规定的合同形式。

将借款的提供作为合同成立要件,其最大的意义在于当自然人之间订立的民间借贷合同是不以利息为对价的单务合同时,在做出向借款人提供借款的承诺后,在实际交付相关款项前,贷款人若发生反悔,允许其撤销其订立民间借贷合同的法律行为。通常情况下,在不以给付利息为对价的自然人之间借贷合同中,由于双方当事人之间相互依存程度低,因此允许贷款人不承担以信赖利益保护为基础的缔约过失责任。

(3) 对自然人之间的民间借贷合同中款项的交付行为的确定。

在自然人之间的民间借贷合同中,以现金交付和通过网络转账的款项交付方式最为常见。在现金交付方式中,通常以实际交付相关款项的行为发生为准。而在以转账为交付方式的情况下,则需要考虑相关款项是否已经到达借款人能控制的范围内。

如在通过第三人作为介绍人(信用中介)介绍贷款人将款项借给借款人的情况下,贷款人将相关款项转账到借款人银行卡上,存在第三人使用这一款项的可能,因此也就需要结合具体情况对款项的实际使用者做出判定，判定到底应由介绍人还是借款人来承担相应的还款责任。在通常情况下，由第三人作为介绍人介绍贷款人将款项借给借款人，视为此时借贷双方即达成借贷合意，而贷款人将相关款项转账到借款人银行卡上时，视为贷款人已经履行了相关款项的交付义务，推定贷款人已将款项交付到贷款人实际能控制的范围内，即认定此时资金借贷关系成立。借款人如果对合同效力有反对意见应承担相应的举证责任。

3.4.4 未生效的民间借贷合同

1. 未办理登记、批准的民间借贷合同

我国《合同法解释(一)》第九条规定：依照合同法第四十四条第二款的规定，法律、行政法规规定合同应当办理批准手续，或者办理批准、登记等手续才生效，在一审法庭辩论终结前当事人仍未办理批准手续的，或者仍未办理批准、登记等手续的，人民法院应当认定该合同未生效；法律、行政法规规定合同应当办理登记手续，但未规定登记后生效的，当事人未办理登记手续不影响合同效力，合同标的物所有权及其他物权不能转移。

【相关链接】《合同法》第四十四条第二款：法律、行政法规规定应当办理批准、登记等手续生效的，依照其规定。

我国《合同法解释(二)》第八条规定：依照法律、行政法规的规定经批准或者登记才能生效的合同成立后，有义务办理申请批准或者申请登记等手续的一方当事人未按照法律规定或者合同约定办理申请批准或者未申请登记的，属于合同法第四十二条第(三)项规定的"其他违背诚实信用原则的行为"，人民法院可以根据案件的具体情况和相对人的请求，判决相对人自己办理有关手续；对方当事人对由此产生的费用和给相对人造成的实际损失，应当承担损害赔偿责任。

【相关链接】《合同法》第四十二条：当事人在订立合同过程中有下列情形之一，给对方造成损失的，应当承担损害赔偿责任：

(一) 假借订立合同，恶意进行磋商；

(二) 故意隐瞒与订立合同有关的重要事实或者提供虚假情况；

(三) 有其他违背诚实信用原则的行为。

从中我们可以看出，登记和批准是不是合同生效要件，应当分情况进行区分。如果直接规定登记、批准是该合同的生效要件，则未办理登记、批准的合同未生效，应当承担相应的缔约过失责任。如果没有直接规定登记、批准是该合同的生效要件，则需要进行进一步的判断。如果该合同应当办理批准手续但未办理，则该合同尚未生效，负有办理批准手续义务的一方应当承担相应的缔约过失责任；如果该合同应当办理登记手续但未办理，则合同效力并不受到影响，因为此时的登记手续作为物权公示方式，仅起到对抗善意第三人的作用，负有办理登记手续义务的一方应当承担违约责任。当登记和批准未被直接规定为生效要件时，对二者采用不同的处理方式是因为登记是物权公示行为，而批准体现了政府监管的职责。[①]

---

① 王利明. 合同法研究(一卷)[M]. 北京：人民出版社，2002：486.

以上规定同样适用于民间借贷合同。但需要注意的是，中国人民银行颁布的《境内机构借用国际商业贷款管理办法》第四条中规定，境内机构借用国际商业贷款应当经外汇管理局批准。未经外汇管理局批准而擅自对外签订的国际商业贷款协议无效。外汇管理局不予办理外债登记。银行不得为其开立外债专用账户。借款本息不准擅自汇出。因此，境内机构与境外企业、个人或者其他经济组织签订民间借贷合同，以外国货币承担偿还义务的，需要经过外汇管理局的审批。

但不经批准，合同并非当然无效。《境内机构借用国际商业贷款管理办法》属于部门规章，其法律效力是低于《合同法》的。根据我国《合同法解释(一)》第四条中的规定，《合同法》实施以后，人民法院确认合同无效，应当以全国人大及其常委会制定的法律和国务院制定的行政法规为依据，不得以地方性法规、行政规章为依据。因此未经审批的国际贷款合同并不当然无效。

2. 未采用书面形式、未办理公证的民间借贷合同

我国《合同法》第三十二条中规定，当事人采用合同书形式订立合同的，自双方当事人签字或者盖章时合同成立。因此，在未约定合同形式的民间借贷合同中，采用书面形式订立合同，是该民间借贷合同的成立要件。

但根据《合同法》第三十六条中的规定：法律、行政法规规定或者当事人约定采用书面形式订立合同，当事人未采用书面形式但一方已经履行主要义务，对方接受的，该合同成立。这一条款是对前述条款的补充，增补了未采用书面形式的合同仍可以成立的特殊情况。

民间借贷合同中规定采用书面形式是对资金借贷双方的保护。因此，在一般情况下未采用书面形式订立的民间借贷合同具有允许补正的无效。前述的《合同法》第三十六条中，合同义务的履行即为对该民间借贷合同效力的补正措施，被对方当事人接受后该合同便能够产生法律效力。若合同未获得补正，则成为无效合同。根据《合同法》第四十二条和第五十八条规定，应承担缔约过失责任。

【相关链接】《合同法》第四十二条规定：当事人在订立合同过程中有下列情形之一，给对方造成损失的，应当承担损害赔偿责任：(一)假借订立合同，恶意进行磋商；(二)故意隐瞒与订立合同有关的重要事实或者提供虚假情况；(三)有其他违背诚实信用原则的行为。

【相关链接】《合同法》第五十八条规定：合同无效或者被撤销后，因该合同取得的财产，应当予以返还；不能返还或者没有必要返还的，应当折价补偿。有过错的一方应当赔偿对方因此所受到的损失，双方都有过错的，应当各自承担相应的责任。

对于约定公证时生效的民间借贷合同，在未办理公证手续的情况下，如果可以进行补正并进行相应补正，为对方当事人所接受的情况下，该民间借贷合同产生法律效力。反之，若无法补正则该民间借贷合同为无效合同。

3. 约定附条件、附期限的民间借贷合同，条件所附条件、期限未成就

根据我国《合同法》第四十五条的规定，当事人对合同的效力可以约定附条件。附生效条件的合同，自条件成就时生效。附解除条件的合同，自条件成就时失效。因此，在约

定附条件、附期限的民间借贷合同中，条件所附条件、期限未成就时，该合同尚未生效。

鉴于所附条件或所附期限是不确定的，且该条件或期限的成就并不受合同当事人的控制，因此，当事人并不能因合同未生效主张对方承担违约赔偿责任。即便当事人中的一方对该民间借贷合同未生效有过错行为，但合同生效的成就事由并不为其控制，也不必承担缔约过失责任。

在约定附条件、附期限的民间借贷合同中，一方当事人在主观上故意采取不正当的行为促使该合同的条件成就时，视为合同不成就。而当一方当事人在主观上故意采取不正当的行为促使该合同的条件不成就时，视为合同成就。因此在这两种情况下均不存在损害赔偿的相关问题。

在约定附条件、附期限的民间借贷合同中，如果所附条件能够为一方当事人的行为所影响，则应从以下两种情况判断损害赔偿责任。若所附条件受借款人行为的影响不能成就，由于附条件的义务履行是与借款人的利益密切相关的，因此在这一情形下借款人通常只需在未尽注意的义务时承担缔约过失责任。而若所附条件是受贷款人行为的影响不能成就，贷款人由于未尽善良管理人的义务，应对借款人受侵害的信赖利益承担缔约过失责任。

在约定附条件、附期限的民间借贷合同中，在合同订立之后、所附条件、所附期限尚未成就之前，当事人一方违反该民间借贷合同中其应当承担的义务进而影响合同的正常履行，即便该合同目前尚未生效，出于对交易的保护，该当事人应当承担违约责任，以补偿对另一方当事人期待利益的直接损害。

3.4.5 效力待定的民间借贷合同

效力待定的民间借贷合同是指已成立的但因合同当事人欠缺缔约能力，其效力处于不稳定状态，须经有缔约能力的人追认才能生效的民间借贷合同。该合同的效力需要有权人进行补正，未经补正前该合同的效力处于待定状态。该合同一经补正则自始有效，未进行补正的，合同则自始无效。

效力待定的合同涉及缔约能力的欠缺，包括民事行为能力、代理权、处分权的欠缺。

1. 限制行为能力人签订的民间借贷合同

我国《合同法》中第四十七条规定，限制民事行为能力人订立的合同，经法定代理人追认后，该合同有效，但纯获利益的合同或者与其年龄、智力、精神健康状况相适应而订立的合同，不必经法定代理人追认。

鉴于对限制行为能力人的保护，在限制行为能力人所签订的民间借贷合同中，与其订立民间借贷合同的另一方当事人不应当是企业或其他组织，应当只能为自然人。

2. 无权代理人签订的民间借贷合同

我国《合同法》中第四十八条规定，行为人没有代理权、超越代理权或者代理权终止后以被代理人名义订立的合同，未经被代理人追认，对被代理人不发生效力，由行为人承担责任。相对人可以催告被代理人在一个月内予以追认。被代理人未作表示的，视为拒绝追认。合同被追认之前，善意相对人有撤销的权利。撤销应当以通知的方式做出。

《最高人民法院关于人民法院审理借贷案件的若干意见》第十四条中规定，行为人以

借款人的名义出具借据代其借款，借款人不承认，行为人又不能证明的，由行为人承担民事责任。

因此，无权代理人签订的民间借贷合同，若获得被代理人的追认，则认定该民间借贷合同有效；若被代理人拒绝追认或在约定的期限内未进行追认，则应当认定该民间借贷合同自始无效。

值得注意的是，夫妻代理并不属于无权代理。即夫妻代理所签订的民间借贷合同直接有效，夫妻双方均应对该行为的法律后果承担连带责任，无须经过被代理人的授权或追认。

夫妻代理又被称作家事代理，是指夫妻因日常家庭事务与第三人为一定法律行为时可以相互代理，即夫妻在日常家事处理方面互为代理人，互有代理权。因此，只要属家事上的开支，夫妻任何一方都有家事方面的单独的处理权。

我国《婚姻法》中第十九条第三款中规定，夫妻对婚姻关系存续期间所得的财产约定归各自所有的，夫或妻一方对外所负的债务，三者均知道该约定的，以夫或妻一方所有的财产清偿。除此之外，法院判决夫妻另一方应和其配偶承担共同连带还款责任。

我国《婚姻法解释(二)》中第二十四条规定，债权人就婚姻关系存续期间夫妻一方以个人名义所负债务主张权利的，应当按夫妻共同债务处理。但夫妻一方能够证明债权人与债务人明确约定为个人债务，或者能够证明属于《婚姻法》第十九条第三款规定情形的除外。

综上所述，夫妻代理适用的情形有以下两种。

(1) 夫妻一方与第三人签订的合同发生在夫妻关系存续期间(包括以夫妻关系的身份共同生活的情况)适用夫妻代理，除非第三人知道财产约定各自所有的。

(2) 夫妻一方与第三人签订的合同虽然发生在分居期间，以个人名义所负债务同样可以适用夫妻代理，除非第三人知道为个人债务或财产约定各自所有的。此种情况下，债务是否用于夫妻双方的家庭生活或经营，由借款人承担举证责任，否则认定为个人债务。

3. 无权代表人签订的民间借贷合同

我国《合同法》第五十条中规定，法人或者其他组织的法定代表人、负责人超越权限订立的合同，除相对人知道或者应当知道其超越权限的以外，该代表行为有效。

在这里，法人或者其他组织的法定代表人、负责人在超出其职责权限外的代表公司从事法律行为时，即成为无权代表人。在日常的经济活动中，法人或者其他经济组织的经济活动都是经过其法定代表人、负责人进行的，如谈判、签订合同等。我国《民法通则》第三十八条规定，法人的法定代表人是指依照法律或者法人的组织章程的规定，代表法人行使职权的负责人。可见法人的法定代表人或者其他组织的负责人是代表法人或者其他组织行使职权的；且法定代表人、其他组织的负责人必须在法律规定或者章程规定的权限范围内行使职责。但在现实社会经济活动中，存在着众多法定代表人、负责人超越权限订立合同的乱象。

法定代表人或者其他组织的负责人作为法人或者其他组织的组成部分，其所做行为就是法人或者其他组织的行为。因此，他们执行职务的行为所产生的一切后果都应当由法人或者其他组织承担。在一般情形下，与其订立民间借贷合同的相对人通常对法定代表人或者其他组织负责人的权限并不知情，因此法人或者其他组织的内部规定也不应对合同的相对人构成约束力，否则，将不利于保护合同相对人的利益，进而对合同相对人造成不公平待遇。

需要特别注意的是，在订立民间借贷合同的过程中，合同的相对人知道或者应当知道法定代理人或者其他组织的行为是超越了权限，而仍与之订立合同的，其在主观上具有恶意，因此该民间借贷合同就不具有效力。

4. 无处分权人签订的民间借贷合同

我国《合同法》中第五十一条规定，无处分权的人处分他人财产，经权利人追认或者无处分权的人订立合同后取得处分权的，该合同有效。

但在民间借贷合同中，并不存在无处分权人签订民间借贷合同致使合同效力待定的情形。这主要是由民间借贷合同的标的物——货币资金其本身的特性所决定的。货币作为一般等价物，对其占有即获得所有权。因此，无权处分并不会对民间借贷合同的效力产生影响。

3.4.6 可撤销的民间借贷合同

可撤销的合同是指因意思表示有瑕疵存在于合同订立时，瑕疵一方当事人行使法律赋予的撤销权利，使得合同归于无效。[①]

我国《合同法》第五十四条中规定，下列合同中当事人一方有权请求人民法院或者仲裁机构变更或者撤销：(一)因重大误解订立的； (二)在订立合同时显失公平的。一方以欺诈、胁迫的手段或者乘人之危，使对方在违背真实意思的情况下订立的合同，受损害方有权请求人民法院或者仲裁机构变更或者撤销。当事人请求变更的，人民法院或者仲裁机构不得撤销。

合同可撤销制度旨在保护因为意思表示有瑕疵的一方当事人利益，赋予其形成权(撤销权)用以否定合同效力。

1. 约定利息超过年利率 36%的民间借贷合同

关于利率的约定，我国 2015 年新出台的《最高人民法院关于审理民间借贷案件适用法律若干问题的规定》(以下简称《规定》)中第二十六条明确规定：

借贷双方约定的利率未超过年利率 24%，出借人请求借款人按照约定的利率支付利息的，人民法院应予支持。

借贷双方约定的利率超过年利率 36%，超过部分的利息约定无效。借款人请求出借人返还已支付的超过年利率36%部分利息的，人民法院应予支持。

即在对待涉及高利贷的民间借贷合同时，合同被撤销与合同被认定无效在否定的范围上有所区别。可撤销的民间借贷合同，仅就其可撤销部分自始无效，即对所收取的利息超过年利率36%的部分做无效处理，其不超过年利率36%的部分仍然有效。

2. 借款用途不实的民间借贷合同

民间借贷合同借款用途不实的问题可以是合同效力的问题，也可以是合同履行的问题。对二者进行区分的关键在于，不实的借款用途意图是在订立合同时已经存在，还是在合同履行过程中才产生的。

---

① 张腊梅. 合同效力[M]. 合肥：安徽人民出版社 2009：111-120.

如果有证据证明不实的借款用途意图是在订立合同时已经存在，则利益遭受侵害的贷款人可以主张撤销该民间借贷合同；如果有证据证明不实的借款用途是在合同履行过程中发生的行为，则利益受侵害的贷款人可以主张对方承担违约责任。

我国《合同法》第二百零三条中规定，借款人未按照约定的借款用途使用借款的，贷款人可以停止发放借款，提前收回借款或解除合同。其中所指出的两种处理方式分别为：

(1) 借款人选择"停止发放借款，提前收回借款"，即主张撤销之诉；

(2) 借款人选择"停止发放借款，解除合同"，即主张违约之诉。

在撤销之诉中，其所针对的是民间借贷合同的生效要件缺失，需要进行实质性检查。而在违约之诉中，其所针对的是民间借贷合同的有效性，需要进行形式性审查。但二者都是对借款人的利益提供保护。

在一般情况下，借款人承担违约责任的赔偿范围是大于其承担合同被撤销的缔约过失责任的赔偿范围的。但考虑到继续履行合同其所承担的风险，贷款人也可能会选择提出撤销之诉。

3. 涉及虚假诉讼的民间借贷合同

涉及虚假诉讼的民间借贷合同的效力如何认定的问题目前有待定论。但民事诉讼欺诈中的两种情形为：

原被告之间的欺诈行为；

原、被告恶意串通意在非法损害第三人合法权益的欺诈行为。

在情形(一)中，鉴于诉讼欺诈的合同并不真实，因此原、被告双方并未就合同内容达成一致(与以欺诈方式订立的合同相区别)，应当按照合同不成立处理(而非做撤销处理)。

在情形(二)中，原、被告对合同外第三人所进行的欺诈行为，属于恶意串通。根据我国《合同法》第五十二条的规定，该合同应直接被认定为无效。

我国 2015 年新出台的《最高人民法院关于审理民间借贷案件适用法律若干问题的规定》(以下简称《规定》)中第十九条规定，人民法院审理民间借贷纠纷案件时发现有下列情形，应当严格审查借贷发生的原因、时间、地点、款项来源、交付方式、款项流向以及借贷双方的关系、经济状况等事实，综合判断是否属于虚假民事诉讼。

(1) 出借人明显不具备出借能力；

(2) 出借人起诉所依据的事实和理由明显不符合常理；

(3) 出借人不能提交债权凭证或者提交的债权凭证存在伪造的可能；

(4) 当事人双方在一定期间内多次参加民间借贷诉讼；

(5) 当事人一方或者双方无正当理由拒不到庭参加诉讼，委托代理人对借贷事实陈述不清或者陈述前后矛盾；

(6) 当事人双方对借贷事实的发生没有任何争议或者诉辩明显不符合常理；

(7) 借款人的配偶或合伙人、案外人的其他债权人提出有事实依据的异议；

(8) 当事人在其他纠纷中存在低价转让财产的情形；

(9) 当事人不正当放弃权利；

(10) 其他可能存在虚假民间借贷诉讼的情形。

《规定》中第二十条规定：

经查明属于虚假民间借贷诉讼，原告申请撤诉的，人民法院不予准许，并应当根据

《民事诉讼法》第一百一十二条之规定，判决驳回其请求。

诉讼参与人或者其他人恶意制造、参与虚假诉讼，人民法院应当依照《民事诉讼法》第一百一十一条、第一百一十二条和第一百一十三条之规定，依法予以罚款、拘留；构成犯罪的，应当移送有管辖权的司法机关追究刑事责任。

单位恶意制造、参与虚假诉讼的，人民法院应当对该单位进行罚款，并可以对其主要负责人或者直接责任人员予以罚款、拘留；构成犯罪的，应当移送有管辖权的司法机关追究刑事责任。

3.4.7　无效的民间借贷合同

我国 2015 年新出台的《最高人民法院关于审理民间借贷案件适用法律若干问题的规定》(以下简称《规定》)中第十四条规定，具有下列情形之一，人民法院应当认定民间借贷合同无效。

(1) 套取金融机构信贷资金又高利转贷给借款人，且借款人事先知道或者应当知道的；

(2) 以向其他企业借贷或者向本单位职工集资取得的资金又转贷给借款人牟利，且借款人事先知道或者应当知道的；

(3) 出借人事先知道或者应当知道借款人借款用于违法犯罪活动仍然提供借款的；

(4) 违背社会公序良俗的；

(5) 其他违反法律、行政法规效力性强制性规定的。

其中，公序良俗是公共秩序与善良风俗的简称。所谓公序，即社会一般利益，包括国家利益、社会经济秩序和社会公共利益。所谓良俗，即一般道德观念或良好道德风尚，包括社会公德、商业道德和社会良好风尚。

【相关链接】我国的学者通常将公序良俗分为如下十种类型：①危害国家公共秩序类型；②危害家庭关系类型；③违反性道德行为类型；④射幸(侥幸)行为类型；⑤违反人权和人格尊严类型；⑥限制经济自由的行为类型；⑦违反公平竞争行为类型；⑧违反消费者保护的行为类型；⑨违反劳动者保护的行为类型；⑩暴力行为类型。

民间借贷合同中如果有以上五种情形中一种及以上的，该民间借贷合同无效，即自始至终不产生法律效力。

@ 3.5　网络借贷合同的性质分析

3.5.1　网络借贷的现行法依据

为规范网络借贷信息中介机构业务活动，保护出借人、借款人、网络借贷信息中介机构及相关当事人的合法权益，促进网络借贷行业健康发展，更好地满足中小微企业和个人投融资需求，依据《中华人民共和国民法通则》《中华人民共和国公司法》《中华人民共和国合同法》等法律法规，中国银监会、工业和信息化部、公安部、国家互联网信息办公室制定了《网络借贷信息中介机构业务活动管理暂行办法》(下文简称《办法》)。经国务院批准，自 2016 年 8 月 24 日起施行。

1. 网络借贷信息中介机构的中介本质

《办法》中明确，网络借贷是指个体和个体之间通过互联网平台实现的直接借贷。其中个体包含自然人、法人及其他组织。而网络借贷信息中介机构是指依法设立，专门从事网络借贷信息中介业务活动的金融信息中介公司。该类机构以互联网为主要渠道，为借款人与出借人(即贷款人)实现直接借贷提供信息搜集、信息公布、资信评估、信息交互、借贷撮合等服务。

《办法》中第三条规定，网络借贷信息中介机构按照依法、诚信、自愿、公平的原则为借款人和出借人提供信息服务，维护出借人与借款人合法权益，不得提供增信服务，不得直接或间接归集资金，不得非法集资，不得损害国家利益和社会公共利益。借款人与出借人遵循借贷自愿、诚实守信、责任自负、风险自担的原则承担借贷风险。网络借贷信息中介机构承担客观、真实、全面、及时进行信息披露的责任，不承担借贷违约风险。

从中可以看出，监管层明确了网络借贷信息中介机构作为信息中介的法律地位。该类机构为借款人与出借人(即贷款人)实现直接借贷提供信息搜集、信息公布、资信评价、信息交互、借贷撮合等服务，但不承担借贷风险，且不得直接或间接归集资金，不得非法集资，不得损害国家利益和社会公共利益。

2. 对网络借贷的监督和管理

《办法》中第四条规定，按照《关于促进互联网金融健康发展的指导意见》中"鼓励创新、防范风险、趋利避害、健康发展"的总体要求和"依法监管、适度监管、分类监管、协同监管、创新监管"的监管原则，落实各方管理责任。国务院银行业监督管理机构及其派出机构负责制定网络借贷信息中介机构业务活动监督管理制度，并实施行为监管。各省级人民政府负责本辖区网络借贷信息中介机构的机构监管。工业和信息化部负责对网络借贷信息中介机构业务活动涉及的电信业务进行监管。公安部牵头负责对网络借贷信息中介机构的互联网服务进行安全监管，依法查处违反网络安全监管的违法违规活动，打击网络借贷涉及的金融犯罪及相关犯罪。国家互联网信息办公室负责对金融信息服务、互联网信息内容等业务进行监管。

从中可以看出，对网络借贷采取的是多部门联合监管。银监会、各级人民政府、工业与信息化部、公安部和国家互联网信息办公室的各自职责都已得到明确。

《办法》中第五条规定，拟开展网络借贷信息中介服务的网络借贷信息中介机构及其分支机构，应当在领取营业执照后，于 10 个工作日以内携带有关材料向工商登记注册地的地方金融监管部门备案登记。

地方金融监管部门负责为网络借贷信息中介机构办理备案登记。地方金融监管部门应当在网络借贷信息中介机构提交的备案登记材料齐备时予以受理，并在各省(区、市)规定的时限内完成备案登记手续。备案登记不构成对网络借贷信息中介机构经营能力、合规程度、资信状况的认可和评价。

地方金融监管部门有权根据本办法和相关监管规则对备案登记后的网络借贷信息中介机构进行评估分类，并及时将备案登记信息及分类结果在官方网站上公示。

网络借贷信息中介机构完成地方金融监管部门备案登记后，应当按照通信主管部门的相关规定申请相应的电信业务经营许可；未按规定申请电信业务经营许可的，不得开展网络借贷信息中介业务。

从中可以看出，目前我国对网络借贷信息中介机构采取备案登记管理。

3. 网络借贷信息中介机构被禁止从事的行为

《办法》中第十条规定，网络借贷信息中介机构不得从事或者接受委托从事下列活动。

(1) 为自身或变相为自身融资；

(2) 直接或间接接受、归集出借人的资金；

(3) 直接或变相向出借人提供担保或者承诺保本保息；

(4) 自行或委托、授权第三方在互联网、固定电话、移动电话等电子渠道以外的物理场所进行宣传或推介融资项目；

(5) 发放贷款，但法律法规另有规定的除外；

(6) 将融资项目的期限进行拆分；

(7) 自行发售理财等金融产品募集资金，代销银行理财、券商资管、基金、保险或信托产品等金融产品；

(8) 开展类资产证券化业务或实现以打包资产、证券化资产、信托资产、基金份额等形式的债权转让行为；

(9) 除法律法规和网络借贷有关监管规定允许外，与其他机构投资、代理销售、经纪等业务进行任何形式的混合、捆绑、代理；

(10) 虚构、夸大融资项目的真实性、收益前景，隐瞒融资项目的瑕疵及风险，以歧义性语言或其他欺骗性手段等进行虚假片面宣传或促销等，捏造、散布虚假信息或不完整信息损害他人商业信誉，误导出借人或借款人；

(11) 向借款用途为投资股票、场外配资、期货合约、结构化产品及其他衍生品等高风险的融资提供信息中介服务；

(12) 从事股权众筹等业务；

(13) 法律法规、网络借贷有关监管规定禁止的其他活动。

这一条款主要在于明确网络借贷中介机构的中介性质，防止其从事资产管理、金融产品代销、代客理财和投资等业务，确保民间资金有效地流向实体经济，进而促进网络借贷有效弥补小微企业融资缺口作用的实现。

4. 网络借贷的小额资金理念

《办法》中第十七条规定，网络借贷金额应当以小额为主。网络借贷信息中介机构应当根据本机构风险管理能力，控制同一借款人在同一网络借贷信息中介机构平台及不同网络借贷信息中介机构平台的借款余额上限，防范信贷集中风险。

同一自然人在同一网络借贷信息中介机构平台的借款余额不超过人民币 20 万元；同一法人或其他组织在同一网络借贷信息中介机构平台的借款余额不超过人民币 100 万元；同一自然人在不同网络借贷信息中介机构平台借款总余额不超过人民币 100 万元；同一法人或其他组织在不同网络借贷信息中介机构平台借款总余额不超过人民币 500 万元。

网络借贷小额为主的理念，充分体现了网络借贷自身的特性，以及其作为传统贷款业

务有力补充的地位。

3.5.2 网络借贷中的合同类型

1. 借贷合同

借款合同，是指借贷双方在进入网贷平台后，通过自我判断确定借贷对象后在平台上签订的借款合同。在通常情况下，借款合同由三方构成，分别为借贷双方以及作为见证人的网络借贷平台，部分平台还会具有担保人的身份。

在网络借贷合同中，双方通常对以下内容进行约定。

(1) 借款用途、本金数额、借款利率、期限、还款方式、还款日及支付方式。

(2) 各方的权利和义务。

参与网络借贷的出借人通常具有选择借款人、在订立借款合同后按期收回借款和出现违约问题时提起申诉等权利。而参与网络借贷的借款人通常具有按约定时间获得借款和出现违约问题时提起申诉等权利。

参与网络借贷的借款人应当履行下列义务：提供真实、准确、完整的用户信息及融资信息；提供在所有网络借贷信息中介机构未偿还借款信息；保证融资项目真实、合法，并按照约定用途使用借贷资金，不得用于出借等其他目的；按照约定向出借人如实报告影响或可能影响出借人权益的重大信息；确保自身具有与借款金额相匹配的还款能力并按照合同约定还款；借贷合同及有关协议约定的其他义务。

参与网络借贷的出借人应当履行下列义务：向网络借贷信息中介机构提供真实、准确、完整的身份等信息；出借资金为来源合法的自有资金；了解融资项目信贷风险，确认具有相应的风险认知和承受能力；自行承担借贷产生的本息损失；借贷合同及有关协议约定的其他义务。

2016 年 8 月 24 日起施行的《网络借贷信息中介机构业务活动管理暂行办法》中规定，网络借贷平台作为信息中介，承担客观、真实、全面、及时进行信息披露的责任，并不承担借贷违约风险。

当前，大多网络借贷合同约定如果因为违约进行诉讼，由网络借贷平台所在地的法院管辖。

2. 居间合同

从本质上来说，金融就是一种服务。因此作为新兴的金融领域，网络借贷中网络借贷平台所提供的最基础的服务就是居间服务。网络借贷平台提供的居间服务一般包括：收集及审核借贷双方的基本信息、考察借款人的信用、向借贷双方进行信息披露、协助催收已贷款项等内容。

根据《合同法》第四百二十四条的规定，居间合同是居间人向委托人报告订立合同的机会或者提供订立合同的媒介服务，委托人支付报酬的合同。

《合同法》第四百二十六条第一款规定，居间人促成合同成立的，委托人应当按约定支付报酬。对居间人的报酬没有约定或者约定不明确，依照本法第六十一条的规定仍不能确定的，根据居间人的劳务合理确定。因居间人提供订立合同的媒介服务而促成合同成立的，由该合同的当事人平均负担居间人的报酬。

【相关链接】《合同法》第六十一条中规定，合同生效后，当事人就质量、价款或者报酬、履行地点等内容没有约定或者约定不明确的，可以协议补充；不能达成补充协议的，按照合同有关条款或者交易习惯确定。

《合同法》第四百二十七条规定，居间人未促成合同成立的，不得要求支付报酬。

综上可以看出，居间人索取报酬的前提是促成合同的成立。若合同未成立，居间人则无利益保证。

因此在网络借贷法律关系中，网络借贷平台通常会收取平台管理费、服务费、咨询费等相关居间费用。同时在网络借贷法律关系中，居间人也应履行一定的义务，居间人不履行或未按合同约定履行均应按照法律的规定或合同的约定承担一定的违约责任。对网络借贷平台而言，其最主要的居间义务是信息披露义务。资金的出借人和借款人均需要通过网络贷款平台所提供的信息来订立借款合同和履行合同义务，因此网络借贷平台应将其已经掌握到的信息及时传递给网络借贷法律关系中的当事人。此外，平台还需承担主动的信息搜集和必要的风险控制义务。网络借贷平台应对借款人提供的征信报告、个人收入证明、借款用途、家庭财产状况等相关信息进行充分的贷前调查，并做好贷中审核和贷后管理，以降低交易风险。

根据《合同法》第四百二十五条的规定，居间人应当就有关订立合同的事项向委托人如实报告，居间人故意隐瞒与订立合同有关的重要事实或者提供虚假情况，损害委托人利益的，不得要求支付报酬并应当承担损害赔偿责任。

即居间人承担相关法律责任的前提是居间人存在主观上的故意，而非主观故意的过失并不在承担损害赔偿责任的范围之内。2016年8月24日起施行的《网络借贷信息中介机构业务活动管理暂行办法》中明确规定，网络借贷平台作为信息中介并不承担借贷违约风险。

3. 委托理财合同

委托理财合同是指网络借贷平台除了为出借人和借款人提供居间借贷服务外，基于出借人的投资需求，自行组织设立投资项目，吸收出借人的资金，并保证提供一定回报利率的衍生服务。

2016年8月24日起施行的《网络借贷信息中介机构业务活动管理暂行办法》第十条(在3.5.1节中已做详细介绍)中明确规定，网络借贷信息中介机构不能从事理财业务。因此，这一合同类型在当前网络借贷合同中已不存在。

4. 担保合同

担保合同指的是借贷双方在签订借款合同时，除了依照《合同法》规定设立担保人外，为了进一步明确担保关系，由借款人和第三方担保机构(通常是网贷平台自身或者由其设立的专门担保机构)签订的担保合同。当借款人逾期未能偿还贷款时，由担保人先行向出借人垫付借款人本息，并获得出借人追索权利的合同。

2016年8月24日起施行的《网络借贷信息中介机构业务活动管理暂行办法》第十条中明确规定，网络借贷信息中介机构不得从事或者接受委托从事直接或变相向出借人提供担保或者承诺保本保息的活动。因此，这一合同类型在当前网络借贷合同中也已不存在。

5. 保险合同

网络借贷过程中的保险合同关系在国外较为普遍，例如英国的网络借贷平台 Zopa 和美国的网络借贷平台 Prosper 在其平台上的网络借贷活动中都引入了还款保障保险，以降低借款人的违约风险和保护出借人的相关利益。在附加还款保障保险的网络借贷活动中，网络借贷平台通过出售还款保险能够从保险公司处获得一定比例的佣金。这一类型的网络借贷合同通过将风险转嫁到外部，在为出借人所面对的损失风险提供保障的同时，也提高了网络借贷平台自身的运营安全和效率。

3.5.3　网络借贷合同的性质

根据《网络借贷信息中介机构业务活动管理暂行办法》中的相关规定，网络借贷合同只能具有直接融资的特征，不能具有间接融资的特征。

直接融资，是指没有金融中介机构介入的资金融通方式。在这种融资方式下，在一定时期内，资金盈余单位通过直接与资金需求单位协议，或在金融市场上购买资金需求单位所发行的有价证券，将货币资金提供给需求单位使用。在直接融资中，投融资双方都有较多的选择。

在网络借贷中，借款人根据自身的需要在网络借贷平台上发布其需要融资的项目，出借人根据自身的风险偏好对已发布的融资项目进行筛选，进而与意向项目的发布者订立网络借贷合同向其意向项目提供借款。

网络借贷合同的直接融资特征表现在如下四个方面。

(1) 出借人直接向借款人提供资金，借款人直接获得所借款项。

(2) 资金的出借人分散，借助互联网提供的信息获取和交流渠道实现对借款人的筛选。

(3) 借款人的信用状况差异较大。

(4) 借款人具有自主性，可以根据自身需求来决定其借款的规模和愿意承担的借款利率。

3.5.4　网络借贷的民事纠纷

1. 网络借贷的民事纠纷解决困局

网络借贷涉及多种民事纠纷，其中最为常见的是借款人的违约纠纷。与传统资金借贷的金融业务相比，网络借贷中的民事纠纷没有明确的法律解决途径。

《网络借贷信息中介机构业务活动管理暂行办法》第二十九条中规定，出借人与网络借贷信息中介机构之间、出借人与借款人之间、借款人与网络借贷信息中介机构之间等纠纷，可以通过以下途径解决。

(1) 自行和解；

(2) 请求行业自律组织调解；

(3) 向仲裁部门申请仲裁；

(4) 向人民法院提起诉讼。

网络借贷中的出借人通常有较广的涉及范围，一项金额为五万元的借款项目就可能会有几十位的出借人。一旦借款人出现违约行为，如何界定网络借贷合同中相关当事人的身份、出借人的网络借贷纠纷能否成为共同诉讼、各出借人的权利和义务是否相同、网络借贷平台能否作为出借人的诉讼代理人主张维权、在出借人的违约纠纷中网络借贷平台在何种情形下承担责任等问题，在当前的民事纠纷诉讼程序中仍存在空白，有待完善。

2. 网络借贷民事纠纷的诉讼程序

1) 无抵押无担保的诉讼程序

借款人在网络借贷平台网站上发布借款项目标的的具体信息，对借款金额、可接受的借款利率、资金筹措期限、还款期限等资金借贷的基本信息进行约定，出借人在根据自身的风险偏好选定意向项目后，用自有资金进行全额或者部分投标。在资金筹措期届满后，如果投标资金的总额达到或超过借款人的借款要求，则从投标人中选择出借款利率最低的投标人中标，进而网络借贷平台会自动为出借人和借款人生成电子借条，此时网络借贷法律关系成立。在此之后，借款人按月向出借人偿付借款的本金和利息。

通常情况下，网络借贷平台会在借款人违反网络借贷合同中的约定，逾期未履行还款义务时会对借款人进行催收和电话提醒，但是网络借贷平台对于出借人的损失不承担违约赔偿责任。在这种情形下，资金能否按约定收回完全取决于借款人的信用。也正因如此，无抵押无担保的网络借贷中出借人通常由多人构成，他们各自所出借的资金数额也相对较小。

当因借款人出现违约行为，出借人提起民事纠纷诉讼时，无抵押无担保的网络借贷民事纠纷诉讼的双方当事人只有借款人和出借人。根据法律规定，出借人可以向法院提起共同诉讼，若出借人的人数超过 10 人，出借人还可以在条件允许的情况下依法提起代表人诉讼。

由于所有的网络借贷行为均是在网络上完成的，因此在发生网络借贷民事诉讼时，作为证据的单一电子数据是否真实可靠即成为法院立案和做出判决的关键。在通常情况下，若所提供的电子数据是以系统数据的形式存在，那么该电子数据的真实性也是有所保证的。由于在网络借贷中，借贷双方通过网络借贷平台以数据电文的形式交换信息并达成协议，因此该项网络借贷交易的数据都可以在网络借贷平台中中转和存储，这也使得借贷双方进行交易的相关电子数据具有系统性。法官通过对出借人所提供的有效的账户和用户名进行核对，就可以认定出借人对借款人具有真实的债权。

而对于出借人所拥有的债权金额的确定，在实践中很难仅通过出借人的网络借贷平台的账户记录来确定。因为出借人通常不仅发生一笔网络借贷的交易，且网络借贷平台对出借人的账户统计一般较为粗略，通常仅显示利息收入总额、待收款项余额和已收款项余额等相关信息。尤其是那些已履行了一定按期还款义务的网络借贷案件，直至诉讼时借款人已偿还的借款金额，在出借人的账户中通常无法显示。在这种情况下，出借人在向法院提起诉讼时，除了提供其账户和用户名之外，还需要提交详细的账户明细。如出借人无法提供账户明细，可以请求法院依法调取相关账户数据。

2) 有担保的诉讼程序

有担保的网络借贷是当前最受推崇的网络借贷模式。按照提供保证的主体不同，有担保的网络借贷可以分为由网络借贷平台提供保证的网络借贷和由第三方提供保证的网络借贷。

2016 年 8 月 24 日起施行的《网络借贷信息中介机构业务活动管理暂行办法》中明确规定，网络借贷平台作为信息中介不得承担借贷违约风险。因此，由网络借贷平台提供保证的网络借贷在我国是不合法的，在此不再赘述。

而在由第三方提供保证的网络借贷中，第三方通常是具有专业资质的担保公司。若第三方提供的是一般保证，则在借款人发生违约行为后，出借人应当先以借款人作为被告提起诉讼；若起诉后仍未获得清偿，出借人可以向法院主张追加作为保证人的第三方承担赔偿责任。如第三方提供的是连带保证，则在借款人发生违约行为后，出借人可以直接将作为保证人的第三方作为被告提起诉讼，请求其赔偿自身的损失。

在有担保的网络借贷民事纠纷诉讼中，出借人作为原告通常需要提交身份证明、账户明细、借贷网站的投标记录、保证协议以及已对借款人提起诉讼的证据等相关证据。

而第三方在代为清偿借款人对出借人所负债务后，可以以借款人为被告提起诉讼，请求借款人赔偿其代为承担债务的损失。此时需要提交的证据除上述必要的证据外，第三方还需提交其向出借人偿付本金和利息的证据，以证明其已经为借款人履行代偿行为。

有第三方保证人参与的网络借贷诉讼中，还需注意管辖法院的选择。最高人民法院在《关于适用担保法若干问题的解释》中第一百九十二条规定，主合同和担保合同发生纠纷提起诉讼的，应当根据主合同确定案件管辖。担保人承担连带责任的担保合同发生纠纷，债权人向担保人主张权利的，应当由担保人住所地的法院管辖。因此，在由第三方作为保证人的网络借贷法律关系中，当保证人承担的是一般保证责任时，在发生借款人违约情形后，出借人应当按照在网络借贷电子合同中的约定来确定管辖法院。根据最高人民法院《关于审理借款合同纠纷案件若干问题的规定》中第四条的规定，借款合同履行地为合同所载明借款人的住所地。因此，在保证人提供一般保证的情形下，借款人住所地人民法院和出借人住所地的人民法院都可以作为案件的管辖法院。而当保证人承担的是连带保证责任时，在发生借款人违约情形后，出借人应当选择保证人的住所地或者经常居住地的法院对保证人提起诉讼。

3) 有抵押的诉讼程序

有抵押的网络借贷是由我国的民间借贷所发展而来的，以"青岛模式"最为典型。

"青岛模式"是指民间借贷公司作为一个平台，将有投资需求的放款人和有借款需求的借款人撮合在一起，借款人以自己的房产作为抵押物，获得放款人的资金支持。在这一模式中，借款人的借款成本在年息 10%～15% 之间。"青岛模式"始于一家叫五色土的抵押贷款咨询公司，所以也被称作五色土模式。民间借贷中介活动通常是地下且不合法的，而五色土模式却实现了民间借贷的规范化、阳光化运作。因此国内许多地方都以五色土为模板创建了个人对个人的网络贷款平台。

在有抵押的网络借贷中，当借款人发生违约行为，网络借贷平台会通过合法且有效的途径对借款人的抵押物进行处置，以保证债权的实现。虽然网络借贷平台并不承担出借人的违约风险，但网络借贷平台要求借款人所提供的价值高于借款金额的抵押物已能够为借款人的违约风险提供足够担保。

根据《民事诉讼法》的相关规定，担保物权人申请实现担保物权的，应由担保物权人以及其他有权请求实现担保物权的人依照物权法等相关法律，向担保财产所在地或者担保物权登记地的基层人民法院提出。若出现人民法院受理担保物权人实现担保物权的申请后经审查，该担保物权不符合法律规定进而裁定驳回申请的情形时，出借人还可以再次以借款人为被告向人民法院提起民事纠纷诉讼。

在有抵押的网络借贷诉讼中，出借人除了要向法院提交电子合同、账户等电子证据外，还要向法院提交能够证明其担保物权的相关证据。由于有抵押的网络借贷与线下民间借贷有一定的联系，在取证上相对而言要容易许多。

本 章 小 结

- 借贷合同，又称借款合同，是指借款人向贷款人借款，到期返还借款的合同。展开来说，当事人约定一方将一定种类和数额的货币所有权移转给他方，他方于一定期限内返还同种类同数额货币的合同。其中，提供货币的一方称贷款人，受领货币的一方称借款人。

- 借贷合同的成立通常需要满足如下三个条件：需要有两个以上的缔约当事人、当事人要对借贷合同的主要条款做出真实一致的意思表示、需要通过要约和承诺两个环节确定缔约当事人形成合意。

- 我国法律对借贷合同的效力、履行、变更、转让和终止均有详细且明确的规定，从而对规范的借贷法律行为提供有效的法律保护。

- 借贷合同的违约责任又称为违反借贷合同的民事责任，是指借贷合同的当事人未履行借贷合同义务或者未按约定履行借贷合同义务时所应当承担的民事责任。其主要包括实际履行、违约金、损失赔偿等形式。

- 民间借贷是指自然人、法人、其他组织之间及其相互之间进行资金融通的行为。最新的民间借贷司法解释——《最高人民法院关于审理民间借贷案件适用法律若干问题的规定》已于 2015 年 6 月 23 日由最高人民法院审判委员会第 1655 次会议通过，并自 2015 年 9 月 1 日起施行，为民间借贷行为进行规范并提供相应的保护。

- 网络借贷是指个体和个体之间通过互联网平台实现的直接借贷。其中个体包含自然人、法人及其他组织。中国银监会、工业和信息化部、公安部、国家互联网信息办公室制定了《网络借贷信息中介机构业务活动管理暂行办法》(下文简称《办法》)。经国务院批准，自 2016 年 8 月 24 日起施行。该《办法》有助于规范网络借贷信息中介机构业务活动，保护出借人、借款人、网络借贷信息中介机构及相关当事人的合法权益，促进网络借贷行业健康发展，更好地满足中小微企业和个人投融资需求。

本章作业

1. 简述借贷合同的特殊性。
2. 简述借贷合同中代位权和撤销权之间的关系。
3. 简述借贷合同中违约责任的具体形式和免责事由。
4. 简述民间借贷合同的成立和生效的区别。
5. 分别简述可撤销的民间借贷合同和无效的民间借贷合同的具体情形。
6. 简述网络借贷合同的性质。
7. 简述网络借贷民事纠纷的诉讼程序。

【附录1】 《中华人民共和国担保法》(节选)

第三章 抵 押

第一节 抵押和抵押物

第三十三条 本法所称抵押,是指债务人或者第三人不转移对本法第三十四条所列财产的占有,将该财产作为债权的担保。债务人不履行债务时,债权人有权依照本法规定以该财产折价或者以拍卖、变卖该财产的价款优先受偿。

前款规定的债务人或者第三人为抵押人,债权人为抵押权人,提供担保的财产为抵押物。

第三十四条 下列财产可以抵押:

(一) 抵押人所有的房屋和其他地上定着物;

(二) 抵押人所有的机器、交通运输工具和其他财产;

(三) 抵押人依法有权处分的国有的土地使用权、房屋和其他地上定着物;

(四) 抵押人依法有权处分的国有的机器、交通运输工具和其他财产;

(五) 抵押人依法承包并经发包方同意抵押的荒山、荒沟、荒丘、荒滩等荒地的土地使用权;

(六) 依法可以抵押的其他财产。

抵押人可以将前款所列财产一并抵押。

第三十五条 抵押人所担保的债权不得超出其抵押物的价值。

财产抵押后,该财产的价值大于所担保债权的余额部分,可以再次抵押,但不得超出其余额部分。

第三十六条 以依法取得的国有土地上的房屋抵押的,该房屋占用范围内的国有土地使用权同时抵押。

以出让方式取得的国有土地使用权抵押的,应当将抵押时该国有土地上的房屋同时抵押。

乡(镇)、村企业的土地使用权不得单独抵押。以乡(镇)、村企业的厂房等建筑物抵押的,其占用范围内的土地使用权同时抵押。

第三十七条 下列财产不得抵押:

(一) 土地所有权;

(二) 耕地、宅基地、自留地、自留山等集体所有的土地使用权,但本法第三十四条第(五)项、第三十六条第三款规定的除外;

(三) 学校、幼儿园、医院等以公益为目的的事业单位、社会团体的教育设施、医疗卫生设施和其他社会公益设施;

(四) 所有权、使用权不明或者有争议的财产;

(五) 依法被查封、扣押、监管的财产;

(六) 依法不得抵押的其他财产。

第二节 抵押合同和抵押物登记

第三十八条 抵押人和抵押权人应当以书面形式订立抵押合同。

第三十九条 抵押合同应当包括以下内容：

(一) 被担保的主债权种类、数额；

(二) 债务人履行债务的期限；

(三) 抵押物的名称、数量、质量、状况、所在地、所有权权属或者使用权权属；

(四) 抵押担保的范围；

(五) 当事人认为需要约定的其他事项。

抵押合同不完全具备前款规定内容的，可以补正。

第四十条 订立抵押合同时，抵押权人和抵押人在合同中不得约定在债务履行期届满抵押权人未受清偿时，抵押物的所有权转移为债权人所有。

第四十一条 当事人以本法第四十二条规定的财产抵押的，应当办理抵押物登记，抵押合同自登记之日起生效。

第四十二条 办理抵押物登记的部门如下：

(一) 以无地上定着物的土地使用权抵押的，为核发土地使用权证书的土地管理部门；

(二) 以城市房地产或者乡(镇)、村企业的厂房等建筑物抵押的，为县级以上地方人民政府规定的部门；

(三) 以林木抵押的，为县级以上林木主管部门；

(四) 以航空器、船舶、车辆抵押的，为运输工具的登记部门；

(五) 以企业的设备和其他动产抵押的，为财产所在地的工商行政管理部门。

第四十三条 当事人以其他财产抵押的，可以自愿办理抵押物登记，抵押合同自签订之日起生效。

当事人未办理抵押物登记的，不得对抗第三人。当事人办理抵押物登记的，登记部门为抵押人所在地的公证部门。

第四十四条 办理抵押物登记，应当向登记部门提供下列文件或者其复印件：

(一) 主合同和抵押合同；

(二) 抵押物的所有权或者使用权证书。

第四十五条 登记部门登记的资料，应当允许查阅、抄录或者复印。

第三节 抵押的效力

第四十六条 抵押担保的范围包括主债权及利息、违约金、损害赔偿金和实现抵押权的费用。抵押合同另有约定的，按照约定。

第四十七条 债务履行期届满，债务人不履行债务致使抵押物被人民法院依法扣押的，自扣押之日起抵押权人有权收取由抵押物分离的天然孳息以及抵押人就抵押物可以收取的法定孳息。抵押权人未将扣押抵押物的事实通知应当清偿法定孳息的义务人的，抵押权的效力不及于该孳息。

前款孳息应当先充抵收取孳息的费用。

第四十八条 抵押人将已出租的财产抵押的，应当书面告知承租人，原租赁合同继续有效。

第四十九条 抵押期间，抵押人转让已办理登记的抵押物的，应当通知抵押权人并告知受让人转让物已经抵押的情况；抵押人未通知抵押权人或者未告知受让人的，转让行为无效。

转让抵押物的价款明显低于其价值的，抵押权人可以要求抵押人提供相应的担保；抵押人不提供的，不得转让抵押物。

抵押人转让抵押物所得的价款，应当向抵押权人提前清偿所担保的债权或者向与抵押权人约定的第三人提存。超过债权数额的部分，归抵押人所有，不足部分由债务人清偿。

第五十条 抵押权不得与债权分离而单独转让或者作为其他债权的担保。

第五十一条 抵押人的行为足以使抵押物价值减少的，抵押权人有权要求抵押人停止其行为。抵押物价值减少时，抵押权人有权要求抵押人恢复抵押物的价值，或者提供与减少的价值相当的担保。

抵押人对抵押物价值减少无过错的，抵押权人只能在抵押人因损害而得到的赔偿范围内要求提供担保。抵押物价值未减少的部分，仍作为债权的担保。

第五十二条 抵押权与其担保的债权同时存在，债权消灭的，抵押权也消灭。

第四节 抵押权的实现

第五十三条 债务履行期届满抵押权人未受清偿的，可以与抵押人协议以抵押物折价或者以拍卖、变卖该抵押物所得的价款受偿；协议不成的，抵押权人可以向人民法院提起诉讼。

抵押物折价或者拍卖、变卖后，其价款超过债权数额的部分归抵押人所有，不足部分由债务人清偿。

第五十四条 同一财产向两个以上债权人抵押的，拍卖、变卖抵押物所得的价款按照以下规定清偿：

(一) 抵押合同以登记生效的，按照抵押物登记的先后顺序清偿；顺序相同的，按照债权比例清偿；

(二) 抵押合同自签订之日起生效的，该抵押物已登记的，按照本条第(一)项规定清偿；未登记的，按照合同生效时间的先后顺序清偿，顺序相同的，按照债权比例清偿。抵押物已登记的先于未登记的受偿。

第五十五条 城市房地产抵押合同签订后，土地上新增的房屋不属于抵押物。需要拍卖该抵押的房地产时，可以依法将该土地上新增的房屋与抵押物一同拍卖，但对拍卖新增房屋所得，抵押权人无权优先受偿。

依照本法规定以承包的荒地的土地使用权抵押的，或者以乡(镇)、村企业的厂房等建筑物占用范围内的土地使用权抵押的，在实现抵押权后，未经法定程序不得改变土地集体所有和土地用途。

第五十六条 拍卖划拨的国有土地使用权所得的价款，在依法缴纳相当于应缴纳的土地使用权出让金的款额后，抵押权人有优先受偿权。

第五十七条 为债务人抵押担保的第三人，在抵押权人实现抵押权后，有权向债务人追偿。

第五十八条 抵押权因抵押物灭失而消灭。因灭失所得的赔偿金，应当作为抵押财产。

第五节 最高额抵押

第五十九条 本法所称最高额抵押，是指抵押人与抵押权人协议，在最高债权额限度内，以抵押物对一定期间内连续发生的债权作担保。

第六十条 借款合同可以附最高额抵押合同。

债权人与债务人就某项商品在一定期间内连续发生交易而签订的合同，可以附最高额抵押合同。

第六十一条 最高额抵押的主合同债权不得转让。

第六十二条 最高额抵押除适用本节规定外，适用本章其他规定。

【附录2】 《中华人民共和国物权法》第四编担保物权(节选)

第十七章 抵 押 权

第一节 一般抵押权

第二百零一条 为担保债务的履行，债务人或者第三人不转移财产的占有，将该财产抵押给债权人的，债务人未履行债务时，债权人有权就该财产优先受偿。

前款规定的债务人或者第三人为抵押人，债权人为抵押权人，提供担保的财产为抵押财产。

第二百零二条 债务人或者第三人有权处分的下列财产可以抵押：

(一) 建筑物和其他土地附着物；

(二) 建设用地使用权；

(三) 抵押人依法承包并经发包方同意抵押的荒山、荒沟、荒丘、荒滩等荒地的土地使用权；

(四) 企业、个体工商户、农村承包经营户的机器设备、原材料、产成品等动产；

(五) 正在建造的建筑物、船舶、飞行器；

(六) 交通工具；

(七) 法律、行政法规规定可以抵押的其他财产。

抵押人可以将前款所列财产一并抵押。

第二百零三条 以建筑物抵押的，该建筑物占用范围内的建设用地使用权一并抵押。以建设用地使用权抵押的，该土地上的建筑物一并抵押。

抵押人未依照前款规定一并抵押的，未抵押的财产视为一并抵押。

第二百零四条 经当事人书面协议，企业、个体工商户、农村承包经营户可以将现有的以及将来拥有的动产抵押，债务人不履行债务时，债权人有权就约定实现抵押权时的动产优先受偿。

第二百零五条 乡(镇)、村企业的土地使用权不得单独抵押。以乡(镇)、村企业的厂房等建筑物抵押的，其占用范围内的土地使用权一并抵押。

第二百零六条　下列财产不得抵押：

(一) 土地所有权；

(二) 耕地、宅基地、自留地、自留山等集体所有的土地使用权，但法律规定可以抵押的除外；

(三) 学校、幼儿园、医院等以公益为目的的事业单位、社会团体的教育设施、医疗卫生设施和其他社会公益设施；

(四) 所有权、使用权不明或者有争议的财产；

(五) 依法被查封、扣押、监管的财产；

(六) 法律、行政法规规定不得抵押的其他财产。

第二百零七条　设立抵押权，当事人应当采取书面形式订立抵押合同。

抵押合同一般包括下列条款：

(一) 被担保债权的种类和数额；

(二) 债务人履行债务的期限；

(三) 抵押财产的名称、数量、质量、状况、所在地、所有权权属或者使用权权属；

(四) 担保的范围。

抵押合同不完全具备前款规定内容的，可以补正。

第二百零八条　抵押权人在债务履行期届满前，不得与抵押人约定债务人未履行债务时抵押财产转移为债权人所有。

第二百零九条　以建筑物和其他土地附着物、建设用地使用权以及依法可以用于抵押的其他不动产抵押的，应当办理抵押登记，抵押权自登记时发生效力。

第二百一十条　企业、个体工商户、农村承包经营户以机器设备、原材料、产成品等动产或者交通工具抵押的，抵押权自抵押合同生效时发生效力；未经登记，不得对抗善意第三人。

第二百一十一条　依照本法第二百零四条规定抵押的，即使办理登记，也不得对抗正常经营活动中已支付对价并取得抵押财产的买受人。

第二百一十二条　抵押合同的内容与登记簿记载的事项不一致的，以登记簿为准。

第二百一十三条　订立抵押合同前抵押财产已出租的，抵押人应当将出租的事实书面告知抵押权人，原租赁关系不受该抵押权的影响。抵押权设立后抵押财产出租的，已登记的抵押权不受该租赁关系的影响。

第二百一十四条　抵押期间，抵押人经抵押权人同意转让抵押财产的，应当将转让所得的价款向抵押权人提前清偿债权或者提存。转让的价款超过债权数额的部分归抵押人所有，不足部分由债务人清偿。

抵押期间，抵押人未经抵押权人同意转让抵押财产的行为无效。

第二百一十五条　抵押权不得与债权分离而单独转让或者作为其他债权的担保。债权转让的，担保该债权的抵押权一并转让，但法律另有规定或者当事人另有约定的除外。

第二百一十六条　抵押人的行为可能使抵押财产毁损或者价值明显减少的，抵押权人有权要求抵押人停止其行为。抵押财产毁损或者价值减少的，抵押权人有权要求恢复抵押财产的价值，或者提供与毁损、减少的价值相当的担保。

第二百一十七条　抵押权人可以放弃抵押权或者抵押权的顺位。抵押权人与抵押人可以协议变更抵押权顺位以及被担保的债权数额等内容，但抵押权的变更，未经其他抵押权人书面同意，不得对其产生不利影响。

债务人以自己的财产设定抵押，抵押权人放弃该抵押权、抵押权顺位或者变更抵押权的，其他担保人在抵押权人丧失优先受偿权益的范围内免除担保责任，但其他担保人承诺仍然提供担保的除外。

第二百一十八条　债务履行期届满，债务人未履行债务，致使抵押财产被人民法院依法扣押的，自扣押之日起抵押权人有权收取该抵押财产的天然孳息或者法定孳息，但抵押权人未通知应当清偿法定孳息的义务人的除外。

前款孳息应当先充抵收取孳息的费用。

第二百一十九条　债务履行期届满，债权未受清偿的，抵押权人可以与抵押人通过协议以抵押财产折价或者以拍卖、变卖该抵押财产所得的价款优先受偿；协议损害其他债权人利益的，其他债权人可以请求人民法院撤销该协议。

抵押权人与抵押人达不成协议的，抵押权人可以请求人民法院拍卖、变卖抵押财产。

第二百二十条　依照本法第二百零四条规定设定抵押权的，抵押财产自下列情形之一发生时确定：

(一) 债务履行期届满，债权未受清偿；

(二) 抵押人被宣告破产或者被撤销；

(三) 严重影响债权实现的其他情形。

第二百二十一条　抵押财产折价或者拍卖、变卖后，其价款超过债权数额的部分归抵押人所有，不足部分由债务人清偿。

第二百二十二条　同一财产向两个以上债权人抵押的，拍卖、变卖抵押财产所得的价款依照下列规定清偿：

(一) 抵押权已登记的，按照登记的先后顺序清偿；顺序相同的，按照债权比例清偿；

(二) 抵押权未登记的，按照债权比例清偿；

(三) 抵押权有的已登记，有的未登记的，已登记的先于未登记的受偿。

第二百二十三条　建设用地使用权抵押后，该土地上新增的建筑物不属于抵押财产。需要拍卖该建设用地使用权的，可以将该土地上新增的建筑物与建设用地使用权一并拍卖，但拍卖新增建筑物所得的价款，抵押权人无权优先受偿。

第二百二十四条　以本法第二百零二条第一款第三项规定的土地使用权抵押的，或者以乡(镇)、村企业的厂房等建筑物占用范围内的土地使用权抵押的，实现抵押权后，未经法定程序不得改变土地集体所有的性质和土地用途。

第二节　最高额抵押权

第二百二十五条　为担保债务的履行，债务人或者第三人以抵押财产对一定期间将要发生的债权提供担保的，债务人未履行债务时，抵押权人有权在最高债权额限度内就该财产优先受偿。

最高额抵押权设立前已经存在的债权，经当事人同意，可以转入最高额抵押担保的债权范围。

第二百二十六条　最高额抵押担保的债权确定前，部分债权转让的，最高额抵押权不得转让，但当事人另有约定的除外。

第二百二十七条　最高额抵押担保的债权确定前，抵押权人与抵押人可以通过协议变更确定债权的期间、债权范围以及最高债权额，但变更的内容不得对其他抵押权人产生不利影响。

第二百二十八条　有下列情形之一的，以抵押权人的债权确定：

(一) 约定的确定债权期间届满的；

(二) 没有约定确定债权期间或者约定不明确，抵押权人或者抵押人自最高额抵押权设立之日起满二年请求确定债权的；

(三) 新的债权不可能发生的；

(四) 抵押财产被查封、扣押的；

(五) 债务人、抵押人被宣告破产或者被撤销的；

(六) 法律规定确定债权的其他情形。

第二百二十九条　最高额抵押权除适用本节规定外，参照本法有关一般抵押权的规定。

【附录3】　《最高人民法院关于适用〈中华人民共和国担保法〉若干问题的解释》第三部分(关于抵押部分的解释)

第四十七条　以依法获准尚未建造的或者正在建造中的房屋或者其他建筑物抵押的，当事人办理了抵押物登记，人民法院可以认定抵押有效。

第四十八条　以法定程序确认为违法、违章的建筑物抵押的，抵押无效。

第四十九条　以尚未办理权属证书的财产抵押的，在第一审法庭辩论终结前能够提供权利证书或者补办登记手续的，可以认定抵押有效。

当事人未办理抵押物登记手续的，不得对抗第三人。

第五十条　以担保法第三十四条第一款所列财产一并抵押的，抵押财产的范围应当以登记的财产为准。抵押财产的价值在抵押权实现时予以确定。

第五十一条　抵押人所担保的债权超出其抵押物价值的，超出的部分不具有优先受偿的效力。

第五十二条　当事人以农作物和与其尚未分离的土地使用权同时抵押的，土地使用权部分的抵押无效。

第五十三条　学校、幼儿园、医院等以公益为目的的事业单位、社会团体，以其教育设施、医疗卫生设施和其他社会公益设施以外的财产为自身债务设定抵押的，人民法院可以认定抵押有效。

第五十四条　按份共有人以其共有财产中享有的份额设定抵押的，抵押有效。

共同共有人以其共有财产设定抵押，未经其他共有人的同意，抵押无效。但是，其他共有人知道或者应当知道而未提出异议的视为同意，抵押有效。

第五十五条　已经设定抵押的财产被采取查封、扣押等财产保全或者执行措施的，不影响抵押权的效力。

第五十六条　抵押合同对被担保的主债权种类、抵押财产没有约定或者约定不明，根据主合同和抵押合同不能补正或者无法推定的，抵押不成立。

法律规定登记生效的抵押合同签订后，抵押人违背诚实信用原则拒绝办理抵押登记致使债权人受到损失的，抵押人应当承担赔偿责任。

第五十七条　当事人在抵押合同中约定，债务履行期届满抵押权人未受清偿时，抵押物的所有权转移为债权人所有的内容无效。该内容的无效不影响抵押合同其他部分内容的效力。

债务履行期届满后抵押权人未受清偿时，抵押权人和抵押人可以协议以抵押物折价取得抵押物。但是，损害顺序在后的担保物权人和其他债权人利益的，人民法院可以适用合同法第七十四条、第七十五条的有关规定。

第五十八条　当事人同一天在不同的法定登记部门办理抵押物登记的，视为顺序相同。

因登记部门的原因致使抵押物进行连续登记的，抵押物第一次登记的日期，视为抵押登记的日期，并依此确定抵押权的顺序。

第五十九条　当事人办理抵押物登记手续时，因登记部门的原因致使其无法办理抵押物登记，抵押人向债权人交付权利凭证的，可以认定债权人对该财产有优先受偿权。但是，未办理抵押物登记的，不得对抗第三人。

第六十条　以担保法第四十二条第(二)项规定的不动产抵押的，县级以上地方人民政府对登记部门未作规定，当事人在土地管理部门或者房产管理部门办理了抵押物登记手续，人民法院可以确认其登记的效力。

第六十一条　抵押物登记记载的内容与抵押合同约定的内容不一致的，以登记记载的内容为准。

第六十二条　抵押物因附和、混合或者加工使抵押物的所有权为第三人所有的，抵押权的效力及于补偿金；抵押物所有人为附和物、混合物或者加工物的所有人的，抵押权的效力及于附和物、混合物或者加工物；第三人与抵押物所有人为附和物、混合物或者加工物的共有人的，抵押权的效力及于抵押人对共有物享有的份额。

第六十三条　抵押权设定前为抵押物的从物的，抵押权的效力及于抵押物的从物。但是，抵押物与其从物为两个以上的人分别所有时，抵押权的效力不及于抵押物的从物。

第六十四条　债务履行期届满，债务人不履行债务致使抵押物被人民法院依法扣押的，自扣押之日起抵押权人收取的由抵押物分离的天然孳息和法定孳息，按照下列顺序清偿：

(一) 收取孳息的费用；

(二) 主债权的利息；

(三) 主债权。

第六十五条　抵押人将已出租的财产抵押的，抵押权实现后，租赁合同在有效期内对抵押物的受让人继续有效。

第六十六条　抵押人将已抵押的财产出租的，抵押权实现后，租赁合同对受让人不具有约束力。

抵押人将已抵押的财产出租时，如果抵押人未书面告知承租人该财产已抵押的，抵押人对出租抵押物造成承租人的损失承担赔偿责任；如果抵押人已书面告知承租人该财产已抵押的，抵押权实现造成承租人的损失，由承租人自己承担。

第六十七条　抵押权存续期间，抵押人转让抵押物未通知抵押权人或者未告知受让人的，如果抵押物已经登记的，抵押权人仍可以行使抵押权；取得抵押物所有权的受让人，可以代替债务人清偿其全部债务，使抵押权消灭。受让人清偿债务后可以向抵押人追偿。

如果抵押物未经登记的，抵押权不得对抗受让人，因此给抵押权人造成损失的，由抵押人承担赔偿责任。

第六十八条　抵押物依法被继承或者赠与的，抵押权不受影响。

第六十九条　债务人有多个普通债权人的，在清偿债务时，债务人与其中一个债权人恶意串通，将其全部或者部分财产抵押给该债权人，因此丧失了履行其他债务的能力，损害了其他债权人的合法权益，受损害的其他债权人可以请求人民法院撤销该抵押行为。

第七十条　抵押人的行为足以使抵押物价值减少的，抵押权人请求抵押人恢复原状或提供担保遭到拒绝时，抵押权人可以请求债务人履行债务，也可以请求提前行使抵押权。

第七十一条　主债权未受全部清偿的，抵押权人可以就抵押物的全部行使其抵押权。

抵押物被分割或者部分转让的，抵押权人可以就分割或者转让后的抵押物行使抵押权。

第七十二条　主债权被分割或者部分转让的，各债权人可以就其享有的债权份额行使抵押权。

主债务被分割或者部分转让的，抵押人仍以其抵押物担保数个债务人履行债务。但是，第三人提供抵押的，债权人许可债务人转让债务未经抵押人书面同意的，抵押人对未经其同意转让的债务，不再承担担保责任。

第七十三条　抵押物折价或者拍卖、变卖该抵押物的价款低于抵押权设定时约定价值的，应当按照抵押物实现的价值进行清偿。不足清偿的剩余部分，由债务人清偿。

第七十四条　抵押物折价或者拍卖、变卖所得的价款，当事人没有约定的，按下列顺序清偿：

(一) 实现抵押权的费用；

(二) 主债权的利息；

(三) 主债权。

第七十五条　同一债权有两个以上抵押人的，债权人放弃债务人提供的抵押担保的，其他抵押人可以请求人民法院减轻或者免除其应当承担的担保责任。

同一债权有两个以上抵押人的，当事人对其提供的抵押财产所担保的债权份额或者顺序没有约定或者约定不明的，抵押权人可以就其中任一或者各个财产行使抵押权。

抵押人承担担保责任后，可以向债务人追偿，也可以要求其他抵押人清偿其应当承担的份额。

第七十六条　同一动产向两个以上债权人抵押的，当事人未办理抵押物登记，实现抵押权时，各抵押权人按照债权比例受偿。

第七十七条　同一财产向两个以上债权人抵押的，顺序在先的抵押权与该财产的所有权归属一人时，该财产的所有权人可以以其抵押权对抗顺序在后的抵押权。

第七十八条　同一财产向两个以上债权人抵押的，顺序在后的抵押权所担保的债权先到期的，抵押权人只能就抵押物价值超出顺序在先的抵押担保债权的部分受偿。

顺序在先的抵押权所担保的债权先到期的，抵押权实现后的剩余价款应予提存，留待

清偿顺序在后的抵押担保债权。

第七十九条　同一财产法定登记的抵押权与质权并存时，抵押权人优先于质权人受偿。同一财产抵押权与留置权并存时，留置权人优先于抵押权人受偿。

第八十条　在抵押物灭失、毁损或者被征用的情况下，抵押权人可以就该抵押物的保险金、赔偿金或者补偿金优先受偿。

在抵押物灭失、毁损或者被征用的情况下，抵押权所担保的债权未届清偿期的，抵押权人可以请求人民法院对保险金、赔偿金或补偿金等采取保全措施。

第八十一条　最高额抵押权所担保的债权范围，不包括抵押物因财产保全或者执行程序被查封后或债务人、抵押人破产后发生的债权。

第八十二条　当事人对最高额抵押合同的最高限额、最高额抵押期间进行变更，以其变更对抗顺序在后的抵押权人的，人民法院不予支持。

第八十三条　最高额抵押权所担保的不特定债权，在特定后，债权已届清偿期的，最高额抵押权人可以根据普通抵押权的规定行使其抵押权。

抵押权人实现最高额抵押权时，如果实际发生的债权余额高于最高限额的，以最高限额为限，超过部分不具有优先受偿的效力；如果实际发生的债权余额低于最高限额的，以实际发生的债权余额为限对抵押物优先受偿。

【附录4】　《城市房地产抵押管理办法》

(1997 年 5 月 9 日建设部令第 56 号发布，2001 年 8 月 15 日根据《建设部关于修改〈城市房地产抵押管理办法〉的决定》修正)

第一章　总　　则

第一条　为了加强房地产抵押管理，维护房地产市场秩序，保障房地产抵押当事人的合法权益，根据《中华人民共和国城市房地产管理法》《中华人民共和国担保法》，制定本办法。

第二条　凡在城市规划区国有土地范围内从事房地产抵押活动的，应当遵守本办法。

地上无房屋(包括建筑物、构筑物及在建工程)的国有土地使用权设定抵押的，不适用本办法。

第三条　本办法所称房地产抵押，是指抵押人以其合法的房地产以不转移占有的方式向抵押权人提供债务履行担保的行为。债务人不履行债务时，债权人有权依法以抵押的房地产拍卖所得的价款优先受偿。

本办法所称抵押人，是指将依法取得的房地产提供给抵押权人，作为本人或者第三人履行债务担保的公民、法人或者其他组织。

本办法所称抵押权人，是指接受房地产抵押作为债务人履行债务担保的公民、法人或者其他组织。

本办法所称预购商品房贷款抵押，是指购房人在支付首期规定的房价款后，由贷款银行代其支付其余的购房款，将所购商品房抵押给贷款银行作为偿还贷款履行担保的行为。

本办法所称在建工程抵押，是指抵押人为取得在建工程继续建造资金的贷款，以其合法方式取得的土地使用权连同在建工程的投入资产，以不转移占有的方式抵押给贷款银行作为偿还贷款履行担保的行为。

第四条 以依法取得的房屋所有权抵押的，该房屋占用范围内的土地使用权必须同时抵押。

第五条 房地产抵押，应当遵循自愿、互利、公平和诚实信用的原则。

依法设定的房地产抵押，受国家法律保护。

第六条 国家实行房地产抵押登记制度。

第七条 国务院建设行政主管部门归口管理全国城市房地产抵押管理工作。

省、自治区建设行政主管部门归口管理本行政区域内的城市房地产抵押管理工作。

直辖市、市、县人民政府房地产行政主管部门(以下简称房地产管理部门)负责管理本行政区域内的房地产抵押管理工作。

第二章 房地产抵押权的设定

第八条 下列房地产不得设定抵押：

(一) 权属有争议的房地产；

(二) 用于教育、医疗、市政等公共福利事业的房地产；

(三) 列入文物保护的建筑物和有重要纪念意义的其他建筑物；

(四) 已依法公告列入拆迁范围的房地产；

(五) 被依法查封、扣押、监管或者以其他形式限制的房地产；

(六) 依法不得抵押的其他房地产。

第九条 同一房地产设定两个以上抵押权的，抵押人应当将已经设定过的抵押情况告知抵押权人。

抵押人所担保的债权不得超出其抵押物的价值。

房地产抵押后，该抵押房地产的价值大于所担保债权的余额部分，可以再次抵押，但不得超出余额部分。

第十条 以两宗以上房地产设定同一抵押权的，视为同一抵押房地产。但抵押当事人另有约定的除外。

第十一条 以在建工程已完工部分抵押的，其土地使用权随之抵押。

第十二条 以享受国家优惠政策购买的房地产抵押的，其抵押额以房地产权利人可以处分和收益的份额比例为限。

第十三条 国有企业、事业单位法人以国家授予其经营管理的房地产抵押的，应当符合国有资产管理的有关规定。

第十四条 以集体所有制企业的房地产抵押的，必须经集体所有制企业职工(代表)大会通过，并报其上级主管机关备案。

第十五条 以中外合资企业、合作经营企业和外商独资企业的房地产抵押的，必须经董事会通过，但企业章程另有规定的除外。

第十六条 以有限责任公司、股份有限公司的房地产抵押的，必须经董事会或者股东大会通过，但企业章程另有规定的除外。

第十七条　有经营期限的企业以其所有的房地产设定抵押的，所担保债务的履行期限不应当超过该企业的经营期限。

第十八条　以具有土地使用年限的房地产设定抵押的，所担保债务的履行期限不得超过土地使用权出让合同规定的使用年限减去已经使用年限后的剩余年限。

第十九条　以共有的房地产抵押的，抵押人应当事先征得其他共有人的书面同意。

第二十条　预购商品房贷款抵押的，商品房开发项目必须符合房地产转让条件并取得商品房预售许可证。

第二十一条　以已出租的房地产抵押的，抵押人应当将租赁情况告知抵押权人，并将抵押情况告知承租人。原租赁合同继续有效。

第二十二条　设定房地产抵押时，抵押房地产的价值可以由抵押当事人协商议定，也可以由房地产价格评估机构评估确定。

法律、法规另有规定的除外。

第二十三条　抵押当事人约定对抵押房地产保险的，由抵押人为抵押的房地产投保，保险费由抵押人负担。抵押房地产投保的，抵押人应当将保险单移送抵押权人保管。在抵押期间，抵押权人为保险赔偿的第一受益人。

第二十四条　企业、事业单位法人分立或者合并后，原抵押合同继续有效，其权利和义务由变更后的法人享有和承担。

抵押人死亡、依法被宣告死亡或者被宣告失踪时，其房地产合法继承人或者代管人应当继续履行原抵押合同。

第三章　房地产抵押合同的订立

第二十五条　房地产抵押，抵押当事人应当签订书面抵押合同。

第二十六条　房地产抵押合同应当载明下列主要内容：

(一) 抵押人、抵押权人的名称或者个人姓名、住所；

(二) 主债权的种类、数额；

(三) 抵押房地产的处所、名称、状况、建筑面积、用地面积以及四至等；

(四) 抵押房地产的价值；

(五) 抵押房地产的占用管理人、占用管理方式、占用管理责任以及意外损毁、灭失的责任；

(六) 债务人履行债务的期限；

(七) 抵押权灭失的条件；

(八) 违约责任；

(九) 争议解决方式；

(十) 抵押合同订立的时间与地点；

(十一) 双方约定的其他事项。

第二十七条　以预购商品房贷款抵押的，须提交生效的预购房屋合同。

第二十八条　以在建工程抵押的，抵押合同还应当载明以下内容：

(一)《国有土地使用权证》《建设用地规划许可证》和《建设工程规划许可证》编号；

(二) 已交纳的土地使用权出让金或需交纳的相当于土地使用权出让金的款额；

(三) 已投入在建工程的工程款；

(四) 施工进度及工程竣工日期；

(五) 已完成的工作量和工程量。

第二十九条　抵押权人要求抵押房地产保险的，以及要求在房地产抵押后限制抵押人出租、转让抵押房地产或者改变抵押房地产用途的，抵押当事人应当在抵押合同中载明。

第四章　房地产抵押登记

第三十条　房地产抵押合同自签订之日起 30 日内，抵押当事人应当到房地产所在地的房地产管理部门办理房地产抵押登记。

第三十一条　房地产抵押合同自抵押登记之日起生效。

第三十二条　办理房地产抵押登记，应当向登记机关交验下列文件：

(一) 抵押当事人的身份证明或法人资格证明；

(二) 抵押登记申请书；

(三) 抵押合同；

(四)《国有土地使用权证》《房屋所有权证》或《房地产权证》，共有的房屋还必须提交《房屋共有权证》和其他共有人同意抵押的证明；

(五) 可以证明抵押人有权设定抵押权的文件与证明材料；

(六) 可以证明抵押房地产价值的资料；

(七) 登记机关认为必要的其他文件。

第三十三条　登记机关应当对申请人的申请进行审核。凡权属清楚、证明材料齐全的，应当在受理登记之日起 7 日内决定是否予以登记，对不予登记的，应当书面通知申请人。

第三十四条　以依法取得的房屋所有权证书的房地产抵押的，登记机关应当在原《房屋所有权证》上作他项权利记载后，由抵押人收执，并向抵押权人颁发《房屋他项权证》。

以预售商品房或者在建工程抵押的，登记机关应当在抵押合同上作记载。抵押的房地产在抵押期间竣工的，当事人应当在抵押人领取房地产权属证书后，重新办理房地产抵押登记。

第三十五条　抵押合同发生变更或者抵押关系终止时，抵押当事人应当在变更或者终止之日起 15 日内，到原登记机关办理变更或者注销抵押登记。

因依法处分抵押房地产而取得土地使用权和土地建筑物、其他附着物所有权的，抵押当事人应当自处分行为生效之日起 30 日内，到县级以上地方人民政府房地产管理部门申请房屋所有权转移登记，并凭变更后的房屋所有权证书向同级人民政府土地管理部门申请土地使用权变更登记。

第五章　抵押房地产的占用与管理

第三十六条　已作抵押的房地产，由抵押人占用与管理。

抵押人在抵押房地产占用与管理期间应当维护抵押房地产的安全与完好。抵押权人有权按照抵押合同的规定监督、检查抵押房地产的管理情况。

第三十七条 抵押权可以随债权转让。抵押权转让时，应当签订抵押权转让合同，并办理抵押权变更登记。抵押权转让后，原抵押权人应当告知抵押人。

经抵押权人同意，抵押房地产可以转让或者出租。

抵押房地产转让或者出租所得价款，应当向抵押权人提前清偿所担保的债权。超过债权数额的部分，归抵押人所有，不足部分由债务人清偿。

第三十八条 因国家建设需要，将已设定抵押权的房地产列入拆迁范围的，抵押人应当及时书面通知抵押权人；抵押双方可以重新设定抵押房地产，也可以依法清理债权债务，解除抵押合同。

第三十九条 抵押人占用与管理的房地产发生损毁、灭失的，抵押人应当及时将情况告知抵押权人，并应当采取措施防止损失的扩大。抵押的房地产因抵押人的行为造成损失使抵押房地产价值不足以作为履行债务的担保时，抵押权人有权要求抵押人重新提供或者增加担保以弥补不足。

抵押人对抵押房地产价值减少无过错的，抵押权人只能在抵押人因损害而得到的赔偿的范围内要求提供担保。抵押房地产价值未减少的部分，仍作为债务的担保。

第六章　抵押房地产的处分

第四十条 有下列情况之一的，抵押权人有权要求处分抵押的房地产：

(一) 债务履行期满，抵押权人未受清偿的，债务人又未能与抵押权人达成延期履行协议的；

(二) 抵押人死亡，或者被宣告死亡而无人代为履行到期债务的；或者抵押人的合法继承人、受遗赠人拒绝履行到期债务的；

(三) 抵押人被依法宣告解散或者破产的；

(四) 抵押人违反本办法的有关规定，擅自处分抵押房地产的；

(五) 抵押合同约定的其他情况。

第四十一条 有本办法第四十条规定情况之一的，经抵押当事人协商可以通过拍卖等合法方式处分抵押房地产。协议不成的，抵押权人可以向人民法院提起诉讼。

第四十二条 抵押权人处分抵押房地产时，应当事先书面通知抵押人；抵押房地产为共有或者出租的，还应当同时书面通知共有人或承租人；在同等条件下，共有人或承租人依法享有优先购买权。

第四十三条 同一房地产设定两个以上抵押权时，以抵押登记的先后顺序受偿。

第四十四条 处分抵押房地产时，可以依法将土地上新增的房屋与抵押财产一同处分，但对处分新增房屋所得，抵押权人无权优先受偿。

第四十五条 以划拨方式取得的土地使用权连同地上建筑物设定的房地产抵押进行处分时，应当从处分所得的价款中缴纳相当于应当缴纳的土地使用权出让金的款额后，抵押权人方可优先受偿。

法律、法规另有规定的依照其规定。

第四十六条 抵押权人对抵押房地产的处分，因下列情况而中止：

（一）抵押权人请求中止的；

（二）抵押人申请愿意并证明能够及时履行债务，并经抵押权人同意的；

（三）发现被拍卖抵押物有权属争议的；

（四）诉讼或仲裁中的抵押房地产；

（五）其他应当中止的情况。

第四十七条 处分抵押房地产所得金额，依下列顺序分配：

（一）支付处分抵押房地产的费用；

（二）扣除抵押房地产应缴纳的税款；

（三）偿还抵押权人债权本息及支付违约金；

（四）赔偿由债务人违反合同而对抵押权人造成的损害；

（五）剩余金额交还抵押人。

处分抵押房地产所得金额不足以支付债务和违约金、赔偿金时，抵押权人有权向债务人追索不足部分。

第七章 法 律 责 任

第四十八条 抵押人隐瞒抵押的房地产存在共有、产权争议或者被查封、扣押等情况的，抵押人应当承担由此产生的法律责任。

第四十九条 抵押人擅自以出售、出租、交换、赠与或者以其他方式处分抵押房地产的，其行为无效；造成第三人损失的，由抵押人予以赔偿。

第五十条 抵押当事人因履行抵押合同或者处分抵押房地产发生争议的，可以协商解决；协商不成的，抵押当事人可以根据双方达成的仲裁协议向仲裁机构申请仲裁；没有仲裁协议的，也可以直接向人民法院提起诉讼。

第五十一条 因国家建设需要，将已设定抵押权的房地产列入拆迁范围时，抵押人违反前述第三十八条的规定，不依法清理债务，也不重新设定抵押房地产的，抵押权人可以向人民法院提起诉讼。

第五十二条 登记机关工作人员玩忽职守、滥用职权，或者利用职务上的便利，索取他人财物，或者非法收受他人财物为他人谋取利益的，依法给予行政处分；构成犯罪的，依法追究刑事责任。

第八章 附 则

第五十三条 在城市规划区外国有土地上进行房地产抵押活动的，参照本办法执行。

第五十四条 本办法由国务院建设行政主管部门负责解释。

第五十五条 本办法自 1997 年 6 月 1 日起施行。

第4章

金融担保法

本章目标

- 熟练掌握金融担保的特征并了解金融担保的功能与分类。
- 掌握保证人的范围，保证合同内容、保证方式及保证期间，了解共同保证的两种主要类型，熟悉贷款保证保险及其合同内容。
- 掌握抵押的范围，抵押合同、抵押登记，熟悉抵押权的效力与实现，抵押权设立的法律风险，了解最高额抵押以及房地产抵押。
- 掌握质押的概念和分类，了解商业银行应收账款质押、保证金账户质押以及有限责任公司的股权质押。

本章简介

　　为了保障金融债权在金融领域内得到更好的实现，我们引入了担保的制度进入金融领域，从而产生了金融担保这一概念。通常意义上担保是指法律为确保特定的债权人实现债权，以债务人或第三人的信用或者特定财产来督促债务人履行债务的制度。金融担保作为金融活动中重要的一环，金融机构的担保作用随着金融业的不断发展逐渐凸显，在促进金融合同履行、保护债权等方面有着举足轻重的地位。因此，为了更好地促进金融活动的有序进行，对金融担保法的学习就显得尤为重要。

　　本章将重点讲解金融担保中的保证、抵押和质押，以及它们在金融领域中的具体应用类型。

@ 4.1 金融担保概述

担保法上的担保，又称债权担保、债的担保、债务担保，是个总括的概念，内涵丰富，外延较为广泛。金融担保目的是促进金融合同的履行，保障债权人实现债权，而以第三人的信用或特定财产保障债务人履行债务的行为。

4.1.1 金融担保的特征

在现代市场经济中金融担保的应用日趋广泛，主要适用于保证、抵押和质押三种形式。由于金融业务的特殊性，金融担保不但具有一般担保的特征，还具有自身的特点。下面分别介绍一般担保特征和金融担保自身独有特征。

1. 一般担保的法律特征

(1) 从属性。

担保关系是一种从法律关系，其必须从属于所担保的主债权债务关系。主债权债务关系的存在是担保关系存在的前提和基础。

(2) 自愿性。

在我国有关担保的法律规定中，在多数情况下，是否设立担保，设立何种担保以及担保的范围与期限，均可由当事人自愿协商、自主决定。

(3) 保障性。

债的担保均以特定人的信用或者特定财产作为债权实现的保障。当债务人不履行债务时，应由保证人代为履行或者以特定财产的价款优先补偿债权人。

(4) 独立性。

担保的成立与被担保债权的发生属于两个不同的法律关系。

2. 金融担保自身独有特征

(1) 一方当事人。

金融担保法律关系中一方一般为金融机构，因此，金融担保不但要受到民事法律关系中担保相关法律法规的约束，同时也要受到金融相关法律法规的约束与管理。

(2) 多种担保方式。

金融担保的方式中除了主要的保证、抵押和质押三种形式外，还有保函和备用信用证两种担保方式。

4.1.2 金融担保的功能

金融担保具有以下两方面功能。

1. 有效地保护债权人权益，保障金融债权的实现

(1) 当债务不履行时，债权人可以通过非诉讼程序，直接依法采取担保措施，保护自己的合法权益，从而缓解债务危机；当出现债务纠纷，债权人直接诉至人民法院寻求法律保护时，担保又为司法机关追究债务人的违约责任提供了必要条件，打下了物质执行基础，有效地解决了司法裁判执行难的问题，进而有效地维护了债权人的合法权益。

(2) 担保能够促进债务人履行债务、债权人正常实现债权，使债权债务关系顺利完成；担保为债权人提供了实现债权的有利救济途径和机会，从而起到维护金融活动安全、保障债权实现的作用。

2. 促进金融机构的资金融通

金融担保使得在资金融通的过程中采取的担保措施，具有强化信用和促进资金融通活动顺利进行的作用。这里的资金融通是指在经济运行过程中，资金供求双方运用各种金融工具调节资金盈余的活动，在金融市场上交易的是各种金融工具，如股票、债券、储蓄存单等，是所有金融交易活动的总称。

4.1.3 金融担保的分类

1. 原担保和反担保

根据金融担保债务人和担保人之间的关系可分为原担保和反担保两种。

原担保是为主合同之债而设立的担保，是债权人通过担保权实现债权后，担保人直接向债务人行使追偿权的担保。原担保是金融担保中最为普遍的担保方式。

反担保是债务人担保的第三人，为了保证其追偿权的实现，要求债务人提供的担保。在债务清偿期届满，债务人未履行债务时，由第三人承担担保责任后，第三人即成为债务人的债权人，第三人对其代债务人清偿的债务，有向债务人追偿的权利。当第三人行使追偿权时，有可能因债务人无力偿还而使追偿权落空，为了保证追偿权的实现，第三人在为债务人作担保时，可以要求债务人为其提供担保，这种债务人反过来又为担保人提供的担保叫反担保。

2. 信用担保和物权担保

根据担保标的物的不同可分为信用担保和物权担保两类。

信用担保是指企业在向银行融通资金的过程中，根据合同约定，由依法设立的担保机构以保证的方式为债务人提供担保，在债务人不能依约履行债务时，由担保机构承担合同约定的偿还责任，从而保障银行债权实现的一种金融支持方式。信用担保的本质是保障和提升价值实现的人格化的社会物质关系。在金融担保体系中信用担保主要用于国际金融和国际经济贸易的担保，同时也用于国内金融和贸易的担保活动。

物权担保是指为确保债务清偿的目的，在债务人或第三人所有的物或所属的权利上设定的，以取得担保作用的定限物权。担保物权以取得担保标的物的交换价值为实质内容。担保物权具有确保债务履行以及促进资本和物资融通的功能。其主要担保方式有抵押担保、质押担保和留置担保，其中留置担保使用较少。

@ 4.2 保证

保证是指保证人和债权人约定，当债务人不履行债务时，保证人按照约定履行债务或者承担责任的行为。根据保证的法律特征，本节我们从保证人的概念开始逐步介绍和解释保证的各项法律规定。

4.2.1 保证人

根据《担保法》对于保证人的规定：具有代位清偿债务能力的法人、其他组织或者公民，可以作保证人。因此，保证也是指保证人和债权人约定，当债务人不履行债务时，保证人按照约定履行债务或者承担责任的行为。

这里的其他组织是指依法成立，有一定的组织机构和财产，但又不具备法人资格的组织，主要包括：

(1) 依法登记领取营业执照的独资企业、合伙企业。

(2) 依法登记领取营业执照的联营企业。

(3) 依法登记领取营业执照的中外合作经营企业。

(4) 经民政部门核准登记的社会团体。

(5) 经核准登记领取营业执照的乡镇、街道、村办企业。

此外，法律规定以下这些主体不能担任保证人，或担任保证人时受到一定的限制。

(1) 国家机关不得作为保证人，但经国务院批准为使用外国政府或者国际经济组织贷款进行转贷的除外；

(2) 学校、幼儿园、医院等以公益为目的的事业单位、社会团体不得为合格证人；

(3) 企业法人的分支机构、内部职能部门不得为保证人。企业法人的分支机构有法人书面授权的，可以在授权范围内提供保证。企业法人的分支机构未经法人授权或者超出授权范围与债权人订立保证合同的，该合同无效或者超出授权范围的部分无效。

4.2.2 保证合同

1. 保证合同的概念

保证合同是指保证人与债权人在主债务人不履行其债务时由保证人承担保证债务的协议。保证合同的当事人称为保证人和被保证人。保证人和债权人可以就单个主合同分别订立保证合同，也可以协定在最高债权额限度内就一定期间连续发生的借款合同或者某项商品交易合同订立一个保证合同。在民法上，根据合同相互间的主从关系，可以将合同分为主合同与从合同。所谓主合同，是指不需要其他合同的存在即可独立存在的合同。而从合同，则是以其他合同的存在为其存在前提的合同。保证合同和主合同的关系体现在以下两点。

(1) 保证合同与其所担保的主债合同之间的关系，就是典型的从合同与主合同的关系。我国《担保法》规定，担保合同是主合同的从合同。

(2) 相对于主合同而言，保证合同具有从属性、独立性和补充性。

2. 保证合同的内容

(1) 被保证的主债权种类、数额。

主债务的种类是指债权人和债务人订立的主合同是何种类型的债务，是给付金钱债务、交付货物债务还是付出劳务的债务。主合同的数额是指主合同的标的额。

(2) 债务人履行债务的期限。

债务人履行债务的期限和保证人有着直接的关系。因此，债务人在合同规定的履行期限内不能履行债务时，保证人就要开始承担保证责任。

(3) 保证的方式。

担保法规定保证方式分为一般保证和连带责任保证，连带责任保证要比一般保证的责任大，因此，保证的方式是保证人如何承担保证责任的重要问题，在订立保证合同时，应当对保证的方式做出明确规定。

(4) 保证担保的范围。

保证担保的范围是指保证人对哪些债务承担保证责任。保证人可以在保证合同中约定保证范围，明确是对主债务、主债务的利息、损害赔偿金、违约金以及实现债权的费用等内容的全部还是部分承担保证责任。

3. 保证合同的形式

(1) 保证合同单独立立：主合同和从合同分开签订的情况。

(2) 在主合同上签订：在主合同上有保证条款，保证人在主合同上签字或盖章。或者主合同中虽然没有保证条款，但保证人在主合同上以保证人的身份签字或盖章的情况。

(3) 第三人单方出具保证书：第三人单方以书面形式向债权人出具担保书，债权人接受且未提出意义。

4.2.3 保证方式

保证人承担责任的方式不同，保证方式分为两种。

1. 一般保证

当事人在保证合同中约定，债务人不能履行债务时，由保证人承担保证责任的，为一般保证。一般保证的保证人在主合同纠纷未经审判或者仲裁，并就债务人财产依法强制执行仍不能履行债务前，对债权人可以拒绝承担保证责任。有下列情形之一的，保证人不得行使前款规定的权利。

(1) 债务人住所变更，致使债权人要求其履行债务发生重大困难的；

(2) 人民法院受理债务人破产案件，中止执行程序的；

(3) 保证人以书面形式放弃前款规定的权利的。

2. 连带责任保证

当事人在保证合同中约定保证人与债务人对债务承担连带责任的，为连带责任保证。连带责任保证的债务人在主合同规定的债务履行期届满没有履行债务的，债权人可以要求

债务人履行债务，也可以要求保证人在其保证范围内承担保证责任。如果当事人对保证方式没有约定或者约定不明，需要按照连带责任承担保证责任。

4.2.4　共同保证

共同保证是指数人共同担保同一债务人的同一债务履行而做出的保证。共同保证的特点在于保证人不是一人而是二人以上。共同保证除按份共同保证与连带共同保证两种法定类型外，还有其他诸多类型，各种类型的共同保证又因相互交叉、竞合而形成颇为复杂的结构形态。

1. 按份共同保证

按份共同保证是指同一债务的两个或者两个以上的保证人按照其与债权人之间约定的保证份额承担保证责任的保证。按份共同保证的保证人按照保证合同约定的保证份额承担保证责任后，在其履行保证责任的范围内对债务人行使追偿权。

构成按份共同保证须满足以下两个要件。

(1) 保证人为两人以上；

(2) 保证人与债权人约定了其所承担的保证份额。保证人必须与债权人约定保证份额，才能构成按份共同保证。

2. 连带共同保证

共同保证的保证人未与债权人约定保证份额或者约定不明确的，为连带保证。连带保证的各个保证人向债权人承担连带保证债务，每个保证人都有义务承担全部保证责任，在保证债务未全部清偿前，各保证人的保证责任都不能免除。连带保证的各保证人虽向债权人负连带保证责任，但在保证人内部之间仍依一定的份额承担保证责任。所以，连带保证人向债权人承担保证责任后，可以向主债务人追偿，也可以要求其他保证人清偿其应当承担的份额。各保证人应当承担的保证份额，依共同保证人之间的约定而定；保证人之间没有约定或者约定不明确的，应当视为各保证人平均分担保证责任。

案例

消费者王某于 2014 年 4 月向房地产开发商江苏安居置业有限公司购买了置业花苑 17 号楼二单元 501 室住宅一套，双方约定于 2015 年 5 月交付使用。王某为了享受安居置业公司制定的一次性交清购房款可优惠 2%的规定，于 2014 年 4 月向当地某商业银行申请了按揭率为 70%的住房按揭贷款，将购房款一次性付清。贷款金额为人民币 140000 元，期限为 5 年，利率为 3.975%，采取分月逐次还款的银行还款方式。同时，根据《中国人民银行关于期房按揭的担保说明》中的相关规定，安居置业公司向商业银行出具了为王某进行期间担保的手续。王某也完善了贷款过程中的公证、保险、期房抵押登记等手续。王某从 2015 年 1 月起因种种原因失去了还贷能力，停止了正常还款。银行要求江苏安居置业有限公司按照合同约定，履行期间连带责任担保的义务。

【答案解析】

一直以来，我国住房按揭贷款中实行双重担保，即"抵押加保证"。具体而言，即借款人以所购的住房提供给贷款银行做抵押，在借款人取得该住房的房产证和办妥抵押登记之前，由房产商提供第二重担保，即连带保证责任。具体做法是：借款人在向房地产开发商购买期房时，向贷款银行提出按揭申请。在办理完银行各项手续后，房地产开发商在贷款银行发放按揭贷款前办妥为借款人向贷款银行提供期间担保的各项手续。贷款银行按照借款人借款金额的一定比例向房产商提取担保保证金，并划入在该银行开立的"担保保证金专户"内。一旦借款人发生违约情形贷款人首先有权从该专户中直接扣收保证金，以此作为借款人违约拖欠贷款本息、罚息等的担保。如果保证金不够的，房产商必须继续提供担保。

4.2.5 保证期间

保证期间就是指保证合同当事人的约定或依法律推定在主债务履行期届满后，保证人能够容许债权人主张权利的最长期限。在保证期间，债权人应当向债务人提起诉讼或仲裁(在一般保证中)或向保证人(在连带保证中)主张权利。逾此期限，债权人未提起上述主张的，保证人则不承担保证责任。就当前世界各国现存的保证制度来看，保证期间因其产生方式不同，可分为约定期间、催告期间和法律推定期间三种。

根据《担保法》的规定：一般保证的保证人与债权人未约定保证期间的，保证期间为主债务履行期届满之日起六个月。在合同约定的保证期间和前款规定的保证期间，债权人未对债务人提起诉讼或者申请仲裁的，保证人免除保证责任；债权人已提起诉讼或者申请仲裁的，保证期间适用诉讼时效中断的规定。对于连带责任保证的保证人与债权人未约定保证期间的，债权人同样有权自主债务履行期届满之日起六个月内要求保证人承担保证责任。在合同约定的保证期间和前款规定的保证期间，债权人未要求保证人承担保证责任的，保证人免除保证责任。

保证人《担保法》第十四条规定就连续发生的债权作保证，未约定保证期间的，保证人可以随时书面通知债权人终止保证合同，但保证人对于通知到债权人前所发生的债权，承担保证责任。

4.2.6 保证范围

保证范围是指保证人所担保的债权范围，也是保证人承担保证责任的范围。它包括主债权以及附属于主债权的一切费用。主要有：主债权、利息、违约金、损害赔偿金、实现债权的费用等。如果保证合同对保证范围另有约定，则以遵循保证合同的约定为准。

在合法有效的保证合同中，如果当事人协商约定对法定保证范围进行了变更，从而出现了约定保证范围和法定保证范围不一致的情况时，则优先适用保证合同中当事人约定的保证范围，而排除法定保证范围的适用。如果当事人在保证合同中，对保证的范围没有约定或者做出的约定不明确的，就应当适用法定保证范围。因此也可以说，法定保证范围又是约定保证范围的有效补充。

4.2.7　贷款保证保险

贷款保证保险是指借款人以贷款人为被保险人向保险人投保，保险人经过对投保人资格及保险标的审查，在符合投保条件并同意承保的情况下，向投保人收取保险费，同时向被保险人做出承诺，当借款人未按照借贷合同的约定向贷款人履行偿还义务达到一定状态，即构成保险事故，保险人需向被保险人赔付保险金，并在赔付后获得向投保人追偿权的一种财产保险制度。

1. 贷款保证保险主体之间的法律关系分析

目前市场上存在的贷款保证保险产品众多，企业贷款保证保险主要有城乡小额贷款保证保险、高新技术企业小额贷款保证保险、农业机械设备按揭贷款保证保险、小微型企业贷款保证保险；个人贷款保证保险主要有个人汽车消费贷款保证保险、个人住房抵押贷款保证保险和青年创业贷款保证保险等。尽管种类繁多，但贷款保证保险业务的参与主体主要包括借款人、贷款银行和保险公司，它们之间的法律关系表现为如下三个方面。

(1) 银行与借款人。

借贷双方签订借贷合同，即构成借贷合同关系，银行作为贷款人是债权人，借款人是债务人，双方签订的相关法律文书包括借贷合同、提款申请书、借据等。银行须按照借贷合同的约定向借款人发放贷款，并有权监督贷款资金的使用，开展贷后管理工作等。借款人则须向银行认可的保险公司投保贷款保证保险，按时交纳保险费(通常这是提款的前提条件)，按借贷合同约定的贷款用途使用贷款，并按照合同约定履行按时还本付息义务。

银行与借款人之间的借贷合同关系，是借款人与保险人签订的贷款保证保险合同的前提和基础。但并不意味着借贷合同和贷款保证合同之间存在主从合同关系。贷款保证保险合同的成立具有独立性。如果银行与借款人之间借贷合同被确认无效、解除或撤销，并不必然导致贷款保证保险合同的无效、解除或撤销。贷款保证保险合同的有效性及是否存在解除或撤销情形，只能严格按照相关法律和合同当事人之间的约定来判定。

(2) 银行与保险公司。

银行作为贷款人并非贷款保证保险合同的签约当事人，其对贷款保证保险合同的内容没有决定权，既不能控制投保人解除保险合同的风险，也不能控制投保人和保险人协商变更保险合同的内容。在贷款保证保险中为尽量化解和防范风险，通常由银行与保险公司建立合作关系，再由保险公司向借款人提供贷款保证。因此，银行与保险公司之间通常存在两层法律关系。

① 银行与保险人的合作关系。

在贷款保证保险业务正式启动前，银行与保险公司签订银保合作协议，构成合同关系。双方权利义务根据合作协议约定来确定。协议一般会明确业务对象、保险金额确定标准、保险事故、赔偿范围、投保审查流程、保险索赔流程、双方权利义务等细节性问题。比如银行负责贷款申请的受理、调查、审批，防止借款人的道德风险；在保险人确定的信用额度内放贷，并做好贷后管理；出现保险事故时及时通知保险公司，做好催收工作。保险公司对投保人进行独立调查和审核、出现保险事故后及时理赔等。在部分银保合作协议中还会约定，在保险公司理赔后，银行须将赔偿额度内的债权转让给保险公司。

② 被保险人与保险人的关系。

借款人以银行为被保险人向保险公司投保，保险公司承保后，银行与保险公司之间即构成被保险人与保险人的关系。银行虽然不是贷款保证保险合同的签约当事人，但其可以享有保险合同赋予被保险人的权利，并应承担保险合同中约定的被保险人义务。当发生保险事故时，保险公司需履行保险合同约定的赔偿义务，向银行支付保险金，同时享有保险合同约定的抗辩权(如免赔额)。

(3) 借款人与保险公司。

借款人向保险公司提出保险申请，保险公司对投保人情况及借贷合同的基本情况进行审查后，认为符合投保条件并同意承保的，向借款人签发保险单，双方成立贷款保证保险合同关系。除投保单、保险单外，双方还可能签订或由单方出具保险条款、保险凭证、批单等法律文件，这些法律文件是确定投保人、保险人和被保险人权利义务的重要依据。借款人作为投保人，需要如实告知保险公司自己的信用状况、资产负债情况、贷款金额、贷款用途、还款来源等情况，在获得审批后在规定时间内足额支付保险费。保险公司作为保险人，负有在出现符合保险合同约定的保险事故时，向被保险人及时足额支付保险赔偿金的义务。

2. 贷款保证保险纠纷法律适用

法律的适用与当事人之间的权利义务的认定密切相关，适用不同的法律判决结果往往大相径庭。但由于立法上的空白，我国司法界对于贷款保证保险纠纷案件在适用法律上存在混乱。最高人民法院在 2004 年 3 月的《关于审理保险纠纷案件若干问题的解释(征求意见稿)》的修改版本中规定，"人民法院在审理保证保险合同纠纷确定当事人的权利义务时，适用《保险法》和《合同法》；《保险法》和《合同法》没有规定的，参照《担保法》的有关规定"。按照最高人民法院的司法解释，当银行对保险公司提起诉讼时，首先适用《保险法》《合同法》，《保险法》《合同法》未明确规定的，适用《担保法》。然而，若适用《担保法》，则需要追加借款人(即投保人)参与诉讼。事实上，借款人与银行之间的法律关系是借贷合同法律关系，银行与保险公司之间则是贷款保证保险合同法律关系，二者在性质上存在着本质的不同，而依照我国民事诉讼法的基本原理，法院对这两种完全不同性质的法律纠纷案件不应当合并审理。

正确地认定保证保险合同的性质是人民法院审理保证保险纠纷案件的前提。根据前述分析，本书将贷款保证保险的法律性质认定为保险，对于贷款保证保险纠纷案件具体适用法律，可以从以下两方面予以考虑。

首先，既然保证保险合同属于合同项下的一种，那么应当遵循《合同法》中当事人意思自治的原则。依据我国《保险法》第二十条的规定，投保人和保险人可以协商变更保险合同的内容，贷款保证保险合同的当事人可以对保险标的、保险责任、责任免除以及其他有关保险的事项做出约定，因此，只要贷款保证保险合同内容的约定不违反法律的禁止性规定，法院在做出判决时应当尊重当事人的意思表示来界定双方的权利义务和风险负担。

其次，当事人没有特别约定时，首先适用《保险法》，在《保险法》没有规定的情况下，适用《合同法》的相关规定。

从长远来看，我国需要尽快完善与保证保险相关的一系列法律法规，为司法实务案件的处理提供明确的法律依据，为保证保险业务的顺利开展提供有力的法律保障。

3. 实践中存在的问题及解决方式

(1) 贷款保证保险合同与保证保险业务合作协议的关系。

在实践中解决贷款保证保险纠纷时，首先需要对保证保险合同与保证保险业务合作协议的效力进行区分。贷款保证保险合同，是指由投保人(借款人)向保险人交付保费，保险人按照约定，在投保人不能按照贷款合同的约定归还被保险人(即贷款人，一般是贷款银行)的贷款时，由保险人予以赔付的保证保险合同；而合作协议仅仅是银行与保险公司就承保范围以及保险费率等做出简要约定的一份协议，是绝不能与保险合同混同的。

当贷款保证保险合同与保证保险合作协议的约定不一致时，首先，看双方在两份文件中的约定。若合同中约定两份合同均构成保险合同的内容，则应同时适用；若贷款保证保险合同与合作协议约定并不一致，且双方不能达成一致意见时，则应以后订立的贷款保证保险合同约定内容为准。其次，若合同中没有约定，则需进行综合考量。如果贷款保证保险合同与合作协议在内容上并不矛盾，或仅在其中一份合同中有所约定，则两份文件构成并列补充关系，应同时适用。

(2) 贷款保证保险合同与贷款合同的关系。

贷款合同与贷款保证保险合同之间是否存在主从合同的关系，是对二者之间关系进行判断的核心问题。贷款合同是保证保险合同的基础合同，保证保险合同以贷款合同的存在并生效为前提，虽然贷款合同是保险人在保证保险合同中确定承保条件和保险标的依据，但是这并不改变两者之间的独立关系和关联性，二者不具有主从性质。最高人民法院在其审理的神龙汽车有限公司与华泰财产保险股份有限公司保险合同纠纷一案中却认为保证保险合同具有独立性。在其 2001 年 3 月 14 日做出的(2000)经终字第 295 号民事判决书中指出："在保险合同法律关系中，其他民事合同的权利义务虽是保险人确定承保条件的基础，但其不能改变两个合同在实体与程序上的法律独立性，其他民事合同与保险合同之间不存在主从关系。"

一方面，贷款合同的效力并不当然影响保证保险合同的效力，贷款合同被确认无效或被解除、撤销，只能表明保证保险合同的保险标的消灭，保险人无须承担保险责任。若让保证保险合同的当事人承担贷款合同无效或被撤销、解除的法律后果，显然不公平，保证保险合同也失去了存在的意义。另一方面，保证保险合同中保险人的免责事由和依照保险法或合同约定所产生的广泛抗辩权也不受贷款合同的影响，反而能在一定程度上影响贷款合同。因此，贷款保证保险合同与其相关的贷款合同并存于经济生活中，但二者之间不存在主从合同关系。

(3) 保险人能否行使先诉抗辩权问题。

在贷款保证保险实务中，通常会出现如下情况：借款人与银行就贷款签订抵押担保合同，与保险公司签订贷款保证保险合同，即合同债权上就既有实物担保也有保证保险。在贷款保证保险合同中约定的保险事故发生后，银行要求保险公司承担赔偿责任时，保险公司以保证人的身份通常会依据我国《物权法》和《担保法》中对于合同债权既有抵押又有保证的情形所做出的相关规定，主张先诉抗辩权。在前文中我们已经认定保证保险是保险而不是担保，其在法律上应当适用《保险法》的相关规定，因此保险人不具备一般保证人的法律地位，其依据《担保法》向被保险人(银行)主张先诉抗辩权是不能成立的。

(4) 保险人代位求偿权问题。

保险人的代位求偿权，是指被保险人因保险人应付保险责任之损失发生，而对第三人有损失赔偿请求权者，保险人得于给付赔偿金额后，代位行使被保险人对于第三人之请求权。关于代位权的行使，我国《保险法》第六十条规定，因第三者对保险标的的损害而造成保险事故的，保险人自向被保险人赔偿保险金之日起，在赔偿金额范围内代位行使被保险人对第三者请求赔偿的权利。贷款保证保险合同中是否存在保险人的代位权，核心问题在于投保人是否属于第三者的范畴。有人认为，投保人属于保证保险合同的当事人，不是保证保险合同当事人以外的第三者，不得行使代位权。但也有人认为，第三者应为除被保险人之外的第三人，投保人属于除被保险人之外的第三人。但是在贷款保证保险合同中，投保人即是债务人，既要承担按期还款的义务，又要交纳保险费，如果完全肯定保险人的代位求偿权，只会不合理地增加投保人的经济负担，降低其购买贷款保证保险的积极性。但如果否定保险人的代位求偿权，则鼓励了投保人不履行信贷合同的消极行为，对保险人极为不利。因此，在保证保险合同中，针对保险人的代位求偿权应视不同情况而定。如投保人在签订贷款保证保险合同后出现主观不愿履行的情况，则承认保险人的代位权；如在保险人签订贷款保证保险合同后如果出现客观不能履行的情况，则否定保险人的代位权。这样就能较好地平衡投保人和保险人的利益。在实践中，部分保险公司所采取的方式值得借鉴。例如，太平洋保险公司在其新车贷款险中承诺对投保人遭受意外伤害或疾病导致死亡或者严重伤残引起的保险事故，不仅对投保人未还款额进行赔偿，而且无权向投保人追偿。

在实践中，借款人与银行在签订贷款合同的同时，往往会签订一份抵押合同，银行依此享有抵押权。当贷款保证保险合同约定的保险事故发生且保险公司赔付保险金之后，保险公司将会取得代位求偿权。但是，由于抵押权属于担保物权，保险人若想取得该权利，需要与借款人重新办理一份抵押登记，这在一定程度上增加了保险公司无法通过其享有的代位求偿权来补偿自己的风险。因此对于保险人代位求偿权的行使，可以参照适用我国《保险法》中的相关规定[1]，明确债权人相应的义务和责任，如因债权人的过错致使保险

---

① 《保险法》第六十条中规定，因第三者对保险标的的损害而造成保险事故的，保险人自向被保险人赔偿保险金之日起，在赔偿金额范围内代位行使被保险人对第三者请求赔偿的权利。

前款规定的保险事故发生后，被保险人已经从第三者取得损害赔偿的，保险人赔偿保险金时，可以相应扣减被保险人从第三者已取得的赔偿金额。

保险人依照本条第一款规定行使代位请求赔偿的权利，不影响被保险人就未取得赔偿的部分向第三者请求赔偿的权利。

《保险法》第六十一条中规定，保险事故发生后，保险人未赔偿保险金之前，被保险人放弃对第三者请求赔偿权利的，保险人不承担赔偿保险金的责任。

保险人向被保险人赔偿保险金后，被保险人未经保险人同意放弃对第三者请求赔偿的权利的，该行为无效。

被保险人故意或者因重大过失致使保险人不能行使代位请求赔偿的权利的，保险人可以扣减或者要求返还相应的保险金。

人不能行使代位权的，保险人可相应扣减保险赔付金。在保险事故发生即债务人无法履行还贷义务时，保险人向银行偿付的保险金额，应当相应地扣除债务人自身已经履约的部分；若出现债权人在保险人偿付保险金前放弃债权的情况，则保险人将不再承担保证保险责任。

(5) 投保人主观违约问题。

在贷款保证保险中，借款人向保险公司投保保证保险，由保险公司来承担借款人的信用风险。但在实践中，当投保人主观故意违反合同的义务时，保险公司可以根据《保险法》第十六条第一款关于投保人应当如实告知自身情况的规定，以及第二十七条关于投保人、被保险人故意制造保险事故的规定，主张其有权解除保险合同，并且不承担赔偿或者给付保险金的责任。但贷款保证保险与一般的保险不同的地方在于，贷款保证保险中保险人承保的是债务人不履行债务的风险，因此在这一风险中应当包含债务人在主观上故意不履行债务给债权人所造成的损失。我国《保险法》第二十条中规定，投保人和保险人可以协商变更合同内容。即当事人之间可以通过协商，就贷款保证保险合同中的一些条款内容做出约定，其中就包括约定保险人所承保的事故中是否包含主观故意违约的风险。当投保人故意违约时，保险人是否可以解除合同并不负赔偿责任，需要根据当事人之间的具体约定来判定。

若贷款保证保险合同中约定，承保风险包括投保人故意制造保险事故的情况，那么当借款人未按期履行还款义务时，保险人就应当向银行履行给付义务。但如果借款人自始就存在恶意，可以认定债务人是以订立贷款保证保险合同的合法形式掩盖其非法骗取贷款的目的，可以主张根据我国的《民法通则》第五十八条第七款、《合同法》第五十二条第三款、第五十八条认定该贷款合同以及贷款保证保险合同均为无效，各方当事人因该无效合同所取得的财产应及时予以返还；对导致合同无效的有过错一方应当赔偿对方因合同无效所遭受的损失，双方都有过错的，应当按比例承担相应的责任[①]。若贷款保证保险合同把投保人恶意不偿还贷款的情况作为保险人的免责事由，那么当借款人未按期履行还款义务时，保险人可以引用《保险法》第二十七条的条款内容免责[②]。若投保人(借款人)与保险人

---

① 《民法通则》第五十八条中规定，下列民事行为无效：(一)无民事行为能力人实施的；(二)限制民事行为能力人依法不能独立实施的；(三)一方以欺诈、胁迫的手段或者乘人之危，使对方在违背真实意思的情况下所为的；(四)恶意串通，损害国家、集体或者第三人利益的；(五)违反法律或者社会公共利益的；(六)经济合同违反国家指令性计划的；(七)以合法形式掩盖非法目的的。无效的民事行为，从行为开始起就没有法律约束力。

《合同法》第五十二条中规定，有下列情形之一的，合同无效。(一)一方以欺诈、胁迫的手段订立合同，损害国家利益；(二)恶意串通，损害国家、集体或者第三人利益；(三)以合法形式掩盖非法目的；(四)损害社会公共利益；(五)违反法律、行政法规的强制性规定。

《合同法》第五十八条中规定，合同无效或者被撤销后，因该合同取得的财产，应当予以返还；不能返还或者没有必要返还的，应当折价补偿。有过错的一方应当赔偿对方因此所受到的损失，双方都有过错的，应当各自承担相应的责任。

② 《保险法》第二十七条中规定，投保人、被保险人故意制造保险事故的，保险人有权解除合同，不承担赔偿或者给付保险金的责任；除《保险法》第四十三条规定外，不退还保险费。致使保险人支付保险金或者支出费用的，应当予以退回或者赔偿。

(保险公司)之间所订立的贷款保证保险合同约定投保人主观违约是保险人的免责事由，而保险人与被保险人(银行)之间所订立的保证保险合作协议约定投保人的主观违约风险包含于保险人的保证责任之中，此时应当以借款人和保险公司签订的贷款保证保险合同内容为准，借款人作为投保人，由其决定是否为自己的主观违约行为投保更符合保险法的一般法理。

@ 4.3 抵押

根据《担保法》的规定，抵押是指债务人或者第三人不转移对被抵押财产的占有，将该财产作为债权的担保，债务人不履行债务时，债权人有权依照本法规定以该财产折价或者以拍卖、变卖该财产的价款优先受偿。本节将通过抵押的范围、抵押合同、了解抵押权等相关内容的学习，掌握我国有关抵押的法律规定和实施情况。

4.3.1 抵押的范围

首先，财产抵押必须符合两个条件：第一，债务人或者第三人对抵押财产有处分权；第二，是本条规定的可以抵押的财产。其次，根据《物权法》对抵押物做出的范围规定主要包括以下几类。

(1) 建筑物和其他土地附着物。建筑物包括住宅、体育馆等。其他土地附着物指附着于土地之上的除房屋以外的不动产，包括桥梁、隧道、大坝、道路等构筑物，以及林木、庄稼等。

(2) 建设用地使用权。建设用地使用权是权利主体依法对国家所有的土地享有的占有、使用和收益的权利。

(3) 以招标、拍卖、公开协商等方式取得的荒地等土地承包经营权。通过招标、拍卖、公开协商方式承包荒地，不论承包人是本集体经济组织成员，还是本集体经济组织之外的单位和个人，都可以依法将荒地的承包经营权抵押。

(4) 生产设备、原材料、半成品、产品。生产设备包括：工业企业的各种机床、计算机、化学实验设备、仪器仪表设备、通信设备，海港、码头、车站的装卸机械，拖拉机、收割机、脱粒机等农用机械等；原材料指用于制造产品的原料和材料；半成品指尚未全部生产完成的产品；产品指生产出来的物。

(5) 正在建造的建筑物、船舶、航空器。担保法没有明确规定在建的建筑物、船舶、航空器可以抵押。实践中，建设工程往往周期长、资金缺口大，以正在建造的建筑物、船舶、航空器作为担保，对于解决建设者融资难，保证在建工程顺利完工具有重要作用。

(6) 交通运输工具。交通运输工具包括：飞机、船舶、火车、各种机动车辆等。

(7) 法律、行政法规未禁止抵押的其他财产。这是一项兜底性规定，以适应不断变化的经济生活需要。

需要注意的是：企业可以将企业的动产、不动产及其某些权利作为一个整体进行担保，比如，将厂房、机器设备、库存产成品、工业产权等财产作为总资产向银行抵押贷款。但是，企业将财产一并抵押时，各项财产的数量、质量、状况和价值都应当是明确的。

4.3.2 抵押合同

抵押合同是抵押权人(通常是债权人)与抵押人(既可以是债务人，也可以是第三人)签订的担保性质的合同。抵押人以一定的财物(既可以是不动产，也可以是动产)向抵押权人设定抵押担保，当债务人不能履行债务时，抵押权人可以依法以处分抵押物所得价款优先受偿。

抵押合同包括以下五个方面的内容。

(1) 被担保的主债权种类、数额；

(2) 担保的范围；

(3) 抵押物的名称、数量、质量状况、所在地所有权权属或使用权权属；

(4) 债务人履行债务的期限；

(5) 当事人认为需要约定的其他事项。

订立抵押合同时，抵押权人和抵押人在合同中不得约定在债务履行期届满抵押权人未受清偿时，抵押物的所有权转移为债权人所有。在抵押合同中禁止出现绝压条款，但该条款无效不影响抵押合同其他条款的效力。此外，在经济活动中由于抵押担保交易流通频繁，从而引发的经济纠纷不在少数。如何制定一份具有防范风险效益的抵押担保合同显得尤为重要。

4.3.3 抵押登记

抵押登记，是指特定登记机关根据当事人的申请，将抵押的有关情况记载于特定簿册中的行为。我国《物权法》对抵押登记的效力作了进一步规定，具体区分为以下两种情形。

(1) 登记为抵押权的成立要件。

《物权法》第一百八十七条规定除了建筑物和其他土地附着物；建设用地使用权、以招标、拍卖、公开协商等方式取得的荒地等土地承包经营权；正在建造的建筑物抵押的情况外，应当办理抵押登记，抵押权自登记时设立。

(2) 登记为抵押权的生效要件。

《物权法》第一百八十八条规定，以本法第一百八十条第一款第四项生产设备、原材料、半成品、产品；第六项规定的交通运输工具财产；第五项规定的正在建造的船舶、飞行器抵押的，抵押权自抵押合同生效时设立；未经登记，不得对抗善意第三人。企业、个体工商户、农业生产经营者以本法规定的动产抵押的，应当由抵押人住所地的工商行政管理部门办理登记。抵押权自抵押合同生效时设立；未经登记，不得对抗善意第三人。此外办理登记的，不得对抗正常经营活动中已支付合理价款并取得抵押财产的买受人。上述规定，明确了动产抵押"登记对抗"规则的适用范围及其例外情形。

4.3.4 抵押权的效力

这里所说的抵押权的效力是抵押权人就抵押物而言在担保债权的范围内优先受偿的效力，以及对其他财务、产权等的限制和影响力。

1. 担保的范围

有约定的，依照约定。没有约定的，抵押担保的范围包括主债权及利息、违约金、损害赔偿金和实现抵押权的费用。

2. 对标的物的效力

(1) 抵押效力及于从物。

担保法解释第六十三条规定："抵押权设定前为抵押物的从物的，抵押权的效力及于抵押物的从物。但是，抵押物与其从物为两个以上的人分别所有时，抵押权的效力不及于抵押物的从物。"

(2) 对孳息的效力。

债务人不履行债务致使抵押物被人民法院依法扣押的，自扣押之日起抵押权人有权收取由抵押物分离的天然孳息以及抵押人就抵押物可以收取的法定孳息。

收取的孳息首先充作收取孳息的费用，其次是主债权的利息，再次是主债权。

(3) 对添附物的效力。

对于添附物，依据担保法解释六十二条规定可以分为如下情形对待。

① 添附物归第三人时适用物上代位的有关规定。

抵押物因附和、混合或者加工使抵押物的所有权为第三人所有的，抵押权的效力及于补偿金。

② 添附物归抵押人所有时及于整个抵押物。

抵押物所有人为附和物、混合物或者加工物的所有人的，抵押权的效力及于附和物、混合物或者加工物。

③ 共有时及于抵押人的份额。

第三人与抵押物所有人为附和物、混合物或者加工物的共有人的，抵押权的效力及于抵押人对共有物享有的份额。

3. 对抵押人的效力——抵押人的权利

(1) 占有、使用、收益的权利。

抵押人在其财产设定抵押后，仍享有对抵押物的使用、收益和处分权。

(2) 处分权。

① 转让标的物的权利。

标的物抵押后抵押人仍可转让其抵押物。但是在我国，抵押人转让抵押物的，受到如下限制。

a. 应通知抵押权人并告知受让人转让物已抵押的情况。不通知、不告知的，不影响转让的效力，即转让仍然有效。

b. 抵押人转让抵押物所得的价款，应向抵押权人提前清偿所担保的债权或提存。超过债权数额的部分归抵押人所有，不足部分由债务人清偿。

c. 抵押物转让后，抵押权人基于物权的追及效力仍然可以向受让人就抵押物行使抵押权。当然，若债务人已经清偿了其债务的，抵押权消灭。

② 就标的物再次设定抵押权或者质权等担保物权。

③ 就抵押物为他人设定用益物权。

4. 对抵押权人的效力——抵押权人的权利

(1) 抵押权的保全。

在抵押权人因抵押物受到损害而遭受损失时，抵押权人基于其抵押权可以行使如下权利，保全其抵押权。

① 在抵押人的行为足以使抵押物的价值减少时，抵押权人有权要求抵押人停止其行为。

② 抵押物价值减少时，抵押权人有权要求抵押人恢复抵押物的，或提供与减少的价值相当的担保。抵押人对抵押物价值的减少无过错的，抵押权人有权在抵押人因损害而得到的赔偿范围内要求提供担保。抵押物价值减少的部分，仍作为债权的担保。

(2) 处分抵押物的权利。

在债权到清偿期而未受到清偿时，债权人有权将标的物进行处分，以受偿。

(3) 优先受偿权。

法律规定的特定债权人优先于其他债权人甚至优先于其他物权人受偿的权利。

4.3.5 抵押权的实现

抵押权的实现体现在：债务人不履行到期债务或者发生当事人约定的实现抵押权的情形，抵押权人可以与抵押人协议以抵押财产折价或者以拍卖、变卖该抵押财产所得的价款优先受偿。对抵押物行使优先受偿权的行为也是抵押权人主要的权利。

1. 抵押权实现的条件

为了更好地理解抵押权的实现问题，需要先知道抵押权实现的条件。在我国抵押权的实现必须具备两个条件：一是债务履行期间届满，债务人不履行债务；二是发生了当事人约定的实现抵押权的情形。满足上述任一条件，抵押权人就可以依照本条规定的方式和程序处理抵押财产以实现其债权。

对于这两个条件的理解，我们引入浮动抵押为例来加以说明：如果只允许抵押权人在债务人到期不履行债务时才能实现抵押权，可能会由于抵押人在经营过程中的非正常经营行为或者恶意的行为，甚至是正常经营行为，造成抵押权实现时抵押财产大量减少，无法对抵押权人的债权起到担保作用，从而损害抵押权人的利益。允许抵押权人与抵押人约定提前实现抵押权的条件，抵押权人就可以在抵押合同中对抵押人的某些行为进行约束，一旦抵押人违反约定从事了这些行为，满足了约定的实现抵押权的条件，抵押权人就可以提前实现抵押权，以保障自己的债权得到清偿。

案例

A 企业以其仓库中现有及将有的所有产品设定浮动抵押向 B 银行贷款，B 银行为保全抵押财产在实现抵押权时能够达到一定的数量，以起到担保其债权的作用，可以与 A 企业在抵押合同中约定，A 企业不得以其库存的产品从事关联交易或者低价交易，如不得以低于市场价格一定比例的价格出售库存的产品，一旦出售价格低于约定的比例，B 银行即可提前实现抵押权；也可以在抵押合同中约定，即使在正常经营情况下，A 企业库存的产品数量也不得低于其整个库存量的一定比例，一旦低于该比例，B 银行即可提前实现抵押权。国外的一些立法，如英国、美国、加拿大等，也允许当事人约定实现抵押权的条件。

【知识拓展】

浮动抵押是一种特别抵押，指抵押人将其现在和将来所有的全部财产或者部分财产上设定的担保，在行使抵押权之前，抵押人对抵押财产保留在正常经营过程中的处分权。浮动抵押的概念来源于英国衡平法院在司法实践中发展出来的一种特殊的抵押制度。

根据我国《物权法》所做的相关规定可以对比出浮动抵押自身的一些特点。

① 主体未作限制，根据第一百八十一条，企业、个体工商户、农业生产经营者都可以采用浮动抵押这种担保方式。

② 浮动抵押的客体只能是动产，而把不动产、知识产权、债券等排除出浮动抵押标的物范围之外。

③ 中国物权法规定设立浮动抵押须有浮动抵押合同。

④ 登记对抗——企业、个体工商户、农业生产经营者以本法第一百八十一条规定的动产抵押的，抵押权自抵押合同生效时设立；当事人可选择是否登记，未经登记，不得对抗善意第三人。

2. 抵押权实现的方式

(1) 折价方式。

抵押权人可以与抵押人协议，以折价的方式实现抵押权。折价的方式也就是抵押权人与抵押人协议，参照市场价格确定一定的价款将抵押财产的所有权转移给抵押权人，以实现债权。

(2) 拍卖。

拍卖是抵押权实现的最为普通的一种方式。拍卖也称为竞卖，是指以公开竞争的方法将标的物卖给出价最高的买者。抵押权人与抵押人协议以抵押财产拍卖来实现债权的方式属于第一种方式，双方达成一致意见，即可选择拍卖机构进行拍卖。

(3) 变卖方式。

除前述两种方式外，本条规定双方还可以协议以变卖的方式实现抵押权。采用变卖的方式就是以拍卖以外的生活中一般的买卖形式出让抵押财产来实现债权的方式。为了保障变卖的价格公允，变卖抵押财产应当参照市场价格。

3. 抵押权实现的期间

抵押权人应当在主债权诉讼时效期间行使抵押权；未行使的，人民法院不予保护。随着市场经济的快速运转，如果允许抵押权存续，可能会使抵押权人怠于行使抵押权，不利于发挥抵押财产的经济效用，制约经济发展。因此，规定抵押权的存续期间，能够促使抵押权人积极行使权利，促进经济的发展。

4. 抵押权的实现顺序

抵押权顺序也叫抵押权的次序，是指同一财产上有数个抵押权时，各个抵押权人优先受偿的先后次序。先顺序的抵押权人，优先于后顺序的抵押权人受偿；后顺序的抵押权人

就只能在先顺序抵押权人受偿之后的抵押物价值余额中得到受偿；同一顺序的抵押权人则按照各自债权额的比例进行受偿。

例如：赵某、孙某和李某三人对于王某的房屋都享有抵押权，但是赵某和孙某处于同一顺序，李某处于次一顺序，那么房屋变卖或拍卖之后得到的价款，必须先付给赵某和孙某，李某只能在他们两人受偿之后的余额中进行受偿；而赵某和孙某之间，要按照各自债权数额的比例进行分配，如果王某欠张某是 10 万元，欠孙某是 5 万元，那么赵某和孙某就按照 2：1 的比例对房屋的价款各自受偿。

4.3.6 最高额抵押

1. 最高额抵押的概念

最高额抵押，是指为担保债务的履行，债务人或者第三人对一定期间内将要连续发生的债权提供担保财产的，债务人不履行到期债务或者发生当事人约定的实现抵押权的情形的，抵押权人有权在最高债权额限度内就该担保财产优先受偿。其含义具体体现在以下两点。

(1) 当抵押权的客体灭失时，抵押权归于消灭。

(2) 当抵押权人因抵押物灭失而受赔偿时，抵押权人仍得就其赔偿金而优先受偿。抵押物因抵押人的过错而灭失是不可获得赔偿金的。但基于下列原因的，抵押人一般可获得相应的赔偿。

① 因自然原因而导致抵押物灭失或毁损，如地震、洪水等而造成的灭失或毁损；

② 因他人侵害而导致抵押物灭失或毁损；

③ 因公共征用而导致抵押物灭失或毁损。

2. 最高额抵押的特点

最高额抵押的特点表现在：

(1) 最高额抵押是限额抵押。设定抵押时，抵押人与抵押权人协议约定抵押财产担保的最高债权限额，无论将来实际发生的债权如何增减变动，抵押权人只能在最高债权额范围内对抵押财产享有优先受偿权。

(2) 最高额抵押是为将要发生的债权提供担保。"将要发生的债权"，是指设定抵押时尚未发生，在抵押期间将要发生的债权。

(3) 最高额抵押所担保的最高债权额是确定的，但实际发生额不确定。设定最高额抵押权时，债权尚未发生，为担保将来债权的履行，抵押人和抵押权人协议确定担保的最高数额，在此额度内对债权提供担保。

(4) 最高额抵押是对一定期间内连续发生的债权提供担保。"一定期间"，不仅指债权发生的期间，更是指抵押权担保的期间。"连续发生的债权"，是指所发生的债权次数不确定，且接连发生。

3. 最高额抵押的确定原因

根据《中华人民共和国物权法》第二百零六条的规定，最高额抵押的确定原因有以下几种情形。

(1) 约定的债权确定期间届满。如果最高额抵押合同约定了债权的确定期间，则最高额抵押权所担保的债权额确定。

(2) 没有约定债权确定期间或者约定不明确，抵押权人或者抵押人自最高额抵押权设立之日起满二年后请求确定债权。

(3) 新的债权不可能发生。如果最高额抵押权所担保的债权已经不可能再发生，则最高额抵押权所担保的债权额确定。

(4) 抵押财产被查封、扣押。最高额抵押权存续期间，如果抵押财产被查封、扣押，则可能导致抵押财产被强制拍卖；如果抵押财产被强制拍卖，则抵押权消灭，故最高额抵押应当确定。

(5) 债务人、抵押人被宣告破产或者被撤销。最高额抵押的抵押人或者债务人破产或者被撤销的，最高额抵押所担保的债权于债务人或者抵押人被破产宣告或者被有权机关做出撤销决定之日起，抵押权人的债权随之确定。

(6) 法律规定债权确定的其他情形。

4.3.7 抵押权设立过程中的法律风险

抵押权是指债权人对于债务人或者第三人不移转占有而提供担保的财产，在债务人不履行债务时，依法享有的就担保的财产变价款并优先受偿的权利。在设立抵押权的过程中会出现无效的现象，即抵押无效，具有一定的法律风险。

1. 以未成年人的财产设定抵押可能导致抵押权无效

在实行质押权时不宜接受未成年人的财产作为抵押物，此类行为可能导致质押权的无效。虽然在现实社会中有较为普遍的现象：有些人出于个人考虑或某些因素在购买房产或其他财产时不以自己的名义购买或以自己名义购买但产权和约定产权为未成年人(或为子女)，依然不宜接受此类财产作为抵押物，属"无权擅抵"行为。原因主要体现在以下两点。

(1) 未成年人依法对所购房产拥有所有权。

依据我国《民法通则》第十二条的规定："十周岁以上的未成年人是限制民事行为能力人，可以进行与他的年龄、智力相适应的民事活动；其他民事活动由他的法定代理人代理，或者征得他的法定代理人的同意。不满十周岁的未成年人是无民事行为能力人，由他的法定代理人代理民事活动。"未成年人的父母以未成年人的名义签订《商品房购销合同》或以自己的名义签订以子女为产权人的"利他"《商品房购销合同》，并实际履行了合同，同时也未损害其子女的利益，该《商品房购销合同》应为有效。办理完相关手续后，该未成年人依法对所购房产拥有所有权。

(2) 设定抵押权是对财产所进行的一次处分。

如果主债权人届期违约，抵押财产便将会被实际处分。依据《民法通则》第十八条第一款的规定："监护人应当履行监护职责，保护被监护人的人身、财产及其他合法权益，除为了被监护人的利益外，不得处理被监护人的财产。"由于借款是以未成年人父母的名义进行的，以被监护的财产为监护人向银行借款提供抵押，能否被认为是"为了被监护人

的利益"，即使监护人与被监护人是父母和子女的关系也是存在争议的。因此，在上述情况下不宜接受未成年人的财产作为抵押物。

案例

李某夫妇于 2007 年出资以其未成年的儿子千千的名义购买房屋一套，该房屋的产权登记在千千名下。2009 年，李某夫妇向银行借款 500 万元，以千千名下的房产作为抵押担保，并在房地产管理机构办理了抵押登记。贷款到期后，李某不能按时还款，银行向法院提起诉讼，主张对抵押房产享有优先受偿权。法院审理后判决抵押无效。银行不能享有房产优先受偿权。

【案情分析】

《民法通则》第十八条第一款规定，监护人应当履行监护职责，保护被监护的人身、财产及其他合法权益，除为被监护人的利益外，不得处理被监护人的财产。当以未成年人的财产为他人债务提供担保时，不是为未成年人的利益而担保，该行为纯粹只为未成年人设定义务，没有丝毫权利可言，不符合处理被监护人的财产是"为被监护人的利益"的必要条件。因此，监护人用未成年人的财产为他人债务提供担保的，该行为没有正当履行监护职责，损害了监护人的利益，该担保行为违反了法律规定，该担保行为是无权处分行为，应当无效。

2. 以共有财产抵押可能导致抵押权无效

共有财产分为两类：按份共有的财产和共同共有的财产。按份共有的财产是指按份共有人按照各自份额，对共有财产分享权利，承担义务。共同共有的财产是指共同共有人对共有的财产不分份额地享有权利，承担义务。共有财产的抵押也分为两部分，即按份共有财产的抵押和共同共有财产的抵押，以共有财产抵押导致抵押权可能无效的情况要根据共有财产的不同种类分别说明。共同财产的所有权属全体共有人共有，任何人不得私自占有、使用、处分或支配。

有的共有财产(如房地产、存款单)的产权证书、单据暂由某共有人保管，保管人若利用便利条件，以共有财产作抵押时，会损害其他共有人的合法权益。这种以共同财产私自抵押的行为即无效。具体分为以下两种情况。

(1) 按份共有财产抵押。

按份共有财产的抵押是指财产的按份共有人在自己所享有的共有财产的份额上设定抵押的，抵押有效。《关于担保法若干问题的解释》规定，按份共有人以其共有财产中的份额设定抵押的，抵押有效。

(2) 共同共有财产抵押。

共同共有财产抵押是指共同共有人以共同共有的财产设定的抵押。抵押人以共同共有的财产设定抵押权的，必须取得其他共有人的书面同意。根据《担保法解释》五十四条规定："共同共有人以其共有财产设定抵押，未经其他共有人同意，抵押无效。但是，其他共有人知道或者应当知道而未提出异议的视为同意，抵押有效。"共同共有的财产主要有合伙共同共有的财产、夫妻财产和继承遗产分割前的遗产。不动产所有人以其不动产设置抵押权需与抵押权人订立书面抵押合同，并予以登记，抵押合同自此生效，获得抵押权。

对于财产共同共有人来说，对于财产的处分需所有共有人一致同意，抵押合同的设立在未经全体共有人同意时未生效，抵押权人不得依抵押合同获得抵押权。

3. 公司对外提供担保可能导致抵押权无效

公司作为市场经济的主体是可以对外提供担保的，担保方式主要是保证、抵押和质押。抵押人以同一抵押物转让他人，或者就抵押物价值已设定抵押的部分再行抵押的行为，在实践中最常发生，此时公司对外提供担保时存在"一物多抵"的现象时质押权无效。此外，公司董事或经理以公司财务为本公司的股东或者其他个人债务设定的抵押权无效。

国家在出于对社会政策或者经济秩序的需要，对某些抵押权的设定规定了法律程序，违反这些法律程序的抵押是无效的。公司对外担保导致抵押权无效的这类情形体现在《担保法》第六条规定中的以下几个方面：

(1) 未经国家有关主管部门批准或登记的对外担保；

(2) 未经国家有关主管部门批准或登记，为境外机构向境内债权人提供担保的；

(3) 为外商投资企业注册资本、外商投资企业中的外方投资部分的对外债务提供担保的；

(4) 无权经营外汇担保业务的金融机构、无外汇收入的非金融性质的企业法人提供外汇担保的；

(5) 主合同变更或者债权人将对外担保合同项下的权利转让，未经担保人同意和国家有关主管部门批准的，担保人不再承担担保责任。但法律、法规另有规定的除外。

4. 对公民居住权的优先保护可能导致抵押权无效

个人住房贷款是指借款人或第三人以所购住房或其他具有所有权的财产作为抵押物或质物，或由第三人为其贷款提供保证，并承担连带责任的贷款。当借款人不能按期偿还银行贷款达到一定程度时，根据双方的借贷合同内容，银行作为债权人及抵押权人可以要求借款人偿还全部借款，如果借款人不能偿还，则可以依法处理作为抵押物的房屋。

根据上述住房担保贷款管理试行办法的上述内容与最高人民法院公布的法释(2004) 15号《关于人民法院民事执行中查封、扣押、冻结财产的规定》第六条规定"对被执行人及其所扶养家属生活所必需的居住房屋，人民法院可以查封，但不得拍卖、变卖或者抵债"相悖。根据民事诉讼法第二百二十三条的规定，必须保留被执行人及其所扶养家属必需的生活用品。

因此，在当前社会保障制度还不够完善的情况下，必须保护被执行人及其所扶养家属的生存权，即使房屋已经设定抵押，只要属被执行人及其所扶养家属必须居住的，也不得执行。如果将被执行人执行到一无所有的程度，则国家必须对其提供救济，以保证其生存的基本权利，相当于最终由国家承担执行的后果，由国家替代被执行人偿还债务。

在我国，承认居住权有以下方面的意义。

(1) 可以满足需要房屋的人的需要。住房，是人民安身立命的基础，特别是可以满足弱势群体对房屋的需要。

(2) 居住权是为生活中的弱势一方所设立的，具有扶助、赡养、关怀的性质。(居住权一般具有无偿性，居住权人无须向房屋的所有人支付对价，所以被称为"恩惠行为")

作为一个法治国家，对债权人的保护和对生存权的保护都应当纳入法治的轨道，通过不同的法律部门来调整。生活困难的人与其他人发生财产关系都应当适用于财产法，国家应当通过其他法律和政策对他们进行救济，而绝不能使他们在适用财产法时享有特权。如果法院因为要照顾生活困难的债务人的利益就可以不需要经过任何程序损害债权人的利益，那么交易的秩序和安全就不能得到法律的保障。

对当前存在的大量的按揭贷款，在办理完善房产证后，按揭贷款通过补办房产抵押登记手续已经转变为住房抵押贷款时，银行作为债权人同时也成为抵押权人，根据担保法规定，贷款人到期不能归还房款，银行有权行使抵押权，将抵押的房产处置变现以回收贷款。但现实生活中却严重限制了抵押权人行使抵押权，因为办理按揭贷款的大多数借款人购房是为了借款人及其所扶养家属生活所必须居住的，如果借款人不能还款，贷款所购房屋根据相关法律规定又不能通过法院拍卖变现，抵押就不能起到担保债权实现的作用。这就导致了银行等金融机构作为债权人和抵押权人在此方面所具有一定的法律风险。

5. 抵押权和保证同时存在可能导致抵押权无效

《中华人民共和国担保法》第二十八条的规定："同一债权既有保证又有物的担保的，保证人对物的担保以外的债权承担保证责任。债权人放弃物的担保的，保证人在债权人放弃权利的范围内免除保证责任。"这就表明，同一债权既有保证又有物的担保情形下，物的担保应优先于保证人承担保证责任。同一债权既有人的保证(即保证人)，又有抵押物、质押物担保时，应合理掌握两类担保人与债权人、债务人的相互责任关系。具体分为三种情况。

(1) 第三人提供一般保证，同时由债务人提供抵押、质押的。

一般保证的保证人依法享有先诉抗辩权；在债务人的财产依法强制执行仍不能履行之前，保证人可以拒绝承担保证责任。

(2) 第三人提供连带保证，同时由债务人提供抵押、质押的。

① 第三人提供连带责任保证，债权人应按照约定实现债权；没有约定或约定不明确，债务人提供物的担保的，债权人应当先就该物的担保实现债权。应当注意的是，债权人放弃债务人提供的抵押担保的，其他抵押人可以请求人民法院减轻或免除其应当承担的担保责任。

② 第三人提供物的担保的，债权人可以就物的担保实现债权，也可以要求保证人承担保证责任。提供担保的第三人承担担保责任后，有权向债务人追偿。

③ 第三人提供连带责任保证或者抵押、质押的，债权人可以任意选择或同时要求保证人、抵押、质押担保人承担担保责任。

(3) 同一债权中两个以上抵押同时存在的。

两个以上抵押人为同一债权提供担保的，各自对其担保的债权份额或顺序没有约定，或约定不明确的，抵押权人可以就其中任何一个抵押人或各自抵押财产行使抵押权。抵押人承担担保责任后，可以向债务人追偿，也可以要求其他抵押人清偿其应当承担清偿的份额。

商业银行即使要求借款人追加了第三人保证或第三人提供的物的担保，按照《中华人民共和国担保法》第二十八条的规定并结合担保法的司法解释第三十八条的规定，提供保证的保证人和提供物的担保的第三人也有理由不承担担保责任，这样，银行的债权很可能落空。至于担保权人应当在签署抵押合同时，查询担保人的工商档案，避免被担保人为该公司的股东，避免抵押合同被认定为无效的法律风险。

因此商业银行为了降低来自借款人资信的风险，通过采取在现有的个人住房抵押贷款基础上追加保证人或第三人财产抵押的方式，以此来化解风险，其实是存在法律风险的。

6. 抵押财产被售于第三人可能导致抵押权无效

最高人民法院法释〔2004〕15 号《关于人民法院民事执行中查封、扣押、冻结财产的规定》第十七条规定，被执行人将其所有的需要办理过户登记的财产出卖给第三人，第三人已经支付部分或者全部价款并实际占有该财产，但尚未办理产权过户登记手续的，人民法院可以查封、扣押、冻结；第三人已经支付全部价款并实际占有，但未办理过户登记手续的，如果第三人对此没有过错，人民法院不得查封、扣押、冻结。

最高人民法院副院长黄松有表示，单纯从所有权的角度讲，未支付全部价款的财产仍为被执行人所有，仍属于责任财产的范围，人民法院自然可以执行。但是这不可避免地会影响第三人的利益，因为此时第三人已经支付价款并实际占有该财产，其目的在于取得该财产的所有权。由于法院的强制执行，其目的将难以实现，而且其已经支付的价款能否返还也是一个很大的问题。因此就有一个如何平衡申请执行人和第三人利益的问题。司法解释给了第三人一个选择权，他可以选择继续履行合同，将尚未支付的剩余价款交付人民法院，从而取得该财产的所有权，人民法院解除对该财产的查封、扣押。如果他不做此选择，将不能阻止人民法院的执行。第三人与被执行人之间有争议的，双方可以通过另诉解决。

根据这个司法解释的规定，对第三人已付清价款并实际占有的财产，人民法院不得查封。黄松有表示，如果第三人已经支付全部价款并实际占有，虽然没有办理过户登记手续，但第三人对此没有过错的，如由于登记部门的原因或者其他非第三人所能控制的原因，应当认定其已经取得该财产的所有权，应当裁定解除对该财产的查封、扣押、冻结，以公平保护第三人的合法权益。

此外，《民法通则》若干问题的意见(修改稿)第一百一十五条规定："抵押物如由抵押人自己占用并负责保管，在抵押期间，未经债权人同意，抵押人将同一抵押物转让他人，或者就抵押物价值已设置抵押部分再作抵押的，其行为无效。"但如经抵押权人同意的有效，清偿时按抵押的先后顺序受偿。如泉州市某一时装公司为合资企业，为了向银行或单位或个人借款，就采用"一物多抵"的方式，在短短的 1 年内以三处房地产抵押借款 11 次，数额达 435 万元；其中仅以一处土地使用权及地面上的未装修建筑物为抵押物，先后持该地的建设用地申请审批表、规划许可证等证书(并非土地使用权证)，向银行贷款达 8 次，总计 395 万元，其中向某银行贷出 4 次达 200 余万元。这种以一处财产作多头重复抵

押的行为显然是无效的。

以上情况发生的可能性将导致无法预测抵押贷款的风险，银行在一切手续齐全的情况下，对贷款审批可能目前只能预测：担保物目前尚在担保人名下，但对于其是否正在进行转让，由于信息掌握不充分，所以不排除其已收取大部分物款、日后抵押物无法执行的可能性。

7. 最高额抵押合同成立后可能导致抵押权无效

所谓最高额抵押，是指抵押人与抵押权人协议，在最高债权限额内，以抵押物对一定期间内连续发生的债权作担保。根据担保法司法解释八十一条规定："最高额抵押权所担保的债权范围，不包括抵押物因财产保全或者执行程序被查封后或债务人、抵押人破产后发生的债权。"最高人民法院法释〔2004〕15 号《关于人民法院民事执行中查封、扣押、冻结财产的规定》，第二十七条规定："人民法院查封、扣押被执行人设定最高额抵押权的抵押物的，应当通知抵押权人。抵押权人受抵押担保的债权数额自收到人民法院通知时起不再增加。"

最高额抵押具有以下特点。

(1) 最高额抵押所担保的债权额是确定的，但实际发生的债权额是不确定的。设定最高额抵押时，债权尚未发生，为保证将来债权的实现，抵押权人与抵押人协议商定担保的最高债权额度，抵押人以其抵押财产在此额度内对债权作担保。

(2) 最高额抵押是对一定期间内连续发生的债权作担保。(所谓一定期间，是指发生债权的期间)

(3) 最高额抵押只适用于贷款合同以及债权人与债务人就某项商品在一定期间内连续发生交易而签订的合同。规定某项商品在一定期间内连续发生的交易可以适用最高额抵押方式，主要是为了简化手续，方便当事人，有利于生产经营。

(4) 最高额抵押的主合同债权不得转让。

根据最高抵押的特点，设定最高额抵押时，债权尚未发生，如果抵押权人在未查询登记的情况下发放贷款给抵押人，可能会因事后才发现抵押物被查封而变成没有担保的债权，法院查封时对抵押权人的通知义务并不十分明确。

登记的目的是使该登记的抵押物所担保的一定期限内的债权获得优先受偿的效力，只要该抵押合同所担保的债权在抵押合同约定的期限内发生，按照双方当事人的意思表示，就都是被担保的债权。"人民法院虽然没有通知抵押权人，但有证据证明抵押权人知道查封、扣押事实的，受抵押担保的债权数额从其知道该事实时起不再增加。"司法解释的规定使该抵押合同未履行完毕时，随时会因司法机关的执行措施而失去效力，一方面，增加了抵押权人的查询义务，对已经登记的抵押合同，不得不在每次放贷前到登记部门查询是否有法院的强制执行措施，另一方面，法院可以查封已登记的抵押权，使当事人双方在签订合同时的真实意思无法实现，已经成立的合同随时可能无效，当事人对合同能否履行失去了合理的预期，这和合同神圣原则相违背。

8. 破产可能导致抵押权无效

当企业经营不善，面临破产清算时，根据《企业破产法》一百一十三条的规定，破产财产依照下列顺序清偿，首先是破产财产在优先清偿破产费用和共益债务；其次是破产人所欠职工的工资和医疗、伤残补助、抚恤费用，应当支付给职工的补偿金等；再次是破产人欠缴的除前项规定以外的社会保险费用和破产人所欠税款；最后是普通破产债权。新的《企业破产法》对抵押债权受偿没有明确的界定，但在实际操作中主要有以下几个因素对抵押债权存在着潜在的风险。

① 破产费用的优先权对抵押权形成的风险；

② 土地使用权出让金优先权对抵押权形成的风险；

③ 职工安置费优先权对抵押权形成的风险；

④ 税收优先权对抵押权形成的风险；

⑤ "买卖不破租赁"对抵押权形成的风险；

⑥ 其他因素对抵押权形成的风险。企业采取"假破产、真逃债"的办法赖掉、甩脱银行或其他的债务，搞破产欺诈。通过与法院和清算组的接触中不难看出，在地方保护主义的影响下，政府通过行政手段干预破产分配，导致债权无法足额得到清偿，抵押权形成风险的情况时有发生。

4.3.8 房地产抵押

1. 房地产抵押登记的种类

(1) 土地使用权抵押。

以出让方式取得国有土地使用权的贷款抵押是指借款人为了取得借款而把以出让的方式所得的国有土地的使用权以不转移占有的方式抵押给贷款人的行为。其中，国有土地使用权是指国有土地的使用人依法利用土地并取得收益的权利。国有土地使用权的取得方式有划拨、出让、出租、入股等。有偿取得的国有土地使用权可以依法转让、出租、抵押和继承；划拨土地使用权在补办出让手续、补缴或抵交土地使用权出让金之后，才可以转让、出租、抵押。

土地使用权的抵押是一种不动产权利的抵押，它有以下特点。

① 用于抵押的土地使用权必须是通过有偿出让或转让方式取得的合法土地使用权，并且是已办理土地登记手续的土地使用权。

② 土地使用权抵押权设定本身并不发生土地使用权转移，即土地使用权抵押后，土地使用者可继续对土地进行占有、收益，只有在债务不能履行时，抵押权人才能依照法定程序处分土地使用权，此时土地使用权才发生转移。

③ 土地使用权抵押时，其地上建筑物及其他附着物随之抵押。地上建筑物及其他附着物抵押时，其使用范围内的土地使用权也随之抵押，也就是说，土地使用权与地上建筑物及其他附着物必须同时抵押。

④ 土地使用权抵押不得违背土地使用权出让合同的规定。

⑤ 土地使用权人将土地抵押后，并不丧失转让权，但在转让土地使用权时，应告知抵押权人。

(2) 在建工程抵押。

在建工程抵押，指抵押人为取得工程继续建造资金的贷款，以其合法方式取得的土地使用权连同在建工程的投入资产，以不转移占有的方式抵押给银行作为偿还贷款履行担保的行为。

在建工程是指经审批正在建设中的房屋及其他建筑物。在建工程抵押作为抵押的一种特殊形式，因具有良好的加速资金流动和促进资金融通等优点，在满足银行拓展客户的同时，又可解决企业的融资需求，现广泛地被银行所采用。但是，在建工程抵押毕竟不同于已取得房屋所有权证的房地产抵押，其中的法律关系较为复杂，不确定因素较多，隐含较多的风险，如操作不当，很可能出现法律风险，造成信贷资产损失。

根据《担保法》的司法解释、《城市房地产抵押管理办法》及其他法律法规的规定，在建工程抵押必须具备以下几方面的条件。

① 在建工程抵押贷款的用途为在建工程继续建造所需资金。

② 在建工程占用范围内的土地，已经交纳全部土地出让金，并取得国有土地使用权证。

③ 《城市房地产抵押管理办法》明确规定，在建工程抵押合同应载明土地使用权证、建设用地规划许可证和建设工程规划许可证三证的编号。正在建造的在建工程抵押，还必须取得建设工程施工许可证。

④ 投入工程的自有资金必须达到工程建设总投资的 25%以上，并已经确定工程施工进度和工程竣工交付日期。

(3) 预购商品房期权抵押。

预购商品房，也被称为楼花，是尚未竣工交付的商品房。预购商品房期权抵押是指商品房预购人将已付部分房款的预购商品房期权设定抵押。预购商品房期权设定抵押应符合以下条件。

① 抵押所担保的主债权仅限于购买该商品房的贷款；

② 不得设定最高额抵押；

③ 符合国家关于商品房预售管理的规定。

按揭中的预购商品房抵押，设立抵押时抵押物在法律上尚不存在，不能进行抵押物登记。根据《城市房地产抵押管理办法》第三十四条第二项的规定，预购商品房抵押登记的方式是由登记机关在抵押合同上作记载[①]，且在抵押合同上进行记载行为的性质属于《物权法》规定的预告登记[②]。预告登记不是登记不动产物权，而是登记保证将来不动产物权变动实现的债权请求权。经登记后的债权请求权，未经预告登记的权利人同意，对预购商品房的处分不产生物权效力。

银行在预购商品房期权抵押中应当注意的是，预售商品房办理了预告登记不等于金融

---

① 《城市房地产抵押管理办法》第三十四条第二项规定，以预售商品房或者在建工程抵押的，登记机关应当在抵押合同上作记载。

② 《物权法》第二十条规定，当事人签订买卖房屋或者其他不动产物权的协议，为保障将来实现物权，按照约定可以向登记机构申请预告登记。预告登记后，未经预告登记的权利人同意，处分该不动产的，不发生物权效力。

机构就已经成为抵押权人，只有在借款人取得预售商品房所有权证书且办理商品房抵押登记之后才能取得抵押物权。相应地，在签订抵押合同时应当约定借款人有义务在取得预购商品房的所有权证书后，协助金融机构办理不动产抵押登记。[①]

(4) 现房抵押。

现房抵押，是指抵押人以自有房屋以不转移占有的方式向抵押权人提供债务履行担保的行为。并且该法律行为属于要式登记行为，以房管局办理他项权益登记为要件。

抵押双方签订现房抵押合同时，抵押权人是债权人，而抵押人是债务人或第三人，当债务不能履行时，抵押权人有权依法处分抵押物。用抵押贷款购买商品房的，购买人应当先与商品房开发经营单位签订商品房出售合同，再与银行签订贷款合同和现房抵押合同。

在现房抵押合同订立后，抵押双方应当持抵押合同、房地产权利证书到房地产登记机构办理抵押登记手续。抵押贷款购买商品房的，可以在申请办理交易登记的同时申请办理抵押登记手续。其中房地产其他权利证明由抵押权人保管，已经注记的房地产权利证书由抵押人保管。在借款人的债务履行完毕后，当事人双方应当持注销抵押申请书、房地产其他权利证明及已经注记的房地产权利证书到房地产登记机关办理注销抵押手续。

2. 商业银行房地产抵押贷款的相关法律规定

1) 关于商业银行贷款业务的法律规定

(1)《合同法》中关于商业银行贷款业务的法律规定。

第一百九十六条　借款合同是借款人向贷款人借款，到期返还借款并支付利息的合同。

第一百九十七条　借款合同采用书面形式，但自然人之间借款另有约定的除外。借款合同的内容包括借款种类、币种、用途、数额、利率、期限和还款方式等条款。

第一百九十八条　订立借款合同，贷款人可以要求借款人提供担保。担保依照《中华人民共和国担保法》的规定。

第一百九十九条　订立借款合同，借款人应当按照贷款人的要求提供与借款有关的业务活动和财务状况的真实情况。

第二百条　借款的利息不得预先在本金中扣除。利息预先在本金中扣除的，应当按照实际借款数额返还借款并计算利息。

第二百零一条　贷款人未按照约定的日期、数额提供借款，造成借款人损失的，应当赔偿损失。借款人未按照约定的日期、数额收取借款的，应当按照约定的日期、数额支付利息。

第二百零二条　贷款人按照约定可以检查、监督借款的使用情况。借款人应当按照约定向贷款人定期提供有关财务会计报表等资料。

---

① 《物权法》第二十条第二项规定，预告登记后，债权消灭或者自能够进行不动产登记之日起 3 个月内未申请登记的，预告登记失效。

《城市房地产抵押管理办法》三十四条第二项规定，抵押的房地产在抵押期间竣工，当事人应当在抵押人领取房地产权属证书后，重新办理房地产抵押登记。

第二百零三条　借款人未按照约定的借款用途使用借款的，贷款人可以停止发放借款、提前收回借款或者解除合同。

第二百零四条　办理贷款业务的金融机构贷款的利率，应当按照中国人民银行规定的贷款利率的上下限确定。

第二百零五条　借款人应当按照约定的期限支付利息。对支付利息的期限没有约定或者约定不明确，依照本法第六十一条的规定仍不能确定，借款期间不满一年的，应当在返还借款时一并支付；借款期间一年以上的，应当在每届满一年时支付，剩余期间不满一年的，应当在返还借款时一并支付。

第二百零六条　借款人应当按照约定的期限返还借款。对借款期限没有约定或者约定不明确，依照本法第六十一条的规定仍不能确定的，借款人可以随时返还；贷款人可以催告借款人在合理期限内返还。

第二百零七条　借款人未按照约定的期限返还借款的，应当按照约定或者国家有关规定支付逾期利息。

第二百零八条　借款人提前偿还借款的，除当事人另有约定的以外，应当按照实际借款的期间计算利息。

第二百零九条　借款人可以在还款期限届满之前向贷款人申请展期。贷款人同意的，可以展期。

(2)《商业银行法》中关于商业银行贷款业务的法律规定。

第三十四条　商业银行根据国民经济和社会发展的需要，在国家产业政策指导下开展贷款业务。

第三十五条　商业银行贷款，应当对借款人的借款用途、偿还能力、还款方式等情况进行严格审查。商业银行贷款，应当实行审贷分离、分级审批的制度。

第三十六条　商业银行贷款，借款人应当提供担保。商业银行应当对保证人的偿还能力，抵押物、质物的权属和价值以及实现抵押权、质权的可行性进行严格审查。经商业银行审查、评估，确认借款人资信良好，确能偿还贷款的，可以不提供担保。

第三十七条　商业银行贷款，应当与借款人订立书面合同。合同应当约定贷款种类、借款用途、金额、利率、还款期限、还款方式、违约责任和双方认为需要约定的其他事项。

第三十八条　商业银行应当按照中国人民银行规定的贷款利率的上下限，确定贷款利率。

第三十九条　商业银行贷款，应当遵守下列资产负债比例管理的规定：①资本充足率不得低于百分之八；②贷款余额与存款余额的比例不得超过百分之七十五；③流动性资产余额与流动性负债余额的比例不得低于百分之二十五；④对同一借款人的贷款余额与商业银行资本余额的比例不得超过百分之十；⑤国务院银行业监督管理机构对资产负债比例管理的其他规定。本法施行前设立的商业银行，在本法施行后，其资产负债比例不符合前款规定的，应当在一定的期限内符合前款规定。具体办法由国务院规定。

第四十条　商业银行不得向关系人发放信用贷款；向关系人发放担保贷款的条件不得优于其他借款人同类贷款的条件。前款所称关系人是指：①商业银行的董事、监事、管理人员、信贷业务人员及其近亲属；②前项所列人员投资或者担任高级管理职务的公司、企业和其他经济组织。

第四十一条　任何单位和个人不得强令商业银行发放贷款或者提供担保。商业银行有权拒绝任何单位和个人强令要求其发放贷款或者提供担保。

第四十二条　借款人应当按期归还贷款的本金和利息。借款人到期不归还担保贷款的，商业银行依法享有要求保证人归还贷款本金和利息或者就该担保物优先受偿的权利。商业银行因行使抵押权、质权而取得的不动产或者股权，应当自取得之日起二年内予以处分。借款人到期不归还信用贷款的，应当按照合同约定承担责任。

第四十三条　商业银行在中华人民共和国境内不得从事信托投资和证券经营业务，不得向非自用不动产投资或者向非银行金融机构和企业投资，但国家另有规定的除外。

第四十四条　商业银行办理票据承兑、汇兑、委托收款等结算业务，应当按照规定的期限兑现，收付入账，不得压单、压票或者违反规定退票。有关兑现、收付入账期限的规定应当公布。

第四十五条　商业银行发行金融债券或者到境外借款，应当依照法律、行政法规的规定报经批准。

第四十六条　同业拆借，应当遵守中国人民银行的规定。禁止利用拆入资金发放固定资产贷款或者用于投资。拆出资金限于交足存款准备金、留足备付金和归还中国人民银行到期贷款之后的闲置资金。拆入资金用于弥补票据结算、联行汇差头寸的不足和解决临时性周转资金的需要。

第四十七条　商业银行不得违反规定提高或者降低利率以及采用其他不正当手段，吸收存款，发放贷款。

第四十八条　企业事业单位可以自主选择一家商业银行的营业场所开立一个办理日常转账结算和现金收付的基本账户，不得开立两个以上基本账户。任何单位和个人不得将单位的资金以个人名义开立账户存储。

第四十九条　商业银行的营业时间应当方便客户，并予以公告。商业银行应当在公告的营业时间内营业，不得擅自停止营业或者缩短营业时间。

第五十条　商业银行办理业务，提供服务，按照规定收取手续费。收费项目和标准由国务院银行业监督管理机构、中国人民银行根据职责分工，分别会同国务院价格主管部门制定。

第五十一条　商业银行应当按照国家有关规定保存财务会计报表、业务合同以及其他资料。

第五十二条　商业银行的工作人员应当遵守法律、行政法规和其他各项业务管理的规定，不得有下列行为：①利用职务上的便利，索取、收受贿赂或者违反国家规定收受各种名义的回扣、手续费；②利用职务上的便利，贪污、挪用、侵占本行或者客户的资金；③违反规定徇私向亲属、朋友发放贷款或者提供担保；④在其他经济组织兼职；⑤违反法律、行政法规和业务管理规定的其他行为。

第五十三条　商业银行的工作人员不得泄露其在任职期间知悉的国家秘密、商业秘密。

其中第三十五条、三十六条规定了商业银行对贷款业务的审查、审批制度，并对借款人情况、担保物的审查做出了规定；第三十七条规定了贷款合同应当包括的事项；第三十八条对贷款利率的确定做出了规定；第四十二条规定了借款人的还款义务、担保贷款的实现方式以及借款人的违约责任。

(3)《贷款通则》中关于商业银行贷款业务的法律规定。

《贷款通则》在《商业银行法》的基础上，细化了对贷款业务的规定。对贷款业务流程的规定集中于第二十五条至第三十二条，其中包括贷款申请、信用评估、贷款调查、贷款审批、签订合同、贷款发放、贷后审查、贷款归还八个环节的规定。

第二十五条 贷款申请： 借款人需要贷款，应当向主办银行或者其他银行的经办机构直接申请。借款人应当填写包括借款金额、借款用途、偿还能力及还款方式等主要内容的《借款申请书》并提供以下资料：①借款人及保证人基本情况；②财政部门或会计(审计)事务所核准的上年度财务报告，以及申请借款前一期的财务报告；③原有不合理占用的贷款的纠正情况；④抵押物、质物清单和有处分权人的同意抵押、质押的证明及保证人拟同意保证的有关证明文件；⑤项目建议书和可行性报告；⑥贷款人认为需要提供的其他有关资料。

第二十六条 对借款人的信用等级评估： 应当根据借款人的领导者素质、经济实力、资金结构、履约情况、经营效益和发展前景等因素，评定借款人的信用等级。评级可由贷款人独立进行，内部掌握，也可由有权部门批准的评估机构进行。

第二十七条 贷款调查： 贷款人受理借款人申请后，应当对借款人的信用等级以及借款的合法性、安全性、营利性等情况进行调查，核实抵押物、质物、保证人情况，测定贷款的风险度。

第二十八条 贷款审批： 贷款人应当建立审贷分离、分级审批的贷款管理制度。审查人员应当对调查人员提供的资料进行核实、评定。复测贷款风险度，提出意见，按规定权限报批。

第二十九条 签订借款合同： 所有贷款应当由贷款人与借款人签订借款合同。借款合同应当约定借款种类，借款用途、金额、利率，借款期限，还款方式，借、贷双方的权利、义务，违约责任和双方认为需要约定的其他事项。

保证贷款应当由保证人与贷款人签订保证合同，或保证人在借款合同上载明与贷款人协商一致的保证条款。加盖保证人的法人公章，并由保证人的法定代表人或其授权代理人签署姓名。抵押贷款、质押贷款应当由抵押人、出质人与贷款人签订抵押合同、质押合同，需要办理登记的，应依法办理登记。

第三十条 贷款发放： 贷款人要按借款合同规定按期发放贷款。贷款人不按合同约定按期发放贷款的，应偿付违约金。借款人不按合同约定用款的，应偿付违约金。

第三十一条 贷后检查： 贷款发放后，贷款人应当对借款人执行借款合同情况及借款人的经营情况进行追踪调查和检查。

第三十二条 贷款归还： 借款人应当按照借款合同规定按时足额归还贷款本息。贷款人在短期贷款到期三个星期之前、中长期贷款到期1个月之前，应当向借款人发送还本付息通知单；借款人应当及时筹备资金。按期还本付息。贷款人对逾期的贷款要及时发出催收通知单，做好这期贷款本息的催收工作。贷款人对不能按借款合同约定期限归还的贷款，应当按规定加罚利息；对不能归还或者不能落实还本付息事宜的，应当督促归还或者依法起诉。借款人提前归还贷款，应当与贷款人协商。

(4)《个人住房贷款管理办法》中关于商业银行贷款业务的法律规定。

为了支持城镇居民购买自用普通住房，规范个人住房贷款管理，维护借贷双方的合法权益，中国人民银行发布实施了《个人住房贷款管理办法》。该法规是为根据《中华人民共和国商业银行法》《中华人民共和国担保法》和《贷款通则》制定的。相关具体内容包括：

第五条　借款人须同时具备以下条件：①具有城镇常住户口或有效居留身份；②有稳定的职业和收入，信用良好，有偿还贷款本息的能力；③具有购买住房的合同或协议；④无住房补贴的以不低于所购住房全部价款的 30%作为购房的首期付款；有住房补贴的以个人承担部分的 30%作为购房的首期付款；⑤有贷款人认可的资产作为抵押或质押，或有足够代偿能力的单位或个人作为保证人；⑥贷款人规定的其他条件。

第七条　借款人应直接向贷款人提出借款申请。贷款人自收到贷款申请及符合要求的资料之日起，应在三周内向借款人正式答复。贷款人审查同意后，按照《贷款通则》的有关规定，向借款人发放住房贷款。

第八条　贷款人发放贷款的数额，不得大于地产评估机构评估的拟购买住房的价值。

第九条　申请使用住房公积金贷款购买住房的，在借款申请批准后，按借款合同约定的时间，由贷款人以转账方式将资金划转到售房单位在银行开立的账户。住房公积金贷款额度最高不得超过借款家庭成员退休年龄所交纳住房公积金数额的 2 倍。

第十条　贷款人应根据实际情况合理确定贷款期限，但最长不得超过 20 年。

第十一条　借款人应与贷款银行制订还本付息计划，贷款期限在 1 年以内(含 1 年)的，实行到期一次还本付息，利随本清；贷款期限在 1 年以上的按月归还贷款本息。

第十二条　用信贷资金发放的个人住房贷款利率按法定贷款利率(不含浮动)减档执行。即，贷款期限为 1 年期以下(含 1 年)的，执行半年以下(含半年)法定贷款利率；期限为 1 至 3 年(含 3 年)的，执行 6 个月至 1 年期(含 1 年)法定贷款利率；期限为 3 至 5 年(含 5 年)的，执行 1 至 3 年期(含 3 年)法定贷款利率；期限为 5 至 10 年(含 10 年)的，执行 3 至 5 年(含 5 年)法定贷款利率；期限为 10 年以上的，在 3 至 5 年(含 5 年)法定贷款利率基础上适当上浮，上浮幅度最高不得超过 5%。

第十三条　用住房公积金发放的个人住房贷款利率在 3 个月整存整取存款利率基础上加点执行。贷款期限为 1 至 3 年(含 3 年)的，加 1.8 个百分点；期限为 3 至 5 年(含 5 年)的，加 2.16 个百分点；期限为 5 至 10 年(含 10 年)的，加 2.34 个百分点；期限为 10 至 15 年(含 15 年)的，加 2.88 个百分点；期限为 15 年至 20 年(含 20 年)的，加 3.42 个百分点。

第十四条　个人住房贷款期限在 1 年以内(含 1 年)的，实行合同利率，遇法定利率调整，不分段计息；贷款期限在 1 年以上的，遇法定利率调整，于下年初开始，按相应率档次执行新的利率规定。

其中，第五条对借款人条件做出了规定，第七～九条对贷款程序做出了规定，第十～十四条对贷款期限与利率做出了规定。

(5) 其他法律文件中关于商业银行房地产抵押贷款业务的法律规定。

针对近年来房地产市场的发展，国务院办公厅先后发布了《关于促进房地产市场平稳健康发展的通知》和《关于进一步做好房地产市场调控工作有关问题的通知》，中国人民银行也发布了《关于进一步加强房地产信贷业务管理的通知》。

《关于促进房地产市场平稳健康发展的通知》中要求完善房地产贷款风险管理制度，

同时通过增加保障性住房供给、抑制投机性购房、加快保障性安居工程的建设、落实政府职责等方式保障房地产市场的健康发展。《关于进一步做好房地产市场调控工作有关问题的通知》中，一方面进一步加强了对房地产开发过热现象进行规制，提出对于以贷款方式购买第二套住房的家庭，首付款的比例不低于 60%，贷款利率不低于基准利率的 1.1 倍；另一方面增加了完善税收政策、强化差别化住房信贷政策、落实住房保障和稳定房价工作的问责机制等措施。《关于进一步加强房地产信贷业务管理的通知》中对土地储备贷款的贷款额度、申请贷款的房地产开发企业的自有资金所占开发项目比例、个人住房贷款首付款比例、个人商业用房贷款的抵借比例及最长期限等做出了明确规定。

2) 关于房地产抵押的法律规定

我国《担保法》第三章对抵押做出了详细的规定。

其中第三十四条规定，下列财产可以抵押：①抵押人所有的房屋和其他地上定着物；②抵押人所有的机器、交通运输工具和其他财产；③抵押人依法有权处分的国有的土地使用权、房屋和其他地上定着物；④抵押人依法有权处分的国有的机器、交通运输工具和其他财产；⑤抵押人依法承包并经发包方同意抵押的荒山、荒沟、荒丘、荒滩等荒地的土地使用权；⑥依法可以抵押的其他财产；抵押人可以将前款所列财产一并抵押。

第三十七条规定，下列财产不得抵押：①土地所有权；②耕地、宅基地、自留地、自留山等集体所有的土地使用权，但本法第三十四条第(五)项、第三十六条第三款规定的除外[1]；③学校、幼儿园、医院等以公益为目的的事业单位、社会团体的教育设施、医疗卫生设施和其他社会公益设施；④所有权、使用权不明或者有争议的财产；⑤依法被查封、扣押、监管的财产；⑥依法不得抵押的其他财产。

此外《担保法》第三章的第二节、第三节、第四节和第五节分别对抵押合同和抵押物登记、抵押的效力、抵押权的实现、最高额抵押做出了规定，这些规定适用于房地产抵押贷款的各个环节，具体内容在此不再赘述，详见本章附录。[2]

2007 年开始施行的《物权法》和《最高人民法院关于适用<中华人民共和国担保法>若干问题的解释》(以下称为《最高院关于担保法的解释》)对房地产抵押做出了更为具体的规定。《物权法》第四编中第十七章和《最高人民法院关于适用<中华人民共和国担保法>若干问题的解释》中第三部分涉及的内容包括在建房屋的抵押、抵押房地产的登记、共同共有房地产的抵押、已出租房地产的抵押、抵押房地产转让、减值、灭失的情况、最高额抵押的具体规定，以及抵押权实现等方面的问题。[3]此外，关于抵押合同的签订也适用

---

[1] 《担保法》第三十六条 以依法取得的国有土地上的房屋抵押的，该房屋占用范围内的国有土地使用权同时抵押。

以出让方式取得的国有土地使用权抵押的，应当将抵押时该国有土地上的房屋同时抵押。

乡(镇)、村企业的土地使用权不得单独抵押。以乡(镇)、村企业的厂房等建筑物抵押的，其占用范围内的土地使用权同时抵押。

[2] 《担保法》第三章具体内容见本章附录1。

[3] 《物权法》第十七章具体内容见第 3 章附录 2，《最高人民法院关于适用<中华人民共和国担保法>若干问题的解释》第三部分具体内容见第 3 章附录 3。

《合同法》的相关规定。

《城市房地产抵押管理办法》是住建部为了加强房地产抵押管理，维护房地产市场秩序，保障房地产抵押当事人的合法权益，根据《担保法》和《城市房地产管理办法》颁布实施的规范性文件。《城市房地产抵押管理办法》突出特点在于以下三个方面：首先，对房地产的抵押应满足的条件做出了限定，降低了有争议房地产抵押带来的风险。例如，规定各类企业房地产抵押需经过职工代表大会或董事会、股东大会的同意；共同房地产的抵押应征得其他共有人的书面同意等。其次，对签订房地产抵押合同已经办理房地产抵押登记时应当提交的材料做出了明确的规定，同时进一步明确了抵押人、抵押权人的权利义务。最后，对抵押房地产转让、出租、灭失、被列入拆迁范围、价值减损等情况下抵押人的通知义务以及应采取的措施做出了规定，保障抵押权在更大的程度上得以实现；同时进一步明确了违反抵押合同相关约定时应承担的法律责任。

(1) 我国关于房地产抵押登记的相关规定。

① 《物权法》的规定。

《物权法》第十条中规定，不动产登记，由不动产所在地的登记机构办理。国家对不动产实行统一登记制度。统一登记的范围、登记机构和登记办法，由法律、行政法规规定。该条规定明确说明了，我国对不动产建立了统一的登记制度。不动产登记主要由不动产所在地的县级以上人民政府的相关不动产管理部门负责，主要涉及土地管理部门、房产管理部门、农业主管部门、林业主管部门、海洋行政主管部门、地质矿产主管部门等。目前，我国各地方在不动产行政管理和不动产登记体制方面存在不同的做法，因此本法在附则中对不动产统一登记的问题又做了补充规定："法律、行政法规对不动产统一登记的范围、登记机构和登记办法做出规定前，地方性法规可以依照本法有关规定做出规定。"

《物权法》第十一条中规定，当事人申请登记，应当提供权属证书、合同书、法院判决或者征收决定以及标明不动产位置、面积等的其他必要材料。本条是关于当事人申请登记应当提供的必要材料的规定。关于申请登记需要向登记机构提供哪些材料这个问题，物权法只是原则性地做出一个衔接性的规定，当事人申请登记所需要提供的具体材料，还需要专门法律法规，包括将来可能制定的不动产登记法去进一步明确。

《物权法》第十二条中规定，登记机构应当履行下列职责：①查验申请人提交的必要材料；②就有关登记事项询问申请人；③如实、及时地登记有关事项；④法律、行政法规规定的其他职责。登记机构认为对申请登记的不动产的实际状况需要查看的，申请人以及其他有义务协助的人应当协助。

《物权法》第二十一条中规定，当事人提供虚假材料申请登记，给他人造成损害的，应当承担赔偿责任。因登记错误，给他人造成损害的，登记机构应当承担赔偿责任。登记机构赔偿后，可以向造成登记错误的人追偿。本条是关于登记错误赔偿责任的规定。物权法作为民事基本法，对于登记错误责任问题，在本条做出的只是原则性的规定。

因登记错误，给他人造成损害的，登记机构应当承担赔偿责任。这里造成登记错误的原因，既包括登记机构工作人员故意以及疏忽大意等过错，也包括当事人提供虚假材料欺骗登记机构等情形。登记错误的受害人处于相对弱势的地位，这样规定，是为了对受害人提供更加充分的保护。登记机构赔偿后，可以向造成登记错误的人追偿。

② 《担保法》的规定。

《担保法》第四十二条中规定，办理抵押物登记的部门如下：①以无地上定着物的土地使用权抵押的，为核发土地使用权证书的土地管理部门；②以城市房地产或者乡(镇)、村企业的厂房等建筑物抵押的，为县级以上地方人民政府规定的部门；③以林木抵押的，为县级以上林木主管部门；④以航空器、船舶、车辆抵押的，为运输工具的登记部门；⑤以企业的设备和其他动产抵押的，为财产所在地的工商行政管理部门。本条是关于登记部门的规定。

《担保法》第四十四条中规定，办理抵押物登记，应当向登记部门提供下列文件或者其复印件：①主合同和抵押合同；②抵押物的所有权或者使用权证书。本条是对《物权法》第十一条的补充。

③ 《城市房地产管理法》的规定。

《城市房地产管理法》第六条规定，国务院建设行政主管部门、土地管理部门依照国务院规定的职权划分，各司其职，密切配合，管理全国房地产工作。县级以上地方人民政府房产管理、土地管理部门的机构设置及其职权由省、自治区、直辖市人民政府确定。

《城市房地产管理法》第六十～六十二条对《物权法》第十条进行了补充。

《城市房地产管理法》第六十条规定，以出让或者划拨方式取得土地使用权，应当向县级以上地方人民政府土地管理部门申请登记，经县级以上地方人民政府土地管理部门核实，由同级人民政府颁发土地使用权证书。

在依法取得的房地产开发用地上建成房屋的，应当凭土地使用权证书向县级以上地方人民政府房产管理部门申请登记，由县级以上地方人民政府房产管理部门核实并颁发房屋所有权证书。

房地产转让或者变更时，应当向县级以上地方人民政府房产管理部门申请房产变更登记，并凭变更后的房屋所有权证书向同级人民政府土地管理部门申请土地使用权变更登记，经同级人民政府土地管理部门核实，由同级人民政府更换或者更改土地使用权证书。法律另有规定的，依照有关法律的规定办理。

《城市房地产管理法》第六十一条规定，房地产抵押时，应当向县级以上地方人民政府规定的部门办理抵押登记。因处分抵押房地产而取得土地使用权和房屋所有权的，应当依照本章规定办理过户登记。

《城市房地产管理法》第六十二条规定，经省、自治区、直辖市人民政府确定，县级以上地方人民政府由一个部门统一负责房产管理和土地管理工作的，可以制作、颁发统一的房地产权证书，依照本法第六十条的规定，将房屋的所有权和该房屋占用范围内的土地使用权的确认和变更，分别载入房地产权证书。

以上条款明确了"房地合一"和"两证合一"的管理体制，在具体实践中取得了较好的效果。

(2) 我国关于抵押房地产转让的规定。

① 《物权法》的规定。

《物权法》第一百九十一条规定，抵押期间，抵押人经抵押权人同意转让抵押财产的，应当将转让所得的价款向抵押权人提前清偿债务或者提存。转让的价款超过债权数额的部分归抵押人所有，不足部分由债务人清偿。抵押期间，抵押人未经抵押权人同意，不得转让抵押财产，但受让人代为清偿债务消灭抵押权的除外。本条是关于抵押期间转让抵押财产的规定。

抵押权是不转移财产占有的物权。首先，抵押期间，抵押人转让抵押财产的，应当经抵押权人同意，而不是仅仅通知抵押权人并告知受让人；同时，要将转让所得的价款向抵押权人提前清偿债权或者提存。其次，抵押期间，未经抵押权人同意，不得转让抵押财产。除非受让人替抵押人向抵押权人偿还了债务消灭了抵押权。转让抵押财产，必须消除该财产上的抵押权。一般来说，抵押人转让抵押财产的所得的价款不可能完全与其担保的债权数额一致，当抵押财产价款超过债权数额时，超过的部分，应当归抵押人所有；不足的部分由债务人清偿。

② 《担保法》的规定。

《担保法》第四十九条规定，抵押期间，抵押人转让已办理登记的抵押物的，应当通知抵押权人并告知受让人转让物已经抵押的情况；抵押人未通知抵押权人或者未告知受让人的，转让行为无效。转让抵押物的价款明显低于其价值的，抵押权人可以要求抵押人提供相应的担保；抵押人不提供的，不得转让抵押物。抵押人转让抵押物所得的价款，应当向抵押权人提前清偿所担保的债权或者向与抵押权人约定的第三人提存。超过债权数额的部分，归抵押人所有，不足部分由债务人清偿。本条是对《物权法》第一百九十一条的补充。

从该条文可以看出，抵押人转让抵押物仅需通知抵押权人和受让人相应事实即可，不需得到他们的同意，只要抵押人履行了告知和通知义务，抵押人即可转让抵押物，但没有履行该义务的转让行为无效。

③ 《最高人民法院关于适用〈中华人民共和国担保法〉若干问题的解释》的规定。

《最高人民法院关于适用〈中华人民共和国担保法〉若干问题的解释》第六十七条规定，抵押权存续期间，抵押人转让抵押物未通知抵押权人或者未告知受让人的，如果抵押物已经登记的，抵押权人仍可以行使抵押权；取得抵押物所有权的受让人，可以代替债务人清偿其全部债务，使抵押权消灭。受让人清偿债务后可以向抵押人追偿。

该条规定抵押人即使没有履行通知和告知义务，抵押物转让的行为依然有效。只不过此时赋予抵押权人追及权，即不论抵押物辗转落入谁手，抵押权人均可依法行使抵押权以实现抵押债权；同时赋予抵押物受让人替代清偿权，使受让人以代替抵押人偿还债务的方式实现其对抵押物的所有权。

(3) 我国关于房地产抵押权实现的规定。

① 《物权法》的规定。

《物权法》第一百九十五条规定，债务人不履行到期债务或者发生当事人约定的实现抵押权的情形，抵押权人可以与抵押人协议以抵押财产折价或者以拍卖、变卖该抵押财产所得的价款优先受偿。协议损害其他债权人利益的，其他债权人可以在知道或者应当知道撤销事由之日起一年内请求人民法院撤销该协议。抵押权人与抵押人未就抵押权实现方式达成协议的，抵押权人可以请求人民法院拍卖、变卖抵押财产。抵押财产折价或者变卖的，应当参照市场价格。本条是关于抵押权实现的条件、方式和程序的规定。

本条对抵押权人实现抵押权的条件做出了规定：①债务履行期间届满，债务人不履行债务；②发生了当事人约定的实现抵押权的情形。满足上述任一条件，抵押权人就可以与抵押人就如何处理抵押财产进行协商，如果双方达成协议，就可以按照协议的方式实现抵押权；如果双方对抵押权实现方式达不成协议，为了简便抵押权的实现程序，抵押权人可以直接请求人民法院拍卖、变卖抵押财产；如果双方是在债务是否已经履行以及抵押权本身的问题发生争议的，抵押权只能采取向人民法院提起诉讼的方式解决。

② 《担保法》的规定。

《担保法》第五十三条中规定，债务履行期届满抵押权人未受清偿的，可以与抵押人协议以抵押物折价或者以拍卖、变卖该抵押物所得的价款受偿；协议不成的，抵押权人可以向人民法院提起诉讼。抵押物折价或者拍卖、变卖后，其价款超过债权数额的部分归抵押人所有，不足部分由债务人清偿。

本条是对《物权法》第一百九十五条的补充。

3) 关于银行业监管的法律规定

为了减少贷款给商业银行带来的风险，《商业银行法》第三十九条规定商业银行贷款，应当遵守下列资产负债比例管理的规定：①资本充足率不得低于百分之八； ②贷款余额与存款余额的比例不得超过百分之七十五；③流动性资产余额与流动性负债余额的比例不得低于百分之二十五；④对同一借款人的贷款余额与商业银行资本余额的比例不得超过百分之十；⑤国务院银行业监督管理机构对资产负债比例管理的其他规定。本法施行前设立的商业银行，在本法施行后，其资产负债比例不符合前款规定的，应当在一定的期限内符合前款规定。具体办法由国务院规定。本条是关于商业银行贷款的资产负债比例管理的规定。

《商业银行法》第六十二条规定了银监会有着对商业银行贷款的监管职责。《银行监督管理法》具体规定了银监会的职责内容：第二十三条和第二十四条分别规定了银监会对银行风险状况进行非现场监管和现场检查的职责；另外《人民银行法》和《金融机构管理规定》也从宏观上对银行的监管职责做出了规定。

《商业银行房地产贷款风险管理指引》(以下简称《指引》)是针对不同类型房地产贷款项目，根据直接决定风险的因素，而设计出的贷款风险管理方法。《指引》的施行对商业银行房地产贷款业务产生了重大影响。首先，《指引》要求商业银行建立风险预警机制，加大对贷后监管力度。通过建立统计分析平台、分析借款人详细信息、完成稽核报告等方式对贷款项目进行评估；发放贷款后，要建立针对市场风险程度和类型的监测方案，对贷款的使用进行监管。其次，《指引》对房地产开企业提出了更高的要求，例如其中第十六条规定，商业银行对申请贷款的房地产开发企业，应要求其开发项目资金比例不低于35%。这一规定排除了经济实力较弱的房地产开发企业，在一定程度上增强了对银行贷款风险的防范。再次，对于个人住房贷款，《指引》对借款人的还款能力的要求做出了详细规定。要求借款人的月还款额与月收入比应在 50%以下(含 50%)，月债务支出与月收入比应在 55%以下(含 55%)，并对影响个人住房借款人还款能力的各项因素做出了明确具体的规定，这不仅有益于提高商业银行的工作效率，还在很大程度上对房地产过热的现象加以抑制。

关于不良贷款的监管，《贷款通则》第七章对关于不良贷款监管做出了规定：商业银行应当对不良贷款进行分类、登记考核和催收；各类不良贷款不得超过中国人民银行规定的比例；银行信贷部门负责对不良贷款的催收，稽核部门负责对催收情况的检查。其第八章对银行贷款责任制做出了明确规定，包括审贷分离制、贷款分级审批制、工作岗位责任制、大额贷款驻厂信贷员制以及离职审计制。其第十章罚则规定了贷款人违法放贷和借款人骗取贷款行为的处罚措施。

关于房地产的抵押和评估，建设部和中国人民银行发布了《关于加强与银行贷款业务相关的房地产抵押和评估管理工作的通知》。该通知要求，对与银行贷款业务相关的房地产抵押物价值进行评估，其估价业务报告必须由取得建设部、人事部共同认证并经注册的房地产估价师签署，或由三名以上(包括三名)取得各省、自治区建委(建设厅)、直辖市房地产管理局统一颁发的《房地产估价人员岗位合格证书》的人员联合签署。评估作为贷款审核过程中的一个重要环节，银行必须确保其评估过程的有效性和专业性。

关于信贷资产的证券化，银监会颁布了《金融机构信贷资产证券化试点监督管理办法》，对资产证券化的市场准入、业务规则、风险管理、资本要求、监督管理等相关内容做出了规定，为房地产资产证券化提供了法律依据。中国人民银行发布了《关于个人住房抵押贷款证券化涉及的抵押权变更登记有关问题的实行通知》。对个人住房抵押贷款证券化涉及的抵押权变更登记的条件、程序和时限等问题做出了规定。但由于我国存在证券评级制度不健全、个人住房抵押贷款证券化业务监管部门不明确、证券市场信息披露失真等问题，我国关于房地产资产证券化的法律规定难以发挥应有的作用。

3. 房地产抵押中商业银行法律风险分析

1) 抵押权设立阶段的法律风险

(1) 以公司房地产设定抵押可能导致抵押无效。

根据《公司法》第十六条的规定，公司向其他企业投资或者为他人提供担保，依照公司章程的规定，由董事会或者股东会、股东大会决议。由于我国法律对公司管理层的监督制约并不完善，尚未建成可靠健全的信用体系，所以时常发生公司管理层为了私利而侵犯公司利益的行为，在这种情况下，为了保障众多中小股东的利益和市场经济的健康发展，法院通常将该条解释为强制性规定。即违反公司章程，未经公司董事和股东会、股东大会的决议，对外签订的担保合同，属于无效担保。

因此，在设立房地产抵押担保时抵押权人需要对公司章程、抵押是否经过有股东会或董事会决议进行审查，以避免发生由于其没有尽到合理的注意义务而导致的抵押无效，进而失去法律保护。具体来讲，银行在与公司签订抵押合同时，应当通过查询工商档案，审查公司章程、决议文件、法定代表人身份信息等相关资料，以防范抵押合同被认定无效的法律风险。

(2) 抵押房地产被售于第三人可能导致抵押无效。

根据《最高人民法院关于人民法院民事执行中查封、扣押、冻结财产的规定》中第十七条，被执行人将其所有的需要办理过户登记的财产出卖给第三人，第三人已经支付部分或者全部价款并实际占有该财产，但尚未办理产权过户登记手续的，人民法院可以查封、扣押、冻结；第三人已经支付全部价款并实际占有，但未办理过户登记手续的，如果第三

人对此没有过错，人民法院不得查封、扣押、冻结。

在这一情形下，登记不再是证明所有权的唯一凭证，银行在抵押人提交齐全材料的情况下，仍然无法对抵押贷款的风险进行预测。此外，抵押房地产即便目前尚在抵押人名下，但对于抵押人是否正在对该房地产进行转让、该房地产是否已经转让的信息掌握不足，就无法排除日后抵押物无法执行的可能性。

(3) 将已出租的房地产设定抵押带来的法律风险。

《担保法》第四十八条规定，抵押人将已出租的财产抵押的，应当书面告知承租人，原租赁合同继续有效。由于银行行使抵押权是通过对抵押房地产进行拍卖，以拍卖所得价款获得清偿，若拍卖该抵押房地产时租赁合同还未到期，银行就不能及时处置抵押房地产。其中租期越长，处置的风险和不确定因素就越大。抵押人将已出租的房地产设定抵押，一旦银行接受该具有权利瑕疵的抵押房地产并发放房地产抵押贷款，在借款人发生违约行为时，将引发租赁纠纷，进而对银行抵押权的实现产生不利影响。因此银行在发放房地产抵押贷款时，应当对该房地产进行细致合理的审查，避免接受具有权利瑕疵的抵押房地产。

2) 抵押权登记制度带来的法律风险

(1) 登记机关不统一带来的风险。

《物权法》第十条规定，国家对不动产实行统一登记制度。统一登记的范围、登记机构和登记办法，由法律、行政法规规定。根据这一规定，在实践中我国的土地使用权抵押登记和房产抵押登记要分别到不同的部门办理。而由此所导致的登记机关不统一存在如下三方面的问题：①极易造成房、地分别抵押或重复抵押的现象；②不利于抵押权人查阅和及时了解抵押登记的信息；③容易导致登记效力的抵触，对法律秩序造成损害。上述问题的存在也使得银行作为抵押权人在房地产抵押贷款中面临更大的风险。

(2) 抵押权登记形式性审查引发的法律风险。

根据我国《物权法》第九条的规定，不动产物权的设立、变更、转让和消灭，经依法登记，发生效力；未经登记，不发生效力，但法律另有规定的除外。即我国现行法律实行的是登记生效主义，需要对抵押登记进行实质性审查。但在实践中，由于进行实质性审查的业务量大且较为复杂，登记机关在通常情况下都只进行形式上的审查。对抵押权登记进行形式性审查是有违《物权法》中物权变动登记生效的立法精神的。而形式性审查也会给作为抵押权人的银行带来不确定因素，导致其在房地产抵押贷款中所面临的法律风险增加。

(3) 在建工程抵押登记制度导致抵押无效。

我国《物权法》第一百八十七条规定，以正在建造的建筑物抵押的，应当办理抵押登记。抵押权自登记时设立。《城市房地产管理法》第五十一条规定，房地产抵押合同签订后，土地上新增的房屋不属于抵押财产。需要拍卖该抵押的房地产时，可以依法将土地上新增的房屋与抵押财产一同拍卖，但对拍卖新增房屋所得，抵押权人无权优先受偿。

从以上两条规定中我们可以看到，银行在办理土地使用权抵押登记后所发放的住房开发贷款，仅对建设用地使用权拥有抵押权，对开发商借款用于建造的建筑物和房产没有优先受偿的权利。银行所发放的住房开发贷款若想取得对房产的抵押权，需要办理在建工程抵押登记。但在目前的实践中，我国很多城市并未开办在建工程抵押登记这项业务，进而导致银行在房地产开发贷款中面临更大的法律风险。

3) 房地产评估制度对银行造成的法律风险

我国《担保法》《城市房地产管理法》《城市房地产抵押管理办法》和《商业银行房地产贷款风险管理指引》中均有提及抵押房地产的价值评估(或抵押物价值评估),而抵押房地产价值评估并不是一项简单的事情。由于抵押房地产具有市场价值和贷款价值,因此在对其进行评估时不应笼统地将两种价值一概而论,或仅片面地考察其市场价值。因此,银行需要对抵押房地产的市场价值和贷款价值同时进行评估,并由抵押物市场价值乘以安全系数得出银行的贷款额。在我国的具体实践中,银行通常要求借款人委托评估机构对抵押房地产的价值进行估价,银行根据评估报告确定贷款额。

首先,评估机构一般只提供抵押房地产在估价时的公开市场价格,以此作为抵押房地产的市场价值。而这一公开市场价格通常会受到诸多不确定因素的影响,单纯使用这一市场价格作为该抵押房地产的市场价值并不能帮助银行有效地防范贷款风险。其次,法律对于评估机构和评估行业规定目前尚未完善。评估公司作为中介机构,银行无法对其评估行为进行有效制约,且评估机构对其不实评估的行为应承担的法律责任、评估行业的具体评估标准和操作方法,法律尚未明确规定,这也使得抵押房地产的价值评估失去了其本身应有的意义。由此评估机构不实的评估结论将无法帮助银行降低其在房地产抵押贷款业务中的风险。

4) 抵押权实现阶段的法律风险

(1) 税收优先权导致的法律风险。

根据《税收征收管理法》第四十五条的规定,税务机关征收税款,税收优先于无担保债权,法律另有规定的除外;纳税人欠缴的税款发生在纳税人以其财产设定抵押、质押或者纳税人的财产被留置之前的,税收应当先于抵押权、质权、留置权执行。纳税人欠缴税款,同时又被行政机关决定处以罚款、没收违法所得的,税收优先于罚款、没收违法所得。税务机关应当对纳税人欠缴税款的情况定期予以公告。

根据本条规定,对于在抵押人设立抵押担保之前拖欠的税款,税务机关对处置抵押房地产及其处置价款有优先受偿的权利,即便商业银行业已经处置了抵押房地产实现了抵押权,税务机关仍然有权在抵押物价值范围内向商业银行追偿欠税企业应缴的税款。税收优先权的设定其根本目的在于保障国家财政收入,但是,该条规定使得银行抵押权的实现受到了一定程度的限制。因此,银行在发放房地产抵押贷款时应当全面了解抵押人的纳税情况,重点关注抵押人是否拖欠税款,在拖欠税款的情况下应当查明税款的拖欠时间及金额。由于《税收征收管理办法》中对于欠税行为的公告制度的相关规定过于简略,在实践中缺乏操作性,因此增加了银行在房地产抵押贷款业务中所面临的风险。

(2) 在建工程设立抵押带来的法律风险。

《合同法》第二百八十六条规定,发包人未按照约定支付价款的,承包人可以催告发包人在合理期限内支付价款。发包人逾期不支付的,除按照建设工程性质不宜折价、拍卖的以外,承包人可以与发包人协议将该工程折价,也可以申请人民法院将该工程依法拍卖。建设工程的价款就该工程折价或者拍卖的价款优先受偿。最高人民法院《关于建设工程价款优先受偿权问题的批复》第一条规定,人民法院在审理房地产纠纷案件和办理执行

案件中，应当依照《中华人民共和国合同法》第二百八十六条的规定，认定建筑工程的承包人的优先受偿权优于抵押权和其他债权。

从中我们可以看出，建筑工程承包人的权利优先于商业银行的抵押权，且法律并未要求建设承包人对其优先权进行公示。在实践中有些企业申请房地产抵押贷款的出发点本就是为了骗取银行贷款，在用以抵押的在建工程中拖欠应付承包人价款的现象时常发生。因此，商业银行在向借款人发放房地产抵押贷款前，要对用以抵押的在建工程是否存在工程价款优先权进行调查，这无疑增加了银行在房地产抵押贷款业务中风险防范与控制的难度和成本。此外在《关于建设工程价款优先受偿权问题的批复》中还规定，消费者交付购买商品房的全部或者大部分款项后，承包人就该商品房享有的工程价款优先受偿权不得对抗买受人。因此，加之买受人的债权也优先于抵押权的受偿，银行房地产抵押贷款业务的风险也随之增大。

(3) 企业破产带来的法律风险。

《企业破产法》第三十一条规定，人民法院受理破产申请前一年内，涉及债务人财产的下列行为，管理人有权请求人民法院予以撤销：①无偿转让财产的；②以明显不合理的价格进行交易的；③对没有财产担保的债务提供财产担保的；④对未到期的债务提前清偿的；⑤放弃债权的。第三十二条规定，人民法院受理破产申请前六个月内，债务人有本法第二条第一款规定的情形，仍对个别债权人进行清偿的，管理人有权请求人民法院予以撤销。

根据上述规定，在特定情形下房地产开发企业与银行签订的抵押合同可能会由于企业的破产而被撤销。除上述特定情形外，在实践中房地产开发企业将资产抵押给银行以获取贷款，双方之间具有真实的债权债务关系，所设定抵押并不在企业破产时为保障其他权益的实现而被撤销。

(4) 抵押人将抵押房地产出租导致的法律风险。

根据《房地产抵押管理办法》第三十七条的规定，经抵押权人同意，抵押房地产可以转让或者出租。抵押房地产转让或者出租所得价款，应当向抵押权人提前清偿所担保的债权。超过债权数额的部分，归抵押人所有，不足部分由债务人清偿。因此，如果抵押人以租金作为还款来源，抵押权人通常会同意出租。

但是抵押权人同意将抵押房地产出租后，一旦债权到期借款人发生违约行为，需要将抵押房地产拍卖以实现抵押权时，此时承租人仍然占有房地产的事实就构成了拍卖标的所存在的瑕疵，该瑕疵的存在可能会降低抵押房地产的拍卖价格，进而导致拍卖所得价款不足以清偿债务的情况。此外，在行使抵押权时，承租人如果不配合银行行使抵押权，银行还需解决该项基于抵押房地产的租赁纠纷，这将为银行实现其抵押权增加更多的负担。

(5) 对公民居住权的优先保护带来的法律风险。

根据《最高人民法院于人民法院民事执行中查封、扣押、冻结财产的规定》第六条的规定，对被执行人及其所扶养家属生活所必需的居住房屋，人民法院可以查封，但不得拍卖、变卖或者抵债。本条规定意在保障被执行人及其家属的生存权。但是这无疑将会损害债权人作为抵押权人的权利，使其债权的实现无法获得有效的保障。

在个人住房抵押贷款中，借款人如果到期不能还款，银行将处置抵押房产收回贷款。但是按照上述规定，银行抵押权的行使将受到严重限制。若发生违约的个人住房抵押贷款中，借款人所购房屋是其不可或缺的居住房屋，银行便不能通过拍卖抵押房屋变现获得清偿，进而使已设定的住房抵押担保将流于形式，作为债权人和抵押权人的银行将面临极大的业务风险。

(6) 土地闲置的风险。

具有下列情形之一的，可以认定为闲置土地：①国有土地有偿使用合同或者建设用地批准书未规定动工开发日期，自国有土地有偿使用合同生效或者土地行政主管部门建设用地批准书颁发之日起满一年未动工开发建设的；②已动工开发建设但开发建设的面积占应动工开发建设总面积不足三分之一或者已投资额不足 25%且未经批准中止开发建设连续满一年的；③法律、行政法规规定的其他情形。国土部土地利用司司长廖永林在 2010 年 8 月表示，目前土地闲置大体分为两类，企业自身原因如资金不到位、开发策略调整造成的占 46%，另外占 54%的闲置土地主要是政府原因造成的，而政府原因包括：地卖出去之后，征地拆迁没做完，没法开发；涉及城市规划调整等情形。

根据《城市房地产管理法》第二十五条的规定，超过出让合同约定的动工开发日期满一年未动工开发的，可以征收相当于土地使用权出让金百分之二十以下的土地闲置费；满两年未动工开发的，可以无偿收回土地使用权。根据该条规定，当土地闲置超过一年抵押人将要缴纳土地闲置费，将导致抵押人的开发成本加大。对于兼具抵押人身份的借款人来说，由于财务负担加重，其还贷能力将有所下降。其次，土地闲置满两年的，土地使用权将被国家无偿收回，这将直接导致银行基于该抵押房地产的抵押权消灭。随着市场经济的发展，这项规定将在实践中得以落实，银行房地产抵押贷款业务也将面对更大的风险。

(7) 住房按揭贷款带来的法律风险。

借款人办理住房按揭贷款一般以所购住房作为抵押物，但是倘若抵押住房在发放贷款时尚未建成，商业银行就无法对抵押房地产办理抵押登记。首先，虽然《最高人民法院关于适用〈中华人民共和国担保法〉若干问题的解释》中第四十七条对建房屋的抵押权予以承认，但是在开发商尚未完全偿付工程抵押贷款的情形中，开发商将很可能无法按期交房。其次，借款人是否会积极配合银行对抵押房地产进行房地产抵押登记也难以保证。这些都属于银行在与借款人签订住房按揭贷款合同时需要面临的风险。因此，由于住房按揭贷款抵押合同中抵押权能否实现在实践中存在很大的不确定性，银行应当在贷款的全过程中对抵押标的可能存在的风险隐患进行重点关注。

4. 商业银行房地产抵押业务风险防范

1) 完善抵押合同条款的设计

(1) 约定抵押权有效存在的前提条件。

应当在房地产抵押合同中规定的前提条件包括但不限于：抵押人的行为能力、抵押房地产的物权状况、抵押人所提供的权属证明材料的有效性、抵押人在抵押房地产发生产权变动或经营方式改变时的通知义务、抵押人不因上述产权变动或经营方式改变而免除担保责任，以及双方的登记义务等。

(2) 约定抵押人的违约责任。

通常在房地产抵押合同中规定的违约情形包括：抵押人拒不履行合同承诺；由于抵押人的原因导致抵押无效；抵押人未按合同约定办理抵押登记或拖延登记，致使抵押失效；

抵押人妨碍抵押权人根据合同约定处分抵押房地产以实现抵押权；抵押人违反本合同规定，擅自转让抵押物；由于抵押人的原因导致抵押物毁损、灭失。

(3) 约定提前实现抵押权的情形。

即在房地产抵押合同中约定，在债权尚未到期但抵押人的行为将损害抵押权人的权益时，银行就可以提前实现抵押权。其中具体情形包括但不限于：借款人财务状况严重恶化；借款人连续三个月未支付贷款利息；由于抵押人的行为造成抵押房地产价值降低；抵押人未通知抵押权人擅自处分抵押房地产；借款人或抵押人被依法宣告解散、破产、歇业、停业整顿、被吊销营业执照等。

(4) 约定由抵押人办理房地产抵押贷款保险。

由抵押人所办理的房地产抵押贷款保险，应当将银行作为被保险人，进而使银行在抵押财产灭失是可能遭受损失的风险。在抵押合同中应当对投保的险种、保险人和保险期限等相关内容进行约定。同时在抵押合同中还应约定在贷款及利息清偿及抵押权实现之前，抵押人不得以任何理由中断保险，对保险中断造成抵押权人损失的后果由抵押人负担；如果抵押人中断保险，抵押权人有权代为续保或投保，一切费用由抵押人支付或偿付。此外，在保险合同中不应附有将会对抵押权人权益造成损害的限制性条件。

2) 重视第一还款来源

第一还款来源，是借款人生产经营活动及与其相关的发展产生的直接用于归还银行借款的现金流量总称。当第一还款来源出现问题时，银行对第二还款来源的追偿，往往会受到多种因素的干扰，从而出现操作难、变现难、执行难等问题。因此把借款人第一还款来源作为贷款审查的第一要务，是从源头上防范信贷风险的关键。

(1) 强化贷款"三查"制度。

贷款"三查"制度是指贷前调查、贷时审查和贷后检查。信贷人员应在贷前借款人进行全面了解，核实借款人的经营生产生活现状，通过实地盘实，使借款人所提供的材料能够如实反映借款人的现状。贷中要严格审核信贷资料，严格落实贷款条件，严密跟踪监督信贷资金的使用情况。贷后应时刻监测关注借款人的生产经营状况；当借款人生产经营出现问题时应及时了解信息，适时落实贷款退出措施，确保信贷资金安全。

(2) 建立借款人的承贷能力分析指标体系。

通过建立借款人的承贷能力分析指标体系，以对借款人所能最大限度承担负债的能力进行分析，进而控制借款人的贷款规模，可以减少信贷资金被其直接或间接移位现象的发生，降低贷款风险。

(3) 做好借款人偿债能力分析。

充分运用借款人的现金流量指标，对借款人的偿债能力做出有效的评估。银行可以通过要求借款人提供存款流水、销售日记账等相关资料，对借款人进行的短期偿债能力的压力测试，进而决定贷或不贷、贷出时间、贷多贷少、期限长短、利率高低以及授信额度，进而降低其所面临的风险。

(4) 关注宏观经济的影响。

银行在贷款业务中应高度关注当前经济形势对实体经济的影响，关注作为银行抵押品的房产价格和土地价格的走向。通过在银行内部建立独立的资产评估系统，对第三方评估的价格进行二次确认,使风险防控关口前移;同时针对其在贷款业务中面临的市场风险、操作风险,积极采取应对措施,及时化解风险。

3) 完善银行贷款内控机制

(1) 建立健全内部控制管理体制。

首先,明确各岗位操作要求和职责,加强部门牵制。各部门、岗位及人员要有明确的分工和授权批准,前台贷款营销业务和后台管理业务要严格分离,形成独立的审贷分离制度。其次,加大贷后检查力度,健全贷后管理体系。强化贷款稽核再监督力度,充分发挥稽核在银行内控中的"总闸门"作用。最后,建立刚性问责制度。对不履行岗位职责或工作失误造成的贷款损失风险,明确贷款责任人承担相应的法律或经济责任。

(2) 完善预警机制和行业风险分析

首先,加强项目资产质量动态管理。根据项目不同的资产质量等级,采取区别对待原则,明确项目在年度管理工作中的目标,据此制定全年资产质量管理的工作计划和重点。其次,紧随国家政策,完善行业风险防范。加强对宏观经济环境和行业发展情况的分析,不仅对各行业按等级评估,更要对行业风险变化趋势、风险预警状态、信贷扩张容量、行业风险限额进行完整的分析,通过行业动态分析,建立系统化、差别化的行业信贷政策体系。最后,建立健全贷后风险预警机制,为风险评估和预测提供翔实、可靠的数据。要进一步加强信贷风险的量化测算,采取切合实际的信贷风险分析法。

(3) 培育全员全过程的内部控制与风险管理文化。

首先,要树立"全体动员、人人有责""风险面前,人人平等"的内部控制理念,提升全员风险管理意识和责任意识,增强员工对信贷内控文化的认同感,推动构建全面风险管理的长效机制。其次,培养信贷业务全过程的信贷风险管理意识。贷前对项目市场前景、行业状况、借款人偿债能力、担保措施等进行全面的风险分析;贷中设计完备的合同条款,运用法律手段落实贷款条件来防范风险;贷后对项目执行动态监控,及时防范和化解风险,并将贷后风险反馈到评审授信环节,及时调整授信额度优化增量信贷资产结构,以保证信贷资金的正常回收。

4) 加强对贷后风险的动态监测

银行内部应当建立风险预警机制。首先,可以通过与工商、税务、产权登记、法院等相关部门建立信息沟通制度,拓展信息的获取渠道;在银行内部要建立信息共享机制,并且通过内外结合的方式,提高风险预警的准确性和及时性。其次,建立贷后风险数据分析模型,量化风险,利用计算机技术对贷后风险进行动态监测,并用定量分析和定性分析相结合的方式进行科学管理。最后,定期对每笔贷款的风险情况进行具体分析,对于需要进行风险预警的贷款,要及时向风险管理部门报告。

对于房地产开发企业贷款,应当定期进行现场检查,检查人员如果发现风险隐患,应当及时将预警信息上报,从而及时采取防范措施。根据贷款风险上升或下降的程度,银行应当及时调整贷款风险的级别分类。要明确各职能岗位的贷款责任将监管落到实处。对于职责履行不到位,造成风险指数上升的,应当在不良贷款出现之前及时处理。

对于个人住房贷款,要进行长期的跟踪调查。银行应当对借款人的收入变化以及就业变动情况是否对按期还贷造成威胁进行核实,一旦发现风险,要对借款人的风险状况进行

区分以采取相应的措施。譬如对于无意违约的借款人，应当采取提醒和通知的方式，要求其偿还到期贷款；对逾期未还贷款但有还款意愿的借款人，应当及时发送催收通知书；对于已出现贷款风险预警信号或恶意违约的借款人，应当通过诉讼或实现抵押权等方式收回贷款。

5）注意土地的性质和使用期限

土地按性质的不同可以分出让地和划拨地。其中，出让地是指在建造房屋时已经向国土局交纳土地出让金的土地。通常出让地有出让终止年限，一般为 50～70 年，年限到期前发生交易，不交纳土地收益金，年限到期可以续交土地出让金。划拨地是指在建造房屋时，土地使用权是由国家行政划拨的土地。划拨地在发生交易时每交易一次都需要向国土部门支付土地收益金，该土地收益金也被称为土地出让金。在使用年限方面，出让地的出让使用期限一般为 50～70 年，该期限从开发商拿地时算起，如果开发商拿地后一直不建房，土地的使用期限会随之减少。

银行办理抵押贷款前，要调查清楚房产所占用土地的性质，对于出让土地要分清是属于住宅类还是属于工业类。根据土地的性质，查看土地使用期限是否到期，对即将到期或已经到期的土地，其地上附着物不得办理抵押贷款。对于划拨用地性质的房屋土地，银行应与借款人签订合同，要求借款人在处置房产时补交土地出让金。

6）认真办理抵押登记

首先，要对抵押物相关权证的真实性、抵押登记的有效性进行审查，这是确保抵押权真实合法的基础。其次，要做好抵押物权证的收妥和出库，以防范抵押物流失。在做抵押物权证收妥和出库时，必须严格按章按规操作，对抵押物权属、价值以及实现抵押权的可行性进行严格审查。再次，及时对押品系统进行信息维护，以确保账实相符。这需要信息录入岗要准确无误地录入所有的客户信息，抵押登记岗在做抵押登记时特别要注意价值、权证类型、抵押人，放行岗在放行时要选对支行的机构码，档案管理岗也要正确输入抵押品资料编码，对权证号码进行仔细核对。最后，要对存量抵押物清理和核对，以确保抵押的真实有效。对于现有的抵押物不符进行清理和更改，这是一项烦琐而艰难的工程，但对于银行来说这是防范房地产抵押贷款业务的必要措施。

7）共有财产抵押要求所有财产共有人签字

《最高人民法院关于适用〈中华人民共和国担保法〉若干问题的解释》第五十四条第二款规定，共同共有人以其共有财产设定抵押，未经其他共有人的同意，抵押无效。但是，其他共有人知道或者应当知道而未提出异议的视为同意，抵押有效。因此，为预防和减少抵押无效纠纷，银行办理抵押担保时，首先要尽到注意义务，查清抵押房产的真实状况、权属情况，查明是否有共有人，不能仅仅依赖房产证书中的登记。其次，银行要加强对法律、法规、政策的信息收集，及时了解各种有关抵押担保上的新法律法规、管理办法和政策，以更好地应对在开展房地产抵押贷款业务活动中所面临的风险。

@ 4.4 质押

本节所讲的质押在法律上是指：债务人或第三人将其动产移交债权人占有，将该动产作为债权的担保,当债务人不履行债务时,债权人有权依法就该动产卖得价金优先受偿。质押分为动产质押和权利质押两种。动产质押是指可移动并因此不损害其效用的物的质押;权利质押是指以可转让的权利为标的物的质押。下面我们分别从质押的两个种类帮助大家理解和掌握质押的相关内容。

4.4.1 质押概述

随着市场经济的不断发展,传统的一般质押都是典当行以典当的形式,典当给典当行。近几年很多担保公司涉足质押行业,找正规知名的担保公司,使得质押在速度和安全两个方面都得到了一定的提升。

1. 动产质押

动产质押是以动产作为标的物的质押,指为担保债务的履行,债务人或者第三人将其动产出质给债权人占有的,债务人不履行到期债务或者发生当事人约定的实现质权的情形,债权人有权就该动产优先受偿。在融资方面动产质押融资支持多种融资方式,包括贷款、开立银行承兑汇票、信用证、保函、保证贴现商业承兑汇票等,企业可以灵活选择合适的方式使用融资。根据《物权法》等法律对动产质押的规定,我们可以总结出动产质押具有以下特征。

① 动产质权是一种担保物权;

② 动产质权的客体仅以动产为限;

③ 动产质权人必须占有质物;

④ 动产质权的内容在于留置质物,并在债务人不履行债务时以质物的价值优先受偿。

2. 权利质押

权利质押与动产质押的根本区别在于,前者以债权、股权和知识产权中的财产权利为标的物,而后者以有形动产为标的物。如果说动产质权是一种纯粹的物权,权利质权严格来说是一种准物权,共性在于二者都是质押的表现形式,具有质押的一般特征。

按照中国《担保法》规定,能作为权利质押标的物的权利只限于除财产所有权之外的具有可转让性的特定财产权,至于人身权(如姓名权、肖像权、名誉权、荣誉权、婚姻自由等)和专属权(如专利发明者的身份权、作者的署名权)均不得成为权利质押的标的物。中国《担保法》还明确规定,不动产的所有权不能成为权利质押的标的。具体可以作为权利质押的分为以下七类。

① 汇票、支票、本票;

② 债券、存款单;

③ 仓单、提单;

④ 可以转让的基金份额、股权;

⑤ 可以转让的注册商标专用权、专利权、著作权等知识产权中的财产权;

⑥ 应收账款;

⑦ 法律、行政法规规定可以出质的其他财产权利。

4.4.2 动产质押

1. 动产质押的法律概念及特点

(1) 动产质押的法律概念。

动产质押,是指为担保债务的履行,债务人或者第三人将其动产出质给债权人占有,债务人不履行到期债务或者发生当事人约定的实现质权的情形,债权人有权就该动产优先受偿的担保制度。在债务人不履行债务时,债权人有权依照我国《担保法》的相关规定以该动产折价或者就拍卖、变卖该动产的价款优先受偿。

(2) 适合办理动产质押的标的物的特点。

① 具有可让与性。

由于质权人有可能要通过拍卖、变卖质物形式优先受偿,因此在动产质押中的质物应当具有可让与性。如果该质物不具有可让与性,质权人的优先受偿权就无从实现。在动产质押中质物的这一特点包括以下两层含义。

a. 出质人对动产质物必须享有处分权。以自己不享有所有权或者经营管理权的财产设定质押的,应当认定质押无效。

b. 动产质物必须是自由流通物。禁止流通物,如淫秽书画、文物、武器等,不能成为质押标的物。

② 动产质物必须是特定物。

设定动产质押,是为了担保主债权的实现,因此质押的动产标的物必须具有确定的价值,这样才能保障质权人实现质权。所以,质权人在实行质权时必须有确定的质物。如果该动产质押在质权设定之后,行使之前,质押标的物经质权人同意而发生一些变动,只要该质物在质权人实行质权时是确定和特定的,该变动通常并不影响质押的有效成立。

③ 具有交换价值。

动产质押是对主债权实现的担保,因此如果债权期限届满未获清偿,则债权人有权依法拍卖或变卖其占有的动产质物,并从质物的交换价值优先受偿。动产质物如果不具有交换价值,则质权人在债权期限届满未获清偿时,就无法从该动产质押的质物中获得优先受偿,进而导致质押担保的目的得不到实现。

④ 物的一部分也可以成为动产质押的标的物。

一般来说,质押的标的物是独立存在的动产。但是,物的一部分,只要其具有独立的交换价值,并同时具有可让与性,同样可以在其上面设定质权。

(3) 动产质押与动产抵押的区别。

① 动产抵押的定义。

按照《物权法》的规定,动产抵押是指为担保债务的履行,债务人或者第三人不转移动产的占有,将该动产抵押给债权人,债务人不履行到期债务或者发生当事人约定的实现抵押权的情形,债权人有权就该财产优先受偿的担保制度。债务人或者第三人为抵押人,债权人为抵押权人,提供担保的财产为抵押财产。抵押权自抵押合同生效时设立,未经登记,不得对抗善意第三人。

② 动产抵押与动产质押的区别。

a. 动产抵押和动产质押的担保物权设立生效的方式不同。

动产抵押与动产质押的核心区别在于是否占有担保财产。按照《物权法》的规定，动产质押的质权自出质人交付质押财产时设立，质权人占有担保财产，而动产抵押的抵押权自抵押合同生效时设立，未经登记，不得对抗善意第三人，抵押权人不占有抵押财产。

b. 动产抵押和动产质押对担保财产孳息的收取约定不同。

动产质押的质权人占有质押财产，并负有保管质押财产的义务。因此，在合同没有另行约定的情况下，质权人有权收取质押财产的孳息。但是，动产抵押模式下，抵押财产被人民法院依法扣押之日起，抵押权人才有权收取该抵押财产的孳息，但抵押权人未通知应当清偿法定孳息的义务人的情形除外；而在此之前，抵押权人无权收取抵押财产的孳息。

c. 动产抵押与动产质押的风险不同。

在动产质押模式下，质权人占有质押财产，虽然基本排除了出质人擅自处理质押财产的可能性，但可能会影响出质人正常的生产经营，降低其还款能力。其中，在动态质押模式下，质权人控制质押财产数量或价值的最低线，在最低线以上的质押财产出质人可以自由赎货或换货，但质押财产数量或价值一旦低于最低线，出质人未经质权人同意就不能动用质押财产，进而可能影响其正常的生产经营。如果出质人的生产经营因为财产质押受到严重影响，将会直接降低其还款能力，使质权人面临更大的风险。而在静态质押模式下，出质人每次动用质押财产都要经质权人同意，出质人的生产经营因为财产质押所受到的影响更大。此外，根据《物权法》的规定，质权人负有妥善保管质押财产的义务，因保管不善致使质押财产毁损、灭失的，应当承担赔偿责任。质权人的行为可能使质押财产毁损、灭失的，出质人可以要求质权人将质押财产提存，或者要求提前清偿债务并返还质押财产。质权人在质权存续期间，未经出质人同意，擅自使用、处分质押财产，给出质人造成损害的，应当承担赔偿责任。上述规定明确了质权人有义务妥善保管质押财产，否则出质人可以向其追责。动产质押同时存在质押财产交付失当的风险，也可能会危及质权人的利益。

在动产抵押模式下，抵押权人不占有抵押财产，抵押权人无法有效保障抵押财产价值不受损，对抵押人造成抵押财产受损的情况缺乏制裁措施，不利于保障自己的权益；该模式有利于保障抵押人充分利用抵押财产，使其实现收益最大化，但抵押人可能会出现恶意使用以加速其贬值的风险，极易导致抵押财产价值不足。尽管《物权法》有规定，抵押人要保管好抵押财产，抵押人的行为足以使抵押财产价值减少的，抵押权人有权要求抵押人停止其行为。抵押财产价值减少的，抵押权人有权要求恢复抵押财产的价值，或者提供与减少的价值相应的担保。但在以下情况下这一规定并不能保障抵押权人的权益：①抵押权人不能及时发现抵押人破坏抵押财产的行为；②即使抵押权人及时发现了抵押人破坏抵押财产的行为，法律未明确如何制裁抵押人恶意使用或破坏抵押财产的行为，也未规定抵押人为此应承担的刑事责任，抵押权人缺乏可行的措施制裁抵押人；③如果抵押人为借款人，抵押人破坏或恶意使用抵押财产的同时也很可能会削弱其还款能力，提前收贷的可行性不高，若抵押人是除借款人之外的第三人，抵押权人更难以制裁其对抵押财产的恶意破坏，以保障自己的权益。此外，在浮动抵押模式下，抵押财产是不特定动产，不需要对各项动产逐一公示，且在浮动抵押设立后，抵押人对抵押财产仍可自由转让财产或设定抵押，因此浮动抵押中因抵押财产价值不足或抵押权落空所导致的债权收回风险更大。

2. 动产质押的法律分类及特征

(1) 动产质押融资主要质押货物品种目录。

动产质押融资主要质押货物品种包括如下具备真实交易背景、由企业合法拥有的 14 大项上千个品类的原材料、半成品、成品等。

类别名称	所属子类	类别名称	所属子类
黑色金属	各类钢材，生铁、钢坯、废钢等	机电设备	知名品牌汽车及零部件、知名品牌机电设备等
有色金属	铜、铝、铅、锌等基本金属及其合金，型材，铜、铝、铅、锌等废旧金属，金、银等部分贵金属	纺织类	棉花，棉纱，涤纶，绵纶，氨纶，粘胶纤维，聚酯切片、PTA 等化纤原料，坯布，牛仔布等
家电产品	国内外知名电器：空调等大型家电，剃须刀等中小型家电	纸品	纸浆，原纸，废纸等
矿产品	煤、煤焦油、焦炭、铁矿、铝矿、铬矿等矿石	液化化工	原油、燃料油、渣油、沥青等各类油品
粮油食品农产品	食用油、粮食、糖及糖食；全国驰名商标、便于长时间保存的其他食品	固体化工	化学矿，化工原料，合成树脂及塑料，合成纤维，通用塑料制品，橡胶及其制品，化肥
烟酒化妆品	香烟，酒(酒原浆、成品酒)，知名品牌化妆品等	普通建材	原木及木材，玻璃、陶瓷、水泥、沙石、电线电缆
药品及其原料	药品原料，国内外知名厂家生产的常规性药品	其他	其他品类近千种原材料、半成品、成品货物

(2) 动产质权的特征。

① 动产质权是一种担保物权；

② 动产质权的客体仅以动产为限；

③ 动产质权人必须占有质物；

④ 动产质权的内容在于留置质物，并在债务人不履行债务时以质物的价值优先受偿。

(3) 动产质押法律关系分析。

质权是按照当事人的真实意思表示所创设的权利。当事人之间设定质权是双方的法律行为，需要通过订立合同来实现。

动产质押合同的标的是出质人向质权人所移交的财产，又称质物。原则上凡是可以自己占有的财产均可以设立质权。且自质物交付质权人后，动产质押合同生效，即动产质押合同具有法律效力。

动产质押合同的当事人即为动产质押合同的主体，包括质权人和出质人。其中，质权人是指因享有对债务人的债权而占有出质人的质物，在债务人到期无法履行合同义务时质权人可以处分质物并优先受偿。而出质人是指将质物作为债权的担保移交给质权人的合同当事人。若债务人以其自己的财产出质，则债务人就是出质人；若为债务人以外的第三人以自己的财产出质，则该第三人即为出质人。

(4) 动产质押各方当事人的权利和义务。

① 质权人的权利。

a. 留置质物的权利。在债务人清偿债务之前，债权人有留置质物的权利，以待债权的实现。

b. 收取孳息的权利。质权人的孳息收取权，指质权人有权进行收取孳息的权利。但是，质权人并不因此而取得对孳息的所有权，而仅取得对孳息的质权。孳息可以是金钱，也可以是金钱以外的物。根据《担保法》第六十八条的规定，质权人有权收取质物所生的孳息。质押合同另有约定的，按照约定。孳息应当先充抵收取孳息的费用。

c. 获取损失救济的权利。根据《担保法》第七十条的规定，质物有损坏或者价值明显减少的可能，足以危害质权人权利的，质权人可以要求出质人提供相应的担保。出质人不提供的，质权人可以拍卖或者变卖质物，并与出质人协议将拍卖或者变卖所得的价款用于提前清偿所担保的债权或者向与出质人约定的第三人提存。

d. 优先受偿权。质权人就质物有优先受偿的权利。《担保法》第七十一条规定：债务履行期届满债务人履行债务的，或者出质人提前清偿所担保的债权的，质权人应当返还质物。债务履行期届满质权人未受清偿的，可以与出质人协议以质物折价，也可以依法拍卖、变卖质物。质物折价或者拍卖、变卖后，其价款超过债权数额的部分归出质人所有，不足部分由债务人清偿。

e. 转质权。质权人在质权存续期间，为担保自己的债务，经出质人同意，以其所占有的质物为第三人设定质权的，应当在原质权所担保的债权范围之内，超过的部分不具有优先受偿的效力。转质权在效力上优于原质权。但质权人在质权存续期间，未经出质人同意，为担保自己的债务，在其所占有的质物上为第三人设定的质权无效。质权人对于因转质而发生的损害承担赔偿责任。

② 质权人的义务。

a. 保管质物的义务。质权人占有质物，自然应负保管义务。《担保法》第六十九条第一款规定，质权人负有妥善保管质物的义务。因保管不善致使质物灭失或者毁损的，质权人应当承担民事责任。

b. 提存质物的义务。《担保法》第六十九条第二款规定，质权人不能妥善保管质物可能致使其灭失或者毁损的，出质人可以要求质权人将质物提存。

c. 返还质物的义务。

根据《担保法》中的规定，质权人在以下情况下负有向出质人返还质物的义务：一是债务人适当履行其债务时；二是出质人提前清偿质权担保的债权时。

③ 出质人的权利。

a. 质物的收益权。根据《物权法》第二百一十三条的规定，出质人可以征收质权人约定仍然保留对质物的收益权。

b. 质物的处分权。动产出质以后，出质人虽然将质物的占有权移转给质权人，但是在法律上并没有丧失对质物的所有权，因此他仍然有权处分其已经出质的财产，但仅限于"法律上的处分"，而非"事实上的处分"。但出质人行使对质物的处分权，不应当影响原有的质权，质权人仍然对该质物享有质权。

c. 保全质物的权利。《物权法》第二百一十五条第二款规定，质权人的行为可能使质押财产毁损、灭失的，出质人可以要求质权人将质押财产提存，或者要求提前清偿债务并返还质押财产。

d. 物上保证人的追偿权。物上保证人，是指向抵押权人提供财产设定抵押权的债务人以外的第三人。抵押权人与物上保证人的关系，仅有物权关系而没有债权关系。物上保证人在性质上并非保证人，其对债权人负担的责任仅为物的责任，即仅以其提供的担保标的物为限对债权受偿提供担保。《担保法》第七十二条规定，为债务人质押担保的第三人，在质权人实现质权后，有权向债务人追偿。

④ 出质人的义务。

出质人的主要义务在于不得妨害质权人享有并行使对质物的权利。《最高人民法院关于适用〈中华人民共和国担保法〉若干问题的解释》第八十四条中规定，出质人以其不具有所有权但合法占有的动产出质的，不知出质人无处分权的质权人行使质权后，因此给动产所有人造成损失的，由出质人承担赔偿责任。

3. 商业银行动产抵押业务制度现状

我国《物权法》第一百八十条第四款明确规债务人或者第三人有权处分的下列财产可以抵押，第四款包括：生产设备、原材料、半成品、产品。动产抵押，也就是指债权人对于债务人或第三人不转移占有而仅作债务履行担保的动产，在债务人不履行债务时，予以变价出售并就其价款优先受偿的权利。动产抵押基本上具备了不动产抵押所具有的一切属性。我国商业银行较法律规定的抵押品范围更广泛。据统计，存货和应收账款已开始在全国范围，特别是长三角等发达地区的中小企业融资中发挥出重要作用。

以下是我国商业银行动产抵、质押贷款的几点现状。

① 质押贷款在所有贷款中，占比明显上升。

② 抵押贷款中以不动产抵押为主，动产抵押仅仅是不动产抵押的十分之一。动产抵押目前以机器设备和交通运输工具为主，价值易减损，而且不存在较为发达的二级市场进行变现，在有些银行已被列为限制进入类抵押品。

③ 动产质押以存货为主，但占比很低。

④ 权利质押贷款占比 10%，以矿产资源、股票、汇票、仓单、提单、公路收费权、城市基建和售电收费权为主。权利质押融资有着较大的区域差异，西部地区新的动产融资工具有待进一步拓展。

(1) 商业银行一般动产质押操作流程。

① 借款人以自己拥有的大宗商品作为质物向银行提出融资申请；

② 经商业银行审批和核押定值后，将商品交银行认可的物流企业入库监督；

③ 银行根据物流企业开具的仓单(质物清单)按照一定的质押率办理出账；

④ 借款人归还融资、补缴保证金或者补充同类货物，银行据此释放相应的质物。

此外，动产质押融资在操作上有三道严格的操作程序。

① 专业仓库管理。即放款的商业银行指定一个"第三方仓库"，并安排两人以上的专职人员对质押标的物的进出情况进行实地掌控，防范企业在质押标的物流动中可能出现的违规行为。

② 由放款的商业银行指定的专业监管公司进行考察。由专业监管公司负责掌握"第三方仓库"具体情况，并向放款银行方面及时报送监管信息。

③ 放款的商业银行自身的专业监管中心进行管理监督。该中心的专业监管人员将不定期巡视仓库质押标的物的保管与流动情况，并在银行信息系统中实时记录。

在动产质押融资场合，其流程是一种动态联系与合作管理的过程，涉及银行、融资企业、专业监管公司和物流仓储企业等相关市场主体。与此同时，动产质押融资的监管还涉及多种业务模式，每种业务模式都有不同的控制方法和流程，并且动产质押监管的标的物品种、规格繁多，做好动产质押融资的监管必须有一个完善和成熟的信息管理系统。

商业银行要认定贷款企业用于质押的标的物的价值，再谨慎与专业监管公司、贷款企业签订动产质押标的物三方监管协议。此外，商业银行要按照质押标的物价值的一定比例核发贷款，并将质押标的物移交监管公司。当贷款到期，贷款企业还款，银行归还质押标的物，若贷款企业无力偿还其贷款本息，银行则要求专业监管公司将监管的质押标的物移交给银行处置。在动产质押融资监管中还要注意商业银行必须明确自身的责任，密切同各个相关单位进行合作。

(2) 商业银行动产质押业务存在的法律风险。

① 动产质押合同的法律风险。

动产质押是指债务人或者第三人将其动产移交债权人占有，将该动产作为债权的担保。债务人不履行债务时，债权人有权依照规定以该动产折价或者以拍卖、变卖该动产的价款优先受偿。在供应链金融中所涉及的动产质押融资是指企业以其合法所有且符合规定的动产或仓单质押，获取银行融资的业务。企业的动产质押业务可以用于包括短期流动资金贷款。贸易融资、贴现、承兑、商票保贴等各种业务品种。动产质押解决中小企业融资难、担保难及生产流通中原材料、产成品大量占用企业流动资金等问题，一般适合于那些拥有稳定的购销渠道、较大的销售额和现金流量，存货占比较高的采购企业，或是希望减少应收账款，扶持经销商共同发展，扩大市场份额的制造商等。

在动产质押的过程中，银行往往会选择那些价格变动小、变现能力强、抗跌性好的产品作为融资的对象。同时银行往往还会与一些资质较好的担保公司合作并对质押物进行严格的监管，尽可能地降低企业进行虚假质押的风险。但是作为一种新型的信贷模式，银行在实际操作的过程也会遇到很多风险。主要表现在以下几个方面。

a. 对于质押物的选择。银行对于企业用于质押的物品要进行严格的审查，判断这些拟作质押物的物资是否属于银行要求的品种范围。质押物的选择直接关系到日后一旦企业无偿还能力时，质押物的变现能力以及银行的损失程度。

b. 对于质押物的市场价格进行研究分析，充分意识到市场价格可能带来的风险。银行

一般会按照质押物价款的 70%左右发放贷款。但是有些货物的价格上升或下降的幅度很大，这样给银行带来的风险就比较大。如果质押物的价格突然出现了大幅度的下降，而银行已经按照之前货价的一定比例发放了贷款，那么价格的下降势必会导致银行放款比例的上升，银行面临的潜在风险不言而喻。因此银行应对行业进行充分的分析研究，再定夺是否将该货物作为质押物。

c. 对于银行自身的客户也要有充分的认识。银行不能为了追求收益、拓展业务而忽视企业客户的信誉问题。因为作为银行，在进行放贷的时候不能排除会有一些企业恶意骗取贷款，出具虚假的仓单，伪造批货单等行为的发生。因此对于企业客户的信誉鉴定也是不能忽视的一个重要因素。

② "形式交付"的法律风险。

根据《物权法》第二十三条：动产物权的设立和转让，自交付时发生效力。但法律另有规定的除外。即有关动产物权的一切行为都必须遵循交付原则——自交付时发生效力，没有交付就没有效力。交付就是转移动产的占有，即动产必须转移给他人占有才是交付，没有转移给他人占有就是未交付，没有交付，动产物权的设立和转让行为就没有生效。

无论是动产质押还是动产权利质押，都归属于物权的一种设立行为，质押本身就要求债务人或者第三人必须将用于债权担保的动产移交债权人占有；只有发生了移交和占有行为(即交付)，质押权才生效成立；出质人如果没有将动产移交给质权人占有，就等于没有交付。即使各方签订了质押合同并已生效，但只能说明双方存在债权，只有质押权生效双方才产生物权。根据法律规定，小交付质押权并小生效，质押权小生效当然也就没有银行所期待的优先受偿权。

4.4.3 权利质押

1. 权利质押的定义

所谓权利质押，是指以所有权之外的财产权为标的物而设定的质押。权利质押主要以债权、股东权和知识产权中的财产权利作为标的物。

《物权法》第二百二十三条规定，债务人或者第三人有权处分的下列权利可以出质：①汇票、支票、本票；②债券、存款单；③仓单、提单；④可以转让的基金份额、股权；⑤可以转让的注册商标专用权、专利权、著作权等知识产权中的财产权；⑥应收账款；⑦法律、行政法规规定可以出质的其他财产权利。其中，可转让的基金份额和应收账款是《物权法》在权利质权的客体上新增加了两类重要的财产权利。

基金份额是指基金发起人向投资者公开发行的，表示持有人按其所持份额对基金财产享有收益分配权、清算后剩余财产取得权和其他相关权利，并承担相应义务的凭证。而关于基金份额的登记问题，《物权法》第二百二十六条规定，以基金份额出质的，当事人应当订立书面合同，质权自证券登记结算机构办理出质登记时设立。基金份额出质后，不得转让，但经出质人与质权人协商同意的除外。

应收账款，是指未被证券化的(即不以流通票据或者债券为代表的)、以金钱为给付标的的现有以及将来的合同债权，包括：①非证券化的以金钱为给付标的的现有债权，如卖方销售货物后形成的对卖方的价金债权、出租人出租房屋后对承租人的租金债权、借款人对贷款人的借款债权等；②各类经营性收费权，如收费公路的收费权，农村电网收费权以及城市供水、供热、公交、电信等基础设施项目的收益权，公园景点、风景区门票等经营性服务收费权等。而关于应收账款的登记问题，《物权法》第二百二十八条规定：以应收账款出质的，当事人应当订立书面合同。质权自信贷征信机构办理出质登记时设立。应收账款出质后，不得转让，但经出质人与质权人协商同意的除外。

2. 权利质押的法定构成要件

(1) 具有财产权的特征。

财产权，是指物权、债权、无体财产权等以财产为内容，可以以金钱估价的权利。因其具有经济价值，质权人可以从其价值中受偿。而人身权，无论是人格权(如生命权、身体权、名誉权)，还是身份权(如亲属权、继承权等)，由于不直接具有经济价值，都不得作为权利质权的标的。

(2) 具有可转让的特征。

所谓可转让性，是指具有在市场中交换的功能。权利质权与其他担保物权均为价值权，在债务人不履行到期债务时，质权人以所被出质权利的价值优先受偿，因此，其标的应有变价的可能，即具有让与性。不具有让与性的财产权，不能作为权利质权的标的。例如，一些与特定权利主体密不可分的财产权，如继承权、亲属间的扶养请求权、抚恤金领取请求权等都不得作为权利质权的标的。

(3) 必须是适于设质的权利。

各国对不适于设立权利质权的标的有不同的规定。在我国，在不动产物权上设定的权利一般认定为抵押权，因此，不动产物权不能作为权利质权的标的，因此不动产物权，如典权、地上权，不能设定权利质权。而抵押权、质权和留置权等担保物权，由于不能与其所担保的主债权相分离，故也不能成为权利质权的标的。

(4) 非法定担保的特征。

法定担保物权是指法律规定的在一定条件下当然发生的担保物权。此种担保物权只需具备法律规定的条件，即当然发生而不问当事人的意思如何。主要有留置权、法定优先权和法定抵押权。法定担保物权所担保的债权是基于担保物权的标的物所发生的费用，故而又被称为"费用性担保物权"。因此，为保护质权人的合法利益不损害，用于设定质权的权利应当不具有法定担保的特征。

3. 商业银行应收账款质押业务制度现状

(1) 商业银行应收账款质押操作流程。

应收账款质押是指借款人以其自有的或第三人的应收账款债权向银行设定质押担保，以获得贷款满足其资金需要的行为。

① 签订应收账款质押合同。

出质人与质权人首先要达成应收账款质押融资的意向，由出质人向银行提交相关的申请材料，其中至少要包括应收账款债权的证明文件、认证材料以及申请的质押担保额度，经过银行信贷部门的审查，最终确定的应收账款质押融资方案。

出质人与质权人双方签订应收账款质押合同。在合同中要载明融资额度、质押比率、付款期限、宽限期限、质押费率、账户管理和之后的质押管理。应收账款质押合同不仅要符合《物权法》和《合同法》等国家相关法律要求，也要符合具体商业银行等金融机构制定的应收账款质押管理办法及规定。

② 设立应收账款质权。

《物权法》第二百二十八条规定："以应收账款出质的，当事人应当订立书面合同。质权自信贷征信机构办理出质登记时设立。"即出质人与质权人签订合同后，应收账款质权并没有存在，只有在信贷征信机关登记后，应收账款质权才真正的设立。因此，作为质权人的银行与出质人应当在签订应收账款质押合同后，就该项质押在信贷征信机关登记。在登记后银行取得该应收账款的质权。

③ 应收账款质权的实现。

应收账款质权的实现因涉及出质人与质权人和应收账款中债务人与债权人的两个债权而变得复杂。当质押的债权与应收账款的债权期限相吻合时，质权人可以直接向应收账款的债务人要求给付，根据《最高人民法院关于适用<中华人民共和国担保法>若干问题的解释》第一百零六条规定，质权人可以不经过出质人的同意，直接要求该应收账款的债务人给付，如果应收账款的债务人偿还的金额超过应收账款的总额，质权人应当将超过的部分退还给出质人。

当质押的债权期限晚于应收账款债权期限时，由于质权人与出质人的债权尚未届满，商业银行不能直接向出质人要求偿还借款；但质权人可以与出质人对这一情形事先约定，由出质人把款项存入质权人处的专门账户中，使尚未到期的质押质权转化为定期存单，或使出质人提前清偿。当质押的债权早于应收账款债权期限时，由于应收账款的债权尚未届满，质权人只能要求出质人清偿债权，待应收账款的债权到期后出质人再向债务人要求给付；或根据《物权法》第二百一十九条的规定，由质权人通过折价、拍卖或变卖该应收账款的方式来实现其债权。

(2) 应收账款质押法律风险的具体表现。

① 应收账款质押中因基础合同引发法律风险。

应收账款质押的成立以及质权的最终实现，与该应收账款的基础合同的效力密切相关。如果该基础合同由于存在法定事由而被确认为无效或被撤销，那么在此基础上所形成的应收账款的质押也随之无效，质权人的质权随之消灭。

② 应收账款质押中因质押标的引发法律风险。

应收账款质押的可控性较差，监控手段单一。出质人与基础合同的债务人之间业务关系紧密，双方恶意逃避质押的手段可以有很多，特别是在银行不参与监管账户的情况下，更是无法保证应收账款质押的实现。即使质权人与出质人签订了账户监管协议，但质权人很难对出质人所有账户进行有效监管。若出质人为逃避债务将质押账户中的资金转移、另行使用等，质权人便很难通过该应收账款来实现其债权。此外，基础合同的债务人经营状况恶化、无力支付贷款等情况的出现都将对质权的实现产生影响。

③ 商业银行应收账款质押关系主体行使权利引起的风险。

a. 应收账款债务人行使抗辩权风险。

应收账款是基于假设基础合同中当事人之间的合同义务被充分履行的前提下被用以质

押的。通常在基础合同中出质人需要先行履行向应收账款债务人发送货物、提供服务等合同义务，或者与应收账款债务人同步履行义务，否则应收账款的债务人可以依据《合同法》的相关规定行使先履行抗辩权或者同时履行抗辩权，以对抗出质人。此外，即使出质人已经履行了合同义务，但应收账款债务人也可能就瑕疵履行或者不适当履行提出抗辩。这些抗辩权都将直接重大影响到银行质权的实现。

b. 应收账款债务人行使抵销权风险。

如果应收账款的债务人和作为债权人的出质人互负同种到期债务，则根据《合同法》的相关规定，应收账款的债务人可随时主张将此项债务与出质人向其所负的其他债务相抵销，从而使被用以出质的应收账款消灭。这将对作为质权人的银行实现其质权带来潜在风险。

c. 应收账款出质人变更或者消灭质权标的的风险。

我国《物权法》规定，已出质的应收账款未经质权人同意不得转让。这里仅仅就转让行为做出了限制，而出质人抛弃、免除、抵销、赠与、变更债权数额、延长债权期限等行为都有可能使该项作为质物的应收账款在未来难以足额清偿质权人。此外，如果出质人恶意将已转让的应收账款再设定权利质押或者将已设定权利质押的应收账款再进行转让，均会使质权人的质权面临严重减损甚至灭失的风险。

d. 应收账款债务人偿付能力和信誉风险。

在应收账款质押中，即使出质人已经充分适当地履行了基础合同项下的义务，也不完全保证银行在借款人违约时能够顺利通过实现质权获得补偿。在应收账款债务人的资信状况恶化的情况下，若债务人在应收账款到期后丧失了偿付能力，银行的债权并不能因该项应收账款质押获得保障。

e. 应收账款出质人与债务人恶意串通的风险。

应收账款出质人与债务人恶意串通包括但不限于以下三种情形：i 在应收账款质押以后出质人与应收账款债务人故意修改基础合同，免除债务人的债务；ii 更改合同约定，提前收取有关应收账款或者更改支付方式等，以逃避银行的监控；iii 有可能出现"倒签"的现象是被出质的应收账款成为被限制转让的应收账款，进而影响出质效力。

【相关链接】对应收账款质权人的质权产生影响的"倒签"现象包括但不限于：出质人确认放弃应收账款时文件的签署日期故意早于应收账款的出质日，这会使所质押的应收账款不存在，导致质押合同无效；或者在应收账款出质后，出质人与应收账款债务人补充约定合同债权不得转让并将补充约定时间"倒签"至应收账款出质日之前等情形。

f. 第三方行使代位权风险。

如果应收账款债务人除出质人以外的其他债权人的债权人代位行使债权，也可能使应收账款债务人的责任财产减少，偿债能力减弱，而影响质权的实现。这也会给贷款的商业银行第二还款来源带来潜在的风险。

g. 诉讼时效风险。

在应收账款债权届满日早于质押担保的主债权到期日的情况下，如果出质人怠于行使或怠于协助行使债权，将可能使基于该应收账款的债权超过诉讼时效。出质人基于该应收账款的债权将丧失胜诉权，即失去法院的足够保护或支持。

(3) 商业银行应收账款质押业务风险防范。

① 对应收账款交易双方进行前期资信调查。

资信调查是商业银行确保应收账款质押贷款业务风险可控的关键环节。银行在开展应收账款质押业务时，需要对出质人的资信以及该项应收账款债务人的资信同时进行调查。因此银行必须完善其资信调查机制，结合多种调查方式对用以质押的应收账款的当事人双方的资信状况、经营实力、财务状况、交易记录、双方之间的债权债务关系、应收账款的债务人其他债权债务关系及履约状况等方面进行全面且严格的审查。

② 慎重选择及深入调查质押标的。

根据《物权法》的规定，并非所有的应收账款均可以用以质押。具有以下情形的应收账款不能用于出质：a. 法律法规明确规定不得出质的应收账款；b. 带有公益性质的民事主体基于未完全市场化的公益活动所产生的应收账款；c. 合法性存疑的应收账款；d. 出质人处分权受限的应收账款；e. 超过诉讼时效的应收账款。

应收账款的价值是银行在开展应收账款质押业务时审查的重点。首先，要核实贸易背景的真实性。其次，要确保该应收账款的发生及回收稳定且账龄较短。最后，要结合该应收账款上述的具体情况，使其价值与市场价格相符。

③ 规范应收账款质押合同。

在应收账款质押合同中，应当对应收账款的金额、归还期限、数量、支付方式、有效凭证移交时间、通知方式、质权人与出质人之间具体的权利与义务、应收账款的回款账户、应收账款债务人的名称和住址以及基础合同的相关内容在合同中要做出详细且准确的描述。此外，在合同中还可约定特别条款，如银行可以定期获取证明应收账款价值的报告、有权单方查阅并调取应收账款的相关记录等。通过规范应收账款质押合同，银行能够在整个贷款过程中及时、有效地把握风险。

④ 加强对应收账款质押的跟踪管理。

银行在提供应收账款质押服务后，必须对该用于质押的应收账款开展持续的风险监控。首先，银行应当对该笔应收账款的履行情况进行跟踪及监控，以确保该应收账款账账相符。其次，要及时、全面搜集出质人已经完全适当履行基础合同中所负义务的有关证据。再次，要敦促出质人及时请求付款，防止因出质人怠于行使权利而丧失诉讼时效的情况发生。最后，银行要建立风险预警机制，密切关注有关联的当事人行为，全面掌握各类可能影响质权实现的信息和资料，并对已出现的违约行为及时制止。

4. 商业银行保证金账户质押

(1) 商业银行保证金账户质押的概念。

保证金账户质押是指债务人或第三人依据与债权人书面约定，债务人或第三人在商业银行开立保证金专户并按照双方约定的比例将保证金存入该账户；在债务人不能按时履行债务时，作为债权人的银行可以从保证金账户中直接扣划保证金用以优先受偿的一种担保方式。即在保证金账户质押业务中，银行在对客户进行授信时要求客户缴存一定比例的自有资金；银行对该笔自有资金进行专户管理，以规范客户的履约行为，进而达到防范风险的目的。该笔被称为保证金的自有资金作为履行合约的担保，在本质上是对债务人可能存在违约风险的质押担保。

保证金账户质押具有快捷、方便、操作简单等优点。其最大的特点在于质押权实现的便利性。当债务人发生违约行为时，银行可以根据双方所订立的保证金账户质押合同直接从债务人的保证金账户中扣划相应款项以偿还债务。因此被金融机构广泛使用。但由于保证金是按照债务的一定比例所确定的，存入的保证金并不能对债务进行完全覆盖，所以保证金账户质押这一担保方式存在着担保能力有限的缺点。因此，银行在采用保证金账户质押这一担保方式时需要配合其他担保方式来控制风险。

(2) 商业银行保证金账户质押的实际应用。

① 信用证开证保证金。

信用证开证保证金，又称信用证开证保证金存款，是指采用信用证结算方式的企业为取得信用证而按规定存入银行信用证开证保证金专户的款项。即银行在接到开证申请人完整的指示，并按开证申请人的指示开立信用证之时，要求申请人交出一定数额的资金或以其财产的其他形式作为银行执行其指示的保证。信用证开证保证金在我国金融业务和贸易结算中被广泛应用。

根据我国《最高人民法院关于人民法院能否对信用证开证保证金采取冻结和扣划措施问题》的规定，人民法院在审理或执行案件时，依法可以对信用证开证保证金采取冻结措施，但不得扣划。如果当事人认为人民法院冻结和扣划的某项资金属于信用证开证保证金的，应当提供有关证据予以证明。人民法院审查后，可按以下原则处理：对于确系信用证开证保证金的，不得采取扣划措施；如果开证银行履行了对外支付义务，根据该银行的申请，人民法院应当立即解除对信用证开证保证金相应部分的冻结措施；如果申请开证人提供的开证保证金是外汇，当事人又举证证明信用证的受益人提供的单据与信用证条款相符时，人民法院应当立即解除冻结措施。如果银行因信用证无效、过期，或者因单证不符而拒付信用证款项并且免除了对外支付义务，以及在正常付出了信用证款项并从信用证开证保证金中扣除相应款额后尚有剩余，即在信用证开证保证金账户存款已丧失保证金功能的情况下，人民法院可以依法采取扣划措施。

② 银行承兑汇票保证金。

银行承兑汇票保证金，是指出票人向开户行申请办理银行承兑汇票业务时，出票人按照自己在承兑行的信用等级所缴纳的保证银行承兑汇票到期承付的资金。根据出票人在开户银行信用等级的不同，银行可能要求其足额缴纳或差额成数缴纳银行承兑汇票保证金，对符合条件的低风险出票人可能免收该保证金。出票人存于承兑银行的保证金在本质上是属于动产质押，承兑银行享有优先受偿权。

根据《票据法》和《支付结算办法》的规定，银行承兑汇票的出票人为在承兑银行开立存款账户的法人以及其他组织，且与承兑银行具有真实的委托付款关系，具有支付汇票金额的可靠资金来源。

根据最高人民法院、中国人民银行联合发布《关于依法规范人民法院执行和金融机构协助执行的通知》的规定，人民法院依法可以对银行承兑汇票保证金采取冻结措施，但不得扣划。如果金融机构已对汇票承兑或者已对外付款，根据金融机构的申请，人民法院应当解除对银行承兑汇票保证金相应部分的冻结措施。银行承兑汇票保证金已丧失保证金功能时，人民法院可以依法采取扣划措施。

③ 住房按揭贷款保证金。

住房按揭贷款保证金，是指银行与房地产开发企业(以下简称开发商)签订《个人购房贷款项目合作协议》以及《个人购房担保借款合同》时在合同上约定，为银行向开发商所开发楼盘的购房者提供的住房按揭贷款提供担保，由开发商在银行开立保证金专户，并按照发放贷款余额的一定比例所存入的保证金。银行将在购房者取得房地产证并办妥以银行为抵押权人的抵押登记手续后，将保证金账户中的保证金退还给开发商。在购房者取得房地产证并办妥以银行为抵押权人的抵押登记手续之前，若购房者未按合同约定按期还本付息，则由开发商代为偿还，银行有权直接从保证金账户中扣划相关款项。由于住房按揭贷款保证金对于银行防控贷款风险的能力较强，在实践中被房地产开发商和商业银行广泛使用。

④ 保函保证金。

保函保证金，是指保函申请人基于银行出具的保证函所支付的保证金。保函即银行保证函，又称银行保证书、银行保函，是指银行应委托人的申请向受益人开立的一种书面凭证，保证申请人按规定履行合同；一旦申请人出现违约行为，由银行通过直接扣划申请人保证金账户内的保证金履行担保责任，代其偿付所负债务。

随着金融业的不断发展，更多类型的保证金担保方式不断出现，越来越多的保证金账户质押被广泛应用。

(3) 商业银行保证金账户质押与其他质押方式的区别。

① 保证金账户质押与存单质押的区别。

保证金账户质押和存单质押是不同的两种担保方式，二者在性质、适用情形、公示方式、实现方式均存在区别。

存单质押是以定期存单为质押标的而设立的质押，其公示方式为在出具存单的金融机构进行核押，即商业银行直接登记。存单的期限是定期，而且存单的金额是确定的。在担保人不履行的情况下，存单质权的实现需要通过人民法院强制执行。

而在保证金账户质押中，保证金存入专户属于活期存款。因此保证金在时间上具有灵活性，没有到期期限；保证金账户中的存款数额也是不断变化的。对于保证金账户质押的公示方式通常情况下是进行交付，即将保证金存入该账户。银行保证金账户质押的实现方式为在发生债权人、债务人、质押人约定的情形时，银行直接从保证金账户中扣划相应款项。

与存单质押相比，保证金账户质押的不足之处在于其担保能力较弱。存单质押的质押率在一般情况下为 90%，具有较强的担保能力。而在保证金账户质押中，保证金只占银行授信金额的较小比例，并不能覆盖全部风险，通常需要配以其他担保方式形成组合担保。

② 保证金账户质押与应收账款的区别。

应收账款，是指权利人因提供一定的货物、服务或设施而获得的要求义务人付款的权利，包括现有的和未来的金钱债权及其产生的收益，但不包括因票据或其他有价证券而产生的付款请求权。保证金账户质押与应收账款的区别表现在以下四个方面。

a. 应收账款质押一般是以未来债务人对其债务人享有的债权进行质押，而保证金账户质押则是以保证金账户中当前已存入的款项作为质押担保。这也是二者之间最主要的区别。

b. 实务中，可以作为质押的应收账款范围有限，通常应收账款的债务人资信状况比较良好或者应收账款的回款比较有保障。而保证金账户质押中存入专户的相关款项作为质押标的并不存在范围限制。

c. 当借款人不能履行到期债务时，质权人有权对应收账款进行处分，并就其处分所得优先受偿。但是目前我国应收账款的转让市场尚未形成，尤其是对于受让基于收费权的质权人会面对收费资质受限、需要对收费设施进行投资等诸多问题，因此在应收账款质押中质权的实现较为困难。而保证金账户质押则不存在处分的问题，商业银行可以从保证金账户中直接扣划相关款项。

d. 在担保金额上，应收账款质押可以覆盖全部或绝大部分的风险。而保证金账户质押中，专户中的相关款项作为质押标的只能按照一定比例扣划，只能覆盖较少的风险。

(4) 商业银行保证金账户质押的设定。

① 签订书面质押合同。

我国《物权法》和《担保法》都要求质押合同必须以书面形式订立，因此质押合同属于要式合同。商业银行在办理保证金账户质押业务时，需要与质押人签订保证金账户质押的书面合同或者在主合同中注明保证金账户质押的相关条款。在内容上，保证金账户质押合同不仅要包括被担保的主债权的范围、担保期限等一般质押合同的相关内容，还要对保证金存放账户的开户行、户名和账号进行明确约定，以确保保证金账户质押的有效性。此外，保证金账户质押合同中还应对保证金的存入比例、银行对该质权的实现方式以及保证金后续的补存等相关内容予以明确约定，进而在目前我国关于保证金账户质押的相关法律规定不明确的情况下，商业银行能够尽可能地将保证金账户质押业务中的相关法律风险降到最低。

② 开立保证金专户并存入约定保证金。

商业银行在办理保证金账户质押业务时，必须为出质人开立保证金专用账户，以对出质人的保证金进行专项管理。如果不设立专门账户以存放保证金，商业银行将无法对出质人的保证金实施特定的监管，可能会使该项保证金账户质押无效。出质人开立保证金账户后，商业银行将对该保证金账户进行冻结，出质人可随时存入保证金，但支取和划转必须经过商业银行的同意。此外，由于出质人存入的保证金数额是按照商业银行的债权数额的一定比例确定的，因此对保证金存放比例进行约定是保证金账户质押合同的重要内容。在实务中，由于目前保证金账户质押的相关法律制度尚待完善，因此在保证金账户质押设立后该保证金账户也可能随时被人民法院冻结，使商业银行在开展保证金账户质押业务时仍面临不小的经营风险。

③ 保证金账户质押的公示。

公示，即采取法定方式将物权的实际状态表彰于外，通过对交易人信赖的维护(保护对该物权变动法定形式信赖方的信赖利益)，向社会交易界提供统一的、稳定的、普遍信服的法律基础。设定质权的行为是创设物权的行为，需要进行公示。设定质权的公示是质权生效的要件，当事人对质权设定没有公示的，不发生质权设定的效力。在一般情况下，商业银行对出质人的保证金账户进行了冻结，视为出质人保证金交付行为的完成，因而也视为对保证金账户质押进行了公示。但出于完善保证金账户质押制度的考虑，应当以法律形式

确立以人民银行作为登记机关的保证金账户质押登记公示制度。

(5) 商业银行保证金账户质押权利的实现。

① 商业银行实现保证金账户质权的条件。

在保证金账户质押中，质权的实现是指商业银行作为质权人在其债权已届清偿期或约定债务提前到期而债务人不履行其所负义务时，对保证金账户内的保证金进行处分的行为。即质权人的债权已届清偿期或者出现约定提前偿还贷款的情形而债权人未受清偿是保证金账户质权实现的要件。一般情况下，保证金账户质押作为从合同，往往对应多个主合同。因此，保证金账户质权可以受任意一个主合同发生违约行为的影响而实现。

② 商业银行实现保证金账户质权的方式。

根据我国《最高人民法院关于适用〈担保法〉若干问题的解释》中第八十五条规定，债务人或者第三人将其金钱以特户、封金、保证金等形式特定化后，移交债权人占有作为债权的担保，债务人不履行债务时，债权人可以以该金钱优先受偿。因此，在保证金账户质押中质权的实现方式有其特殊性，即该质权的实现不需要经过拍卖、变卖等处分程序，银行作为债权人可以直接从出质人的保证金账户内扣划相应金额的款项以偿还债务人所负债务，扣划完成即商业银行的质权实现。

根据我国《民法通则》的相关规定，金钱作为特殊动产，自存入商业银行即发生所有权转移，存款人只享有债权或者叫取回权。而在保证金账户质押担保中，如果债务人到期不履行主合同债务，商业银行在实现保证金账户质押权时也享有债权请求权，在此情形下根据我国《合同法》的规定，债权人与债务人互负到期债务，且该债务的标的物种类、品质相同的，任何一方可以自己的债务与对方的债务相抵销。因此银行直接扣划保证金存款也可视为行使抵销权。银行作为债权人直接扣划保证金并不会损害质押人的利益，且避免了质权人与出质人因拍卖或协议折价过程造成的延误，可以看出保证金质权的实现方式有其特有的优势。

5. 有限责任公司股权质押

(1) 股权质押的概念。

股权质押，是指出质人为担保债务的实现以其所拥有的股权作为质押标的物而设立的质押。股权质押是权利质押的一种形式。

虽然股权质押的法律关系不仅涉及出质人和质权人两位当事人之间的关系，还包括从股权质押设立至最终实现的各阶段中出质人和质权人与目标公司、其他股东、第三人及登记机关等各方的多种关系。

(2) 股权质押的条件及法律限制。

股权质押作为权利质押的一种形式，其质权标的必须具备两个条件：①具有交换价值的财产权；②具可转让性，即是可以流通转让的权利。

① 现行法律对于质押标的物的规定。

《担保法》第七十五条第二项规定，依法可以转让的股份、股票可以质押。《担保法》第七十八条第三款同时规定，以有限责任公司的股份出质的，适用公司法股份转让的有关规定。从中可以看出，可以用于出质的股权包括股份有限公司股权、有限责任公司股权、涉外股权以及合伙企业股权等可转让的股权。

《物权法》第二百二十六条规定，以基金份额、证券登记结算机构登记的股权出质的，质权自证券登记结算机构办理出质登记时设立；以其他股权出质的，质权自工商行政管理部门办理出质登记时设立。

② 股权质押的法律限制。

《工商行政管理机关股权出质登记办法》第五条规定，申请出质登记的股权应当是依法可以转让和出质的股权。对于已经被人民法院冻结的股权，在解除冻结之前，不得申请办理股权出质登记。

a. 有限责任公司股权质押的法律限制。

《担保法》第七十八条规定，以有限责任公司的股权出质的，适用《公司法》股份转让的有关规定。《公司法》第七十二条规定，股东向股东以外的人转让股权，应经其他股东过半数同意。股东应就其股权转让事项书面通知其他股东征求同意，其他股东自接到书面通知之日起三十日未答复的，视为同意转让，其他股东半数以上不同意转让的，不同意的股东应当购买该转让的股权，不购买的，视为同意转让。从中可以看出，若出质人以有限责任公司的股权提供质押担保，出质人应当向作为债权人的银行提供公司股东同意其以相关股权设定质押担保的股东会决议，使银行有效规避股权质押中因股权质押违反公司法关于股份转让的规定而无效的风险。且在质权实现时，对于经股东同意对外出质的股权，其他股东在同等条件下对其享有优先购买权。

国有独资公司作为有限责任公司的一种特殊形式，其股权质押具有一定的特殊性。根据《公司法》的规定，国有独资公司的资产转让，依照法律、行政法规的规定，由国家授权投资的机构或国家授权的部门办理审批和财产转移手续。根据《国有资产监督管理暂行条例》的规定，核定企业国有资本、监管国有资本变动是各级国有资产管理部门的主要职责。因此，国有独资公司的股权在对股东以外的人出质时，须报经国有资产管理部门的批准。

b. 股份有限公司股权质押的法律限制。

《最高人民法院关于适用〈担保法〉若干问题的解释》第一百零三条规定，以股份有限公司的股份出质的，适用《公司法》有关股份转让的规定。

《公司法》中相关限制性规定如下：①股东大会召开前 20 日内或公司决定分配股利的基准日前 5 日内，不得进行记名股票的股东名册的变更登记。即在上述期间发生的股权质押，将因不能办理变更登记而无法生效。②发起人持有的本公司的股份，自公司成立之日起一年内不得转让；公司董事、监事、经理任职期间每年转让的股份不得超过其所持有的本公司股份总数的 25%，并且离职后半年内不得转让其所持有的本公司股份。

c. 国有上市公司股权质押的法律限制。

《财政部关于上市公司国有股质押有关问题的通知》中规定，上市公司国有股东授权代表单位持有的国有股只限于为本单位及其全资或控股子公司提供质押，国有股东授权代表单位用于质押的国有股数量不得超过其所持该上市公司国有股总额的 50%。

d. 外商投资企业股权质押的特殊规定。

外商投资企业，包括中外合资企业、中外合作企业和外商独资企业。外商投资企业通常采用有限责任公司形式，但也可采用股份有限公司的形式。以外商投资企业的股权出质，应当经原设立审批机关批准后才能办理出质登记。

以外商投资企业的股权出质，除应当满足前述限制性规定外，还应遵守《关于外商投资企业投资者股权变更的若干规定》中的相关规定：①外商投资企业的投资者以其拥有的股权设立质押，必须经其他各方投资者同意。不同意的股东即使不购买，也不能视为同意出质。　②投资者用于出质的股权必须是已经实际缴付出资的。　③投资者不得将其股权质押给本企业。从中可以看出，经外商投资企业其他投资者同意，缴付出资的投资者可以依据《担保法》的有关规定，通过签订质押合同并经审批机关批准将其已实际缴付出资部分形成的股权质押给质权人。需要注意的是，投资者未缴付出资部分的股权不得用以质押；且投资者不得将其可质押的股权质押给本企业。

值得注意的是，以国有资产投资的中方投资者股权质押，实现质权时必须经有关国有资产评估机构进行价值评估，并经国有资产管理部门确认。经确认的评估结果应作为该股权在出质时的作价依据。

(3) 股权质押合同的内容。

股权质押合同是指债务人或者第三人与债权人达成的以其所依法持有的可转让股权对债权进行担保的协议。股权质押合同的形式可以是单独订立的书面合同，也可以是主合同中的担保条款。

股权质押合同作为动产质押合同的一种形式，同样应当满足《担保法》第六十五条对动产质押合同的规定，应当包括以下内容：①被担保的主债权种类、数额；②债务人履行债务的期限；③质物的名称、数量、质量、状况；④质押担保的范围；⑤质物移交的时间；⑥当事人认为需要约定的其他事项。其中，质押担保的范围在《担保法》在第六十七条中明确规定，包括主债权及利息、违约金、损害赔偿金、质物保管费用和实现质权的费用；质押合同另有约定的，按照约定。而质物移交的时间在股权质押合同中，就是办理出质登记的时间。股权质押作为权利质押的一种形式，其质权的成立和生效以办理质押登记为要件。

根据《物权法》第二百一十一条的规定，质权人在债务履行期届满前，不得与出质人约定债务人不履行到期债务时质押财产归债权人所有。该条款对于股权质押同样适用。即出于对担保活动平等公平的保护，当事人不得在质权合同中约定债务人在债务履行期届满不履行到期债务时，质押财产的所有权直接转移于质权人所有，即使当事人认为质物与债权价值相当，也不允许订立如此内容的协议。

(4) 股权质押的生效条件。

① 有限责任公司股权质押。

《担保法》第七十八条规定，以有限责任公司的股份出质的，适用公司法股份转让的有关规定，质押合同自股份出质记载于股东名册上生效。从中可以看出，以有限责任公司的股权出质的，以质押事项记载于股东名册为质押生效的要件。

此外，根据《物权法》的规定，在股权质押后有限责任公司还需在工商行政管理部门办理出质登记，股权质押当事人须凭股权质押合同到工商行政管理部门办理股权出质登记。

② 股份有限公司股权质押。

我国的股份有限公司分为上市公司和非上市公司。上市公司的股票可以在证券交易所进行交易，而非上市公司的股票则无法在证券交易所进行交易，因此二者的股权质押生效方式有所差异。

a. 上市公司股权质押。

《担保法解释》第一百零三条规定，以上市公司的股份出质的，质押合同自就该股权出质向证券登记机构办理出质登记之日起生效。《物权法》规定，以基金份额、证券登记结算机构登记的股权出质的，质权自证券登记结算机构办理出质登记时设立。值得注意的是，如果以上市公司国有股权出质的，还应根据财政部《关于上市公司国有股质押有关问题的通知》第七条的规定，由国有股东授权代表单位在质押协议签订后报省级以上主管财政机关备案，并依据省级以上主管财政机关出具的《上市公司国有股质押备案表》，按照有关规定到证券登记结算公司办理国有股质押登记手续。

b. 非上市公司股权质押。

《担保法解释》第一百零三条规定，以非上市公司的股份出质的，质押合同自股份出质记载于股东名册上生效。对于记名股票，应将出质人、质权人的姓名及股票质押事项在股东名册上予以记载；对于不记名股票，应将股票号码、质权人姓名及股票质押事项在股东名册上予以记载。

(5) 股权质押的效力。

股权质押自生效起便具有法律效力。股权质押的效力内容包括：所担保债权的范围界定、对出质股权的效力范围界定以及对质权人和出质人所享有的权利和所负担的义务的约束。

① 股权质押的效力范围。

股权质押的效力范围包括所担保债权的范围和对出质股权的效力范围两方面内容。

a. 股权质押所担保债权的范围。

股权质押担保的债权范围应当包括主债权、利息、违约金、损害赔偿金、实现质权的费用。当事人可以在股权质押合同中约定担保的主债权的范围，如果没有约定或约定不明则直接适用法律的规定。

另外，关于质物隐有瑕疵而产生的损害赔偿虽然在我国《担保法》中没有涉及但在其他国家或地区关于担保的立法中有明确的规定。鉴于股权本身就具备波动性和一定的不确定性，因此只有资信良好、价值稳升的股权才能被质权人所接受。若出质人在出质时故意隐瞒该股权所存在的瑕疵，那么将给质权人质权的实现带来更大的风险。出于对质权人的保护，隐有瑕疵的股权所产生的损害赔偿也应当包含在担保的范围之内。

鉴于股权作为质物所具有的特殊性，对股权价值进行评估是设立股权质押时必不可少的工作。股权的价值是和公司资产状况、发展前景联系在一起的，但对于有限责任公司来说，由于其经营信息具有封闭性，其股权的价值难以直接确定，因而对其股权价值进行评估通常需要发生一定的费用。该资产评估费用与股权变更登记费用一样应当由出质人来承担，如果由质权人支付或垫付，则该资产评估费用也应该在质权的担保范围内。

b. 股权质押对出质股权的效力。

股权作为股权质押的标的，是以股权中的财产权来担保债权的实现。我国《担保法》及其司法解释明确了质权的效力及于股权和股权的孳息，当事人另有约定的除外。股权质押对出质股权的效力同样适用上述规定。

股权质押的标的是股权中的自益权即财产权。在实现股权质权时，质权人基于其与出质人之间的约定将被质押的股权依法拍卖、变卖或折价处分，所得价款由质权人优先受偿。而股权的全部权能中的另一部分——共益权，依然由出质股东来享有，质权人不能也不需要参与到该公司的经营管理。股权的孳息是指基于出质股权所生的利益，一般包括股息、红利和公司的盈余分配。孳息作为股权收益的重要组成部分，在一定程度上决定了股权价值的大小，因此规定股权质押效力及于股权的孳息是合理的，也是必要的。

代位物是指在动产质押中双方所约定的用以替代质物灭失时的财产或利益，通常表现为赔偿金或其他等值的财产。我国《担保法》第七十三条中规定，质权因质物灭失而消灭。因灭失所得的赔偿金，应当作为出质财产。股权质押同样适用该规定，但鉴于股权作为无形资产其发生灭失的情形不同于固定资产，使质权发生消灭的情形通常表现为：①公司合并。在公司合并时，出质人会得到与出质股权相应的款项或新股权，因而出质股权的效力及于上述对应的款项或新股权。②公司分立。在公司分立时，出质人也会得到相应的款项或新的股权，因而出质股权的效力及于上述对应的款项或新股权。③公司清算或破产。当公司因经营不善而难以为继时会进行清算或申请破产，出质人从中会得到相应的剩余财产分配，因而质权的效力也及于出质人所分得的财产。

② 出质人的权利义务。

在股权质押存续期间内，出质人基于其股权所有者的身份依旧享有该股权的共益权，但同时在股权质押法律关系中出质人也有相应的义务。

a. 出质人的权利。

出质人在质押期间的权利主要是基于出质股权的共益权，但自益权中的部分权利也依旧由出质人享有。其中共益权是基于股东地位而享有的参与公司经营管理的权利，主要包括表决权、代表诉讼提起权、临时股东大会召集请求权、临时股东大会自行召集权与主持权、提案权、质询权、股东会和董事会决议无效确认请求权和撤销请求权、公司合并无效诉讼提起权、累积投票权、会计账簿查阅权、公司解散请求权等权利。由于股权质押的标的就是出质股权中的自益权，因此出质人的自益权在股权质押期间受到很大限制。但与股权转让不同的是，在股权质押中出质人仍拥有部分自益权，其中主要包括股权处分权、新股优先认购权、余额返还请求权。

(a) 表决权。表决权又被称为股东议决权，是指股东基于股东地位所享有的，能够就股东会、股东大会的议案做出一定意思表示的权利。股东表决权是股东权利的主要体现。

表决权是出质股权中共益权的重要组成部分，虽然共益权本身不为股权质权效力范围，仍应该由出质人享有。各国法律对股份有限公司被出质股权的表决权均有所规定。例如德国法律规定，出质股权应交与被信任的第三方，由第三方在出质人同意的情况下代其行使股东权利；而英美国家的法律通常规定，由于质权人是已登记的股权持有者，因此有权在公司会议上行使表决权。而鉴于有限责任公司股东之间有着强烈的信任关系，因而股东会的组成应当保持稳定性，以保证股东会为公司的整体利益做出合理决策。如果让质权人行使出质股权的表决权，由于质权人并不了解公司的经营状况和发展战略，其很难就公司事务做出适当的表决；而且会破坏有限责任公司的人合性。

(b) 出质股权处分权。《担保法》第七十八条第二款规定：股票出质后，不得转让，但经出质人与质权人协商同意的可以转让。出质人转让股票所得的价款应当向质权人提前清偿所担保的债权或者向与质权人约定的第三人提存。从中可以看出，出质人对出质股权依旧享有处分权，只是由于股权上已经设定权利负担，需经过质权人的同意并保证所得价款满足质权人的债权清偿。

(c) 新股优先认购权。新股认购权是依照法定程序和条件，增加本公司的注册资本，股东依据其股东地位可以优先认购所发行新股的权利。虽然新股优先认购权属于自益权，但从出质股权所有者身份来看，出质人在股权质押期间仍是股权的所有人；从新股优先认购权的性质来看，它是基于股东对于公司的地位和贡献从而给予各股东优先购买的权利，而非出质股权的代位物；从新股权与出质股权的关系来看，出质人的新股优先购买权，与已出质股权并不存在任何法律关系，即便出质股权已无法满足担保债权的实现，也不得随意将质权范围扩展到出质人的新购股权。因此出质人基于其股东地位仍享有新股优先认购的权利。如果将新股的优先购买权归属到质权人的权利之中，不但会导致质权人和出质人的权利不平衡，对于有限责任公司而言，还会打破其人合性。应当注意的是，若出质人与质权人事先在股权质押合同中已对出质股权的新股认购权的财产性收益有所约定，在约定不违背法律强制性规定的前提前，遵照当事人的约定处理。

(d) 余额返还请求权。通常在股权质押中，质权人会要求出质人提供价值大于其债权数额的股权作为质押标的，当债权债务关系到期而债务人未能清偿全部债务，债权人可依法对其质权进行处分，并就所得款项在担保的债权范围内优先受偿。若出质股权的价值大于所担保债务的数额，质权人只能在其债权范围内获得清偿，处分出质股权的剩余款项应当向出质人返还，即出质人有权请求质权人返还其出质股权经处分并偿还债务后的余款。

b. 出质人的义务。

为担保质权人的债权能够顺利实现，出质人必须在股权质押期间负有相应的义务。出质人的义务大多与质权人的权利相对应，该部分义务将在质权人的权利中作详细表述，在此仅对应当注意的股权价值保全的义务进行表述。

由于股权的价值总是在不断变化，且其变化十分频繁和难以把握。尤其是对于有限责任公司而言，当股东将自己的股权出质后，由于出质人已经将出质股权上的财产权质押给质权人，因此对于出质股权的保值增值，出质人可能会有所懈怠。为了防范股权质押中出质人的道德风险，在股权质押合同中通常会约定出质人对其所出质股权负有价值保全的义务。

③ 质权人的权利义务。

质权人作为股权质押法律关系中的权利人，在股权质押期间对出质股权拥有一定的权利，并承担一定的义务。

a. 质权人的权利。

(a) 优先受偿权。质权人在股权质押存续期间对基于出质股权所产生的财产利益享有优先权，但通常只有在主债权到期即质权实现时才能真正行使优先受偿权。根据《物权法》第二百一十九条和二百二十条的规定，股权质押法律关系中的质权人可以通过与出质人协议以股权折价或依法拍卖、变卖股权的方式行使质权，并从股权的处分价款中优先受偿。质物折价或拍卖、变卖后，其价款如超过质押合同约定的担保范围，超出部分归出质人所有；如有不足，出质人不再承担担保责任，不足部分作为普通债务由债务人承担。此外，在质权存续期间质权人可以对出质股权所产生的财产利益进行提存，以保障其债权在质权实现时得到优先受偿。

(b) 收取孳息权。《物权法》第二百一十三条规定，质权人有权收取质物所生的孳息，孳息应当先充抵收取孳息的费用。质押合同另有规定的，按照约定。从中可以看出，在质权人与出质人没有特别约定的情况下，质权的效力及于质物所生的孳息。在收取孳息后，该孳息优先用于清偿收取孳息所发生的费用，之后再用于抵偿债权的利息，最后抵偿质权人的主债权。在主债权未届清偿期前，质权人不能直接将收取的孳息充抵其债权及利息，但可以对其进行提存。需要注意的是，孳息是作为质物的一部分而成为债权的担保，质权人在收取孳息时并不当然取得该孳息的所有权。

(c) 限制转让权。《物权法》第二百二十六条规定，股票出质后，不得转让，但经出质人与质权人协商同意的可以转让。出质人转让股票所得的价款应当向质权人提前清偿所担保的债权或者向与质权人约定的第三人提存。股权质押采用的是登记公示生效制度，因此为防止出质人未经质权人同意转让出质股权进而侵犯质权人所享有的担保利益，法律规定在出质人没有取得质权人书面同意的情况下，试图非法转让股票时，股票设质的证券登记结算机构应当有义务不予办理相关转让手续。

(d) 物上代位。根据《物权法》第二百一十六条的规定，因不能归责于质权人的事由可能使质押财产毁损或者价值明显减少，足以危害质权人权利的，质权人有权要求出质人提供相应的担保；出质人不提供的，质权人可以拍卖、变卖质押财产，并与出质人通过协议将拍卖、变卖所得的价款提前清偿债务或者提存。应当注意的是，在质物损害或者价值明显减少的可能并不足以危害质权人的权利时，质权人无权要求出质人提供相应的担保；此外，质权人只有在其所提出的由出质人补充或另行提供价值相当担保的要求遭到出质人拒绝后才能行使保全权。根据我国《民事诉讼法》所规定的"谁主张谁举证"的原则，质权人在提起诉讼时应当承担相应的举证责任。

(e) 要求协助办理登记的权利。我国《物权法》规定，股权质押的设立必须在工商行政部门办理登记。在股权质押登记中所需提交的材料有：记载有出质人姓名(名称)及其出资额的有限责任公司股东名册复印件或者出质人持有的股份公司股票复印件、出质人、质权人的主体资格证明或者自然人身份证明复印件等，以上文件只有在加盖股权所属公司的公章后才具有证明力，因此质权人有权要求该公司对出质股权进行登记时予以配合和协助。

(f) 知情权。质权人所享有的质权要想有效实现，有赖于股权所属公司的良好运作。尤其是对于有限责任公司的出质股权而言，由于质权人与股权所属公司不存在直接关系，因而对公司的运行状况不能做到及时且有效的了解，进而导致质权人不能及时行使相关权利来保障其所享有的质权实现。因此，赋予质权人对股份所属公司一定的知情权是必要的。

b. 质权人的义务。

与质权人所享有的权利相比，质权人的义务并不具体，主要包括以下内容。

(a) 返还剩余财产。主债权到期时债权未能及时受到清偿，则质权人可以对出质股权进行处分，若处分后所获价款在满足主债权后仍有剩余，则质权人应当将剩余部分返还给出质人。

(b) 协助登记注销。在债务人在期限届满后清偿了其所负债务或通过质权的实现偿付债务人所欠债务后，质权人有义务协助出质人在原登记机关办理质权的注销登记。

(c) 禁止权利滥用。在股权质押中，需要对质权人所享有的权利进行把握，以防质权人滥用权利侵犯股份所属公司的商业秘密和内部信息。

(6) 股权质押的实现。

① 股权质押的实现条件。

当债务履行其届满，债务人未能清偿其所负债务时，债权人作为质权人可以通过质权的实现来满足债务人所欠债务的清偿。股权质押只有在内在要求和现实条件同时满足的情况下才能够实现。

a. 股权质押实现的内在要求。

首先，股权质押的实现需要基于该出质股权所设立的质权必须有效存在、主债权必须有效存在，并且没有其他可归责于债权人的事由阻碍债务人对所负债务进行清偿。在股权质押存续期内，基于股权质押所产生法律关系可能会有所变化，所担保的主债权也可能会出现妨碍质权实现的事由。其次，股权质押的实现要求对出质股权的处分必须是全部处分。全部处分指的是：出质股权包括自益权和共益权在内的全部权能一并处分；即便该质权所担保的债权已有部分实现，也要基于质物的不可分性将全部出质股权一起处分。

b. 股权质押实现的现实条件。

股权质押实现的现实条件就是所担保债权已届清偿期而未能受偿。如果质权人在无合理理由的情形下提前实现质权，将会损害出质人所享有的期限利益。但在债务人破产、质权人要求另行提供或补充担保而债务人未能实现的情形下，质权人可以提前实现其质权。

② 股权质押实现的方式及限制。

我国《物权法》明确规定出质股权的处分方式有折价、拍卖和变卖这三种方式。质权人在实现其质权时，需要对质权的实现方式择优选择。

a. 出质股权的折价。

折价，即质权人和出质人之间进行出质股权的转让，是指质权人与出质人参考市场价格或由其共同委托评估机构对出质股权的评估价格，以双方认可的价格将出质股权的所有权移交给质权人，从而使所担保的债权债务关系消灭。

折价的最大特点在于，质权人取代出质人成为出质股权的新股东，该方式以质权人有成为股权所属公司股东的意愿为前提。其优点在于出质股权是在原质押关系的双方当事人之间进行转让，所涉及的法律关系简单。而其缺点在于在实践中当事人很难就出质股权达成双方都满意的价格，而依赖第三方进行评估也会增加质权实现的成本，尤其是对于有限责任公司而言，其相关经营信息的封闭性较强，对其股权价值的评估有很大的难度。

b. 出质股权的拍卖。

拍卖，是将出质股权交给专业的拍卖机构进行公开拍卖，由出价最高的竞买者取得出质股权的所有权，竞买者所付款项优先偿还质权人的债权。采取拍卖方式的结果是由质权人和出质人以外的第三人取得出质股权的所有权。

对于有限责任公司的股权来说，由于其股权不易流通，相关经营信息有一定的封闭性，因此很难保证以拍卖方式所确定的交易价格是合理的。此外，考虑到有限责任公司的人合性，竞买者的范围相当有限。

c. 出质股权的变卖。

变卖，是由出质人与除出质人和质权人以外的第三人签订股权转让协议，以转让出质股权所得价款对所担保的债权进行清偿。通常在出质人有合适的股权转让对象时会采用变卖的方式。

对于有限责任公司的出质股权而言，变卖的方式与折价和拍卖相比具有以下两个优点：(a) 在变卖方式中通常不需要评估机构和拍卖公司的参与，在节约质权实现成本的同时也提高了质权实现的效率。(b) 在变卖的方式下主要由出质人来寻找合适的购买者，而其选择的购买者通常是有利于公司经营和今后发展的，从而一定程度上保护了有限责任公司的人合性，有利于公司的长远发展。

③ 股权质押实现的结果。

股权质押所实现的结果就是出质股权发生转让。对于股份有限公司而言，由于其股份可以在市场上自由流通，因此其股权转让通常不存在困难。但对于有限责任公司来说，出质股权的转让存在一定的限制和障碍。在此本书将对有限责任公司股权的转让进行详解。

a. 股权转让的法律适用。

在我国，由于有限责任公司在股东人数有上限且资本具有封闭性，因此有限责任公司也具有一定的人合性。也正因为其具有人合性的特点，为维护股东的紧密关系，避免公司因股东的变动使正常的生产经营活动受到影响，有限责任公司的股权转让存在诸多限制。

(a) 股东之间主动转让股权。

《公司法》第七十二条第一款规定，有限责任公司的股东之间可以相互转让其全部或者部分股权。即股东之间可以自由地转让其全部或者部分出资，并不以股东会表决通过为要件。但根据国家有关政策的规定，对于某些特定领域中有限责任公司股东之间转让股权仍存在一定的限制。例如，有国有股权参与的交通、通信、大中型航运、能源工业、重要原材料、城市公用事业、外经贸等领域中的有限责任公司，其股东之间转让出资不能使国有股丧失必须控股或相关控股地位，若该股权转让将导致有股权丧失控股地位必须报国家有关部门审批。

(b) 股东向股东以外第三人转让股权。

《公司法》对股东向股东以外第三人转让股权有以下规定：股东向股东以外的人转让股权，应当经其他股东过半数同意。股东应就其股权转让事项书面通知其他股东征求同意，其他股东自接到书面通知之日起满 30 日未答复的，视为同意转让。不同意的股东应当购买该转让的股权，不购买的，视为同意转让。经股东同意转让的股权，在同等条件下，其他股东有优先购买权。两个以上股东主张行使优先购买权的，协商确定各自的购买比例；协商不成的，按照转让时各自的出资比例行使优先购买权。公司章程对股权转让另有规定的，从其规定。

从中我们可以看出，基于自愿的对外股权转让需要注意以下三个问题。

第一，应当经其他股东过半数同意。其中"过半数"指的是股东人数超过全体股东人数一半，即以一人一票的形式进行表决。根据《公司法》第四十四条第二款、第一百零四条第二款的规定，有限责任公司股东会在做出相关的决议时必须经代表三分之二表决权以上的股东通过。即在投赞成票的股东所拥有的股权额不低于公司资本额三分之二的情况下，相关决议才能够通过。此外应当注意的是，《最高人民法院关于适用〈婚姻法〉若干问题的解释(二)》第十六条第一款规定，夫妻双方协商一致将出资额部分或全部转让给该股东的配偶，经过半数股东同意且其他股东明确表示放弃优先购买权的，该股东的配偶可以成为该公司股东。

第二，股东只有在履行了通知义务后，才可以强制转让其股权。其他股东自接到书面通知之日起满 30 日未答复的，视为同意转让。不同意的股东应当购买该转让的股权，不购买的，视为同意转让。

第三，其他股东在公司股权的对外转让中拥有优先购买权，这是有限责任公司人合性的具体体现。应当注意的是，股东之间的股权转让不存在优先购买权的问题；而所谓的"同等条件下"，是指为保护公司和其他股东的权益，对于经股东同意转让的股权，其他股东的购买条件与第三人的股权受让条件相一致。

(c) 因股权的强制执行引起的股权转让。

根据《公司法》的规定，人民法院依照强制执行程序转让股东的股权时，应当"通知"公司及全体股东，其他股东在同等条件下有优先购买权。其他股东自人民法院通知之日起满"20日"不行使优先购买权的，视为放弃优先购买权。

从中我们可以看出，因股权强制执行引起的股权转让需要注意以下三个问题：第一，要有强制执行的依据。该依据应当是具有给付内容并已经发生法律效力的判决、裁定、调解书、支付令及其仲裁裁决书、公证债权文书。第二，应履行通知义务。履行通知义务的目的在于保护其他股东在同等条件下的优先购买权。第三，股权强制执行的范围仅限于执行依据中所确定的债权数额及执行费用，若股权价值大于强制执行的范围，则只能对与该范围等值的部分股权强制执行，所剩下的股权仍由原股东享有其相应的权利。

b. 股权转让与禁止流质。

根据法律规定，在股权质押合同中禁止双方约定在债务履行期限届满质权人未受清偿时，出质股权的所有权直接归质权人所有。即禁止在质押合同中约定流质条款，质权人不能直接成为质物的所有权人。若质押合同中有流质条款，则该流质条款无效，但并不影响合同其他合法约定的效力。

流质，是指在质权担保的债务期限届满时，质权人在未受清偿的情况下直接成为质物的所有权人。可以看出流质条款是对出质人处分权的限制，也是对第三人在质物转让中参与竞争的排除。而在股权质押实现时质权人成为出质股权的所有权人的情形，是出质人与质权人通过协商将出质股权转让于质权人，且折价后出质股权的剩余价值必须返还给出质人。质权人成为出质股权的所有者只是处分出质股权的或然结果且并不会导致出质人的合法权益受到损害，因此该情形并非流质。虽然出质股权由质权人受让与流质的受让主体向一致，但是由于二者在本质上存在差异，因而具有截然不同的法律后果。

④ 公司破产时股权质押的实现。

a. 质权人的优先受偿权与破产别除权。

优先受偿权是法律规定的特定债权人优先于其他债权人甚至优先于其他物权人受偿的权利，股权质押作为担保物权的一种特殊形式，其质权人在实现质权时享有优先受偿权。而别除权是对公司享有担保物权的债权人在公司进入破产程序时的优先受偿权的别称，即

担保权在债务人破产时会得到别除权的保护，不将担保权人的担保物列入破产财产，以保证债权人的债权基于该担保物的价值优先获得清偿。

在股权质押中，质权人所享有的股权质押的优先受偿权并不构成别除权。这是因为二者之间存在本质区别。第一，二者的标的不同。在股权质押中，质权人所享有的股权质权标的是出质人所拥有的公司股权。而在破产公司的担保物权中，担保权标的是公司的财产。有限责任公司的财产和股东的股权是独立的，公司和股东可以分别以各自的财产或财产性权利设立担保。第二，二者的法律关系不同。股权质押是质权人和出质人之间的质押担保关系，其出质人是公司的股东，所担保的是股东向质权所负的债务，而非公司向质权人所负债务。而别除权是基于以公司法人的名义与担保权人之间所发生的债权担保关系，在公司破产时，破产公司的担保权人能够基于公司财产享有别除权。而公司股东的质权人由于其与公司之间不存在任何法律关系，因而不能对公司财产享有优先受偿权。

因而当公司破产时，公司的担保权人可依法主张将公司为其设立担保的财产从破产财产中分离出来以保障其基于该担保财产的优先受偿权。而出质股权的质权人只能在公司破产分配后，就作为出质人的股东所获得的股权剩余价值来清偿其债权。在通常情况下，目标公司破产时该公司的股份价值近乎为零，因而为出质股权的质权人的债权所提供的担保在实质上已不具有经济价值，这对于质权人来说无疑是非常糟糕的结果。

b. 公司破产前质权人的风险防范措施。

作为股权质押的权利人，质权人可以充分利用在质权存续期间其所享有的各项权利来降低股份所属公司发生破产时其债权价值丧失的风险。

首先，质权人可以通过行使其知情权来了解股份所属公司的运营状况。尤其是对于有限责任公司股权的质权人而言，鉴于有限责任公司具有封闭性和人合性导致质权人作为公司以外的其他人无法知悉股份所属公司的经营状况，且有限责任公司并没有对外进行信息披露的义务，其质权人更应及时、充分了解该公司的运行状况，对其股东会的重大决议和财务情况进行及时的获取和追踪。质权人可以通过查阅、复制股份所属公司的股东会会议记录、财务会计报告和公司会计账簿、向出质人询问股权价值的变动情况等方式行使其知情权。此外，出质人和股份所属公司也负有协助质权人获取公司运营信息的义务。

其次，当质权人发现股份所属公司的生产经营出现问题并足以危及其质权利益的情况时，可以行使其质权保全权。关于质权保全权已在前文质权人的权利部分中进行了详细论述，在此不赘述。质权人可以通过行使其质权保全权很好地应对股份所属公司破产时其股权质权无法实现的风险，倘若质权人在发现股份所属公司的生产经营出现问题并足以危及其质权利益的情况下未能得到出质人的补充担保，也未能通过提前处分出质股权得到债权清偿，质权人基于其所享有的质权很可能在股份所属公司破产时一无所获。

质权人通过及时且密切地关注股份所属公司的经营状况，在必要时及时对其所享有的股权质权进行保全，便可以对股份所属公司的破产风险进行较好的防范。但对股份所属公司的破产风险进行防范并不意味着能够对质权人的质权提供绝对保证，而是在质权人的能力范围内尽可能地降低其质权在股份所属公司破产时一无所获的风险。

本 章 小 结

- 金融担保，通常意义上担保是指法律为确保特定的债权人实现债权，以债务人或第三人的信用或者特定财产来督促债务人履行债务的制度。根据金融担保债务人和担保人之间的关系可分为原担保和反担保；根据担保标的物的不同可分为信用担保和物权担保。

- 保证是指保证人和债权人约定，当债务人不履行债务时，保证人按照约定履行债务或者承担责任的行为。保证合同是指保证人与债权人在主债务人不履行其债务时由保证人承担保证债务的协议。保证合同的当事人称为保证人和被保证人。保证人和债权人可以就单个主合同分别订立保证合同，也可以协定在最高债权额限度内就一定期间连续发生的借款合同或者某项商品交易合同订立一个保证合同。有一般保证和连带保证两种保证方式。

- 作为保证在金融领域中的具体应用，贷款保证保险是指借款人以贷款人为被保险人向保险人投保，保险人经过对投保人资格及保险标的审查，在符合投保条件并同意承保的情况下，向投保人收取保险费，同时向被保险人做出承诺，当借款人未按照借贷合同的约定向贷款人履行偿还义务达到一定状态，即构成保险事故，保险人需向被保险人赔付保险金，并在赔付后获得向投保人追偿权的一种财产保险制度。

- 抵押是指债务人或者第三人不转移对被抵押财产的占有，将该财产作为债权的担保，债务人不履行债务时，债权人有权依照本法规定以该财产折价或者以拍卖、变卖该财产的价款优先受偿。抵押权的效力是抵押权人就抵押物而言在担保债权的范围内优先受偿的效力，以及对其他的财务、产权等的限制和影响力。而抵押权的实现体现在，债务人不履行到期债务或者发生当事人约定的实现抵押权的情形，抵押权人可以与抵押人协议以抵押财产折价或者以拍卖、变卖该抵押财产所得的价款优先受偿。对抵押物行使优先受偿权的行为也是抵押权人主要的权利。

- 最高额抵押，是指为担保债务的履行，债务人或者第三人对一定期间内将要连续发生的债权提供担保财产的，债务人不履行到期债务或者发生当事人约定的实现抵押权的情形的，抵押权人有权在最高债权额限度内就该担保财产优先受偿，是抵押中的特殊形式。

- 在实践中，抵押权的设立过程中存在的诸多法律风险值得注意。此外，房地产抵押作为抵押在金融领域中的一种常见的具体应用形式，有着一定的特殊性。

- 质押是指债务人或第三人将其动产移交债权人占有，将该动产作为债权的担保，当债务人不履行债务时，债权人有权依法就该动产卖得价金优先受偿。质押分为动产质押和权利质押两种。动产质押是指可移动并因此不损害其效用的物的质押；权利质押是指以可转让的权利为标的物的质押。商业银行的应收账款质押、保证金账户质押和有限责任公司的股权质押是权利质押在金融领域中的具体应用。

本 章 作 业

1. 简述金融担保的功能。

2. 保证方式根据保证人承担的方式不同可分为哪几类？当保证人对保证方式没有明确规定时采用哪种方式？

3. 简述贷款保证保险中相关主体间的法律关系。

4. 抵押担保的范围主要包括哪几种？抵押权在设立过程中会面临哪些法律风险？

5. 商业银行在房地产抵押贷款中所面临的法律风险有哪些？应如何防范？

6. 简述动产质押与动产抵押的区别。

7. 商业银行动产质押业务中所面临的风险有哪些？应如何防范？

8. 简述权利质押的法定构成要件。

9. 商业银行应收账款质押业务中所面临的风险有哪些？应如何防范？

10. 商业银行保证金账户质押是如何设定的？所设定的质权又是如何实现的？

11. 简述有限责任公司股权质押的效力。

第 5 章

融资租赁法律制度

本章目标

- 掌握融资租赁的概念、特征、种类和功能。
- 掌握融资租赁合同的法律规定。
- 掌握国内保理业务的概念、分类和国内保理业务当事人之间的法律关系。

本章简介

　　融资租赁作为现代租赁中的特殊形式，其承租人不仅能够通过融资租赁活动获得设备的使用权，而且能通过融资租赁活动实现融资。2015 年 8 月召开的国务院常务会议中指出，加快发展融资租赁，是深化金融改革的重要举措，有利于缓解融资难融资贵的问题，拉动企业设备投资，带动产业升级。而国内保理业务作为一项综合性的金融服务，通过为企业提供多种融资方式，帮助企业合理控制财务成本，降低了企业资金管理的难度。本章将为读者详细介绍这两种新兴的金融业务。

　　本章将重点讲解融资租赁业务的相关内容、融资租赁合同的相关法律规定、国内保理业务以及其当事人之间的法律关系。

@ 5.1 融资租赁法概述

5.1.1 融资租赁的概念

融资租赁，是指出租人通过提供资金融通的方式为承租人提供指定设备的租赁交易。因此，融资租赁又被称为金融租赁，具有融资和融物的双重职能。

中国银行业监督管理委员会颁布的《金融租赁公司管理办法》[①]第三条规定，本办法所称融资租赁，是指出租人根据承租人对租赁物和供货人的选择或认可，将其从供货人处取得的租赁物按合同约定出租给承租人占有、使用，向承租人收取租金的交易活动。

"二战"时，美国政府为节约政府开支，在与国内生产厂家签订军需产品的生产合同时，只允许生产厂家在成本之上加很小的利润(即成本附加法)。面对较低的销售价格和不确定的生产期限，生产厂家为了规避设备投资回收的风险，对于大量需要的专业化机械设备采取租赁方式，而政府常常扮演着出租人的角色。

融资租赁关系中的当事人通常包括：融资租赁公司(出租人)、承租人和供货商；且通常由两个以上的合同构成。融资租赁与传统租赁在流程上有很大的不同，如图 5.1 和图 5.2 所示。

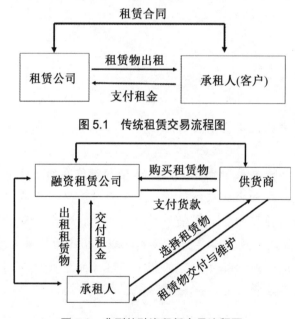

图 5.1 传统租赁交易流程图

图 5.2 典型的融资租赁交易流程图

通常情况下，融资租赁的流程分为如下几步。

(1) 选定预租赁物品。即承租人根据自己生产经营的需要，选定合适的生产厂家就有关

---

① 本文所指的《金融租赁公司管理办法》均为中国银监会 2014 年 3 月所发布的版本。

规格、型号等技术要求以及价格、交货期等项与供货商进行洽谈。

(2) 预约租赁。即承租人将已选定的预租赁物件提供给融资租赁公司(出租人)，并要求融资租赁公司报出租金估价。经双方进行协商一致，办理租赁预约手续。

(3) 签订融资租赁合同。融资租赁公司通过对承租人的资信进行调查，在认定承租人符合其承租人资格评定标准后，与承租人签订融资租赁合同。

(4) 订购租赁物品。融资租赁公司按照租赁合同中规定的要求，向承租人选定的供货商订购货物，并签订购货合同。

(5) 交付租赁物品。供货商按照合同规定交货日期，向承租人直接交付租赁物品。承租人在对租赁物品进行安装、调试并验收合格后，将验收结果告知融资租赁公司。此时开始计算租期。

(6) 融资租赁公司支付货款。在接到承租人的验收合格通知后，融资租赁公司向供货商支付货款。货款的支付按照购货合同中的规定执行。在大多数情况下，融资租赁公司可以通过与金融机构签订货款协议获得融通的资金，并到期还本付息。

(7) 承租人支付租金。承租人按照融资租赁合同的规定向融资租赁公司支付租金。

5.1.2 融资租赁的特征

融资租赁的特征主要有以下几个方面。

(1) 租赁物品一般为设备等固定资产。特别是价值高、专用性强的设备，如飞机、船舶、大型成套设备等是融资租赁中最为常见的租赁物。

(2) 涉及三方当事人，并且同时具备两个合同。融资租赁关系中的三方当事人分别为：融资租赁公司(出租人)、承租人和供货商；而两个合同分别为融资租赁合同和购货合同。

(3) 承租方有对租赁物及供货方进行选择的权利。在融资租赁关系中，出租人是根据承租方的要求向承租方所指定的供货方购买租赁物的，因此承租人要对租赁物的质量、规格、型号、验收负责，并在租赁期内承担设备的维护和保养责任。

(4) 租赁期内，出租人拥有租赁物的所有权，承担意外事故风险。

(5) 融资租赁合同不可撤销。

(6) 融资租赁的租期基本与设备使用寿命相同。租赁期限通常可以划分为：长期租赁(>5 年)、中期租赁(1~5 年)和短期租赁(< 1 年)，融资租赁一般为中长期租赁。

(7) 租期结束时，承租人有留购、续租、退租三种选择。其中，留购是指在租赁期届满时，承租人通过支付租赁物的残值(又称名义货价)获得租赁物的所有权；续租，是指承租人在租赁期届满后的合理期限内，通过与出租人重新订立融资租赁合同在日后对租赁物继续租用；退租，是指在租赁期届满时，承租人返还租赁物，结束融资租赁合同。

5.1.3 融资租赁的种类

1. 基于融资租赁运营主体的分类

根据融资租赁运营主体的不同，可将融资租赁行业按股东背景分为如下三种类型。

(1) 银行系融资租赁公司：其主要股东是银行，所面向客户大多是银行内部客户和大型国有企业。

(2) 厂商系融资租赁公司：其主要股东是设备制造商，所面向的客户大多是其设备的需求者。

(3) 独立的融资租赁公司：即没有银行或设备制造商的股东背景，其所面向的客户较广，以中小型企业为主。

2. 基于融资租赁审批条件的分类

根据融资租赁审批条件的不同，可以将我国融资租赁方式分为：一般租赁和金融租赁，如图 5.3 所示。

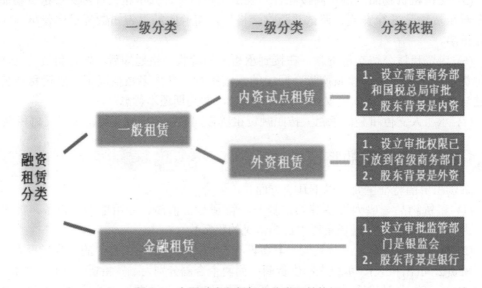

图 5.3 中国融资租赁行业分类及其依据

3. 基于融资租赁运营模式的分类

根据融资租赁运营模式的不同，可将融资租赁行业分为如下几种类型。

1) 直接融资租赁

该种方式又被称为简单融资租赁、自营融资租赁，是融资租赁中最常见的形式。即出租人通过融资手段获取资金，用来购买承租人事先所选定的租赁物；待承租人收到租赁物并验收合格后，由承租人按照事先在融资租赁合同中已约定好的利率和租期，按期向出租人支付租金；租赁期届满，出租人可以名义价格将租赁物卖给承租人。在整个租赁活动中，承租人虽然没有所有权但享有使用权，并负有维修和保养租赁物的义务。租赁物在使用期间可能承担的风险均由承租人承担。

2) 融资转租赁

融资转租赁是出租人作为第一承租人从其他融资租赁公司租入租赁物，并将该物品再次以融资租赁的方式租给第二承租人(实际的设备使用方)，即指对同一物品为标的多次发生融资租赁关系的业务。在该种形式下，融资租赁公司具备出租人和承租人的双重身份。通常发生在国际租赁之中。

3) 售后租回

根据我国《金融租赁公司管理办法》第五条的规定，本办法所称售后回租业务，是指承租人将自有物件出卖给出租人，同时与出租人签订融资租赁合同，再将该物件从出租人处租回的融资租赁形式。售后回租业务是承租人和供货人为同一人的融资租赁方式。此外，我国《金融租赁公司管理办法》第三十四条规定，售后回租业务的租赁物必须由承租人真实拥有并有权处分。金融租赁公司不得接受已设置任何抵押、权属存在争议或已被司法机关查封、扣押的财产或所有权存在瑕疵的财产作为售后回租业务的租赁物。这一形式的实质是通过盘活其存量资产获取现金流，进而改善财务状况。

4) 杠杆租赁

这一形式又被称为代偿贷款租赁、衡平租赁。通常采用该租赁形式的租赁物是大型租赁项目。出租人在为承租人购入设备之前，以准备购入的设备为抵押、以未来的租金收入为保证，向银行、证券公司、保险公司等金融机构进行融资，在获得资金后为承租人购入指定的大型设备。这一形式通常用于飞机、轮船等大型成套设备的融资租赁。

5) 委托租赁

这一形式是指委托人与出租人签订委托协议，由出租人代表委托人的意愿对委托人的标的物进行融资租赁。委托租赁最大的特点在于能够使没有融资租赁经营权的企业，可以通过出租人从事融资租赁活动。

6) 税务租赁

这一形式在主要流程上与直接融资租赁基本相同，其最大的特点在于，租赁物属于国家鼓励的大中型项目的成套设备，在购买时可以获得政策性税收优惠；所获得的税收优惠由出租人和承租人共享。随着社会工业化的不断发展，税务租赁将逐渐减少。

7) 风险租赁

这一融资租赁形式是融资租赁与风险投资的融合，是指在金融租赁活动中，出资人通过租赁债权和股权投资相结合的方式向承租人出租标的物，并通过获取租金和分得股利的形式获取租赁和投资回报。风险租赁的突出特点在于，出租人在融资租赁活动时兼具投资人的身份。

8) 结构式参与租赁

这一形式是在风险租赁的基础上进一步发展出的新型融资租赁形式。在结构式参与租赁活动中并不需要担保，且出租人通常具有供货商背景，其突出特点在于：在融资租赁合同中并未约定固定的租金和固定租赁期限，而是约定按照承租人的现金流量折现来获取租赁和投资回报。

5.1.4 融资租赁的功能

融资租赁有如下五种重要功能。

(1) 投融资功能。这是融资租赁最为突出的功能。承租人可以通过融资租赁活动，融入其所需要的特定设备，变相地实现了融资需求。出租人则通过融资租赁活动获得了投资渠道。

(2) 促销功能。通过融资租赁活动，缺乏资金实力的设备需求者实现了设备的购买或使用，进而使供货商的设备销售量得到了提升。

(3) 资产管理功能。这一功能主要体现在资产所有者可以通过融资租赁活动盘活其存量

资产，从而有效地降低管理成本和资产风险。

(4) 理财功能。这一功能在售后租回和委托租赁中体现得尤为明显。资产所有者通过融资租赁活动可以获得一定的现金流，进而提高其流动比率和速动比率，使财务结构得到优化。

(5) 节税功能。在融资租赁活动中，承租人可以获得合理且合法的节税效果。这是因为若承租人对其融资租入的资产在会计上以经营租赁核算，则其所付的租金可以在税前扣除；若承租人对其融资租入的资产在会计上以融资租赁核算，则可以享受加速折旧的税收优惠政策。

@ 5.2 融资租赁合同

5.2.1 融资租赁合同的概念与特征

融资租赁合同，是指出租人通过提供资金融通的方式向承租人提供指定的设备，承租人向出租人支付租金的合同。

通常情况下，融资租赁合同应以书面形式订立。

融资租赁合同的法律特征主要有以下几个方面。

(1) 融资租赁合同属于诺成合同。即合同在融资租赁交易活动的双方当事人意思表达一致时成立。

(2) 融资租赁合同属于双务合同。即融资租赁合同中的双方当事人均享有一定的权利并承担一定的义务。

(3) 融资租赁合同属于有偿合同。即融资租赁合同中的当事人为其所享有的权利需要付出一定的代价。承租人为其所获得的租赁物使用权，应向出租人定期支付租金。

(4) 融资租赁合同属于不可撤销合同。即在融资租赁合同生效后，承租人和出租人均无权在租赁期内要求解除合同。其中出于对出租人利益的保护，承租人要求解除合同的行为是绝对禁止的。

(5) 融资租赁合同是融资租赁交易活动中的主合同。在融资租赁交易活动中，出租人与承租人之间融资租赁合同的订立是出租人和供货商之间买卖合同订立的前提，且买卖合同的内容以融资租赁合同的内容为确认基础。

(6) 在融资租赁合同中是由供货商向承租人履行标的物的交付及瑕疵担保义务。出租人享有标的物上买受人的权利，但不承担买受人在租赁关系中应负的义务。当标的物出现瑕疵时，出租人仅需承担辅助索赔的义务；但若标的物是在依赖出租人的技能或受出租人干预的情形下选择的，则出租人仍须承担瑕疵担保责任。

5.2.2 融资租赁合同的内容

我国《合同法》第二百三十八条中规定，融资租赁合同的内容包括租赁物名称、数量、规格、技术性能、检验方法、租赁期限、租金构成及其支付期限和方式、币种、租赁期间届满租赁物的归属等条款。

结合我国融资租赁交易的法律实践，可以将融资租赁合同的内容分为一般条款和特殊条款。

1. 融资租赁合同中的一般条款

融资租赁合同中的一般条款通常包括如下几个方面。

(1) 融资租赁合同的说明条款。其中包括融资租赁合同的名称以及融资租赁交易中双方当事人(出租人和承租人)的名称、地址、法定代表人等基本信息。

(2) 融资租赁合同的合同标的物条款。这一条款是对承租人要求出租人为其购买的租赁物的名称、数量、质量、型号、规格、性能和价格等相关信息做出规定。

(3) 融资租赁合同的履行期限条款。这一条款是对租赁物的租赁期限和租金的支付期限做出约定。在通常情况下，租赁物的交付日期即为融资租赁的起始日期。

(4) 融资租赁合同的履行地点和履行方式条款。在融资租赁交易活动中，履行地点包括租赁物的交付地点、付款地点等其他用来履行双方义务的地点；履行方式则包括租赁物的交付和运输方式、付款的结算方式等其他相关内容。

(5) 融资租赁合同的租金条款。这一条款是对租金的计算方法、支付结算方式、支付期限、支付地点、支付次数、支付金额等相关内容做出规定。

(6) 租赁期满时租赁物处置条款。在租赁期届满后，承租人对租赁物享有选择留购、续租或退租的权利。这一条款通过与承租人的选择权相结合对租赁物在租赁期届满时的处置方式做出规定。

(7) 融资租赁合同的违约条款。这一条款所列明的，是由出租人和承租人事先协商一致的违约责任。其中应当包括：承租方违反合同规定，存在使租赁物发生损失、侵权行为、拖欠应缴租金等其他违约行为时应对出租人所负的违约责任；租赁物的交付存在延迟或不符合合同规定的情况，且是由出租人的过错所造成的，出租人应当先承租人负有违约责任。

(8) 融资租赁合同的争议解决条款。这一条款所列明的，是由出租人和承租人事先协商一致的，对双方当事人之间所存在的争议进行解决的途径。争议解决途径包括：协商解决、调解解决、仲裁解决和诉讼解决。

(9) 其他条款。融资租赁合同的财产保险条款、担保条款、保证金条款以及租赁债权的转让和抵押条款等其他相关必要条款。

2. 融资租赁合同中的特殊条款

融资租赁合同中的特殊条款通常包括如下几个方面。

(1) 融资租赁合同的租赁物交付条款。与购货合同不同，由于融资租赁是具有融资性质的特殊租赁方式，融资租赁合同中并不要求出租人向承租人交付租赁物，而是由供货商承担这一交付义务。

(2) 融资租赁合同的不可撤销条款。这一条款是对出租人的保护，即要求承租人不得在租赁期内单方面提出解除合同。

(3) 融资租赁合同的风险承担条款。在融资租赁合同中，通常约定在租赁期内租赁物发生损毁灭失的风险由承租人承担，承租人应继续支付租金，履行合同义务；出租人则仅承担辅助索赔的义务，索赔权的转让在合同中也应有明确规定。若标的物是在依赖出租人的技能或受出租人干预的情形下选择的，或是由出租人对租赁物做出选择的，或是出租人擅自更改租赁物的，出租人仍须承担相应责任。瑕疵担保责任也是如此。

(4) 融资租赁合同的租赁物后续维护条款。在融资租赁合同中，应明确规定租赁物日后发生的维修、保养等相关支出均由承租方承担。此外，租赁物在安装或使用过程中给第三方造成的财产损失和人身伤害也均由承租方承担。

(5) 融资租赁合同的供货方责任条款。这一条款旨在排除供货方对融资租赁合同的异议，进而保证承租人对租赁物的使用权。同时也对由出租人的过错给供货方所造成的损失，出租人应承担的赔偿责任做出规定。

5.2.3　融资租赁合同当事人的权利和义务

融资租赁合同中的当事人分别为：出租人、承租人和供货商。

1. 出租人的权利和义务

1) 出租人的权利

出租人的权利主要有以下四个方面。

(1) 租赁物的所有权。即出租人是融资租赁交易活动中租赁物的所有权人。当融资租赁期限届满，在承租人选择退租的情况下，出租人有权收回财产。

(2) 收取租金的权利。即出资人有权要求承租人按照融资租赁合同的约定向其支付租金。承租人未按照约定支付租金时，出租人可要求其在一定合理期限内支付租金；若经催告后承租人仍未支付租金，出租人可要求其支付租赁期内的所有租金(包括已发生和未发生的)，且可要求解除合同，取回租赁物。

(3) 免除责任的权利。通常在融资租赁交易活动中，租赁物日后发生的维修、保养等相关支出均由承租方承担。此外，租赁物在安装或使用过程中给第三方造成的财产损失和人身伤害也均由承租方承担。在租赁期内租赁物发生损毁灭失的风险由承租人承担，承租人应继续支付租金，履行合同义务；出租人则仅承担辅助索赔的义务，索赔权的转让在合同中也应有明确规定。若标的物是在依赖出租人的技能或受出租人干预的情形下选择的，或是由出租人对租赁物做出选择的，或是出租人擅自更改租赁物的，出租人仍须承担相应责任。瑕疵担保责任也是如此。

(4) 提前解除合同的权利。当承租人存在重大违约行为时，出租人可提前解除合同并要求承租方承担相应赔偿责任。

2) 出租人的义务

出租人的义务主要有以下三个方面。

(1) 根据承租人的意愿购买租赁物的义务。出租人未购买或未按承租人的意愿购买，应对承租人承担违约责任。

(2) 保证承租人实现对租赁物的占有和使用的义务。出租人应及时向供货商支付所购租赁物的价款；出租人应有效协助承租人受领租赁物；出租人不得擅自在租赁物上设定抵押或将其转让。

(3) 协助承租人进行索赔的义务。在租赁期内租赁物发生损毁灭失的风险由承租人承担，但出租人负有承担辅助索赔的义务。

2. 承租人的权利和义务

1) 承租人的权利

承租人的权利主要有以下四个方面。

(1) 选择出租人和租赁物的权利。出租人的信誉状况和专业水平、租赁物的质量和性能，关乎租赁物的使用者及受益者——承租人的核心利益。

(2) 租赁物的使用权。若供货商所交付的租赁物存在质量问题或延迟交付，承租人可直接要求供货商承担违约赔偿责任。

(3) 对租赁物的优先购买权。在租赁期届满后出租人转让租赁物，出租人在同等条件下对该租赁物享有优先购买的权利。

(4) 请求返还部分利益的权利。出租人因承租人无力支付租金而解除融资租赁合同，其所收回的租赁物价值超出承租人之前已付租金及其他相关费用的部分，承租人可要求出租人返还。

2) 承租人的义务

承租人的义务主要有以下五个方面。

(1) 受领并检查租赁物的义务。承租人必须在约定的时间和地点受领租赁物，并在约定的时间内将验收结果告知出租人。否则，承租人应对给供货商造成的损失承担违约赔偿责任，对其自身造成的损失自行承担。

(2) 支付租金的义务。承租人应定期在约定期限内向承租人支付租金。承租人通常情况下不得以租赁物存在瑕疵为由拒付租金。承租人未按照约定支付租金时，出租人可要求其在一定合理期限内支付租金；若经催告后承租人仍未支付租金，出租人可要求其支付租赁期内的所有租金(包括已发生和未发生的)，且可要求解除合同，取回租赁物。

(3) 妥善使用和维修租赁物的义务。承租人未妥善使用租赁物造成租赁物发生毁损灭失的，对出租人造成的损失应承担赔偿责任，对自身造成的损失自行承担。除此之外，租赁物日后发生的维修、保养等相关支出均由承租方承担；租赁物在安装或使用过程中给第三方造成的财产损失和人身伤害也均由承租方承担。

(4) 不得擅自对租赁物进行转租和处置的义务。承租人擅自对租赁物进行转租和处置，对出租人造成的损失承担违约赔偿责任。

(5) 租赁期届满返还租赁物的义务。承租人在事先约定租赁期届满后采用退租的方式、未对租赁物的处置做出约定，或做出约定但租赁物非承租人所有的情况下，承租人应在租赁期届满后向出租人返还租赁物。

3. 供货商的权利和义务

供货方的权利主要是收取其所售合同标的物的货款。

供货方的义务主要有以下三个方面。

(1) 向承租人交付租赁物的义务；

(2) 按约定期限交付租赁物的义务；

(3) 对所交付租赁物的质量提供保证的义务。

@ 5.3 国内保理业务

5.3.1 国内保理业务的概念

根据国际统一司法协会于 1988 年制定的《国际保理公约》中的定义，保理是指供应商(债权人)与保理商之间所订立的，约定供应商将其与购货商(债务人)之间现在已发生或将来要发生的应收账款转让给保理商的契约。

其中，应收账款主要是指从事商业贸易的企业之间现在已发生或将来要发生的应收账款，并不包括供货商与个人或家庭之间现在已发生或将来要发生的应收账款。应收账款被转让时应通知购货商。

在保理业务中，保理商实质上是为供应商提供资金的融通。

国内保理业务，即为发生在国内范围之内的商业贸易活动所提供的保理业务。目前学术界对国内保理业务并没有明确的定义，但在实务中对国内保理业务的定义基本与《国际保理公约》相一致。例如，中国银行对其国内保理业务定义为"是指卖方将其与买方(债务人)订立的货物销售、服务或工程合同项下产生的应收账款转让给中国银行，由卖方保理商和买方保理商共同为卖方提供贸易融资、销售分户账户管理，应收账款的催收与坏账担保服务。卖/买方所在地的中国银行将承担卖/买方保理商的角色"。[①]

5.3.2 国内保理业务的分类

1. 有追索权保理和无追索权保理

根据保理商对购货商到期无法偿付的应收账款是否可以向供货商追索，国内保理业务可以分为有追索权保理和无追索权保理。

有追索权保理，是指保理商在购货商到期无法偿付的应收账款的情形下，对供货商享有追索权的国内保理业务。有追索权保理又被称为回购型保理。这是国内保理业务中的常见形式。

无追索权保理，是指保理商在购货商到期无法偿付应收账款的情形下，对供货商不享有追索权的国内保理业务。无追索权保理又被称为买断型保理、非回购型保理。

2. 买方保理和卖方保理

根据保理商对保理业务中相关参与主体的信用评价角度不同，国内保理业务可以分为买方保理和卖方保理。

买方保理，是指保理商以购货商的信用状况为评价内容，通过对购货商的信用、资质、应付账款的规模和结构等相关信息进行审核，为该国内保理业务确定保理额度，进而为供货商提供国内保理业务。

---

①中国银行全球门户网站 http://www.bankofchina.com/cbservice/cb3/cb34/200807/t20080703_892.html

卖方保理，是指保理商以供货商的信用状况为评价内容，通过对供货商的信用、资质、履约能力等相关信息进行审核，为该国内保理业务确定保理额度，进而为供货商提供国内保理业务。

3. 融资保理和非融资保理

根据保理商是否向供货商提供融资，国内保理业务可以分为融资保理和非融资保理。

融资保理，是指保理商为供货商提供融资的国内保理业务，在这一类型的保理业务中，供货商向保理商提交应收账款的相关单据后，保理商立即向供货商支付一定比例的预付款，即构成保理商为供货商提供融资的行为。融资保理又被称为标准保理，是国内保理业务中的常见形式。

非融资保理，是指保理商为供货商并不提供融资的国内保理业务，在这一类型的保理业务中，供货商向保理商提交应收账款的相关单据后，保理商并不向供货商支付一定比例的预付款，而是为该应收账款提供坏账担保，应收账款到期后若购货商未向供货商支付货款，则保理商代为支付。非融资保理又被称为到期保理。

4. 公开型保理和隐蔽型保理

根据国内保理业务中所发生的保理行为是否通知购货商，国内保理业务可以分为公开型保理和隐蔽型保理。

公开型保理，是指在国内保理业务中发生保理行为时向购货商发出通知，并要求购货商在应收账款到期时向保理商支付货款的保理方式。公开型保理又被称为明保理。

隐蔽型保理，是指在国内保理业务中发生保理行为时并不向购货商发出通知，仅在购货商无法偿付购货商应收账款或存在其他可能造成保理商发生利益减损时对购货商进行通知的保理方式。隐蔽型保理又被称为暗保理。

5.3.3 国内保理业务与传统短期融资方式的比较

1. 短期流动资金贷款和国内保理业务

短期流动资金贷款，是指银行为满足客户生产经营过程中产生的短期资金需求，向客户提供的短期贷款。

1) 主要特征的不同

(1) 短期流动资金贷款的特征。

① 基于借款人的资信状况。

② 借款期限为一年以下。

(2) 国内保理业务的特征。

① 有追索权的国内保理业务基于卖方(供货商)和买方(购货商)的资信状况；无追索权的国内保理业务基于买方(购货商)的资信状况。

② 不存在融资期限的限制。

2) 审核重点的不同

(1) 短期流动资金贷款的审核重点。

主要审核借款企业的资产规模、销售收入、资信等级、还款能力、借款用途、是否能够提供担保等方面。

(2) 国内保理业务的审核重点。

主要审核买卖双方之间所订立的交易合同是否真实、卖方的违约可能性、买方(或包括卖方)的资信情况等方面。

3) 还款方式的不同

(1) 短期流动资金贷款：主要依靠借款人的生产经营收入偿还贷款。

(2) 国内保理业务：有追索权的国内保理业务，保理商可以通过买方偿付货款或向卖方追索的方式收回资金；无追索权的国内保理业务，保理商通过买方偿付货款的方式收回资金。

4) 收费标准的不同

(1) 短期流动资金贷款：以同期银行贷款利率为收费标准，计算利息。

(2) 国内保理业务：保理商可以向卖方收取保理费，也可以参照 SHIBOR 约定贷款利率。

2. 票据融资和国内保理业务

票据融资，即票据贴现融资，是指票据持有人通过向银行等金融机构转让其所持有的票据，在票据到期日前获得资金的融资方式。

1) 交易标的的不同

(1) 票据融资：以票据为交易标的。其中票据所替代的是应收账款，且在会计核算中通过应收票据计量。

(2) 国内保理业务：以真实的应收账款债权为交易标的，且在会计核算中通过应收账款计量。

2) 融资期限的不同

(1) 票据融资：融资期限不超过六个月。

(2) 国内保理业务：不存在融资期限的限制。

3) 服务内容的不同

(1) 票据融资：服务内容为通过票据贴现为票据持有人提供融资。

(2) 国内保理业务：服务内容除了向卖方提供融资，还提供了销售分户账户管理、应收账款的催收与坏账担保服务。

4) 收费标准的不同

(1) 票据融资：银行承兑汇票以贴现率计算贴现费用；商业承兑汇票以贴现率加风险敞口费计算贴现费用。

(2) 国内保理业务：保理商可以向卖方收取保理费，也可以参照 SHIBOR 约定贷款利率。

3. 应收账款质押融资和国内保理业务

应收账款质押融资，是指借款人以其应收账款为抵押品，向银行等金融机构获取短期借款的融资方式。应收账款质押融资与国内保理业务同属于应收账款融资。

1) 交易性质的不同

(1) 应收账款质押融资：以应收账款为标的物，为借款人贷款提供质押担保。

(2) 国内保理业务：是真实的应收账款债权的转让。

2) 服务内容的不同

(1) 应收账款质押融资：服务内容仅为向借款人提供融资。

(2) 国内保理业务：服务内容除了向卖方提供融资，还提供了销售分户账户管理、应收账款的催收与坏账担保服务。

3) 收费标准的不同

(1) 应收账款质押融资：以同期银行贷款利率计算利息。

(2) 国内保理业务：保理商可以向卖方收取保理费，也可以参照 SHIBOR 约定贷款利率。

4) 通知义务的不同

(1) 应收账款质押融资：无须向债务人(买方)发出通知。

(2) 国内保理业务：公开型保理需要向债务人(买方)发出通知，隐蔽型融资无须向债务人(买方)发出通知。

4. 小结

综合以上三种国内保理业务与传统短期融资方式的比较，我们可以看出：

(1) 只有在国内保理业务中发生了债权转移，短期流动资金贷款、票据融资和应收账款质押贷款均不发生债权的转移。

(2) 有追索权的国内保理业务和应收账款质押贷款对买卖双方进行增信；无追索权的国内保理业务的增信对象为买方(购货商)；短期流动资金贷款的增信对象为借款人；票据融资的增信对象为出票人和承兑人。

(3) 有追索权的国内保理业务、短期流动资金贷款和应收账款质押贷款增加了业务申请企业的负债；无追索权的国内保理业务和票据融资并未增加申请企业的债务。

5.3.4 国内保理业务操作

1. 国内保理的目标客户定位

国内保理业务是一项具有高风险的业务，因此，保理商对目标客户的选择是其进行风险控制的重要部分。

从一般意义上来讲，选择通过国内保理业务获得融资的客户是那些难以满足银行授信条件的企业，有着较高的融资成本。发达国家国内保理业务的客户，就是那些融资成本较高的中小型企业。中小型企业由于自身实力较弱，在商业交易中处于弱势地位，对付款方式的谈判缺乏话语权，且对于对方信用状况并没有充分把握，赊销方式很容易造成资金链断裂，影响正常的生产经营。

在我国，国内保理业务的客户通常是大型企业。这是因为大型企业具有良好的信用状况且可以提供高额担保，为其提供国内保理业务风险较小。而大型企业选择国内保理业务通常并不是出于融资需求的考虑，而是为了使资产负债表得到润色，从而导致国内保理业务的融资职能并不能得到较好的体现。

可以将国内保理业务的目标客户分为如下几种类型。

(1) 初创企业和快速成长企业。这类企业有较大的资金需求但同时有较高的融资成本。

(2) 业务量大的轻资产企业。这类企业有较大的融资需求，但其资产主要为轻资产，很难在传统融资方式中为其提供担保，只能寻求国内保理业务获得融资。

(3) 出现临时性资金困难的企业。这类企业在发生突发的融资需求时，需要通过银行贷款之外的其他融资方式为其提供补充授信。

(4) 具有较强商业实力的企业。这类企业由于具有良好的信用状况且可以提供高额担保，容易获得保理商的青睐。

2. 国内保理业务的交易结构

国内保理业务的交易结构如图 5.4 所示。

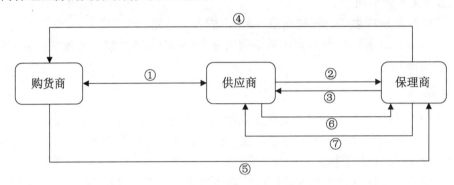

图 5.4 国内保理业务的交易结构

步骤①：供应商与购货商之间发生真实的商业交易，且采用赊销的方式，进而形成了供应商对购货商的应收账款。

步骤②：供应商为获得融资，向保理商提出国内保理业务的申请，并向保理商提供相应的交易资料。

步骤③：保理商对该笔应收账款以及供应商和购货商的资信状况、企业实力、履约能力等相关情况进行审核，在审核通过之后确定保理额度，并在保理额度内向供应商提供融资，同时对购货商进行通知(隐蔽保理除外)。

步骤④：保理商向购货商催收应收账款。

步骤⑤：购货商在应收账款到期后，向保理商支付所欠货款。

步骤⑥：购货商向保理商支付保理费或融资利息。

步骤⑦：在有追索权的国内保理业务中，若存在购货商到期无法偿付的应收账款的情形下，保理商可以向供货商追索。

3. 国内保理业务的准入条件

国内保理业务的准入条件包括如下五个方面。

1) 商业交易关系方面的条件

① 商业交易关系是真实有效的，交易合同得到供应商和购货商双方的认可；

② 供应商和购货商之间有稳定的购销关系；

③ 供应商和购货商之间不存在未决的纠纷和争议；

④ 供应商有良好的履约能力。

2) 供应商的准入条件

① 拥有法人资格；

② 有良好的财务状况和经营能力；

③ 所售商品有良好的质量和市场前景；

④ 在保理商(银行)处开有结算账户；

⑤ 其在中国人民银行的资信等级为 BB 级及以上。

若该应收账款是基于供应商应收的租金，则供应商还应具备：

① 拥有从事租赁业务的资格授权；

② 具有专业的租赁经营能力；

③ 有具备专业素养的从业人员；

④ 有较强的应收账款管理能力。

3) 购货商的准入条件

① 拥有法人资格；

② 有良好的财务状况、经营能力和盈利能力；

③ 有较好的信用记录；

④ 在保理商(银行)处开有结算账户。

若购货商为人民政府，则该人民政府应满足的条件包括：

① 级别在地级市以上；

② 上年财政收入在 45 亿元以上；

③ 财政收支基本平衡，有良好的信用记录。

4) 作为标的的应收账款的相关条件

① 以人民币计价单位和支付货币；

② 是基于真实的商业交易产生的；

③ 不存在权利瑕疵，权属清晰；

④ 供应商已按照合同要求履行交付货物或提供相应服务的义务；

⑤ 所基于的交易合同中不存在禁止或限制应收账款转让的条款。

5) 租赁合同的相关条件

若该应收账款是基于供应商应收的租金，则租赁合同需要满足如下条件。

① 应付租金是分期支付的；

② 租赁合同中不存在禁止或限制应收账款转让的条款；

③ 租赁物是出租人以自有资金购买的；

④ 应收租金优先偿付国内保理业务的保理费或融资利息。

4. 国内保理业务的授信审查

国内保理业务通常从供应商和购货商的相关情况、融资额度的类型、预付比例的确定、融资期限的确定等方面进行授信审查。

(1) 供应商和购货商的相关情况。通常对购货商是从其信用状况、资质、应付账款的规模和结构、业务规模等相关方面进行审核；对供货商是从其信用状况、资质、履约能力等方面进行审核。

(2) 融资额度的类型。融资额度通常分为一次性额度和循环额度。一次性额度是指在为供货商提供融资时，在每次审核之后仅提供一次融资；循环额度则是指在审核之后一定期

限内可以多次向供应商提供融资，累计融资额不超过经审核后确定的融资额度。由供应商与购货商首次交易所形成的交易通常只能采用一次性额度。

(3) 预付比例的确定。预付比例是指通过对供应商和购货商相关情况的审核所确定的，保理商能够为供货商提前预付的资金比例，即应收账款金额×预付比例=保理商所提供的融资额。在实务操作中，预付比例通常为80%～90%。

(4) 融资期限的确定。国内保理业务的融资期限通常不超过1年，以6个月为融资期限的国内保理业务居多。以租金为应收账款的国内保理业务期限较长，但不能超过5年，且该融资期限不得超过租赁关系中的剩余租赁期限和承租人的经营期限。

5. 国内保理业务的费率和利率

1) 国内保理业务的费率

国内保理业务的费率即在国内保理业务中，保理商向供应商收取的保理费计算比率。

在我国商业银行所提供的国内保理业务中，有追索权的国内保理业务的费率通常不低于应收账款金额的0.1%；而无追索权的国内保理业务的费率通常不低于应收账款金额的0.2%。

若有两家保理商同时为供应商通过国内保理业务(一方提供的是卖方保理，另一方提供的是买方保理)的，保理费率的分配由这两家保理商自行约定。

2) 国内保理业务的利率

国内保理业务的利率即国内保理业务中保理商向供应商提供融资所收取的融资利率。

在我国的保理业务中，利率通常按照 SHIBOR 来确定，但也可以采用同期贷款利率来确定。

通常情况下，国内保理业务的保理费和融资利率是在保理商向供应商提供融资之前，从其所确定的融资额中提前扣除的，保理商将扣除保理费和融资利息后的融资净额支付给供应商。

5.3.5 国内保理当事人及其法律关系

1. 国内保理当事人

国内保理业务主要涉及三方当事人：供应商、购货商和保理商。

1) 供应商(卖方、债权出让方)

供应商是国内保理业务的发起人，是国内保理业务中所涉及的应收账款的转让方，即债权的出让方。该应收账款是供应商作为商品买卖合同关系中的卖方，通过赊销的方式销售货物对购货商(买方)所形成的债权。

2) 购货商(买方)

购货商是国内保理业务中的义务人，是国内保理业务中所涉及的应收账款的债务人，是与供货商所建立的商品买卖合同关系中的买方。购货商在收到其应付账款的转让通知后，对保理商承担付款义务。

3) 保理商

保理商是国内保理业务的提供者，是国内保理业务中所涉及的应收账款的受让方。保理商在国内保理业务中除了要向卖方提供融资，还通常要提供销售分户账户管理、应收账款的催收与坏账担保服务；保理商在国内保理业务中享有收回应收账款的债权和收取保理费等其他相关权利。

目前我国从事国内保理业务的主体有：商业银行、非银行专业保理机构和其他承担保理商职责的机构。其中，商业银行是我国从事国内保理业务的最重要、最常见的保理商；碍于注册门槛高、配套机制缺乏和社会信用体系不健全等方面的原因，我国非银行专业保理机构数量较少，其对我国国内保理业务的发展作用十分有限。而其他承担保理商职责的机构，是指商业银行和非银行专业保理机构在从事国内保理业务时，为购货方的信用风险提供坏账担保的担保公司、保险公司等其他金融机构。

2. 国内保理当事人的法律关系

1) 卖方保理模式下当事人之间的法律关系

卖方保理，是指保理商以供货商的信用状况为评价内容，通过对供货商的信用、资质、履约能力等相关信息进行审核，为该国内保理业务确定保理额度，进而为供货商提供国内保理业务。

卖方保理模式下当事人之间的法律关系有如下三个方面。

(1) 供应商和购货商之间的法律关系。

供应商与购货商之间是商业交易合同关系，是基于二者在进行交易时所订立的合同所产生的。供应商和购货商之间的交易合同关系是国内保理业务中供应商与保理商之间、购货商和保理商之间法律关系产生的基础，国内保理业务并不对供应商与购货商之间是商业交易合同关系产生实质性的影响。

(2) 供应商和保理商之间的法律关系。

供应商和保理商之间的法律关系是在二者之间所签订的国内保理协议所产生的合同法律关系。在卖方保理中，供应商和保理商之间的法律关系尤为重要。

① 供应商的权利主要包括：

a. 获得国内保理服务的权利；

b. 在无追索权的国内保理业务中，还享有不被追索的权利。

② 供应商的义务主要包括：

a. 将其应收账款转让给保理商的义务；

b. 向购货商发出通知的义务；

c. 支付担保费和融资利息的义务；

d. 担保应收账款不存在瑕疵的义务；

e. 担保应收账款权属清晰的义务；

f. 对所收到购货商偿付的购货价款及时归还保理商的义务。

③ 保理商的权利主要包括：

a. 要求供应商交付应收账款相关票据的权利；

b. 收取保理费和融资利息的权利；

c. 在有追索权的国内保理业务中，所享有的对供货商进行追索的权利。

④ 保理商的义务主要包括：

a. 及时对供货商的国内保理业务申请进行审查的义务；

b. 按照国内保理协议的约定，向供应商提供融资的义务；

c. 销售分户账户管理的义务；

d. 应收账款的催收的义务；

e. 在购货商提出争议时，及时通知供应商的义务。

(3) 购货商和保理商之间的法律关系。

在卖方保理中，购货商和保理商之间并没有直接合同关系，二者之间的关系是基于供货商向保理商转让应收账款所形成的债权债务关系。

购货商的权利主要包括：在收到供应商发出的债权转让通知后，基于其可以对抗供应商的抗辩权所形成的对保理商的抗辩权；在收到供应商发出的债权转让通知后，基于其可以向供应商主张的抵销权所形成的对保理商的抵销权。

购货商的义务，为及时向保理商支付所欠货款的义务。

而保理商的权利，为要求购货商支付所欠货款和向购货商进行催收的权利。

在一般情况下保理商并不向购货商负有义务。

2) 买方保理模式下当事人之间的法律关系

买方保理，是指保理商以购货商的信用状况为评价内容，通过对购货商的信用、资质、应付账款的规模和结构等相关信息进行审核，为该国内保理业务确定保理额度，进而为供货商提供国内保理业务。

买方保理模式下，供应商和购货商之间、供应商和保理商之间、购货商和保理商之间的法律关系与卖方保理模式下相关当事人之间的法律关系在内容上基本一致，相同部分在此不再赘述。

而买方保理模式下当事人之间的法律关系与卖方保理模式下当事人之间的法律关系的不同主要表现在以下三个方面。

(1) 购货商与保理商之间还签订有额度使用协议，购货商和保理商同时受额度使用协议以及供应商和购货商之间交易合同的约束；

(2) 保理费通常由购货商与购货商按约定共同承担；

(3) 一般为无追索权保理。

5.3.6　国内保理应收账款转让的立法现状

目前我国与国内保理业务相关的法律法规还很不健全。而应收账款的转让作为国内保理业务的核心环节，在当前的实践中主要是通过《民法通则》和《合同法》中的相关条款来进行规范的。

1. 《民法通则》中有关债权转让制度的规定

我国《民法通则》第九十一条中规定，合同一方将合同的权利、义务全部或者部分转让给第三人的，应当取得合同另一方的同意，并不得牟利。依照法律规定应当由国家批准的合同，需经原批准机关批准。但是，法律另有规定或者原合同另有约定的除外。

从中我们可以推断出，《民法通则》规定债权人转让其债权应满足如下三个条件。

① 取得债务人的同意；

② 不以牟利为债权转让目的；

③ 若为需要国家批准才能转让的合同，应获得国家的批准。

然而《民法通则》并没有考虑到债权转让的特殊性，进而对债权的转让做出具体明确的规定，仅仅是从合同关系这一大范围的角度出发对合同的转让做出一般性规定。其中，债权人必须在取得债务人同意之后才能转让债权的规定在很大程度上将对债权在现代商业活动中的自由流转形成制约，进而阻碍经济的发展。

2. 《合同法》中有关债权让与制度的规定

《合同法》在《民法通则》的基础上对合同的转让进一步细化，针对债权的转让做出了相对具体明确的规定。

1) 债权的可转让性

我国《合同法》第七十九条中规定，债权人可以将合同的权利全部或者部分转让给第三人，但有下列情形之一的除外：(一)根据合同性质不得转让；(二)按照当事人约定不得转让；(三)依照法律规定不得转让。

该条规定对债权的可转让性进行了明确，同时对债权转让的除外条件做出了明确。

2) 债权转让的生效条件

我国《合同法》第八十条中规定，债权人转让权利的，应当通知债务人。未经通知，该转让对债务人不发生效力。债权人转让权利的通知不得撤销，但经受让人同意的除外。

该条规定明确了债权转让的生效条件，即债权转让的生效采用到达主义(而非《民法通则》第九十一条中的同意主义)，能够同时向债权人和债务人提供一定的法律保护。

此外，对于法律规定的特殊的合同，我国《合同法》第八十七条中规定，法律、行政法规规定转让权利或者转移义务应当办理批准、登记等手续的，依照其规定。

3) 债权转让的法律效力

我国《合同法》第八十一条中规定，债权人转让权利的，受让人取得与债权有关的从权利，但该从权利专属于债权人自身的除外。

我国《合同法》第八十二条中规定，债务人接到债权转让通知后，债务人对让与人的抗辩，可以向受让人主张。

我国《合同法》第八十三条中规定，债务人接到债权转让通知时，债务人对让与人享有债权，并且债务人的债权先于转让的债权到期或者同时到期的，债务人可以向受让人主张抵销。

以上 3 条规定明确了债权转让的法律效力。即在国内保理业务中，自债权转让生效后，债务人(购货商)相对于债权人(供应商)所享有的权利和应负担的义务向债权的受让人(保理商)主张和履行；债权的受让人(保理商)基于其所受让的债权，在债权人(供应商)履行其交易合同中所规定的相应义务之后，能够向债务人(购货商)主张相应的权利。

相较于《民法通则》，《合同法》中关于债权转让的相关条款为我国的国内保理业务提供了良好的法律保障。

本 章 小 结

- 融资租赁，是指出租人根据承租人对租赁物和供货人的选择或认可，将其从供货人处取得的租赁物按合同约定出租给承租人占有、使用，向承租人收取租金的交易活动。

- 融资租赁合同，是指出租人通过提供资金融通的方式向承租人提供指定的设备，承租人向出租人支付租金的合同。融资租赁合同的内容包括租赁物名称、数量、规格、技术性能、检验方法、租赁期限、租金构成及其支付期限和方式、币种、租赁期间届满租赁物的归属等条款。融资租赁合同中的当事人分别为：出租人、承租人和供货商。三方当事人各自在享有一定权利的同时承担着相应的义务。

- 保理是指供应商(债权人)与保理商之间所订立的，约定供应商将其与购货商(债务人)之间现在已发生或将来要发生的应收账款转让给保理商的契约。国内保理业务，即为发生在国内范围之内的商业贸易活动所提供的保理业务。国内保理作为企业获得融资的一种方式，与传统短期融资方式——短期流动资金贷款、票据融资和国内保理、应收账款质押融资和国内保理相比，具有一定的特殊性。

- 国内保理业务主要涉及三方当事人：供应商、购货商和保理商。三方当事人各自在享有一定权利的同时承担着相应的义务。

本 章 作 业

1. 简述融资租赁的特征和功能。
2. 简述融资租赁合同中相关当事人的权利和义务。
3. 什么是国内保理业务？国内保理业务是如何操作的？
4. 简述国内保理业务相关当事人之间的法律关系。

第6章

支付结算业务法律制度

本章目标

- 掌握票据法律制度。
- 掌握预付卡法律规定。
- 掌握汇兑、委托收款的相关法律规定和责任。
- 掌握银行卡 POS 收单业务的概念、流程及风险。

本章简介

　　支付结算业务是银行的中间业务，不仅为国有银行广大客户办理支付结算活动提供了便捷的服务，同时也为国有商业银行带来安全、稳定的收益，是国有商业银行汇集闲散资金、扩大信贷资金来源的重要手段，其在国有商业银行业务经营与管理中的具有很重要的地位。支付结算业务法规制度的完善和健全是支付体系安全、高效运行的基础，也是明确支付活动中相关当事人的权利义务关系、保障支付工具正常使用、支付系统正常运行的准则。因此，支付结算业务和相关法律法规是相关当事人有必要了解和掌握的。

　　本章将重点讲解票据法律制度、预付卡法律规定、汇兑和委托收款的相关法律规定以及银行卡 POS 收单业务的法律问题。

@ 6.1 票据法律制度

6.1.1 票据和票据法概述

1. 票据的概念和特征

票据这一概念有广义和狭义之分。广义的票据是指各种商业活动中与权利结合在一起的有价证券和凭证，如提单、运货单、栈单、股票、国库券、企业(公司)债券、汇票、本票、支票等；狭义的票据仅指货币证券，即出票人依据票据法规定的法定条件，签章于票据上而发行的，并以其无条件支付或委托他人无条件支付一定金额货币为目的的有价证券，包括汇票、本票和支票三种。我们一般所称的票据是指狭义的票据。

狭义上理解的票据，其特征主要表现在以下几个方面。

(1) 票据是设权证券。依据证券权利与证券作成的关系的不同，证券分为设权证券和证权证券。权利义务产生于证券作成之前，证券的作成仅在于证明一定的权利存在，该证券为证权证券，如提单、栈单等。权利义务发生于证券作成，证券的作用在于创设了票据权利。因此，票据不是证权证券，它不是用以证明已存在的权利，而是创设权利，是一种设权证券。

(2) 票据是债权证券。依据证券上的权利所表示的法律性质的不同，证券分为物权证券、债权证券和团体证券等。物权证券持有人享有的权利是证券表明的物权，如仓单、提单等；团体证券或称社员权证券，其持有人享有的权利是证券表明的社员权，如公司股票等；债权证券持有人所享有的权利是证券表明的债权。票据所创设的权利为金钱债权，票据持有人可以就票据记载的一定金额向票据的特定债务人(出票人、付款人、保证人、承兑人等)行使付款请求权和追索权，所以票据是债权证券。

(3) 票据是货币证券或金钱证券。它请求给付的标的是一定数额的货币(金钱)，而不是货币以外的其他物品或利益。所以，票据不是物品证券。

(4) 票据是要式证券。票据的制作应当符合法律规定的要式，并以准确的文字加以记载，否则，该票据无效。如按《支付结算办法》第九条的规定，各单位、个人和银行办理支付结算，必须使用按中国人民银行统一规定印制的票据凭证，否则票据无效。另外，对票据记载事项，法律也有明确的规定，不记载绝对必要记载的事项，或更改某些事项，都有可能导致票据无效。

(5) 票据是无因证券。票据关系是基于一定的原因关系而发生的，如货款的支付、债务的清偿等。但票据关系一旦成立后，即具有独立的权利义务关系，而与产生或转让该票据的原因关系相分离，票据关系与票据原因关系是两种不同的法律关系，应由不同的法律进行调整和规范。只要持票人持有的票据具备要式条件，并且是依法取得的，即可向票据债务人行使权利。而且在行使票据权利时，不需要向债务人证明其取得票据的原因。因此，签发票据是否有商品交易或者交易是否合法，不属于票据法规定的内容，应由其他有关的法律加以规范。

(6) 票据是流通证券。票据具有流通性，票据在到期前，可以通过背书、交付或贴现而转让，并可在市场上自由流通。

(7) 票据是文义证券。票据上创设的权利义务必须以票据上记载的文义为准，在票据上签章的人，均依签章时的票据文义对票据负责，而不得以票据以外的其他证据(如合同书、借据等)来变更或补充票据上文字记载的意义。

(8) 票据是占有证券。票据权利应以占有票据为前提。票据权利人行使票据权利，必须实际占有票据，如果票据失盗、毁损、灭失等，则无法向票据债务人主张票据权利。因此，票据是占有证券。

(9) 票据是提示证券。票据持有人行使票据权利以占有票据为必要条件，且其权利要依票载文义加以确认，因此，票据权利人请求付款或行使追索权时，必须向义务人提示票据，以证明其占有票据及票据真实、符合要式的事实，否则，将被拒付。

(10) 票据是返还证券。票据的占有性、提示性，决定了票据必须是返还证券，即权利人的票据权利实现后，须将票据返还给义务人，否则，票据义务人可以拒付。因为票据上的权利与票据占有不可分离，持票人需交出票据，才能取得票面上所载的金额。付款人是主债务人的，付款后可凭票据向其前手追索。

2. 票据的种类

1995 年 5 月颁布的《中华人民共和国票据法》(以下称《票据法》)将现行流通的票据分为汇票、本票和支票三种。

(1) 汇票。汇票是出票人签发的，委托付款人在见票时或者在指定日期无条件支付确定金额给收款人或者持票人的票据。汇票分为银行汇票和商业汇票两种。

(2) 本票。本票是出票人签发的，承诺自己在见票时无条件支付确定的金额给收款人或者持票人的票据。我国《票据法》上所称的本票是指银行本票。

(3) 支票。支票是出票人签发的，委托办理支票存款业务的银行或其他金融机构在见票时无条件支付确定的金额给收款人或者持票人的票据。

3. 票据的作用

票据是金融工具的一种，是商业信用的载体，在整个社会的商业活动和资金融通中发挥着非常重要的作用。

(1) 汇兑作用。汇兑作用是指票据是替代现金进行异地输送的良好汇兑工具。尤其是汇票出现后，更体现了票据的汇兑作用。汇款人只要将款项交给银行，由银行作为出票人将签发的汇票寄往异地或交汇款人持往异地，持票人即可凭以在异地兑取现金或办理转账。可避免现金输送可能带来的麻烦和风险。

(2) 支付作用。汇票、本票作为汇兑工具的功能逐渐形成以后，在交易中以交付票据代替现金支付的方式逐渐流行起来，从而形成了票据的支付作用。以票据代替现金进行支付，可节省交易双方点钞的时间及避免点钞可能出现的错误。

(3) 结算作用。结算作用主要体现在商业交往中，当双方当事人互为债权人与债务人时，可运用票据进行债务抵销。相比于现金结算，票据结算更加简便、快捷和安全。

(4) 流通作用。指票据的转让无须通知其债务人，只要票据要式具备可交付或背书转让票据权利。背书转让时，背书人对票据的付款负有连带保证责任，背书次数越多，则保

证人越多，该票据的可靠性就越强。因此，票据作为流通证券，其流通在西方国家和货币不相上下。

(5) 融资作用。票据的融资作用是指票据筹集资金的作用。票据的融资作用主要是通过票据贴现来实现的。所谓票据贴现，是指未到期票据的买卖行为，即未到期票据的持票人通过卖出票据(即转让票据的权利)来获得所需要的资金，实现融资的目的。票据还可以转贴现、再贴现，多次进行资金融通。票据融资已成为现代金融市场的一个重要组成部分。

(6) 信用作用。指票据是商业信用的工具。现代经济生活中，生产的周期性和季节性，决定了商业信用产生的必然性。而在信用交易中，授受信用双方的权利、义务是要通过一定的载体，如协议、合同等体现出来的。而票据因其具有严格的法定要式，债务人的抗辩受到严格限制，债权人的债权受到严格的保护，债权人可凭以转账、兑现、背书转让、贴现等，而为债权人青睐，成为首选的信用工具。

4. 票据法的概念及特征

票据法的概念也有广义和狭义之分。广义的票据法是指一切有关票据的法律规范的总称。除包括狭义的票据法外，还包括民法、刑法、民事诉讼法、破产法、银行法以及其他法律法规中有关票据的具体规定。狭义的票据法，是国家专门规定票据关系以及与票据行为有密切关系的非票据关系的法律规范的总称。狭义的票据法具有以下三方面的特征。

(1) 强行性特征。票据法是强行法：①各国票据的种类是法定的，当事人不得任意创设；②票据是严格的要式证券，不得任意签发；③票据行为是严格的要式行为。这与民法中法律行为的种类、民事权利的创设、民事行为的履行的任意性规定大不相同，具有法律的强制性。

(2) 技术性的特征。票据是为便利商品交易和商业信用而创设的，票据法作为规范票据关系和票据行为的法律规范表现为一种纯技术性规范，本身并不表示善恶，这和具有明显道德伦理色彩的刑事、民事规范有很大不同。

(3) 国际统一性特征。票据法虽是国内法，但有很强的国际统一性。因为现代经济发展的趋势是全球一体化，任何国家的经济发展都不可能脱离国际经济的协作和国际经济的影响。各国间的经济、技术、贸易、文化交往越密切，作为国际支付工具和信用工具的票据应用也就越广泛。这就从客观上要求各国票据立法应遵循统一的票据规范，国家间票据应广泛协调和趋同。

5. 票据法律关系的构成

票据法律关系是由票据法等法律所确认和规范的，基于票据的发行和流通转让而在票据当事人之间产生的权利义务关系，它构成有约束力的内容。票据法律关系包括主体、客体和内容。

(1) 票据法律关系的主体。

票据法律关系的主体是票据法律关系的当事人，是指享有票据权利，承担票据义务的法律关系主体，分为基本当事人和非基本当事人。基本当事人包括三个：出票人、收款人、付款人。汇票和支票的基本当事人为出票人、收款人和付款人，其中付款人多为委托付款人。本票的基本当事人只有出票人和收款人，因为本票是本人出票本人付款，出票人和付款人为同一个人。非基本当事人是指在票据签发时并不存在，在票据作成后通过各种票据行为而加入到票据关系中成为票据当事人的人。如背书关系中的背书人与被背书人、保证关系中的保证人与被保证人、承兑关系中的承兑申请人与承兑人、付款关系中的持票人与付款人、追索关系中的追索权人与被追索权人等。

(2) 票据法律关系的客体。

票据法律关系的客体是指参加票据法律关系的主体享受权利、承担义务所共同指向的对象。票据法律关系的客体的内容主要表现为一定数额的货币。当事人签发票据的主要目的是完成结算过程，是一方把一定数额的货币在一定期限内依法交付给另一方。票据的背后代表的是一定数额的货币，而不是某种商品。

(3) 票据法律关系的内容。

票据法律关系的内容，是票据法律关系的主体依法所享有的票据权利和应承担的票据义务。票据法律关系内容，概括起来分为两类：一类是付款请求权和付款义务；另一类是追索权和偿付义务。票据权利是权利主体所享有的、请求义务主体支付票据金额的权利，包括付款请求权和追索权。票据义务是义务主体必须履行的满足权利主体依票据而享有的权利要求的责任，如付款义务、承兑义务、担保付款义务等。票据义务表现为一种票据债务。

6.1.2　票据行为

1. 票据行为的概念及特征

票据行为有广义和狭义之分。狭义的票据行为仅指承担债务的要式法律行为，包括出票、背书、承兑、保证、参加承兑、保兑六种。根据我国票据法的规定，在我国票据行为仅包括出票、背书、承兑、保证、付款。广义的票据行为是指以发生、变更或消灭票据关系为目的而做出的法律行为，除包括以上各种狭义的票据行为外，还包括付款(在我国为狭义的票据行为)、参加付款、见票、划线、涂销等。

票据行为作为法律行为的一种，与一般法律相比，具有以下特征。

(1) 要式性。要式性或称定型性，是指票据行为是一种严格的书面行为，应依据票据法规定的形式在票据上记载法定的事项，否则，将影响票据行为的效力。其具体要求是：①行为人必须依法在票据上作书面记载，票据行为不得脱离票据，不能在票据以外书面或口头表示；②行为人必须在票据上签章，以表示行为人的行为出于自己的真实意思；③票据行为以交付票据为票据完成。这一特征在于规范票据行为，确保票据流通的安全。

(2) 无因性。无因性或称抽象性，是指票据行为成立后，其原因关系即使有缺陷而成为无效，票据行为的效力不因此而受影响。票据上权利的发生及转移，因票据行为而定，与其基础无关联，目的在于票据的流通。

(3) 文义性。文义性是指票据行为的内容依票据上所载的文义而定，即使该项记载与行为的真意或实际情形不符，也不允许当事人以票据之外的证明法予以变更或补充。票据行为的解释应按照票据上的文义进行，不能以票据上没有记载的内容来决定票据债务的内容。

(4) 独立性。独立性是指在同一票据上所作的各种票据行为互不影响，各自独立发生其效力。因此，在同一票据上的各个票据行为，互不依赖，各依票据上所载的文义，分别独立。某一票据行为的无效或有瑕疵，均不影响其他行为的效力。如无票据能力人在票据上签名的无效，不影响其他签名的效力。此外，票据代理的无效、伪造无效等行为均不影响其他真实签名而做出的票据行为的效力。

(5) 连带性。连带性是指同一票据上的各种票据行为人均对持票人承担连带责任。票据行为具有独立性和无因性，这就使得持票人的权利受到一定程度的影响，为此，各国票据法一般规定票据债务人的连带责任，以确保持票人票据债权的实现。如我国《票据法》第六十八条就规定：汇票的出票人、背书人、承兑人和保证人对持票人承担连带责任。

2. 票据行为的种类

票据行为可以分为主票据行为和从票据行为两大类。

(1) 主票据行为，又称基本票据行为，是指能够引起票据法律关系发生的行为。主票据行为仅指出票行为，是指出票人签发票据并将其交给收款人的票据行为。出票包括两个行为：①由出票人制作汇票并在其上签名；②将汇票交给受票人。合法完成的出票行为具有下列效力：①对于出票人来说，出票使其成为票据的第二债务人，如果票据被拒绝承兑或被拒付，则出票人应对受款人及正当持票人承担支付汇票金额的义务；②对受款人来说，出票使其可以享受汇票的权利，他可以依法要求支付汇票金额或将汇票转让；③对于受票人或付款人来说，在受票人承兑以前汇票对其无约束力，受票人没有义务付款，受票人承兑以后则要受其约束。依买卖合同付款人有义务付款，那是合同的效力，而非票据本身的效力。

(2) 从票据行为，是指能够引起票据法律关系变更或消灭的行为。包括背书承诺、参加承兑、保证和保付等，由于这些行为以票据已经出票为前提，附属于主票据行为(即出票)而存在，故又称附属票据行为。

① 背书。背书是指在票据背面或者粘单上记载有关事项并签章的票据行为。在票据背面签章的转让票据权利的人为背书人，接受被背书的票据的人为被背书人。持票人通过背书可以将票据权利转让给他人或者将一定的票据权利授予他人行使。因背书行为，背书人产生对票据债务人的担保责任和连带责任，被背书人代替持票人(即背书人)成为新的持票人，取得票据债权。票据出票后的转让流通主要是通过背书进行的，汇票、本票、支票都可以有背书行为。

② 承兑。承兑是指汇票的付款人承诺在汇票到期日支付汇票金额的票据行为。承兑仅存于汇票关系中，本票、支票关系中不存在承兑行为。承兑行为，由汇票的付款人进行，付款人一经承兑就成为承兑人，即票据主债务人。承兑必须以书面在汇票上为之，记载"承兑"字样、承兑日期，并由付款人签章。

③ 参加承兑。参加承兑是指参加承兑人承诺在汇票不获承兑时负担票据债务的行为。参加承兑是汇票独有的附属票据行为，参加承兑的目的是在汇票不获承兑时阻止持票人于票据到期日前行使追索权。参加承兑人由预备付款人或第三人充当，他是票据的从债务人，仅在付款人不能付款或者拒绝付款时，才负支付义务。参加承兑须由参加承兑人在汇票上注明"参加承兑""加入承兑"字样，并签章。

④ 保证。保证是指票据债务人以外的他人充当保证人，担保票据债务履行的票据行为。保证是适用于汇票、本票的附属票据行为，它须由保证人在票据上或其粘单上记载

"保证"字样、保证人名称和住所、被保证人名称、保证日期并签章。保证不得附有条件，附有条件的，不影响保证人的保证责任。

⑤ 保付。保付是指银行等金融机构对出票人签发的支票所做的保证付款的行为。它是支票独有的一种附属票据行为，保付人是银行等金融机构，被保付人一般是出票人，有时也可以是持票人。保付人是支票的主债务人，负有绝对付款责任。其进行保付时，应就全部金额予以保付，而且不得附记任何条件。保付须是书面行为，由保付人在支票正面注明"保付""保证付款""照付"字样，并签章。保付类似于汇票的承兑，但其目的仅仅是增强票据的信用，而不是确定付款人的付款责任。

3. 票据行为的要件

票据行为作为一种法律行为，必须具备法定要件，才能成立和有效。这些要件分为实质要件和形式要件两种。

(1) 实质要件。

票据行为的实质要件，适用民法中关于民事行为成立要件的规定。其内容包括行为人的票据行为能力和票据意思表示两个方面。

票据行为能力因自然人和法人而有不同。自然人的行为能力按其年龄和智力状况可以分为完全行为能力、限制行为能力和无行为能力三种。无行为能力人是指不满十周岁的未成年人或完全丧失辨别能力的精神病人；限制行为能力人是指十八周岁以上，或十六周岁以上不满十八周岁但以自己的劳动收入为主要生活来源的人。一般而言，完全行为能力人的票据行为是有效行为，无行为能力人的票据行为是无效行为，限制行为能力人的票据行为是否有效，则要综合考虑其年龄、智力等加以评断。但通常认为，无行为能力人和限制行为能力人的票据行为需由代理人代理进行，方为有效。法人的票据行为能力基本上没有什么限制，其行为一般通过法人机关或法定代表人来进行。

票据意思表示是法律行为成立的必要要件之一。票据行为成立，同样要以意思表示为要件，且行为人的意思表示必须真实、合法，否则不生效力。因此，票据法规定对虚伪、非法的意思表示，如欺诈、偷盗、胁迫、恶意通谋的意思表示所为的票据行为，不予保护。如我国《票据法》第十二条第一款就规定："以欺诈、偷盗或者胁迫等手段取得票据的，或者明知有前列情形，出于恶意取得票据的，不得享有票据权利。"

(2) 形式要件。

票据行为是一种要式行为，除具备实质要件外，还必须依据票据法规定的一定方式进行，才能产生票据效力。形式要件的欠缺，极易导致票据的无效。票据行为的形式要件主要包括书面、记载事项、签章和交付四项。

① 书面。出票、背书等各种票据行为均以书面进行，即将行为人的意思表示记载于一定的票据用纸上。口头的票据行为无效。票据行为有些在金融机构制作的票据正面进行，如出票、承兑等；也有在票据背面或粘单上进行的，如背书、保证等。我国《票据法》规定："汇票、本票、支票的格式应当统一，票据凭证的格式和印制管理办法，由中国人民银行规定。"

② 记载事项。票据行为成立与否，须以票据行为人的意思表示内容为条件，这就表现为票据的记载事项。根据票据记载事项效力的不同，可将其分为应记载事项、得记载事

项、不产生票据效力的记载事项和不得记载事项四类。

③ 签章。签章就是在票据和结算凭证上签名、盖章或者签名加盖章。《票据法》第七条规定:"法人和其他使用票据的单位在票据上的签章,为该法人或者该单位的盖章加其法定代表人或者其授权的代理人的签章。在票据上的签名,应当为该当事人的本名。"

④ 交付。交付是指票据行为人将票据交给相对人持有的行为,票据是提示证券和占有证券,权利和证券不可分,故无论是出票,还是背书、承兑、保证等均以票据交付到相对人手中,才算完成票据行为,相对人才能持票以行使票据权利。

4. 票据行为的代理

(1) 票据行为代理的概念及条件。

票据行为作为一种法律行为,也可由代理人代理进行。票据行为的代理是指代理人基于被代理人(本人)的授权,在票据上明示本人的名义,表明为本人代理的意思并签名的行为。其成立要件有四个:①明示本人的名义。即代理人必须在票据上表明被代理人(本人)的姓名或名称,否则,即使代理人取得本人的书面授权,本人也可以不负票据责任;②证明本人代理的意思。即代理人代本人为票据行为时,必须在票据上表示代理的意思;③代理人签名或签章。即代理人应在票据上记载自己的姓名或名称;④须经本人授权。这是票据代理行为成立的基础。

(2) 越权代理。

越权代理是指票据代理人超越代理权限而为的票据行为。越权部分由越权代理人自己承担责任。我国《票据法》第五条第二款规定:"代理人超越代理权限的,应当就其超越权限的部分承担票据责任。

(3) 无权代理。

无权代理是指代理人没有代理权而以代理人的名义在票据上签名的行为。我国《票据法》第五条第二款规定:"没有代理权而以代理名义在票据上签章的,应由签章人承担票据责任。"

(4) 自己代理或双方代理。

自己代理,是指代理人以本人的名义同自己发生法律关系;双方代理是指在同一法律关系中代理人同时代理双方当事人而为的法律行为。票据法和民法一样,规定自己代理和双方代理为无效。

(5) 表见代理。

表见代理是指代理人虽没有代理权,但是客观上有足以使第三人相信其有代理权的理由而为的票据代理行为。主要表现有三种:①代理人越权行为;②代理人在代理权消灭或撤销后所为的票据行为;③实际上本人从未授权,但因本人的行为,如对第三人表示将代理权授予他人,或明知他人表示为自己代理而不表示反对,导致第三人相信他人有代理权的。

表见代理的成立需具备主客观要件,主观要件是直接相对人的行为是善意的;客观上要具备上述三个条件之一,足以使相对人相信有代理权的理由。如果具备主客观条件,本人就须承担票据责任;如只具备客观要件,本人仅可以无权代理为理由对直接相对人提出抗辩,但不得以此对抗善意的第三票据取得人。表见代理成立时,持票人既可以向本人主张权利,更可依据票据法向无权代理人主张权利,行为人不得以表见代理成立而主张抗辩。

6.1.3　票据权利

1. 票据权利的概念及特征

票据权利,是指持票人向票据债务人请求支付票据金额的权利。根据我国《票据法》第四条第四款的规定,票据权利包括付款请求权和追索权两类。

票据权利是票据关系中票据债权人享有的权利,是一种证券权利,产生于票据债务人的票据行为。这种权利在学理上又叫"票据上的债权"或"票据上的权利"。这与票据上的权利不是同一概念。票据法上的权利是根据票据法的规定所产生的权利,从广义上讲,票据权利也属票据法上的权利,如付款人的交出票据请求权、汇票持票人的发还复本请求权以及利益偿还请求权等。

票据权利的特征有以下三点。

(1) 票据权利是证券性权利。由于票据行为的无因性、要式性和独立性,因此而产生的票据权利就成为一种比一般债权效力更强的权利,即证券性权利。该种权利一经产生,就同证券(票据)密不可分。只有取得证券,才能取得票据权利;也只有依据证券,才能行使票据权利。

(2) 票据权利是单一性权利。由于票据权利与票据本身的不可分割性,不可能有两个以上的所有人同时占有同一张票据。因此,就同一票据来说,也就不可能同时存在两个以上的票据权利。故票据权利是一种单一性的权利。

(3) 票据权利是二次性权利。票据权利虽属金钱债权,但又不同于一般的金钱债权。金钱债权通常仅为一次性权利,而票据债权则有可能成为二次性权利,即权利人可能对两个以上的不同债务人行使请求权。应首先承担债务的债务人为主债务人,其他债务人则为从债务人(或称偿还债务人、次债务人)。权利人首先应向主债务人行使请求权,即付款请求权;如未获付款时,则可向从债务人行使追索权,亦即偿还请求权。《高法票据纠纷案件司法解释》第四条规定:"持票人不先行使付款请求权而先行使追索权遭拒绝提起诉讼的,人民法院不予受理。除有票据法第六十一条第二款和本规定第三条所列情形外,持票人只能在首先向付款人行使付款请求权而得不到付款时,才可以行使追索权。"

2. 票据权利的种类

票据权利包括付款请求权和追索权两类。

(1) 付款请求权是指票据债权人请求票据主债务人或其他付款义务人按照票载金额支付金钱的权利。付款请求权是第一次(顺序)请求权,其权利主体是持票人,其主债务人是汇票的承兑人、本票的出票人及支票的付款人。其他付款义务人是参加付款人、参加承兑人、担当付款人等。票据债权人在向前述债务人提示票据行使付款请求权未得到实现时,则可以行使追索权。

(2) 追索权是指持票人于不获付款或不获承兑或其他法定原因发生时,在保全票据权利的基础上,向除主债务人以外的前手(包括出票人、背书人或其他债务人)请求偿还金额及其损失的权利。被追索人已为清偿,而对另外的相对人再行使追索权,称为再追索权。追索权虽然在其他法定原因(如不获承兑、破产宣告等)时也可在票据到期日前行使(即期前追索)，但在原则上是为票据不获付款时而设立的票据权利，一般应在票据到期不获付款时才能行使(即届期追索)，所以称其为第二次请求权。追索权的行使，不仅是为了追回票据金额，而且在支付内容上增加了有关费用，例如票载金额利息、作成拒绝证书的费用等，是对有关费用要求偿还，因此，又被称为偿还请求权。

3. 票据权利的取得和消灭

票据权利的取得，是指根据什么方式，依据何种法律事实而取得票据权利。票据权利是证券化权利，是以持有票据为依据的，因此，行为人合法有效地取得了票据，即取得了票据权利。根据票据实践的一般情形，当事人取得票据主要有三种情况：①从出票人处取得。出票是创设票据权利的票据行为，从出票人处取得票据，即取得票据权利；②从持有票据的人(持票人)处受让取得。票据通过背书或交付等方式可以转让他人，只要背书连续、交付有效，受让人即可得票据，从而取得票据权利；③依照法定方式，如税收、继承、赠与、企业合并等方式取得票据。

票据权利的消灭，是指因发生一定的法律事实而使票据权利不复存在。票据权利消灭以后，票据上的债权、债务关系也随之消灭。在一般情况下，票据权利可因履行、免除、抵销、混同、保全手续欠缺等事由的发生而消灭，而我国《票据法》第十七条则着重规定了持票人的票据权利因时效届满而消灭的四种情形，即票据权利在下列期限内不行使而消灭：①持票人对票据的出票人和承兑人的权利(包括付款请求权和追索权)自票据到期日起2年，见票即付的汇票、本票自出票日起2年；②持票人对支票出票人的权利(包括付款请求权和追索权)，自出票日起6个月；③持票人对前手(不包括出票人)的追索权，自被拒绝承兑或者拒绝付款之日起6个月；④持票人对其前手(不包括出票人)的再追索权，自清偿日或者被提起诉讼日起3个月。

上述票据的出票日、到期日由票据当事人依法确定。

4. 票据权利的行使与保全

票据权利的行使是指票据权利人向票据债务人提示票据，请求其履行票据债务的行为，如提示票据请求承兑、请求付款、行使追索权等。

票据权利的保全，是指票据权利人为防止其票据权利的丧失，依票据法规定所为的行为。例如，为防止付款请求权与追索权因时效而丧失，采取中断时效的行为；为防止追索权的丧失，采取作成拒绝证明的行为；遵期提示，即票据持有人向付款人出示票据，请求付款。

无论是票据权利的行使，还是票据权利的保全，都涉及何地、何时进行的问题。我国《票据法》第十六条规定："持票人对票据债务人行使票据权利，或者保全票据权利，应当在票据当事人的营业场所和营业时间内进行，票据当事人无营业场所的，应当在其住所进行。"此处的票据当事人是指对票据债务承担义务的承兑人、付款人、保证人、出票人或前手背书人等。所称住所，按《民法通则》的规定，"法人以它的主要办事机构所在地为住所"，公民则"以他的户籍所在地的居所地为住所，经常居住地与住所不一致的，经常居住地视为住所"。

5. 票据权利的补救

票据权利与票据是紧密相关的，票据一旦丧失，票据权利的实现就会受到影响。为此，各国票据法一般都规定有票据丧失后的补救措施。如英美法系国家基本采用普通诉讼制度，一些大陆法系国家采用公示催告制度。我国《票据法》第十五条规定了更为全面的挂失止付、公示催告和普通诉讼三种救济措施。

无论采取上述哪一种补救措施，均必须符合以下三个条件：①必须有丧失票据的事实，亦即因票据灭失、遗失、被盗等原因而使票据权利人丧失对票据的占有；②失票人必须是真正的票据权利人；③丧失的票据必须是未获付款的有效票据。否则，不得行使票据权利的补救措施。另外，对于伪报票据丧失的当事人，人民法院在查明事实、裁定终结公示催告或者诉讼程序后，可以参照《民事诉讼法》第一百零二条的规定，追究伪报人的法律责任。

6.1.4 电子票据签章行为

1. 票据签章的基本形式

票据签章是各种票据行为生效的共同要件，我国票据法上规定了签名、盖章或者签名加盖章几种形式。签名是指执笔者为了表示对文件、单据负责而亲自写上自己的姓名或画上记号，盖章是指在文件上加盖印章，两者的主要意义在于对所涉及内容的认可，相关的法律责任归属于签名人，是要式法律行为的必要要件。票据签章形式包括传统票据签章形式和电子票据签章形式。

传统票据是相对于电子票据而言的，是指现实中的纸质票据。传统票据签章包括基本签章方式和非基本签章方式两类，基本方式是手书签名或盖章，非基本方式指机械签名、捺指印、画押、代码签名等方式。根据我国票据法的规定，签章包括签名和盖章两种形式，法人和其他单位的签章必须为其法定代表人或授权代理人的签章并加盖该法人或单位的印章。且签名应当写本名，即合法身份证上的姓名，不得使用艺名、别名、笔名等。票据法为强制性规范，违反此规定签章自无票据效力。签名不能只签姓或只签名，要体现完整性。盖章其实是签名的变通形式，印章上的姓名与行为人的本名是一致的。实务中，当事人通常会预先将自己的签字和印章留存银行等金融机构，此时，票据行为人的签章只有与银行等金融机构的预留签章吻合，才能获得承兑付款。

电子票据即票据的电子化，是指在传统纸质票据的签发、承兑、交付、托管、背书、转让、贴现、质押、委托和收款全过程的电子化处理。包括电子支票、电子本票、电子汇票。电子签章是当事人运用电子手段对电子记录实施的使之与当事人产生法律联系的行为，主要分为以下四种形式。

(1) 数字签名。数字签名是指使用非对称加密技术(公式加密体系)，以确保电文的真实性，并保证这些电文内容完整性的技术应用程序的名称。这是一种特定技术的电子签字形式，也是得到商业和技术上的支持以及法律上反映的一种电子签字技术。狭义上的电子签名就是指数字签名，其最大的优点是难以伪造，因为数字签名只有行为人才能生成，生成的数字串也是对发送者发送的信息的真实性的证明。

(2) 生物测定技术。这是一种通过个人固有的物理或行为特征查明个人的测定办法，是指生物设备通过捕捉个人生物特征(如脱氧核糖核酸、指印、虹膜、视网膜等)的生物测定样本，并转化为数字形式，然后与从终端用户收集的数据进行比较，从而达到身份识别或查验的目的。这种技术的可靠性在使用的不同技术和已选定的虚假接受率中有所不同，若将生物测定签名代替手写签名，可能会出现证据的问题。

(3) 密码和混合方法。密码和代码被用于控制获取信息或服务和"签署"电子文件。密码和代码是各种交易为控制访问和身份而使用的最广泛的认证方法。混合方法是将以利用若干项技术或通过对一项技术的若干次使用来完成一项交易。例如，供认证的签字动态可以与加密技术相结合，以确保电文的完整性。出于立法中技术中立原则的考虑，在制定处理这些技术的法律框架时，须考虑发挥复合技术的作用。

(4) 扫描签字和原始姓名法。这种电子签名方式是将手写签名运用电子技术处理转化成电子样式，维持着传统的手写方式。

2. 传统票据与电子票据签章的比较

电子票据是现代科技发展的产物，是传统纸质票据的"异化"，是存在于虚拟世界的票据。它虽然与传统票据有着截然不同的表现形式，但其本质仍是票据，保留着传统票据的性质。电子票据同传统票据一样具有要式性、文义性、无因性、独立性，具备支付结算、信用、融资等功能，奉行"无签名无责任"的原则。作为一种完全虚拟化的票据，电子票据的签章注定与传统纸质票据的签章存在区别，如表 6.1 所示。

表 6.1　电子票据签章与传统票据签章的区别

签章形式		电子票据签章	纸质票据签章
相同点		为票据行为生效的必要条件：确定票据责任主体范围	
不同点	签署方式	采用一定的网络技术在线签署	现实中书面手写
	技术要求	依赖高新技术，立法时也要更多地考虑对技术发展的支持	一般没有特殊的技术要求
	伪造方式	表现为"黑客攻击"、盗取或破译密码、中途拦截篡改信息等	笔迹模仿，印章伪造

3. 我国电子票据签章制度的立法现状

电子票据的发展为网络经济的发展开辟了更为广阔的空间，它也成为电子商务发展的核心，而电子签章是电子票据的核心。电子签章法律制度的建立将为电子票据的发展扫除法律上的障碍，但是从现实来看，我国电子签名相关立法相对滞后于世界上电子商务发展较快的国家，且相关立法处于一种相对零散状态。2005 年的《中华人民共和国电子签名法》，第一次从法律上明确赋予了电子签名与手写签名同样的法律效力，同时信息产业部也颁布了与《电子签名法》配套的《电子认证服务管理办法》。2005 年 10 月中国人民银行发布的《电子支付指引》规定传统纸质支付凭证与电子支付指令二者可以相互转化。2009 年 10 月央行出台的《电子商业汇票业务管理办法》对电子商业汇票进行了系统规定，是我国真正意义上的首个电子票据法律规范。但是《票据法》并未承认电子签名的法律效力,一定程度上阻碍了我国电子票据的发展。

(1) 《电子签名法》 对电子签名法律效力的确认。

因为网络技术和信息产业的高速发展,电子商务的交易各方不再像以前一样面对面进行交易,他们更多的是通过互联网进行远程磋商,如果仅仅从高新技术角度进行考虑,以非对称密钥为代表的电子签名技术完全能够满足网络交易过程中的"签章"需求,但是什么样的电子签名能得到法律的认可、双方当事人的法律权利又如何保障等问题都让人们认识到制定相适应的法律制度的重要性。我国的广东和上海等地率先进行了与电子签名有关的地方性立法活动,《中华人民共和国电子签章条例》也开始起草,随着网络经济的迅猛发展,仅用行政法规来解决电子签名的问题已显得不合时宜,国家立法机关因此大幅修改了《电子签章条例(草案)》,并最终审议通过,《中华人民共和国电子签名法》 自此诞生,该法对电子签名主要做了如下规定。

① 电子签名的概念。根据其他国家和国际组织的立法,电子签名一般与传统手写签名要达到的功能相符,都可以用来表明文件的来源,表明签名人对文件内容的确认并作为签名人对文件内容正确性和完整性负责的根据。 我国的《电子签名法》采用了类似于联合国《电子签名示范法》 的规定,将电子签名定义为一种能识别签名人身份的数据。

② 电子签名的效力。电子签名的形式多样,包括手写签名的数字化图像、采用生物笔迹辨别法形成的图像、密码、计算机口令和用特定生物技术识别工具采集的指纹等。建立电子制度的核心问题是法律应赋予哪种形式以同等的法律效力。根据《电子签名法》,可靠的电子签名被视为与传统签章具备一样的法律效力,奉行"效力等同原则"。 这填补了我国法律对电子签名的立法空白。

③ 意思自治的原则。依据我国《电子签名法》,在民事活动中,当事人可以约定使用或不使用电子签名。根据意思自治原则,民事主体需要依自己的理性判断,自由生和管理私人事务,国家权力机关或其他民事主体都不得非法干预。在电子商务中,民事活动虽然是通过网络进行的,但仍要遵从一般民事交易活动的准则,尊重当事人的意思自治。

④ 电子签名人的通知义务。在电子签名制作数据已失密或可能已失密时,电子签名人要及时告知有关方并终止使用该数据,且应妥当保管电子签名制作数据。传统票据签章中,签章人并不存在此种义务。

⑤ 电子签名的认证体系。电子商务环境下,交易者没有面对面交易,双方最担心的就是交易人的身份与信用及安全问题。解决这一问题最为可行就是对电子商务论证中心建立类似于印鉴管理和登记的制度,承担证明和鉴定电子签名的真实性的责任。电子认证机构的设立、运营和权利义务须有相关法律予以保障。我国《电子签名法》对电子认证机构的设立和管理、证书的签发和管理、认证机构的法律责任做了较为全面的规定。

第一,关于认证机构的设立与管理。作为一个中立的第三方组织,认证机构必须具备一定的从事信用服务的资质,还承担对其业务活动可能产生的法律责任。为保证认证机构的技术和管理水平均能达到一定的安全标准,各国都针对认证机构建立了监督管理制度,一般是通过主管部门颁发营业许可或规定符合一定标准的主体可从事认证服务。国际上,电子认证服务的管理模式有三种。一是强制许可主义,认证机构只有获得国家许可才能从事相关业务,例如日本、德国和我国香港、台湾地区都是采用这一模式。二是非强制许可主义,认证机构若能获得政府的认可,将会享受很多优惠政策。没有获得政府认可,也不影响其营业，只是不能享受优惠政策。新加坡建立的是这一模式。三是市场化主义，完全由市场调节，实行行业自律。美国大多数州就是采用的这一模式。立法者可能是考虑到，在中国的行业自律体系还不完善，不能完全依靠市场引导。且通过政府审核的认证机构，比较有公信力。因此我国采用的是强制许可主义，提供电子认证服务必须经国务院信息产业主管部门许可。

第二，关于证书的签发和管理。我国《电子签名法》规定的电子认证证书，是指可以证实签名人与电子签名制作数据有联系的数据电文或其他电子记录，其实就是证实签名人的身份是否真实。依电子签名法的规定，认证机构的认证服务是依当事人申请提供的，并不强制要求使用第三方的认证服务。证书是有一定期限的，有效期届满，证书就失效，电子论证服务提供者就保证电子认证证书在有效期内的完整和准确，并保证电子签名的信赖方能对认证证书相关内容进行证实和了解。《电子签名法》还分别规定了证书的暂停、撤销、终止和保存程序。

第三，关于认证机构的法律责任。一般来说，电子认证是以认证机构与证书持有人之间的合同为基础的，其权利义务的承担应只在合同双方间发生。但是电子认证法律关系牵涉两个合同，一是认证机构与证书持有人的合同，二是证书持有人与信赖方的交易合同。认证机构不参与用户与信赖方之间在线电子签名交易，信赖方也不向其支付报酬，但法律仍要求其负担诚实发布信息的义务。依据电子签名法，当认证机构对证书的颁发存在疏漏或虚假陈述，或没有按其业务说明的要求和程序进行业务操作时，必须对给信赖方造成的损失承担责任，已采取合理措施仍不能避免的除外。电子签名法还规定了认证机构的审查义务，提供完整、准确、真实信息的义务，正确而及时发放证书的义务，业务规则的说明告之义务和安全保密义务。

(2)《票据法》对票据签章形式的严格限定。

依我国票据法相关规定，中国境内的票据活动要适用中国现行的票据法，票据包括本票、支票和汇票。票据上的签章，可以是签名、盖章或签名加盖章，且票据上的签名应是当事人的本名。票据行为奉行严格的要式主义，其中重要的一点就是必须是书面，行为人为签章行为必须在银行提供的票据的纸质票面上手写而成。电子票据是存在于虚拟环境中的，它没有纸面的形态，行为人在电子票据上的签章也只能是数据形态，不是签名者自己的姓名或者由人工在纸质票面上书写而成的，不属于我国法律规定的签章形式范围。由此可见，我国票据法对电子签章形式的否认，直接导致经数字签章认证的非纸质票据的支付和结算方式难以获得认可。电子签名没有得到"票据法"的认可，但《电子签名法》已经赋予其同等的法律效力，电子签名法是否能完全适用于票据法尚有争议。一方面，电子签名法并没有明确是否适用于电子票据，电子签名法是否适用于民事活动中的文件或单证，要取决于当事人是否约定使用电子签名，以及当事人间的约定是否有悖于法律规定。另一方面，2004年8月28日全国人大常委会通过了《关于修改〈中华人民共和国票据法〉的决定》，对1995年颁布的票据法进行了修改。而《电子票据法》也在同一时间由全国人民代表大会常务委员会审议通过，票据法修正案和电子签名法的公布时间完全一致，《电子签名法》的施行会对原来的票据法造成冲击，但在决定修正票据法时，并没有对票据法中相关内容进行修订。我国票据法明确规定中国境内的票据活动必须适用中国的"票据法"。票据法与电子签名法的这种背离性，使得电子签名在票据上的运用存在法律风险，如果遵循票据法，则电子签名行为无效。而适用电子签名法，可靠的电子签名产生同样的法律效力。电子签名在票据领域法律地位的不明确直接导致了电子票据法律地位的不明确。

(3) 《电子商业汇票业务管理办法》 对电子商业汇票适用电子签名的认可。

随着我国经济的高速发展，金融业务呈现繁荣景象。表现在票据市场，则是自 1995 年以来交易数量的持续稳定增长，到 2008 年，票据交易规模上升到 206 000 亿元。交易规模和交易范围的扩大，使得人们对交易的便捷性提出了更高的要求，金融创新层出不穷。且票据市场长期受遗失、损坏、伪造、盗抢等问题的困扰，其中的巨大风险隐患和安全成本，使得发展电子票据成为市场主体的共同需求。2005 年，招商银行推出了行内电子票据系统，并与 TCL 合作开立了国内第一张电子银行承兑汇票。随后，中国人民银行于 2008 年开始组织建设电子商业汇票系统，并于 2009 年投入运行。为了配合这一系统的运行，中国人民银行又于 2009 年公布了《电子商业汇票业务管理办法》，以行政法规的形式对电子商业汇票做出了详细规定，明确电子商业汇票的签章适用电子签名法。但是该管理办法只是中国人民银行公布的部门规章，立法位阶较人民代表大会颁布的《票据法》 要低，不能从根本上弥补票据法的不足。虽然我国台湾地区也没有因为推动电子票据而制定、修订相关法律，而是以现行《票据法》和颁布的《电子签章法》为整体制度的主要法源依据，并以台湾票据交换所发布的《金融者参加电子票据交换规约》和《电子票据往来约定书》 等规范为辅，但是已经有台湾学者指出这种规制方式虽可行，但对电子票据以行政规章层级的法规规范，不是长远之计，不利于电子票据的安定与发展。

6.1.5 汇票、银行本票和支票

1. 汇票

汇票是出票人签发的，委托付款人在见票时或在指定日期无条件支付确定的金额给收款人或者持票人的票据。它与本票、支票相比，具有以下法律特征。

(1) 从当事人方面来看，汇票是在出票时，其基本当事人有三方：出票人、付款人和手款人。出票人是签发汇票的人，付款人是受出票委托支付票据金额人，收款人是凭汇票向付款人请求支付票据金额的人。而本票的基本当事人只有出票人和收款人。支票的基本当事人虽然也有三个，但其付款人仅限于办理支票存款业务的银行或其他金融机构，而汇票的付款人则没有这一限制。

(2) 汇票是委付证券，是一种支付命令。而本票是一种自付证券，是一种自我付款的承诺。因其为委付证券，故汇票的出票人和付款人之间必须具有真实的委托付款关系，并具有支付汇票金额的可靠的资金来源。

(3) 汇票须经承兑。承兑是汇票独有的法律行为，是汇票区别于本票和支票的重要特征。它是指付款人承诺在汇票到期日支付汇票金额的一种票据行为。汇票一经承兑，付款人就取代出票人而成为票据的主债务人。

(4) 付款日不同。汇票除有见票即付的情况外，还有定日付款、出票后定期付款和见票后定期付款等情况，而本票和支票在付款期限的规定上一般只有见票即付的情况。

根据出票人的身份的不同，可分为银行汇票和商业汇票。银行汇票是银行签发的，由其在见票时按照实际结算金额无条件支付给收款人或者持票人的票据。银行汇票是一种变式汇票，即已付汇票，其基本当事人只有两个，即出票人和收款人，出票银行既是出票

人，又是付款人。商业汇票是指出票人签发的，委托付款人在指定日期无条件支付确定的金额给付款人或者持票人的票据。商业汇票的出票人为银行以外的企业和其他组织；其付款人可以是银行，也可是银行以外的企业或其他组织。凡由银行承兑的，称为银行承兑汇票；凡由银行以外的付款人承兑的，称为商业银行承兑汇票。商业汇票则因其主债务人不一定为社会公众熟知，其流通性远逊于银行汇票。

(1) 汇票的记载事项。

根据我国《票据法》的规定，出票人签发的汇票必须记载以下事项：①表明"汇票"的字样；②无条件支付的委托；③确定的金额；④付款人名称；⑤收款人名称；⑥出票日期；⑦出票人签章。汇票未记载上述事项之一的，汇票无效。

另外，在汇票上应当清楚、明确地记载付款日期、付款地、出票地等事项。如果汇票上未记载付款日期的，视为见票即付；未记载付款地的，以付款人的营业场所、住所或经常居住地为付款地；未记载出票地的，以出票人的营业场所、住所或经常居住地为出票地。

付款日期可以按照下列形式之一记载：①见票即付；②定日付款；③出票后定期付款；④ 见票后定期付款。上述付款日期均为汇票到期日。

汇票上可以记载法定事项以外的其他出票事项，但是，该记载事项不具有汇票上的效力。

(2) 银行汇票的办理使用程序。

银行汇票的结算程序如图 6.1 所示。

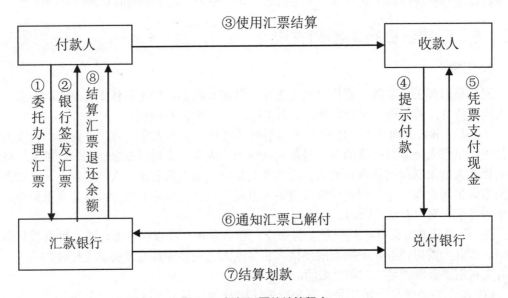

图 6.1　银行汇票的结算程序

① 银行汇票申请人申请。意欲使用银行汇票的单位或个人，应当向其开户银行填写银行汇票申请书；没有开户银行的，则向其选定的办理银行汇票业务的银行填写银行汇票申请书。

② 银行受理和签发银行汇票。银行认真审查申请人提交的银行汇票申请书，对于审查无误的，受理银行才能办理。在收妥现金或办理好资金转账后，受理银行作为出票银行根据申请签发银行汇票。银行汇票凭证一式四联，第一联、第二联、第三联、第四联分别

是：卡片、银行汇票、解讫通知和多余款收账通知。

出票银行对填写的银行汇票凭证进行复核，在复核无误后，出票银行在银行汇票上加盖其专用章并由授权的经办人签名或盖章，签章必须清晰；出票银行在银行汇票实际结算金额栏的小写金额上端用中国人民银行统一制作的压数机压印出票金额；出票银行将银行汇票连同银行汇票凭证第三联解讫通知一并交给申请人；出票银行的有关经办人在银行汇票凭证第一联卡片上加盖经办、复核名章，并在逐笔登记汇出汇款账并注明汇票号码后，连同银行汇票凭证第四联多余收款通知一并专夹保管。

③ 银行汇票申请人凭银行汇票取款或结算。收款人受理申请交付的银行汇票时，应当在出票金额内，根据实际需要的款项办理结算，并准确地将实际结算金额和多余金额填入银行汇票和解讫通知的有关栏内。未填明实际结算金额和多余金额或实际结算金额超过出票金额的，银行不予受理。银行汇票的实际结算金额不得更改，更改实际结算金额的银行汇票无效。

④ 背书转让。收款人可以根据自己的需要将银行汇票背书转让给他人。背书转让金额以不超过出票金额的实际结算金额为限。

⑤ 持票人提示付款。持票人向银行提示付款时，必须同时提交银行汇票和解讫通知。缺少任何一项，银行不予受理；在银行开立存款账户的持票人向开户银行提示付款时，应当在汇票背面"持票人向银行提示付款签章"处签章，签章须与预留银行签章相同，并将银行汇票和解讫通知、进账单送交开户银行；未在银行开立存款账户的个人持票人，可以向选择的任何一家银行机构提示付款。提示付款时，应当在汇票背面"持票人向银行提示付款签章"处签章，并填写本人身份证件名称、号码和发证机关，由其本人向银行提交身份证件及其复印件。

(3) 商业汇票的办理使用程序。

银行汇票的结算程序如图 6.2 所示。

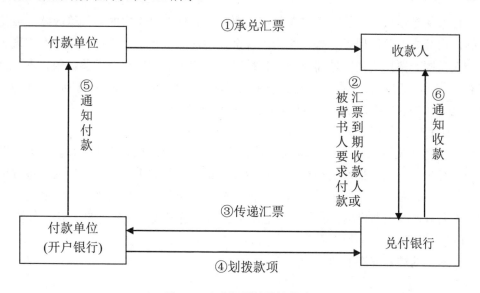

图 6.2　商业汇票的结算程序

① 商业汇票使用人申领商业汇票用纸。商业汇票由中国人民银行统一在指定厂家印制。出票人需要使用商业汇票的，按规定从其开户银行领取商业汇票用纸。

② 出票人出票。出票人按照《支付结算办法》的规定在汇票上记载有关事项。

③ 承兑。商业汇票的付款人接到出票人或持票人向其提示承兑的汇票时，应当向出票人或持票人签发收到汇票的回单，记明提示承兑的日期并签章。付款人应当在自收到提示承兑的汇票之日起 3 日内承兑或者拒绝承兑。承兑的，应当在汇票正面记载"承兑"字样和承兑日期并签章。承兑不得附有条件，否则被视为拒绝承兑。

④ 背书转让。背书转让商业汇票的，由背书人(包括商业汇票的收款人和依转让背书取得商业汇票的持票人)在票据背面签章，记载被背书人和背书日期。背书未记载日期的，视为在票据到期日前背书。

⑤ 提示付款。商业汇票的提示付款期限为自汇票到期日起 10 日内。持票人应在提示付款期限内通过开户银行委托收款或直接向付款人提示付款。持票人未按规定期限提示付款的，在做出说明后，承兑人或者付款人应当继续对持票人承担付款责任。商业汇票的付款期限不得超过 6 个月。

⑥ 贴现。贴现是指票据持票人在票据未到期前为获得现金向银行贴付一定利息而发生的票据转让行为。通过贴现，贴现银行获得票据的所有权。商业汇票的持票人向银行办理贴现必须具备下列条件：是在银行开立存款账户的企业法人以及其他组织；与出票人或者直接前手之间具有真实的商品交易关系；提供与其直接前手之间进行商品交易的发票和商品发运单据复印件。贴现到期，贴现银行向付款人收取票款。不获付款的，贴现银行向其前手追索票款。贴现银行追索票款是可从贴现申请人的存款账户直接收取票款。

2. 银行本票

银行本票是银行签发的，承诺自己在见票时无条件支付确定的金额给收款人或持票人的票据，银行本票可以用于转账，注明"现金"字样的银行本票也可以用于支取现金。单位和个人在同一票据交换区域需要支付各种款项，均可以使用银行本票。银行本票分为定额银行本票和不定额银行本票。定额银行本票面额为 1000 元、5000 元、10 000 元和 50 000 元，其提示付款期限自出票日起最长不得超过 2 个月。

(1) 银行本票的记载事项。

银行本票的出票人，未经中国人民银行当地分支行批准办理银行本票业务的银行机构，非银行机构、未经批准的银行机构不得作为银行本票的出票人。出票人在签发银行本票时必须记载以下事项：①表明"本票"的字样；②无条件支付的承诺；③确定的金额；④收款人名称；⑤出票日期；⑥出票人签章。欠缺上述记载事项之一的，银行本票无效。

(2) 银行本票的办理使用程序。

银行本票的结算程序如图 6.3 所示。

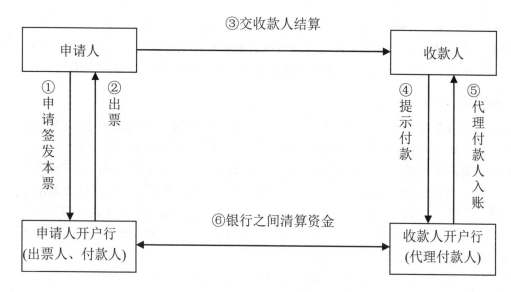

图6.3　银行本票的结算程序

① 申请人申请。单位和个人在同一票据交换区域需要支付各种款项，均可以使用银行本票。需要使用银行本票的单位或个人，应当向银行填写三联"银行本票申请书"。

② 银行受理申请并签发银行本票。银行接到申请人提交的银行本票申请书后，应当认真审查。经审查无误后，在收妥款项后签发银行本票。

③ 申请人将银行本票交与收款人办理结算。申请人应当将银行本票交付给本票上记载的收款人。

④ 背书转让。收款人可以将银行本票背书转让给被背书人。收款人背书时，应当记载被背书人名称或姓名、背书日期并签章。

⑤ 提示付款。在银行开立存款账户的持票人向开户银行提示付款时，应当在银行本票背面"持票人向银行提示付款签章"处签章，签章需有预留银行，并将银行本票、进账单送交开户银行。银行审查无误后办理转账。

未在银行开立存款账户的个人持票人，凭注明"现金"字样的银行本票向出票银行支付现金的，应当在银行本票背面签章，记载本人身份证件名称、号码及发证机关，并交验本人身份证件及其复印件。持票人对注明"现金"字样的银行本票委托他人向出票银行提示付款的，应当在银行本票背面"持票人向银行提示付款签章"处签章，记载"委托收款"字样、被委托人姓名和背书日期以及委托人身份证件名称、号码、发证机关。被委托人向出票银行提示付款时，也应当在银行本票背面"持票人向银行提示付款签章"处签章，记载证件名称、号码及发证机关，并同时交验委托人和被委托人的身份证件及其复印件。

出票行接到收款人交来的注明"现金"字样的本票时，抽出专夹保管的本票卡片或存根，经核对相符，确属本行签发，同时还必须认真审查本票上填写的申请人和收款人是否均为个人，收款人的身份证件，收款人在本票背面"持票人向银行提示付款签章"处是否签章和注明身份证件名称、号码及发证机关，并要求提交收款人身份证件复印件留存备查。收款人委托他人向出票行提示付款的，必须查验收款人和被委托人的身份证件，在本票背面是否作委托收款背书，是否注明收款人和被委托人的身份证名称、号码及发证机关，并要求提交收款人身份证件复印件留存备查。审查无误后，办理付款程序。

3. 支票

支票是出票人签发的，委托办理支票存款业务的银行或者其他金融机构在见票时无条件支付确定的金额给收款人或者持票人的票据。我国《支付结算办法》规定支票有三类：①现金支票，指票据正面印有"现金"字样、只能用来支取现金的支票；②转账支票，指票据正面印有"转账"字样，只能用来转账的支票；③普通支票，指票据上未印有"现金"或"转账"字样的，既可用来支取现金也可用来转账的支票。但是，普通支票左上角划两条平行线的，则为划线支票。划线支票只能用来转账，不得支取现金。支票与本票、汇票相比，具有以下特征。

① 付款人要求不同。支票的付款人仅限于办理支票存款业务的银行或者其他金融机构。这与汇票有明显区别，汇票的付款人不局限于金融机构，其他具有支付汇票金额的可靠资金来源的任何企业都可以充当汇票关系的付款人。

② 支票不必经过承兑，不存在承兑行为。而汇票在出票时或者出票后必须经过承兑。

③ 支票是委付证券，是一种支付命令。而本票是自付证券，是一种支付承诺。这是支票和本票的显著区别。

④ 支票必须见票即付。见票即付是支票付款的唯一形式，而汇票、本票则有定期、定日等多种付款形式。

(1) 支票的记载事项。

支票的出票人是在经中国人民银行当地分行批准办理支票业务的银行机构开立可以使用支票的存款账户的单位和个人。支票必须记载下列事项：①表明"支票"稳定字样；②无条件支付的委托；③确定的金额；④付款人名称；⑤出票日期；⑥持票人签章。支票上未记载上述事项之一的，其支票无效。

《票据法》规定，支票上的金额可以由出票人授权补记，未补记前的支票，不得使用；支票上未记载收款人名称的，经出票人授权可以补记，未补记前不得使用支票；未记载付款地的，付款人的营业场所为付款地；支票上未记载出票地的，出票人的营业场所、住所或者经常居住地为出票地；出票人可以在支票上记载自己为收款人；支票的付款人为支票上记载的出票人开户银行。

(2) 支票的办理使用程序。

现金支票的结算程序如图6.4所示。

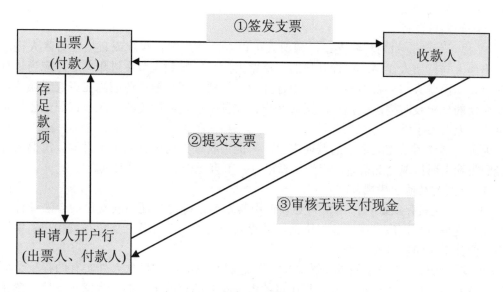

图6.4 现金支票的结算程序

转账支票的结算程序如图6.5所示。

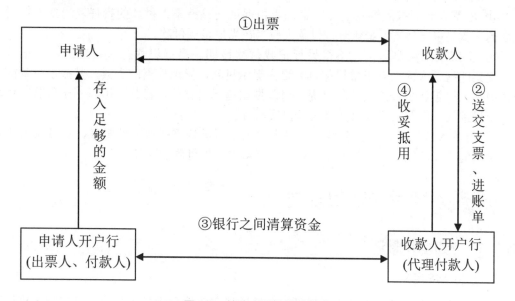

图6.5 转账支票的结算程序

① 出票人(即存款人)领购支票用纸。出票人领购支票用纸必须填写"票据和结算凭证领用单"并签章,签章应当与预留银行的签章相符。银行出售支票用纸时,银行应当在每张支票用纸上加盖本行行名和存款人的账号,并记录支票用纸号码。

② 出票人出票。出票人按照《支付结算办法》的规定依法在支票上记载有关事项。出票人可以在支票上记载自己为收款人。

③ 背书转让。转账支票可以背书转让,由背书人(包括支票的收款人和依转让背书取

得支票的持票人)在票据背面签章、记载被背书人名称和背书日期。背书未记载日期的，视为在票据到期日前背书。

④ 提示付款。如为转账支票，持票人可以委托开户银行收款或直接向付款人提示付款。出票人与持票人在同一银行开户的，持票人开户行接到支票及进账单后，应当认真进行审查。如出票人与持票人不在同一银行开户，持票人开户银行还应当在审查无误后按照票据交换的规定及时提出交换。出票人开户行收到交换提入的支票，应当按照上述规定进行审查，无误后予以付款。

现金支票或用于支取现金的普通支票，只能由收款人向付款人提示付款。出票人开户行接到收款人所持现金支票后，应当认真审查。审查无误后，支付票款。

(3) 支票的其他法律规范。

① 开立支票存款账户，申请人必须使用其本名，并提交证明其身份的合法证件。账户开立和支票领用，应当有可靠的资信，并存入一定的资金。开立支票存款账户，申请人应当预留其本名的签名式样和印鉴。

② 支票的出票人所签发的支票金额不得超过付款时其在付款人处实有的存款金额。出票人签发的支票金额超过付款时其在付款人处实有的存款金额的，为空头支票。禁止签发空头支票。支票的出票人不得签发与其预留本名的签名式样或者印鉴不符的支票。约定使用支付密码的，出票人不得签发支付密码错误的支票。

③ 出票人必须按照签发的支票金额承担保证向该持票人付款的责任。出票人在付款人处的存款足以支付支票金额时，付款人应当在当日足额付款。

④ 支票限于见票即付，不得另行记载付款日期。另行记载付款日期的，该记载无效。支票的持票人应当自出票日起 10 日内提示付款，异地使用的支票，其提示付款的期限由中国人民银行另行规定。超过提示付款期限提示付款的，付款人可以不予付款；付款人不予付款的，出票人仍应对持票人承担票据责任。

⑤ 付款人依法支付支票金额的，对出票人不再承担委托付款的责任，对持票人不再承担付款的责任。但是，付款人以恶意或者有重大过失付款的除外。

@ 6.2 预付卡法律规定

6.2.1 预付卡概述

1. 预付卡的定义

预付卡，是指发卡机构以营利为目的，通过特定载体和形式发行的，可在特定机构购买商品或服务的预付凭证，包括采取磁条、芯片等技术以卡片、密码等形式发行的预付卡。预付卡与银行卡相比，它不与持卡人的银行账户直接关联。

2. 预付卡的分类

预付卡分为记名预付卡和不记名预付卡。记名预付卡是指预付卡业务处理系统中记载持卡人身份信息的预付卡。不记名预付卡是指预付卡业务处理系统中不记载持卡人身份信息的预付卡。

根据商业预付卡按使用范围不同可划分为单用途预付卡和多用途预付卡。单用途预付卡是由发卡机构发行的，只在本企业或同一品牌连锁商业企业购买商品或服务用的一种预付卡。包含规模发卡、集团发卡和品牌发卡。如苏宁礼品卡、沃尔玛卡、家乐福卡、百盛卡、美容卡、健身卡等，只能在发卡企业内部使用。单用途预付卡由商务部监管，发卡企业应在开展单用途卡业务之日起 30 日内向各级商务部备案。多用途预付卡是由发卡机构发行，可以发行机构之外的企业或商户购买商品或服务用的一种预付卡，可跨地区、跨行业、跨法人使用，如商通卡、福卡、新生易卡、欢付通卡、连心卡等。多用途预付卡由中国人民银行监管。

多用途预付卡又可分为半开放式和开放式多用途预付卡。半开放式多用途预付卡是指预付卡可以在发卡机构所属门店及网络进行受理，还可在发卡机构之外的不同法人和行业网点进行受理的模式。开放式多用途预付卡多数是由金融机构或金融机构投资企业发行的，可在所有受理银行卡的商户终端受理的模式。

预付卡按照资金存入的记录方式不同，还可以分为账户型预付卡和芯片型预付卡。账户型预付卡类似于记账消费，将所存入的资金记入账上。芯片型就是在卡里安装芯片，最后通过芯片存入数字资金。在适用时直接刷卡，卡里的资金会自动减少，比如公交卡。

6.2.2 预付卡的发行与办理

1. 预付卡的发行

在卡片发行端，金融和非金融四大发卡主体普遍将发卡处理(业务规划、系统建设、业务培训等)、卡片生产和制作等环节外包，少数还外包卡片销售业务。预付卡产业目前在发卡环节形成流通企业发行的单用途预付卡、第三方机构发行的，以及银行小规模发行的多用途预付卡的发卡市场结构。此外，出现了专业化的第三方数据处理服务及一揽子解决方案的服务提供者。

预付卡主要由第三方发卡机构发行，它是一个新兴行业、暴利行业。我国《支付机构预付卡业务管理办法》对预付卡的规范发行和办理做出了严格规定。

(1) 发卡机构发行的预付卡应当以人民币计价，单张记名预付卡资金限额不超过 5000 元，单张不记名预付卡资金限额不超过 1000 元。

(2) 记名预付卡应当可挂失，可赎回，不得设置有效期。不记名预付卡不挂失，不赎回，本办法另有规定的除外，不记名预付卡有效期不得低于 3 年。预付卡不得具有透支功能。

(3) 发卡机构发行销售预付卡时，应向持卡人告知预付卡的有效期及计算方法。超过有效期尚有资金余额的预付卡，发卡机构应当提供延期、激活、换卡等服务，保障持卡人继续使用。

(4) 发卡机构应当通过实体网点发行销售预付卡。除单张资金限额 200 元以下的预付卡外，不得采取代理销售方式。发卡机构委托销售合作机构代理销售的，应当建立代销风险控制机制。销售资金应当直接存入发卡机构备付金银行账户。发卡机构应当要求销售合作机构在购卡人达到本办法实名购卡要求时，参照相关规定销售预付卡。发卡机构作为预付卡发行主体的所有责任和义务不因代理销售而转移。

(5) 预付卡卡面应当记载预付卡名称、发卡机构名称、是否记名、卡号、有效期限或有效期截止日、持卡人注意事项、客户服务电话等要素。

2. 预付卡的办理

预付卡的办理有以下要求。

(1) 使用实名购买预付卡的，发卡机构应当登记购卡人姓名或单位名称、单位经办人姓名、有效身份证件名称和号码、联系方式、购卡数量、购卡日期、购卡总金额、预付卡卡号及金额等信息。对于记名预付卡，发卡机构还应当在预付卡核心业务处理系统中记载持卡人的有效身份证件信息、预付卡卡号、金额等信息。

(2) 个人或单位购买记名预付卡或一次性购买不记名预付卡 1 万元以上的，应当使用实名并提供有效身份证件。发卡机构应当对购卡人、单位经办人的身份和有效身份证件尽到审查义务，并登记身份基本信息，留存有效身份证件的复印件或影印件。代理他人购买预付卡的，发卡机构应当对代理人和被代理人的有效身份证件尽到审查义务，登记代理人和被代理人的身份基本信息，并留存代理人和被代理人的有效身份证件的复印件或影印件。使用实名购买预付卡的，发卡机构应当登记购卡人姓名或单位名称、单位经办人姓名、有效身份证件和号码、联系方式、购卡数量、购卡日期、购卡总金额、预付卡卡号及金额等信息。

(3) 单位一次性购买预付卡 5000 元以上，个人一次性购买预付卡 5 万元以上的，应当通过银行转账等非现金结算方式购买，不得使用现金。购卡人不得使用信用卡购买预付卡。

(4) 采用银行转账等非现金结算方式购买预付卡的，付款人银行账户名称和购卡人名称应当一致。发卡机构应当核对账户信息和身份信息的一致性，在预付卡核心业务处理系统中记载付款人银行账户名称和账号、收款人银行账户名称和账号、转账金额等信息。

6.2.3 预付卡的使用、充值和赎回

预付卡是对商品、服务具有索取权的预付票证。使用预付卡的人必须在接受商品或服务之前，购买预付卡，以此来代替现金支付进行结算。所以《支付机构预付卡业务管理办法》对预付卡使用等后续行为都做了较为严格的规定。

(1) 预付卡的使用规定。

预付卡不得用于或变相用于提取现金；不得用于购买。交换非本发卡机构发行的预付卡、单一行业卡及其他商业预付卡或向其充值；卡内资金不得向银行账户或向非本发卡机构开立的网络账户转移。

(2) 预付卡的充值。

预付卡只能通过现金、银行转账方式进行充值，不得使用信用卡为预付卡充值。

① 办理一次性金额 5000 元以上预付卡业务的，不得使用现金。

② 单张预付卡充值后的资金余额不得超过规定限额。

③ 预付卡现金充值应当通过发卡机构网点进行，但单张预付卡同日累计现金充值在 200 元以下的，可通过自助终端、销售合作机构代理等方式充值，收取的现金应当直接存入发卡机构备付金银行账户。

(3) 预付卡的赎回。

记名预付卡可在购卡三个月后办理赎回，赎回时，持卡人应当出示预付卡及持卡人和购卡人的有效身份证件。由他人代理赎回的，应当同时出示代理人和被代理人的有效身份证件。单位购买的记名预付卡，只能由单位办理赎回。

6.2.4 发卡机构对预付卡资金的管理

发卡机构要加强对预付卡资金的管理，维护持卡人的合法权益。发卡机构接受的客户用于未来支付需要的预付卡资金，不属于发卡机构的自有财产，发卡机构不得挪用、挤占，发卡机构必须在商业银行开立备付金专用存款账户存放预付卡资金，并与银行签订存管协议，接受银行对备付金使用情况的监督。中国人民银行负责对发卡机构的预付备用金专用账户的开立和使用进行监督。

@ 6.3 银行其他结算方式的法律规定

6.3.1 汇兑

1. 汇兑的定义

汇兑又称"汇兑结算"，是指企业(汇款人)委托银行将其款项支付给收款人的结算方式。单位和个人的各种款项的结算，均可使用汇兑结算方式。根据划转款项的不同方法以及传递方式的不同可以分为信汇和电汇两种。信汇是汇款人向银行提出申请，同时交存一定金额及手续费，汇出行将信汇委托书以邮寄方式寄给汇入行，授权汇入行向收款人解付一定金额的一种汇兑结算方式。电汇是汇款人将一定款项交存汇款银行，汇款银行通过电报或电传给目的地的分行或代理行(汇入行)，指示汇入行向收款人支付一定金额的一种汇款方式。

由于汇兑结算手续简便易行，单位或个人很容易办理，因此成为银行异地汇划资金的主要结算方式之一。汇兑业务的基本流程如图6.6所示。

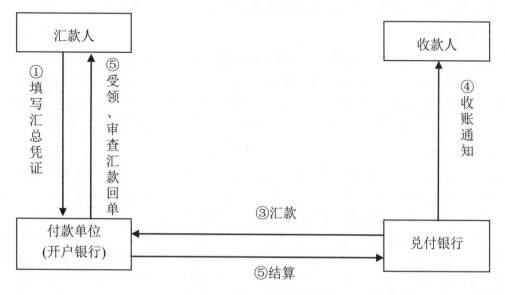

图 6.6 汇兑业务的基本流程

2. 汇兑办理

汇款人委托银行办理汇兑，应向汇出银行填写信、电汇凭证，详细填明汇入地点、汇入银行名称、收款人名称、汇款金额、汇款用途(军工产品可以免填)等各项内容，并在信汇、电汇凭证第二联上加盖预留银行印鉴。需要注意的是：

(1) 汇款单位需要派人到汇入银行领取汇款时，除在"收款人"栏写明取款人的姓名外，还应在"账号或住址"栏内注明"留行待取"字样。留行待取的汇款，需要指定具体收款人领取汇款的，应注明收款人的单位名称。

(2) 个体经济户和个人需要在汇入银行支取现金的，应在信汇、电汇凭证上"汇款金额"大写栏先填写"现金"字样，接着再紧靠其后填写汇款金额大写。

(3) 汇款人确定不得转汇的，应在"备注"栏内注明。

(4) 汇款需要收款单位凭印鉴支取的，应在信汇凭证第四联上加盖收款单位预留银行印鉴。

采用信汇的，汇款单位出纳员应填制一式四联"信汇凭证"，"信汇凭证"第一联(回单)，是汇出行受理信汇凭证后给汇款人的回单；第二联(支款凭证)，是汇款人委托开户银行办理情汇时转账付款的支付凭证；第三联(收款凭证)，是汇入行将款项收入收款人账户后的收款凭证；第四联(收账通知或取款收据)，是在直接记入收款人账户后通知收款人的收款通知，或不直接记入收款人账户时收款人凭以领取款项的取款收据。

"电汇凭证"一式三联，第一联(回单)，是汇出行给汇款人的回单；第二联(支款凭证)，为汇出银行办理转账付款的支款凭证；第三联(发电依据)，是汇出行向汇入行拍发电报的凭据。

汇出行受理汇款人的信汇、电汇凭证后，应按规定进行审查。审查无误后即可办理汇款手续，在第一联回单上加盖"转讫"章退给汇款单位，并按规定收取手续费；不符条件的，汇出银行不予办理汇出手续，作退票处理。

3. 转汇办理

汇款人因汇入地没有所需商品等原因需要转汇时，可以等待取款通知和有关证件，请求汇入银行重新办理信汇、电汇手续，将款项汇往其他地方。按照规定，转汇的收款人和汇款用途必须是原汇款的收款人和汇款用途。汇入银行办理转汇手续，在汇款凭证上加盖"转汇"戳记。第三联信汇凭证备注栏注明"不得转汇"字样的，汇入银行不予办理转汇。

4. 退汇办理

汇款人因故对汇出的款项要求退汇，如果汇款是直接汇给收款单位的存款账户入账的，退汇由汇出单位自行联系，银行不予介入。如果汇款不是直接汇往收款单位存款账户入账的，由汇款单位备齐公函或持本人身份证件连同原信汇、电汇凭证回单交汇出行申请退汇，由汇出银行通知汇入银行，经汇入银行查实汇款确未解付，方可办理退汇；如果汇入银行接到退汇通知前汇款已经解付收款人账户或被支取，则由汇款人与收款人自行联系退款手续。如果汇款被收款单位拒绝接受的，由汇入银行立即办理退汇。汇款超过两个月，收款人尚未来汇入银行办理取款手续或在规定期限内汇入银行已寄出通知但由于收款人地址迁移或其他原因致使该笔汇款无人受领时，汇入银行主动办理退汇。汇款单位收到汇出银行寄发的注有"汇款退回已代进账"字样的退汇通知书第四联(适用于汇款人申请退汇)或者由汇入银行加盖"退汇"字样,汇出银行加盖"转讫"章的特种转账贷方凭证(适用于银行主动退汇)后,即表明汇款已退回本单位账户。

5. 汇款领取

按照规定,汇入银行对开立账户的收款单位的款项应直接转入收款单位的账户。采用信汇方式的,收款单位开户银行(即汇入银行)在信汇凭证第四联上加盖"转讫"章后交给收款单位,表示汇款已由开户银行代为进账。采用电汇方式的,收款单位开户银行根据汇出行发来的电报编制三联联行电报划收款补充报单,在第三联上加盖"转讫"章作收账通知交给收款单位,表明银行已代为进账。收款单位根据银行转来的信汇凭证第四联(信汇)或联行电报划收款补充报单(电汇)编制银行存款收款凭证,借记"银行存款"账户,贷记有关账户(依据汇款的性质而定)。如对方汇款是用来偿付旧欠,则借记银行存款,贷记应收账款;如果属于对方单位为购买本单位产品而预付的货款,则借记银行存款,贷记预收账款;待实际发货时,再根据有关原始凭证编制转账凭证,借记预收货款,贷记主营业务收入;如果款到即发货,也可直接编制收款凭证,借记银行存款,贷记产品销售收入。

需要在汇入银行支取现金的,信汇(或电汇)凭证上"汇款金额"栏必须注明"现金"字样,可以由收款人填制一联支款单连同信汇凭证第四联(或联行申报划收款补充报单第三联),并携带有关身份证件到汇入银行取款。汇入银行审核有关证件后一次性办理现金支付手续。在汇款凭证上未填明"现金"字样,需要在汇入银行支取现金的单位,由汇入银行按照现金管理的规定支付。

留行待取的汇款,收款人应随身携带身份证件或汇入地有关单位足以证实收款人身份的证明去汇入银行办理取款。汇入银行向收款人问明情况,与信汇、电汇凭证进行核对,并将证件名称、号码、发证单位名称等批注在信汇、电汇凭证空白处,并由收款人在"收款人盖章"处签名或盖章,然后办理付款手续。如果凭印鉴支取的,收款人所盖印章必须与预留印鉴相同。

收款人需要在汇入地分次支取汇款的,可以由收款人在汇入银行开立临时存款户,将汇款暂时存入该账户,分次支取。临时存款账户只取不存,付完清户,不计付利息。

6.3.2 委托收款

1. 委托收款的概念及适用范围

委托收款,是指收款人委托银行向付款人收取款项的结算方式。委托收款分邮寄和电报划回两种,由收款人选用。前者是以邮寄方式由收款人开户银行向付款人开户银行转送委托收款凭证、提供收款依据的方式,后者则是以电报方式由收款人开户银行向付款人开户银行转送委托收款凭证,提供收款依据的方式。

凡在银行或其他金融机构开立账户的单位和个体经济户的商品交易,公用事业单位向用户收取水电费、邮电费、煤气费、公房租金等劳务款项以及其他应收款项,无论是在同城还是异地,均可使用委托收款的结算方式。可以使用委托收款结算方式的凭证有已承兑商业汇票、债券、定期储蓄存款、定活两便储蓄存款、活期储蓄存款。

2. 委托收款的办理程序

委托收款业务的基本流程如图 6.7 所示。

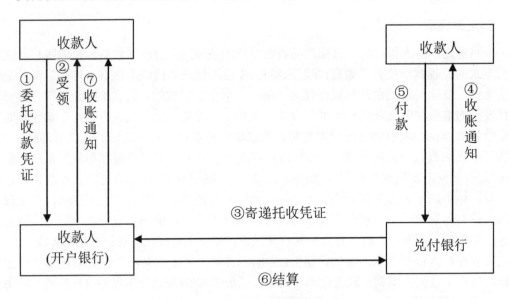

图 6.7 委托收款业务的基本流程

(1) 签发委托收款凭证。签发委托收款凭证必须记载下列事项：①表明"委托收款"的字样；②确定的金额；③付款人名称；④收款人名称；⑤委托收款凭据名称及附寄单证张数；⑥委托日期；⑦收款人签章。欠缺记载前列事项之一的，银行不予受理。

委托收款以银行以外的单位为付款人的，委托收款凭证必须记载付款人开户银行名称；以银行以外的单位或在银行开立存款账户的个人为收款人的必须记载收款人开户银行名称；以未在银行开立存款账户的个人为收款人的，必须记载被委托银行名称。欠缺记载的，银行不予受理。

(2) 委托。收款人按照签订的购销合同发货后，委托银行办理托收。收款人填写五联托收凭证。托收凭证第一联为受理回单，第二联为贷方凭证，第三联为借方凭证，第四联为收账通知，第五联为承付(支款)通知。

未填写应当填写事项的，银行不予受理。

(3) 付款。银行接到寄来的委托收款凭证及债务证明，审查无误后办理付款，将款项划给收款人。银行在办理划款时，付款人存款账户不足支付的，应通过被委托银行向收款人发出未付款项通知书。

① 以付款银行为付款人的，银行应当在当日将款项主动支付给收款人。

② 以单位为付款人的，付款银行应及时通知付款人，需要将有关债务证明交给付款人的，应交给付款人。付款人应于接到通知的当日书面通知银行付款。付款人未在接到通知日的次日起 3 日内通知银行付款的，视同付款人同意付款，银行应于付款人接到通知的次日起第 4 日上午开始营业时，将款项划给收款人。银行在办理划款时，付款人存款账户不足支付的，应通过被委托银行向收款人发出未付款项通知书。

③ 拒绝付款。付款人审查有关债务证明后，对收款人委托收取的款项需要拒绝付款的，可以办理拒绝付款。以银行为付款人的，应自收到委托收款及债务证明的次日起 3 日内出具拒绝证明，连同有关债务证明、凭证寄给被委托银行，转交收款人；以单位为付款人的，应在付款人接到通知日起 3 日内出具拒绝证明，持有债务证明的，应将其送交开户银行。银行将拒绝证明、债务证明和有关凭证一并寄给被委托银行，转交收款人。

6.3.3 违反汇兑、委托收款的法律责任

违反汇兑、委托收款的法律责任形式包括承担赔偿责任、行政责任等，具体表现在以下几个方面。

(1) 付款单位对收款单位托收的款项逾期付款，应按照规定承担赔偿责任；付款单位变更开户银行、账户名称和账号，未能及时通知收款单位，影响收取款项的，应由付款单位承担逾期付款赔偿责任。

(2) 单位和个人办理支付结算，未按照《支付结算管理办法》的规定填写结算凭证或者填写有误，影响资金使用或造成资金损失；票据或印章丢失，造成资金损失的，由其自行负责。

(3) 单位和个人违反《支付结算管理办法》的规定，银行停止其使用有关支付结算工具，因此造成的后果，由单位和个人自行负责。

(4) 付款单位到期无款支付，逾期不退回托收承付有关单证的，应按规定承担行政责任。

(5) 收款人或持票人委托的收款银行的责任，限于收到付款人支付的款项后按照票据和结算凭证上记载的事项将票据或结算凭证记载的金额转入收款人或持票人账户。

(6) 付款人委托的付款银行的责任，限于按照票据和结算凭证上记载事项从付款人账户支付金额。但托收承付结算中的付款人开户银行，应按照托收承付结算方式有关规定承担责任。

(7) 银行办理支付结算，因工作差错发生延误，影响客户和他行资金使用的，按中国人民银行规定的同档次流动资金贷款利率计付赔偿金。

(8) 银行违反《支付结算管理办法》的规定将支付结算的款项转入储蓄和信用卡账户的，应按规定承担行政责任。

(9) 银行未按规定通过中国人民银行办理大额转汇的，应按规定承担行政责任。

(10) 不准在支付结算制度之外规定附加条件，影响汇路畅通；不准拒绝受理、代理他行正常结算业务；不准放弃对企事业单位和个人违反结算纪律的制裁；不准逃避向中国人民银行转汇大额汇划款项。

对单位和个人承担行政责任的处罚，由中国人民银行委托商业银行执行。

@ 6.4 银行卡 POS 收单业务

6.4.1 银行卡 POS 收单业务概述

1. 银行卡 POS 收单业务定义

银行卡 POS 收单业务是指签约的第三方支付机构(或银行)作为支付结算服务主体，为

特约商户等提供的受理银行卡,并完成相关资金结算的服务。具体来讲,是指客户在银行(收单行)开立结算账户,银行为商户安装 POS 机具,持卡人在商户进行购物消费时通过刷卡方式支付款项,收单行负责将扣减一定手续费后的消费资金记入商户账户。服务的内容涵盖很多方面,主要表现为:和特约商户签订合作协议,确定其收取费用的方式和标准;向特约商户提供自己的售后服务;承担资金结算过程中的各项信息的传输,并且偿还特约商户的各种应得的款项。除此之外,其内容还涵盖对于市场风险以及不合理交易的处理等。国内银行卡 POS 交易的转接和资金清算由中国银联负责。境外银行卡 POS 交易的转接和资金清算由国际发卡组织负责(如 VISA、MASTER 等)。

2. 银行卡 POS 收单业务流程

银行卡 POS 收单业务流程包括如下参与方。

(1) 发卡机构:向银行卡持有者发放主体,国内主要是商业银行,负责向持卡人发行各种银行卡,并通过提供各类相关的银行卡服务收取一定费用,是银行卡市场的发起者和组织者。

(2) 收单机构:在跨行交易中,收付现金或签约商户进行跨行交易结算资金,并间接或直接使交易达成转接的银行。收单机构主要分为两类,一是经营银行卡收单业务的商业银行;二是经中国人民银行批准运营的特约商户收单业务的专业第三方收单机构。目前,收单机构仍以商业银行为主、专业收单机构为辅。随着银行卡产业的不断发展,银行卡 POS 收单市场也发生了根本性的变化,收单产业链不断增长,分工日益细化。收单机构负责特约商户的开拓和管理、授权请求、账单结算等,可以是银行,也可以是收单外包服务商。银行卡收单外包服务商是伴随着外包服务的细化和银行卡业务日渐专业化的脚步产生的,指凭借自身特长,如市场营销技术、专业化的销售团队及高效的运营管理等,承接从收单行外包出来的银行卡收单业务的第三方服务机构。

(3) 持卡人及潜在持卡人:是银行卡的消费主体和对象,是产生购买银行卡产品及其衍生产品需求的市场基础,在银行卡市场中,其占有很重要的地位,也是金融机构及银行机构和第三方机构在发展过程中利益的主要产生者。

(4) 特约商户:向持卡人给予相应的服务,并且通过银行卡完成其相应的终端业务。特约商户涵盖两个方面:一是实体形式的特约商户;二是网络形式的特约商户。前者是通过对银行实体产品的交易形成的一种服务,在整个服务过程中,特约商户利用 POS 机在一定的区域范围内达成相关的资金结算。后者实质上就是指以网络形式出现的电子商务形式的交易和电子服务的特约商户,在整个过程中,银行通过相关的网络设备对其相应的信息进行处理,最后通过特约商户。

(5) 受理终端设备:通过银行卡的磁条形成的各种银行卡交易指令的支付终端,该终端涵盖享受、转账和电话受理等多个方面,是一个综合业务的处理终端。

(6) 银行卡组织:关键职能在于建立维护和扩大跨行交换网络,通过建立公共信息网络和统一的操作平台,向成员机构提供信息交换、清算和结算、统一授权、品牌营销、协助成员机构进行风险控制及反欺诈等服务。国外的主要银行卡组织为:美国的维萨(VISA)、万事达(MASTER)、运通(American Express)、大来(Diners)及日本(JCB)五大国际品牌;国内唯一的银行卡组织为中国银联。

银行卡 POS 收单业务流程：由持卡人到特约商户处刷卡消费，特约商户通过 POS 机具将交易数据上传至收单机构，收单机构通过银行卡组织(一般为中国银联)将交易数据上传至发卡银行，发卡银行经核实后将交易数据再通过银行卡组织反馈至收单机构，收单机构再将交易数据返回至商户 POS 终端，商户收到返回数据后向持卡人提供相应的商品及服务，最后发卡银行将交易明细通过银行对账单发至持卡人，持卡人核实对账单后进行还款。银行卡 POS 收单业务流程如图 6.8 所示。

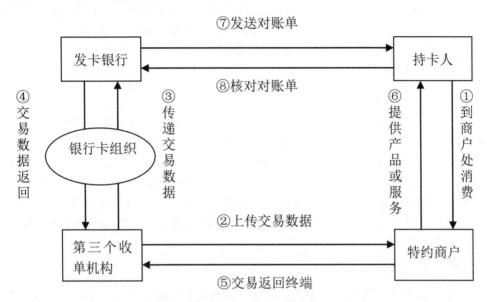

图 6.8 银行卡 POS 收单业务流程

6.4.2 银行卡 POS 收单业务的风险及司法案例分析

1. 信用卡套现风险

信用卡套现是指信用卡的持有人通过非正常合法手续(ATM 或柜台)将卡中信用额度内的资金以现金的方式套取，同时不支付银行提现费用的行为。

实施信用卡套现的有以下几种类型：①以获取不当得利为主要目的的职业套现；②为获取更多消费积分和银行礼品的养卡套现；③因过度消费而无力偿还债务的逼迫套现；④因自身资金缺乏而套取现金的定期套现。

一般商户套现有以下几种类型。

(1) 按商户参与套现的目的划分为：①商户以获取套现手续费为目的的套现；②商户以套取现金为其目的的套现。

(2) 按商户经营形式划分：①商户以正常消费为主，兼具套现业务；②商户以专门经营套现业务为主；③商户与不法中介相勾结；④商户的套现与他人身份信息盗用相结合。

(3) 按商户套现手段划分：①申请特约商户资格；②利用 POS 机具数卡进行套现。

(4) 按商户如何获取 POS 套现可划分：①蓄意申请 POS 机具用于套现使用；②将 POS 机具转接他人用于套现使用；③将 POS 机具移至他处用于套现使用。

(5) 按其他情况划分: ①代替他人刷卡套现; ②刷卡后再以发起退货操作进行套现。

相关法律规定: 违反国家规定, 使用销售点终端机具(信用卡套现 POS 机)等方法, 以虚构交易、虚开价格、现金退货等方式向信用卡持卡人直接支付现金, 情节严重的, 应当依据刑法第二百二十五条的规定, 以非法经营罪处罚; 实施前款行为, 数额在 100 万元以上的, 或者造成金融机构资金 20 万元以上逾期未还的, 或者造成金融机构经济损失 10 万元以上的, 应当认定为刑法第二百二十五条规定的"情节严重"; 数额在 500 万元以上的, 或者造成金融机构资金 100 万元以上逾期未还的, 或者造成金融机构经济损失 50 万元以上的, 应当认定为刑法第二百二十五条规定的"情节特别严重"; 持卡人以非法占有为目的, 采用上述方式恶意透支, 应当追究刑事责任的, 依照刑法第一百九十六条的规定, 以信用卡诈骗罪定罪处罚。

典型案例 1: 信用卡套现

2007 年 4 月, 上海市公安部门破获一起妨害信用卡管理、骗取银行资金的特大不法中介与商户套现案件。初步调查显示, 2006 年 3 月以来, 犯罪嫌疑人以"某某汽车销售服务有限公司"等 4 家公司的名义, 申请特约商户及 POS 机具, 并长期为他人代办信用卡或通过冒用他人身份资料、伪造身份证件等多种方式自行办理大量信用卡, 用于违规刷卡套现交易。经发卡银行初步确认有套现行为的卡片超过 700 张, 初步估算套现金额超过 1000 万元, 涉及发卡行众多, 套现金额巨大, 社会影响极为恶劣。目前犯罪嫌疑人已被公安机关拘留, 并被刑事起诉。

典型案例 2: 信用卡套现

2010 年, 某个大型的药材超市在其开业前期向收单机构提出成为特约商户的申请, 经审核通过以后收单机构和商户之间签订了收单合作协议并给商户安装了 POS 机具。但是因为开业初期资金非常紧张, 所以商户就利用了其内部员工的个人资料办理了 30 多张信用卡, 用这 30 多张卡进行信用卡套现, 非法获得现金。此事件被内部某位员工发现后, 该员工向发卡银行进行了投诉。发卡银行随即向收单机构提出了退单要求, 理由是该商户消费背景不实, 消费单据缺少持卡人签名。

2. 伪卡欺诈风险

伪卡欺诈风险有以下两种表现形式。

(1) 犯罪人员会在其安装的 POS 机上附加安装测录设备, 在客户进行交易时趁其不备窥视到客户的银行卡密码, 再通过测录设备所盗取的银行卡磁条信息就可以将持卡人的银行卡进行复制。

(2) 通过 ATM 机进行犯罪。通常犯罪分子会在银行的 ATM 机或出钞口上装上自制的磁卡入口, 用来在持卡人插卡时记录持卡人的卡号, 与此同时, 犯罪分子安装在 ATM 机屏幕上方的隐秘摄像头可窃取持卡人的银行卡密码。还有的犯罪嫌疑人利用一些自制的零件来破坏 ATM 机的出钞口和插卡口, 让持卡人误以为被吞钞, 诱导持卡人拨打张贴在 ATM 机上所谓的客服电话, 只要持卡人打通了电话, 对方就会想办法让持卡人口头报自己的银行卡号, 并用手机输入银行卡密码, 再通过专用的音频解码器来破译持卡人的手机按键音, 从而达到获取密码的目的。犯罪嫌疑人获取到以上两种信息以后就可以复制出一张和持卡人所持有的卡一模一样的银行卡, 一般犯罪嫌疑人都会选择到一些价值高且易于出手的商店进行刷卡消费，这样可以轻易躲避公安机关的监控。

银行卡伪卡诈骗中犯罪分子获取持卡人银行卡信息的主要方式有四种：一是利用顾客在商场、娱乐场所等营业场所消费时，使用信息测录仪盗录银行卡信息并偷窥密码后复制；二是利用为持卡人非法套现之机窃取其银行卡信息；三是在消费者网络购物时，利用网络木马、钓鱼网站窃取；四是在银行卡自助柜员机上安装读卡器窃取。

典型案例1：伪卡欺诈

2012年4月，江苏镇江警方破获了一起利用伪造银行卡盗取现金的诈骗案件，某商店店长汤某被捕，涉案金额达三万余元。经汤某交代，其利用商场工作之便，在顾客刷卡时偷窥顾客银行卡密码，并通过刷卡存根窃取顾客卡号，利用这两样信息伪造顾客银行卡，并用银行卡在银行自动取款机上进行取款，偷盗顾客资金多达三万余元。

典型案例2：伪卡欺诈

2010年6月某天，犯罪嫌疑人在金华某宾馆购买了6000多元的香烟，这引起了该宾馆保安部经理的怀疑，该保安经理立刻向银行信用卡部反映了情况，后经银行调查，最近已有4~5家宾馆出现了这种一次性购买大量高档香烟的情况，银行就这一情况立即报警，浙江警方于2010年6月6日成功将犯罪团伙抓获，在犯罪嫌疑人的身上搜到了3张伪造的境外银行的银行卡。

3. 退单风险

银行卡退单是指持卡人可以查看其在商户1年内的消费记录也就是POS单，但如果收单机构不能为持卡人提供该记录或者该记录中并没有该持卡人的真实签名，发卡银行有权拒绝支付这笔资金，并按正常途径返回到持卡人账户中，其间所造成的经济损失由收单机构负责。

自中国银联成立以来，一直强调对银行卡刷卡签名的重要性。为了避免退单发生，收单机构一直不遗余力地对所签约收单商户进行不间断的培训。但是由于我国地域广阔，培训工作无法深入细致，加上部分收银员个人素质不高，对风险培训不重视，同时广大持卡人法律意识淡薄，对刷卡签名不理解等方面的原因，因无法提供持卡人签名单据而造成的退单事件经常发生。

典型案例1：收银员未认真核对签名，承担退单损失

2005年某月，收单机构收到某发卡银行的查询请求，反映持卡人随身携带的钱包被盗，发现后立即对信用卡进行口头挂失，但在挂失前该卡已经被盗刷3000元。经查，该卡失窃挂失前在某夜总会有消费记录。收单机构立即联系夜总会，对此情况进行调查。在调阅签购单时发现，夜总会提供的刷卡单据上有客人签名，但字迹潦草，与持卡人原先在发卡机构申请表上预留的笔迹明显不一致。发卡机构以交易凭证签名和持卡人姓名不符，存在严重瑕疵为由退单，而商户不能提供对自己有利的证据，最终由商户承担该笔退单损失。

收单机构在调查过程中发现，夜总会近期更换了收银员，但未通知收单机构对其进行培训即上岗。受理该笔交易的夜总会收银员由于未参加过银行卡业务受理培训，没有认真核对签名，造成卡片被冒用。

典型案例 2：商户丢失单据，造成损失

2013 年，南昌市珠宝城因办公地点的改变丢失了所有信息，不能为招商银行提供相应的单据，致使其损失了 88 000 元的经济损失。

2014 年，某高档娱乐城因未督促持卡人对其所消费的金额单据上签字，致使其损失了 7500 元。

4. 员工操作风险和道德风险

员工操作风险主要是商户号下载错误。商户号是收单机构配置给予签约商户的收单凭证，每个商户号代表一个入账账号，代表了签约商户的基本交易信息。一旦发生商户号下载错误的情况，就意味着两个单位的刷卡资金分别进入了对方的账户，由此产生的经济纠纷，将给收单机构造成无法估的经济损失和名誉损失。

员工道德风险指员工因法律意识不强，为谋取更多利益，勾结不法分子进行非法套现、制作伪卡等行为而产生的风险事件。

典型案例 1：内部员工利用职务之便，参与套现

2012 年，某收单机构接到举报，内部员工张某伙同社会无业人员，参与套现交易。以假申请的方式，办理各收单机构 POS 机具共计 4 台，非法提供给社会人员用于职业套现，收取 0.5%～2% 不等的手续费，累计套现金额达 1000 余万元。

典型案例 2：内部员利用职务之便，售卖套现 POS

2011 年，吴某在明知对方非法运用 POS 时仍多次参与非法套现事件。其所属化构调查发现，他以 5000 元到 10 000 元不等的价格为非法人员办理 POS 机，总涉及金额达 5000 万余元。

6.4.3　银行卡 POS 收单业务相关法律问题

1. 银行卡收单业务监管问题的重合与冲突问题

对于我国银行卡收单业务，中国人民银行及银监会等均有一定监管权，但监管标准和监管对象有所区别，监管合力尚未形成。银监会《商业银行信用卡业务监督管理办法》关于商业银行收单业务的监管规定比较明确细致，可操作性较强。中国人民银行《非金融机构支付服务管理办法》等规定，主要从业务准入等方面对非银行类收单机构实施监管，有关监管标准及要求还不够细化和明确。因此，需要监管部门之间加强协调，解决银行卡收单业务监管重合与冲突问题，克服多头管理体制的缺陷，制定适用于所有收单业务机构的银行卡收单业务监管规定，确保银行类收单机构与非金融收单机构收单业务监管口径趋于一致，营造公平的竞争环境。

2. 银联与收单银行的收单责任界定问题

在银联直联模式下，如何界定收单风险管理责任，是国内从事银联卡收单业务的商业银行经常遇到的一个难题。在银联直联收单模式下，收单交易链中包括特约商户、银联和发卡银行三个"节点"，其不同于间联模式下四个"节点"(另加收单机构)的交易结构。在间联模式下，作为收单机构的商业银行能够对交易进行实时监控，并能对可疑交易进行实时拦截，切实履行收单风险防控义务。但在直联模式下，银联机构(如"银通商务")直接参与商户拓展、商户培训、机具布放及维护等服务，成为专业收单机构，而商业银行"仅提供后台资金结算服务"，若要求商业银行承担收单风险管理职责，则不合逻辑。因此，在直联收单模式下，收单风险管理主体当属何方有明确的必要，如果收单主体不明确，直联收单风险损失的责任归属不明确，将直接影响直联收单风险的防控。

3. 收单业务价格竞争规制问题

《中国银联入网机构银行卡跨行交易收益分配办法》的分配利润比例体现了向发卡银行倾斜鼓励发卡的目的，发卡银行也有动力积极拓展商户，并以收单银行身份受理本行卡，无须经过银联清算，从而提高收单业务手续费分配利润。因此，从收单银行角度分析，银行一般倾向于以间联网络模式办理收单业务。但是，在间联模式下，因囿于"一柜一机具"的监管限制，部分收单银行为维系商户关系，采取以降低商户手续费等方式不当竞争，放宽了对商户准入及业务风险的监督管理，影响了收单市场的健康发展。为规范市场竞争，部分地方银行监管机构强制要求商业银行采取直联模式，并要求在规定时间内终止间联签约商户，并全部重签直联商户，却有矫枉过正之嫌。银行卡收单市场各方应有权根据市场需求，选择采用间联收单还是直联收单，而不宜采用行政命令的方式强制性要求。从规范收单市场发展角度看，既要防止市场无序竞争，也要防范行政垄断，否则，可能恶化银行卡产业链，甚至导致产业整体处于不能盈利的窘境。银行卡收单市场属于典型的"双边市场"，为规范银行卡收单业务市场竞争规制，有必要制定合理的银行卡交易手续费和商户扣率的定价机制，完善特约商户、收单机构、发卡银行和银行卡组织等相关主体的利益分配协调机制。

4. 银行卡组织仲裁的法律效力问题

在银行卡收单业务中，收单机构与发卡银行之间可能因交易授权、欺诈、清算差错、跨行信息转接失误、账单错误、一方违反银行卡组织运行规则等发生争议。在发生争议时，收单机构及发卡银行应当通过自主协商的方式解决，自主协商不成的，则可依据双方共同参加的银行卡组织制定的运行规则或争议解决机制在银行卡组织内部解决。在银行卡收单争议中，发卡机构与收单机构作为银行卡组织的成员或协议入网机构，应当接受并遵守银行卡组织的有关业务规章及争议解决规则，其中包括仲裁条款。在发生争议时，发卡机构与收单机构在平等的基础上将争议提交银行卡组织以非诉方式解决，并依据银行卡组织的规则进行裁定，该裁定应对争议双方具有约束力。对于银行卡组织主持的仲裁，其表面上看是合意性仲裁，实际上为强制性仲裁，凡接受银行卡组织的业务规则的参与方，均须承认该仲裁条款及仲裁定的法律效力。

关于银行卡组织等商事调解机构所作裁定的法律效力问题，最高人民法院有关司法解释也特别指出，经商事调解组织、行业调解组织或者其他具有调解职能的组织调解后达成的具有民事权利义务内容的调解协议具有民事合同性质，当事人可申请公证机关赋予其强制执行效力；债务人不履行或者不适当履行具有强制执行效力的公证文书的，债权人可以依法向有管辖权的人民法院申请执行。

本 章 小 结

- 票据、银行卡等结算方式是社会金融活动的重要组成部分，掌握票据的基本理论和票据的相关法律是本章的一个重点，尤其是电子票据的立法。
- 票据以外的其他支付结算方式预付卡、汇兑、委托收款也是本章的主要内容。除了对它们的概念了解之外，还需要熟练掌握这些结算方式的办理使用程序。
- 银行卡 POS 收单业务是本文的另外一个重点，它是指签约的第三方支付机构(或银行)作为支付结算服务主体，为特约商户等提供的受理银行卡，并完成相关资金结算的服务。其存在着信用卡套现风险、伪卡欺诈风险、退单风险以及员工操作风险和道德风险。

本 章 作 业

1. 票据行为和票据权利有哪些？
2. 票据签章有哪些基本形式？比较传统票据签章与电子票据签章的相同点和不同点。
3. 简要阐述汇票、银行本票和支票的相关概念及办理使用流程。
4. 简要阐述预付卡的发行和办理相关法律法规。
5. 简要阐述汇兑、委托收款的相关概念及业务流程。
6. 银行卡 POS 收单业务的参与方有哪些？简要叙述业务流程。
7. 银行卡 POS 收单业务的风险和相关法律问题有哪些？

第 7 章

保险业法律规范

本章目标

- 掌握保险及保险法基础理论。
- 掌握保险合同的一般规定和保险合同的订立、履行、变更及解除。
- 掌握财产保险合同和人身保险的相关法律。
- 掌握保险代理人和保险经纪人的概念、从业条件和权利义务。

本章简介

　　规范完善的法制环境是保险业稳健持续发展的前提。保险业法律规范是现代金融法律规范的重要组成部分，在市场经济法律体系中占有重要的地位。它是市场经济中维护人正当权益、增强义务人信誉、促进有效的契约交易的重要手段，也是维护市场竞争秩序、实现资源合理配置、促进优胜劣汰机制形成的主要制度。

　　本章将重点讲解保险及保险法基础理论、保险合同订立、履行、变更等的相关法律规定、财产保险合同和人身保险合同的相关法律规范以及保险代理人和保险经纪人的相关概念及法律规范。

@ 7.1 保险及保险法基础理论

7.1.1 保险概述

1. 保险的定义

保险，是指投保人根据合同的约定，向保险人支付保险费，保险人对于合同约定的可能发生的事故因其发生所造成的财产损失承担赔偿保险金责任，或者当被保险人死亡、伤残、疾病或者达到合同约定的年龄、期限时承担给付保险金责任的保险行为。

从经济角度来看，保险是分摊意外事故损失和提供经济补偿的一种财务安排，投保人以支付保费的方式购买保险，将不确定的大额损失转变为确定性的小额保费支出，或者将未来大额的或持续的支出转变成目前固定的或一次性的支出，从而有利于提高投保人的资金效益；从法律角度来看，保险是一种合同行为，是一方同意补偿另一方损失的一种合同安排，投保人根据合同约定，向保险人支付保险费，保险人对于合同约定的可能发生的事故因其发生所造成的财产损失承担保险赔偿责任，或者当被保险人死亡、伤残、疾病或者达到合同约定的年龄、期限等条件时承担给付保险金责任的保险行为；从社会角度来看，保险是社会经济保障制度的重要组成部分，是社会生产和社会生活"精巧的稳定器"；从风险管理角度而言，保险是一种分散风险、共担损失的补偿制度。

2. 保险的类型

依据不同的分类标准，保险有不同的分类。

(1) 按保险标的分类。

按保险标的可分为人身保险和财产保险。人身保险是以人的寿命和身体为保险标的的保险，包括人寿保险、健康保险、意外伤害保险等。财产保险是以财产及其有关利益为保险标的的保险，包括财产损失保险、责任保险、信用保险等。

(2) 按合同双方的关系分类。

按合同双方的关系可分为原保险、再保险和共同保险。原保险是保险人与投保人之间直接签订保险合同而建立保险关系的一种保险，当保险标的遭受保险责任范围内的损失时，由保险人承担赔偿责任。再保险，也称为分保，是保险人将其所承担的风险和责任的一部分或全部转移给再保险人，以避免再保险人因面临巨大灾难或者事故的巨额赔偿而陷入财务危机。共同保险，也称为共保，是由几个保险人联合直接承保同一保险标的、同一风险、同一保险利益的保险。共同保险的各保险人承保金额的总和不超过保险标的的保险价值。

(3) 按保险合同的执行力分类。

按保险合同的执行力可分为自愿保险和强制保险。自愿保险是指在自愿原则下，投保人与保险人通过订立合同而建立的保险关系。投保人可以自由选择保险金额、保障范围、保障程度和保险期限等；保险人也可以根据情况自愿决定是否承保、怎样承保等。强制保险，又称为法定保险，是国家通过立法强制实施的保险。强制保险的实施方式有两种选择：一是保险标的与保险人均由法律限定；二是保险标的由法律限定，但投保人可以自由选择保险人，如机动车交通事故责任强制保险。

(4) 按保险设立是否以营利为目的分类。

按保险设立是否以营利为目的，保险可分为社会保险和商业保险。社会保险是指国家给予社会保障政策的需要，不以营利为目的而设定的一种福利保险。社会保险属于法定保险，一般由社会保障立法予以规范，其费用主要来源于国家财政资金或企事业单位资金和经费。社会保险的主要项目包括养老社会保险、医疗社会保险、失业保险、工伤保险、生育保险等。商业保险是指社会保险以外的普通保险，它以营利为目的，其资金主要来源于投保人交纳的保险费，一般受保险法规范。

(5) 按保险人的人数分类。

按照保险人的人数，保险可分为单保险和复保险。单保险是投保人对于同一保险标的、同一保险利益、同一保险事故，与一个保险人订立保险合同的行为。复保险，或称重复保险，是投保人对于同一保险标的、同一保险利益、同一保险事故，分别向两个以上保险人订立保险合同的行为。

3. 保险的功能和作用

现代保险制度在促进经济发展、维护金融秩序和实现社会稳定方面具有重要功能和作用。

(1) 分散风险功能。

为了分散风险以确保经济生活的安定，保险把集中在某一单位或个人身上的因偶发的灾害事故或人身事件所致经济损失，通过直接摊派或收取保险费的办法平均分摊给所有参加保险者，这就是保险的分散风险功能。通过该功能的作用，风险不仅在空间上达到充分分散，而且在时间上也可以达到充分分散。

(2) 经济补偿功能。

保险最基本的功能是补偿损失，即通过保险安排，当人们遭受到无法预知的风险时，受害者可以从保险基金中获得补偿，从而减少损失。与此同时，通过保险的风险分散和转移，可以增强人们抵御风险的能力，从而促进经济发展。

(3) 资金融通功能。

资金融通是保险的金融属性的体现，主要体现在两个方面：从投保人角度而言，由于有些保险产品提供了一定的收益，从而可以把保险作为一种投资；从保险人角度而言，由于保险费的收取与保险金的赔偿给付之间存在时差，保险人可以依法使用保险资金从事投资经营。

(4) 社会管理功能。

保险的社会管理功能主要体现在以下几个方面：一是社会风险管理，即通过保险的风险识别、评估机制，将风险控制在一定的范围内，达到降低风险发生的概率和对风险的控制与管理；二是社会关系管理，即通过保险应对灾害损失，减少当事人可能出现的各种纠纷，如责任保险制度可以有效化解社会纠纷；三是社会保障管理，即通过商业保险提高社会的风险保障水平。

7.1.2 保险法的基本原则

保险法是指调整保险关系的一切法律规范的总称，一般由保险合同法、保险业法、保险特别法组成。保险法有广义和狭义之分。广义的保险法指一国现行法中所有调整保险关系的法律规范，包括专门的保险立法和其他法律中有关保险的法律规定；狭义的保险法指保险法典或在民法商法中专门的保险立法，通常包括保险企业法、保险合同法和保险特别法等内容，另外国家将标准保险条款也视为保险法的一部分内容，即 2009 年修订的《保险法》。我们通常说的保险法指狭义的定义，它一方面通过保险企业法调整政府与保险人、保险中介人之间的关系；另一方面通过保险合同法调整各保险主体之间的关系。在我国，保险法还有形式意义和实质意义之分，形式意义是指以保险法命名的法律法规，即专指保险的法律和法规；实质意义是指一切调整保险关系的法律法规。

保险法的基本原则主要有：公序良俗原则、自愿原则、最大诚信原则、保险利益原则和近因原则。

(1) 公序良俗原则。

保险业具有较大的商业风险和社会风险，国家对保险业实行较大程度的监管，以维护社会公共秩序和公共利益，保险业也要求各方当事人遵守社会公德，服从善良风俗，不得损人利己。我国保险法第四条规定："从事保险活动必须遵守法律、行政法规，遵守社会公德，不得损坏社会公共利益。"

(2) 自愿原则。

自愿原则是指保险法律关系的当事人即投保人、保险人以及被保险人、受益人有权根据自己的意愿设立、变更或终止法律关系，不受他人干预；投保人有权选择保险人和保险的种类、保险的范围、责任等。我国保险法第十一条明确规定："订立保险合同，应当协商一致，遵循公平原则确定各方的权利和义务。除法律、行政法规规定必须保险的外，保险合同自愿订立。"

(3) 最大诚信原则。

我国保险法第五条专门规定，保险活动当事人行使权利、履行义务应当遵循诚实信用原则。由于保险活动具有不确定的保险风险和赔付风险，所以要求当事人讲求诚信，恪守诺言，以诚相待，善意从事，不欺不诈，严格履行自己的义务。对投保人而言，诚信原则主要表现为应当承担的两项义务：一是在订立保险合同时的如实告知义务，即应当将有关保险标的的重要情况如实向保险人做出陈述；二是履行保险合同时信守保险义务，即严守允诺，完成保险合同约定的作为或不作为义务。对保险人而言，诚信原则也表现为其应当承担的两项义务：一是在订立保险合同时将保险条款告知投保人的义务，特别是保险人的免责条款；二是及时与全面支付保险金的义务。

(4) 保险利益原则。

其基本内容是投保人应对保险标的具有保险利益，否则，不具有成为投保人、订立保险合同的资格，即使订立了合同，该合同也不具有法律效力，保险人不负赔偿或给付责任。所谓保险利益，是指投保人或者被保险人对保险标的具有的法律上承认的利益。我国保险法第十二条第一款和第二款规定："人身保险的投保人在保险合同订立时，对被保险人应当具有保险利益。"人身保险是以人的寿命和身体为保险标的的保险，财产保险是以财产及其有关利益为保险标的的保险。我国保险法第三十一条第三款规定："订立合同时，投保人对被保险人不具有保险利益的，合同无效。"第四十八条规定："保险事故发生时，被保险人对保险标的不具有保险利益的，不得向保险人请求赔偿保险金。"保险利益原则的根本目的在于防止道德风险发生，从而更好地实现保险"分散风险"的功能，具体表现为：禁止将保险作为赌博的工具以及防止故意诱发保险事故而牟利的企图。如果不要求投保人或被保险人具有保险利益，那么保险事故发生后，投保人或被保险人不但毫无损失，反而可获得赔偿或保险金，这就会诱使投保人或被保险人有意促成保险事故发生或故意制造保险事故，或者消极地放任保险事故发生而不采取必要的预防、补救措施。这种道德风险的诱发显然有损公共利益。

保险利益在财产保险和人身保险中有不同体现。财产保险的目的在于填补被保险人的损害，要求被保险人在发生保险事故时对保险标的具有保险利益就足够了。而人身保险合同则是例外，投保人对保险标的的保险利益在订立合同时必须存在，否则保险合同无效；但在被保险人死亡时，保险利益是否存在则对保险效力不产生影响。人身保险中，因投保人对被保险人不具有保险利益导致保险合同无效，投保人可以主张保险人退换扣减相应手续费后的保险费。所以，我国保险法对于人身保险和财产保险的保险利益之于保险合同效力的影响采取的是不同的表述，即前述第三十一条第三款和第四十八条分别所作的表述，前者强调的是订立合同时若不具有保险利益则人身保险合同无效，后者强调的是保险事故发生若被保险人对保险标的不具有保险利益则其不得请求赔偿保险金。另外，保险合同不为投保人利益存在，而只为被保险人的利益存在，特别是投保人和被保险人不是同一人时，投保人对标的丧失保险利益的情况特别复杂，在此状态下仍强调投保人对被保险标的的保险利益没有现实性，也不合理。所以，在保险合同有效成立后，被保险人对保险标的是否具有保险利益对保险合同的维持至关重要，投保人对保险标的是否具有保险利益不应对保险合同的效力产生影响。财产保险中，不同投保人就同一保险标的的分别投保，保险事故发生后，被保险人可以在其保险利益范围内依据保险合同主张保险赔款。

(5) 近因原则。

近因原则是指保险人按照约定的保险责任范围承担责任时，其所承保危险的发生与保险标的的损害之间必须存在因果关系。在近因原则造成保险标的损害的主要的、起决定性作用的原因，即属近因。只有近因属于保险责任，保险人才承担保险责任。如果造成损失的原因(危险)是单一的，且其属于保险合同约定的承保风险，即为近因，保险人应负保险给付义务；如果该事故的近因不属于保险合同约定的承保风险，即投保人未保的风险或保险合同约定的除外风险，那么保险人就不负赔偿责任。例如，某房屋所有人将其房屋进行了财产保险，当发生地震造成房屋倒塌时，该事故的近因显然是地震。如果在多种原因致损的情况下，一般而言，持续地起决定或支配作用的原因是近因。

案例：近因原则

2008 年 11 月的一天，某公司的工作班车在城郊的公路上，与迎面而来的大货车相撞。张先生坐车的驾驶副座是直接的碰撞部位，他当场身故；赵先生坐在他后面，撞断了

胳膊，失血过多，送往医院抢救，急救中又因心肌梗死，于第二天撒手人寰。

公司曾为他们购买过团体人身意外伤害保险，保险金额 10 万元。惨剧发生后，立即向保险公司报案，并提出理赔。

保险公司经调查后，做出了如下理赔决定：张先生死亡的近因是车祸，属于意外伤害保险约定的责任范围，保险公司履行赔付保险金义务，赔偿 10 万元；赵先生在车祸中撞断胳膊，属于意外伤害保险责任的范围，可获赔偿意外伤害保险金 5 万元。但是，赵先生最终死因是心肌梗死，不属于意外伤害保险的责任范围，因此，保险公司不承担意外身故保险金10 万元。

@ 7.2 保险合同

7.2.1 保险合同的一般规定

1. 保险合同的概念及特征

保险合同是投保人与保险人约定保险权利义务关系的协议。保险合同是合同的一种，除了具有合同的一般特征之外，它有自己独有的特征。保险合同的特征具体如下。

(1) 保险合同是双务有偿合同。保险合同的当事人按照合同的约定互负义务，保险人在合同约定的保险事故发生时或者在保险期限届满时，向投保人(或被保险人、受益人)支付赔偿金或保险金，投保人按约定向保险人交纳保险费，并以此为代价将一定范围内的危险转移给保险人。

(2) 保险合同为要式合同。我国《保险法》第十三条明文规定，保险合同的订立应当采用书面形式，包括保险单、保险凭证及其他书面协议形式。

(3) 保险合同是附和合同，附和合同或称格式合同、标准合同，是指一方当事人提出的主要内容，另一方必须服从、接受或拒绝对方提出的条件而成立的合同，在现代保险业务中，保险单及保险条款一般由保险人备制和提供，投保人在申请保险时，只能决定是否接受保险人出具的保险条款，而没有拟定或磋商保险条款的自由。因此，保险合同是典型的标准合同。

(4) 保险合同是射幸合同，亦即碰运气的机会性合同。在保险合同中，投保人交付保险费的义务是确定的，但保险人是否承担保险赔偿责任则是不确定的，是机会性的。只有当特定的不确定的危险发生时或者在合同约定的给付保险金的其他条件具备时，保险人才承担给付保险金的义务。可见，危险发生的偶然性，决定了保险合同的射幸性质。

(5) 保险合同是补偿性合同。保险是危险的对策，但保险并不能保证危险的不发生，也不能恢复已受损失的保险标的。而只是通过货币给付补偿投保人或被保险人的经济利益，弥补其遭受的损失。故保险合同是补偿性合同。

(6) 保险合同是最大诚信合同。如前所述，保险法的基本原则之一是最大诚信原则，同理，保险合同也是最大诚信合同。保险人的危险补偿责任在很大程度上依赖于当事人的诚实信用，尤其是投保人和被保险人的诚实信用。这一方面是因为保险合同效力取决于投保人或者被保险人的信息披露程度；另一方面，保险标的一般情况下由被保险人控制，被保险人的任何非善意的行为将可能构成保险标的危险程度的增加或者促成保险危险的发生。所以，法律对于保险当事人尤其是投保人和被保险人的诚实信用程度的要求远远高于对一般人的要求。

2. 保险合同的要素

保险合同的要素包括主体、客体和内容。

(1) 保险合同的主体。

保险合同主体，包括保险合同当事人、保险合同关系人和保险合同辅助人。

保险合同当事人，是指因订立保险合同而享有保险权利和承担保险义务的人，包括投保人和保险人。投保人，或称要保人，是指对于保险标的具有保险利益，与保险人订立保险合同，并按照保险合同承担支付保险费义务的人。投保人应具备三个要件：①具备民事权利能力和民事行为能力；②对保险标的须具有保险利益；③投保人与保险人订立保险合同并按约定交付保险费。保险人，或称承保人，是指与投保人订立保险合同，收取保险费，在保险事故发生时，对被保险人承担赔偿或给付保险金责任的人，在我国保险人专指保险公司。保险人应具备三个条件：①具备法定资格；②以自己的名义订立；③需依照保险合同承担保险责任。

保险合同的关系人，是指虽非保险合同主体，但因保险合同的订立而有利害关系的人，包括被保险人和受益人。被保险人是指其财产或者人身享受保险合同保障，享有保险金请求权的自然人或法人，投保人可以为被保险人。被保险人应具备两个条件：①须是财产或人身保险合同保障的人；②须享有保险金请求权和同意权。受益人是指在人身保险合同中，由被保险人或者投保人指定的享有保险金请求权的人，可以是一人，也可是多个人。被保险人可以为受益人，如果投保人或被保险人未指定受益人，法定继承人即为受益人。受益人须具备两个条件：①须由投保人或被保险人指定；②享有保险金请求权。

保险合同的辅助人，是指在保险合同的订立、履行过程中起辅助作用的人，包括保险代理人、保险经纪人和保险公估人。保险代理人是根据保险人的委托，向保险人收取手续费，并在保险人授权的范围内代为办理保险业务的单位和个人。保险经纪人是基于投保人的利益，为投保人与保险人订立保险合同提供中介服务，并依法收取佣金的单位。保险公估人是指经保险当事人委托，为其办理保险标的的查勘、鉴定、估价和保险赔偿的清算洽谈等业务并予以证明的人。

案例 1：投保人案例

一个外地游客来北京旅游，在参观完故宫后，出于爱护国家财产的目的，自愿作为投保人为故宫投保，并交付保险费。请问该游客是否可以对故宫投保？为什么？

案例 2：受益人案例

王某因父亲病故，妻子与其相处不和，带着儿子另住别处。后王某投保管道煤气保险，并指定其妹妹为受益人。不久王某不幸煤气中毒死亡，王妹也在其中毒死亡前半个月病故。现王妻与王妹的儿子都向保险公司请求给付保险金。问保险公司应如何处理？

指定受益人的收益权以被保险人死亡时尚生存为条件，若受益人先于被保险人死亡，收益权应回归投保人或被保险人，由其另指定新受益人，而不能由原受益人的继承人继承收益权。

(2) 保险合同的客体。

保险合同的客体是保险利益，又称可保利益，是指投保人对保险标的具有法律上承认的利益。而保险标的是指作为保险对象的财产及其有关利益或者人的寿命和身体。我国《保险法》第十二条第一款、第二款规定，"投保人对保险标的应当具有保险利益，投保人对保险标的不具有保险利益的，保险合同无效。"可见，对保险标的有无保险利益是投保人能否投保和保险合同是否有效的评定标准。

一般认为，在财产保险合同中，凡是因财产发生危险事故而可能遭受损失的人，均为对该项财产具有一定保险利益的人，包括财产所有人、经营管理人或对某项财产有直接利害关系的人。而在人身保险合同中，凡一方的继续生存对他方具有现实的或预期的经济利益，即认为具有保险利益。我国《保险法》第五十三条规定："投保人对下列人员具有保险利益：①本人；②配偶、子女、父亲；③前项以外与投保人有扶养、赡养或者抚养关系的家庭其他成员、近亲属。除前款规定外，被保险人同意投保人为其订立合同的，视为投保人对被保险人具有保险利益。"

(3) 保险合同内容。

保险合同的内容是保险合同当事人双方依法约定的权利和义务，通常以条文形式表现，包括基本条款和附加条款。基本条款是指保险人在事先准备的保险单上，根据不同险种而规定的有关保险合同当事人双方权利义务的基本事项。它往往构成保险合同的基本内容，是投保人和保险人签订保险合同的依据，具体包括：①保险人的姓名和住所，投保人、被保险人的姓名或者名称、住所，以及人身保险的受益人的姓名或者名称、住所；②保险标的；③保险责任和责任免除；④保险费以及支付办法；⑤保险期间和保险责任开始时间；⑥保险金额；⑦保险费以及支付办法；⑧保险金赔偿或者给付办法；⑨违约责任和争议处理；⑩订立合同的年、月、日。附加条款是指保险合同当事人双方在基本条款的基础上所附加的，用以扩大或限制原基本条款中所规定的权利和义务的补充条款，具体包括：①附加条款优于标准合同条款原则；②文字解释原则；③当事人真实意图解释原则；④保险专业解释原则；⑤"疑义的利益"的解释原则。

7.2.2　保险合同的订立

1. 保险合同订立的条件

保险合同的订立必须具备以下四项条件。

(1) 要约与承诺。

要约就是以缔结合同为目的，希望相对人予以承诺的意思表示。在订立保险合同的过程中，一般先由投保人向保险人提出要约，即投保申请。投保人首先对自己面临的风险以及所需要的风险保障进行全面的评估，然后通过咨询或保险业务人员的宣传，结合自身的财务计划安排明确所要投保的保险险种，并以填写投保单的方式向保险人或保险代理人提出投保的申请。

承诺是指受约人在收到要约后，对要约的全部内容表示同意并做出愿意订立合同的意思表示。在投保人提出投保申请后，保险人通过对投保单的审核、对保险标的的查勘以及对投保人的询问，确定承保的具体条件，对投保人做出承保的承诺，保险合同正式成立。保险人做出承诺的表示方式有以下几种：保险人在投保单上签章；保险人向投保人出具保险费收据；保险人向投保人出具保险单或暂保单等保险凭证；保险人以其他书面形式表示同意承保。判断保险人的承诺是否具有法律效力，关键是看保险人的承诺内容是否包括了保险合同的实质内容，如保险标的、保险金额、保险险种等，并且双方就这些内容完全协商一致。

(2) 合同有效的对价。

对价是指合同一方作为交换给予另一方的有价值物品、服务或承诺。换言之，对价是指双方承担的义务是对等的。在订立保险合同的过程中，投保人的对价是支付保费和同意遵守合同的规定；保险人的对价是承诺当被保险人发生承保损失时按合同规定履行赔偿或给付义务。

(3) 双方当事人有法定资格。

保险合同的当事人必须有订立合同的民事权利能力和民事行为能力；对投保人来说，法人一般都具有民事行为能力，自然人中的成年人大多数有民事行为能力，但精神病患者、醉酒的人，通常不具有订约的法定资格，未成年人一般也没有订约的法定资格。保险人一般是法人，都有订立合同的法定资格。

(4) 合法的目的。

保险合同的合法性是指保险合同必须涉及合法的保险标的。例如，承保非法获得或违禁走私物品的保险合同无效；承保责任明显违反公共利益的保险合同无效；可能产生鼓励投保人或被保险人错误行为后果的保险合同也无效。

2. 保险合同订立的原则

(1) 公平互利原则。

公平互利原则是指保险合同的订立，应当使合同双方当事人都有利。它要求双方当事人所享有的权利与承担的义务对等，不应存在保险合同只为一方享有权利而另一方只承担义务的现象。

(2) 协商一致原则。

协商一致原则是指在保险合同订立过程中，双方当事人应当在法律地位完全平等的基础上，在法律、法规允许的范围内充分协商，在充分表达各自意愿的前提下达成协议，任何一方不得将自己的意愿强加给对方。

(3) 自愿订立原则。

自愿订立的原则是指双方当事人在订立保险合同时，意志是独立的，不受他人意志的干涉与强迫。当事人有权在法律允许的范围和方式内自主决定保险合同的订立，任何在威胁、强迫、欺诈等不自愿的情况下签订的保险合同都是无效的。

3. 保险合同的订立形式

对保险合同应采取何种形式这一问题，我国《保险法》并未做出直接规定，既没有明确规定必须采取书面形式，也没有禁止口头形式。在保险实务中，为了便于当事人双方履行合同，特别是在保险事故或事件发生后，能够为被保险人、受益人索赔和为保险人承担保险责任提供法律依据，避免日后发生纠纷，也为了便于举证，如无特殊情况，保险合同通常采用书面形式。书面形式的保险合同包括保险单、保险凭证和暂保单等。

(1) 保险单。

保险单也称要保书或称"大保单"，是指保险合同成立后，保险人向投保人(被保险人)签发的正式书面凭证。保险单由保险人制作，经签章后交付给投保人。根据《保险法》第十三条的规定，保险合同成立后，保险人应当及时向投保人签发保险单或其他保险凭证，保险单或其他保险凭证应载明合同内容。保险单具有证明保险合同的成立、确立保险合同内容、明确当事人双方履行保险合同的依据及保险证券等作用。

(2) 保险凭证。

保险凭证也称"小保单"，是指保险人向投保人签发的证明保险合同已经成立的书面凭证，是一种简化了的保险单。保险凭证的法律效力与保险单相同，只是内容较为简单，实践中只在少数几种保险业务，如货物运输保险、汽车险及第三者责任保险中使用。另外，在团体保险中也使用保险凭证，即在主保险单之外，对参加团体保险的个人再分别签发保险凭证。

(3) 暂保单。

暂保单也称临时保险单，是指由保险人在签发正式保险单之前出立的临时保险凭证。暂保单的内容比较简单，一般只载明被保险人、保险标的、保险金额、保险险种等重要事项，以及保险单以外的特别保险条件。有关保险双方当事人的权利和义务，都以保险单的规定为准。暂保单的有效期一般为30天。

出立暂保单并不是订立保险合同的必经程序，通常在以下四种情况下才会存在。

① 保险代理人在招揽到保险业务但还未向保险人办妥正式保险单时，可先出立暂保单，作为保险合同成立的证明。

② 保险公司的分支机构在接受投保人的要约后，尚需获得上级保险公司或者保险总公司的批准，在未获得批准前，可先出立暂保单，证明保险合同的成立。

③ 保险人和投保人在洽谈或续订保险合同时，订约双方当事人已就主要条款达成协议，但还有些需要进一步商讨，在没有完全谈妥之前，先出立暂保单，作为合同成立的证明。

④ 出口贸易结汇时，保险单是必备的文件之一，在保险人尚未出具保险单或保险凭证之前，先出立暂保单，以证明出口货物已经办理保险。暂保单是结汇凭证之一。

(4) 投保单。

投保单也称要保书，是指投保人向保险人申请订立保险合同的书面要约。投保单一般由保险人按照事先统一格式印制，通常为表格形式。投保单所列项目因险种不同而有所区别，投保人应按照表格所列项目逐一填写并回答保险人提出的有关保险标的的情况和事实。投保单一经保险人接受并签章，即成为保险合同的组成部分。

(5) 批单。

批单也称背书，是指保险双方当事人协商修改和变更保险单内容的一种单证，也是保险合同变更时最常用的书面单证。批单实际上是对已签订的保险合同进行修改、补充或增减内容的批注，一般由保险人出具。批单列明变更条款内容事项，须由保险人签章，一般附贴在原保险单或保险凭证上。批单的法律效力优于原保险单的同类款目。凡经批单改过的内容均以批单为准；多次批改，应以最后批改为准。批单也是保险合同的重要组成部分。

(6) 其他书面形式。

除了以上印刷的书面形式外，保险合同也可以采取其他书面协议形式，如保险协议书、电报、电传等形式。《保险法》第十三条规定："经投保人和保险人协商同意，也可以采取前款规定以外的其他书面协议形式订立保险合同。"

上述保险合同的书面形式只是保险合同最重要的组成部分，而不是保险合同的全部。在订立和履行保险合同过程中形成的所有文件和书面材料都是保险合同的组成部分，不仅包括保险单、保险凭证等，还包括投保单，投保人的说明、保证，关于保险标的风险程度的证明、图表、鉴定报告(如人身保险中被保险人的体检报告)，保险费收据，变更保险合同的申请，发生保险事故的通知、索赔申请、损失清单、损失鉴定等，都可以作为保险合同关系的证明。

4. 保险合同的订立程序

订立保险合同，一般应遵循以下程序。

(1) 投保人提出投保申请。投保申请可以是口头的，也可以是书面的，书面申请多为填具投保单。通常财产保险合同的订立以投保人填具投保单作为必要申请条件。投保申请为保险合同之要约，投保人为订立保险合同的要约人。

(2) 投保人与保险人商定支付保险费办法。商定保险费的过程实际上是要约合同的询价过程。一般情况下，投保人只要确定了险种，即确定了保险费率；只有一些特殊险种才需要双方当事人具体协商所适用的保险费率。双方商定保险费率并不意味着投保人须立即交付保险费，要约的成立以对交付保险费意愿和方法达成一致即可。

(3) 保险人审核并同意承保。投保人提出投保要求，双方就保险费率及保险费支付办法达成一致，投保人将填具的投保单交给保险人后，保险人根据告知情况对投保单进行审核，如确认符合条件的，即表示同意承保。同意方式一般是在投保单上签字盖章，以此作为承诺行为。承诺生效，保险合同随即成立。

(4) 保险人根据已成立的保险合同向投保人出具保险单或者其他保险凭证，通常保险单本身载明了保险合同的内容。投保人有权获得保险单或其他保险凭证，并以此作为被保险人、受益人享有保险赔偿权利和将来进行索赔的依据。以上是保险合同订立的一般程序，也有一些保险活动可采用简易程序。例如，航空运输旅客意外伤害保险就采取较灵活的形式，投保人一手支付保险费，一手领取保险单，即"买保单"。

7.2.3 保险合同的履行

保险合同的履行是指保险合同依法成立并生效后，合同主体全面、适当完成各自承担的约定义务的行为。从内容上看，履行包括投保人、被保险人、受益人和保险人的合同义务的履行。从程序上看，履行还包括索赔、理赔、代位求偿三个环节。

1. 投保人、被保险人和保险人的义务

投保人、被保险人和受益人的义务主要包括：①投保人应按照约定交付保险费，这是投保人最基本的义务；②投保人、被保险人、受益人应履行出险通知、预防危险、索赔举证的义务；③被保险人应履行危险增加通知、施救的义务。

保险人的义务主要是按照合同约定的时间开始承担保险责任，在保险事故发生后或保险合同规定的事项发生后对损失给予赔偿或向受益人支付约定的保险金。主要包括：①在发生保险事故时，或者是在保险合同约定的给付保险金的条件具备时，保险人依照约定向被保险人或受益人给付保险金；②保险合同成立后，保险人应及时向投保人签发保险单或其他保险凭证；③保险人对在办理保险业务中知道的投保人、被保险人的业务和财务情况负有保密的义务。

2. 索赔、理赔与代位求偿权

索赔、理赔与代位求偿权是投保人与保险人通过订立保险合同，在约定的保险事故发生后，实现保险利益的手段。

(1) 索赔与理赔。

索赔是被保险人或受益人在保险事故发生后或保险合同中约定的事项出现后，按照保险合同的规定，在法定期限内向保险人要求赔偿损失或给付保险金的行为。理赔时保险人在被保险人或受益人提出索赔后，根据保险合同的规定，对保险财产的损失或人身伤害进行调查并处理有关保险赔偿责任的活动。

我国《保险法》第二十二条和第二十七条就索赔与理赔的程序做了如下规定。

① 出险通知。投保人、被保险人或者受益人知道保险事故后，应当及时通知保险人。

② 提供索赔单证。保险事故发生后，依照保险合同请求保险人赔偿或者给付保险金时，投保人、被保险人或者受益人应当向保险人提供其所能提供的与确认保险事故的性质、原因、损失程度等有关的证明和资料。保险人依照保险合同的约定，认为有关的证明和资料不完整的，应当通知投保人、被保险人或者受益人补充提供有关的证明和资料。

③ 核定赔偿。保险人收到被保险人或者受益人的赔偿或者给付保险金的请求后，应当及时做出核定，并将核定结果通知被保险人或者受益人；对属于保险责任的，在与被保险人或者受益人达成有关赔偿或者给付保险金额的协议后 10 日内，履行赔偿或者给付保险金义务。保险合同对保险金额及赔偿或者给付期限有约定的，保险人应当依照保险合同的约定，履行赔偿或者给付保险金义务。保险人未及时履行赔偿或者给付保险金义务的，除支付保险金外，应当赔偿被保险人或者受益人因此受到的损失。保险人收到索赔要求后，对不属于保险责任的，应当向被保险人或者受益人发出拒绝赔偿或者拒绝给付保险金通知书。保险人自收到索赔要求及索赔单证之日起 60 日内，对其赔偿或者给付保险金的数额不能确定的，应当根据已有证明和资料可以确定的最低数额先予支付；保险人最终确定赔偿或者给付保险金的数额后，应当支付相应的差额。

④ 索赔时效。人寿保险的被保险人或者受益人的索赔时效为自知道保险事故发生之日起 5 年；人寿保险以外的其他保险的被保险人或者受益人的索赔时效为自知道保险事故

发生之日起 2 年。

(2) 代位求偿权。

代位求偿权，是指保险人在向被保险人支付保险金后，被保险人有权向造成保险标的的损害并附有赔偿责任的第三人请求赔偿的权利。代位求偿权只存在于财产保险中，人身保险中不存在代位求偿权。我国《保险法》第四十五条第一款规定："因第三者对保险标的的损害而造成保险事故的，保险人自向被保险人赔偿之日起，在赔偿金额范围内代位行使被保险人对第三者请求赔偿的权利。"同时，在保险人向第三者行使代位请求赔偿权利时，被保险人应当向保险人提供必要的文件和其所知道的有关情况。但该项代位求偿权的行使受到限制，即除被保险人的家庭成员或者其组成人员故意造成第四十五条第一款规定的保险事故以外，保险人不得对被保险人的家庭成员或者其组成人员行使代位请求赔偿的权利。

保险事故发生后，被保险人已经从第三者取得损害赔偿的，保险人赔偿保险金时，可以相应扣减其已从第三者取得的赔偿金额；保险人依照规定行使代位请求赔偿的权利，不影响被保险人就未取得赔偿的部分向第三者请求赔偿的权利。

此外，保险事故发生后，保险人未赔偿保险金之前，被保险人放弃对第三者请求赔偿的权利的，保险人不承担赔偿保险金的责任；保险人向被保险人赔偿保险金后，被保险人未经保险人同意放弃对第三者请求赔偿的权利的，该行为无效；由于被保险人的过错致使保险人不能行使代位请求赔偿的权利的，保险人可以相应扣减保险赔偿金。

7.2.4 保险合同的变更、解除

1. 保险合同的变更

保险合同的变更是指保险合同没有履行或没有完全履行之前，当事人根据情况变化，按照法律规定的条件和程序，对原保险合同的某些条款进行修改或补充。变更内容主要包括保险合同主体的变更、内容的变更和保险合同效力的变更。

(1) 主体的变更。

主体的变更是指保险合同当事人和关系人的变更，一般是投保人或被保险人的变更，而不是保险人的变更。主体的变更通常是由保险标的所有权的转让而引起的。依照《保险法》第四十九条规定："保险标的转让的，被保险人或者受让人应当及时通知保险人，但货物运输保险合同和另有约定的合同除外。"

(2) 内容的变更。

内容的变更是指在主体不变的情况下，保险标的的数量、品种、价值或存放地点发生变化，或货物运输合同中的航程变化以及保险期限、保险金额的变更等。依照《保险法》第二十条规定："投保人和保险人可以协商变更合同内容，变更保险合同的，应当由保险人在保险单或者其他保险凭证上批注或者附贴批单，或者由投保人和保险人订立变更的书面协议。"

(3) 效力的变更。

效力的变更是指保险合同全部或者部分无效，或失效后又复效。变更保险合同，应当由保险人在原保险单或者其他保险凭证上批注或附贴批单，或由投保人和保险人订立书面变更协议。依照《保险法》第三十六条规定："合同约定分期支付保险费，投保人支付首

期保险费后，除合同另有约定外，投保人自保险人催告之日起超过三十日未支付当期保险费，或者超过约定的期限六十日未支付当期保险费的，合同效力中止，或者由保险人按照合同约定的条件减少保险金额。"第三十七条规定："合同效力依照本法第三十六条规定中止的，经保险人与投保人协商并达成协议，在投保人补交保险费后，合同效力恢复。但是，自合同效力中止之日起满二年双方未达成协议的，保险人有权解除合同。"

2. 保险合同的解除

保险合同的解除是指在保险合同关系有效期内，当事人依据法律规定或合同约定，提前消灭保险合同的权利义务的行为。一般由有解除权的一方向他方为意思表示，使已经成立的保险合同自始无效。

保险合同的解除权一般由投保人行使，因为保险合同从根本上说是为分担投保人的损失而设，故赋予投保人以保险合同解除权可以很好地维护其利益。我国《保险法》第十五条规定："除本法另有规定或者保险合同另有约定外，保险合同成立后，投保人可以解除保险合同。"第十六条还严格限制了保险人的合同解除权，除非在特定情况下，在投保人有违法或违约行为时，法律才规定保险人可以单独解除合同。这些特定情况在《保险法》第十七条第二款、第二十八条第一款和第二款、第三十六条第三款、第三十七条第一款、第五十四条第一款中作了明文规定。

此外，有些特定合同，一旦保险责任开始后，合同双方当事人均不得解除。如货物运输保险合同和运输工具航程保险合同等。

7.2.5　财产保险合同和人身保险合同

1. 财产保险合同

财产保险合同是投保人和保险人以财产或利益为保险标的，投保人向保险人交纳保险费，在保险事故发生造成所保财产或利益损失时，保险人在保险责任范围内承担赔偿责任，或在约定期限届满时，由保险人承担给付保险金的责任的协议。财产保险合同一般分为：财产损失合同、责任保险合同、信用保险合同、保证保险合同。《保险法》第二章第二节对财产保险合同作了专门规定。

(1) 财产保险合同的主要条款。

财产保险合同的主要条款包括保险标的、保险责任、保险金额、保险费、保险期限、赔偿办法。其中，财产保险的保险标的包括房屋、机器设备、运输工具等，当事人在签订合同时，应当明确载明保险标的的名称、范围、价值、坐落地点；保险金额的确定以保险财产的价值为依据，不得超过保险财产的价额；财产保险合同应明确规定保险的期限，只有在保险期限内发生的保险事故，才由保险方承担责任。

(2) 财产保险合同的被保险人的义务。

财产保险合同的被保险人的义务主要包括：①应当遵守国家有关消防、安全、生产操作、劳动保护等方面的规定，维护保险标的的安全；②在合同有效期内，保险标的危险程度增加的，被保险人应当及时通知保险人；③保险事故发生时，被保险人有责任尽力采取必要的措施，防止或者减少损失。

(3) 财产保险合同的保险人的权利义务。

财产保险合同的保险人的权利义务包括：①可以根据合同的约定，对保险标的的安全状况进行检查，及时向投保人、被保险人提出消除不安全因素和隐患的书面建议；②为维护保险标的安全，经被保险人同意，可以采取安全预防措施；③在据以确定保险费率的有关情况发生变化、保险标的的危险程度明显降低，或者保险标的的保险价值明显减少的情况下，除合同另有约定外，保险人应当降低保险费，并按日计算退还相应的保险费；④因第三者对保险标的的损害而造成保险事故的，保险人自向被保险人赔偿保险金之日起，在赔偿金额范围内代位行使被保险人对第三者请求赔偿的权利。

2. 人身保险合同

人身保险合同是以人的寿命和身体为保险标的的保险合同，是投保人按照合同的约定向保险人支付保险费，保险人对被保险人在保险期内因保险事故导致死亡、伤残、疾病，或者生存到合同约定的年龄、期限等条件时，向被保险人或者受益人给付保险金的商业保险合同。保险法第二章第三节对人身保险合同做了专门规定。根据人身保险合同所保障的风险不同，可将人身保险合同分为人寿保险合同、意外伤害保险合同和健康保险合同等类型。

(1) 人身保险合同的常见条款。

人身保险合同条款包括不可抗辩条款、自杀条款、宽限期条款、复效条款、不丧失价值条款、误报年龄条款和受益人条款。

① 不可抗辩条款是指人寿保险合同成立二年后，保险公司不得以投保人违反如实告知义务为理由解除合同。这是一条有利于保户的规定。如果保险公司发现投保人没有如实告知重要事实，只能在二年内以此为由拒绝给付保险金或解除合同，超过两年的可抗辩期，这个权利即告丧失。

② 自杀条款是指如果被保险人在合同生效或复效二年内自杀，保险公司不给付保险金。如果自杀发生在合同生效或复效二年之后，保险公司可以给付保险金。

③ 宽限期条款是指对于分期交费的保单，如果投保人因疏忽或者其他原因没能按期交费，保险公司给出一定的宽限期(一般为 60 天，具体时间请见条款规定)，在这段时间内保单仍然有效，如果发生保险事故，保险公司仍予负责。如超过宽限期还没交纳保费，则保单有可能失效。

④ 复效条款是指因投保人不按期交纳保费致使保单失效后，二年之后，投保人可向保险公司申请复效，经过保险公司审查同意后，投保人补交失效期间的保险费及利息，保单可恢复效力。

⑤ 不丧失价值条款是指投保人在交足二年以上保险费后，保单会积存一定的责任准备金。这种准备金不因保单效力的变化而丧失其现金价值。投保人若要退保，这部分现金价值应由保险公司退还给投保人。

⑥ 误报年龄条款是指投保人申报的被保险人年龄不真实，并且其真实年龄不符合合同约定的年龄限制的，保险公司可以解除合同，但是自合同成立之日起逾二年的除外。当投保人申报的被保险人年龄不真实，致使投保人支付的保险费少于应付保险费的，保险公司有权更正并要求投保人补交保险费，或者在给付保险金时，按照实付保险费与应付保

费的比例支付；当投保人申报的被保险人年龄不真实，致使投保人实付保险费多于应付保险费的，保险公司将多收的保险费还给投保人。

⑦ 受益人条款是指受益人由被保险人或者投保人指定。投保人指定受益人时须经被保险人同意。受益人可以为一人或数人。受益人为数人的，可以指定受益顺序和受益份额；未确定受益份额的，受益人按照相等份额享有受益权。如果没有指定受益人，或受益人先于被保险人死亡，或受益人依法丧失受益权或放弃受益权，在没有其他受益人的情况下，被保险人死亡后的保险金视为被保险人的遗产，由其继承人领取。

(2) 投保人、被保险人的义务和权利。

投保人、被保险人的义务和权利包括：①投保人应如实申报被保险人的年龄；②投保人不得为无民事行为能力人投保以死亡为给付保险金条件的人身保险，但父母为其未成年子女投保的人身保险除外；③投保人于合同成立后，可向保险人一次支付全部保险费，也可按约定分期支付保险费；④被保险人或投保人可以指定一人或者数人为受益人，并经保险人同意可以变更受益人。

(3) 保险人的主要义务和权利。

保险人的主要义务和权利包括：①保险人不得承保投保人为无民事行为能力人投保的以死亡为给付保险金条件的人身保险(但父母为其未成年子女投保的人身保险除外)；②保险人对人身保险的保险费，不得以诉讼方式要求投保人支付；③被保险人死亡后，在没有指定受益人、受益人先于被保险人死亡或无其他受益人、受益人依法丧失收益权或者放弃收益权又无其他受益人的情况下，保险金作为被保险人的遗产，由保险人向被保险人的继承人履行给付保险金的义务。对于投保人、受益人故意造成被保险人死亡、伤残或者疾病的；④以死亡为给付保险金条件的合同，被保险人自杀的，除规定情形外；⑤被保险人故意犯罪导致其自身伤残或者死亡的，保险人不承担给付保险金的责任，但应当按照规定退还保险单的现金价值。

@ 7.3 保险代理人与保险经纪人

7.3.1 保险代理人与保险经纪人的概念

1. 保险代理人的概念

保险代理人是受保险人委托而存在的，是保险环节中关键的一环。保险代理人是根据保险人的委托，向保险人收取代理手续费，并在保险人授权的范围内代位办理保险业务的单位(即保险代理机构)和个人(亦即保险营销员)。包括专业代理人、兼业代理人和个人代理人。

保险代理人的业务范围：代理推销保险产品，代理收取保费，协助保险公司进行损失的勘查和理赔等。兼业保险代理人的业务范围是：根据保险兼业代理许可证批准的代理险种，代理销售保险产品，代理收取保费。个人代理人的业务范围是：财产保险公司的个人代理人可以代理家庭财产保险、运输工具保险、责任保险和被代理保险公司授权的其他险种。人寿保险公司的个人代理可以代理个人人身保险、个人人寿保险、个人人身意外伤害保险和个人健康保险等业务。保险集团公司内部的财产保险公司、人寿保险公司、健康保险公司，在获得保险监管机构批准后，子公司之间相互开展了交叉销售业务。个人代理人的业务范围也有所扩大。

保险代理行为的特征：①保险代理行为是由保险法和民法调整的法律行为；②保险代理是基于保险人授权的委托代理；③保险代理行为是代表保险人利益的中介行为；④保险代理人的权利包括明示权利，又包括默示权利。

2. 保险经纪人的概念

保险经纪人，限于保险经纪单位(即保险经纪机构)，包括狭义的保险经纪人(或称直接保险经纪人)和再保险经纪人，前者是基于投保人或者被保险人的利益，为投保人与保险人订立保险合同提供中介服务，并依法收取佣金的单位。后则是指基于原保险人利益，为原保险人与再保险人安排分出、分入业务提供中介服务，并依法收取佣金的单位。保险经纪机构可以采取合伙企业、有限责任公司、股份有限公司等组织形式设立。

保险经纪人的法律特征：①保险经纪人是投保人的代理人，其必须接受投保人的委托，基于投保人的利益，按照投保人的要求进行业务活动；②保险经纪人不能代替保险人订立保险合同，仅为促使投保人与保险人订立合同创造条件，组织成交，提供中介服务，而非合同当事人；③保险经纪人只能以自己的名义从事中介服务活动，但有自行选择向哪家保险公司投保的权利；④保险经纪人必须是依法成立的单位而非个人，并承担其活动所产生的法律后果；⑤保险经纪人必须是依法成立的单位而非个人，并承担其活动所产生的法律后果。

7.3.2 保险代理人与保险经纪人的从业条件及其责任

(1) 从业条件。

保险代理人、保险经纪人应当具备保险监督管理机构规定的资格条件，并取得保险监督管理机构颁发的经营保险代理业务许可证或者经纪业务许可证，向工商行政管理机关办理登记，领取营业执照，并缴存保证金或者投保职业责任保险，方可开展业务。保险代理人、保险经纪人应当有自己的经营场所，设立专门账簿记载保险代理业务或者经济业务的收支情况，并接受保险监督管理机构的监督。

(2) 责任承担。

保险代理人根据保险人的授权代为办理保险业务的行为，由保险人承担责任；保险代理人为保险人代为办理保险业务，有超越代理权限行为，投保人有理由相信其有代理权，并已订立保险合同的，保险人应当承担保险责任；但是保险人可以依法追究越权的保险代理人的责任。保险经纪人在办理保险业务中因自己的过错，给投保人、被保险人或者保险人造成损失的，由保险经纪人承担赔偿责任。

7.3.3 保险代理人与保险经纪人的权利和义务

保险代理人的权利和义务分别是依据保险代理合同而产生的。保险代理合同是保险代理人与保险人明确双方所享有权利和承担义务的协议。一般来讲，保险代理人的权利和义

务包括以下内容。

(1) 保险代理人的权利和义务。

保险代理人的权利包括: ①获取劳务报酬的权利, 保险代理人有权就其开展的保险代理业务所付出的劳动向保险人收取劳务报酬。获得劳务报酬是保险代理人最基本的权利。保险代理人的劳务报酬即为佣金, 保险代理合同可约定佣金的支付标准和支付方式; ②独立开展业务活动的权利。保险代理人在保险合同授权范围内, 具有独立进行意思表示的权利, 即有权自行决定如何进行保险业务活动。

保险代理人的义务包括: ①诚实与告知义务, 保险代理人是基于保险人授权从事保险代理业务, 其代理行为的后果由保险人承担, 所以, 保险代理人必须遵循诚信原则, 也即保险代理人必须履行如实告知义务; ②如实转交保险费义务。受保险人委托, 保险代理人可以在业务范围内代理收取保险费, 代收的保险费应按代理合同约定的期限和方式转交保险人。保险代理人无权挪用代收的保险费。此外, 对于投保人欠交的保险费, 保险代理人也没有垫交义务; ③维护保险人权益义务。保险代理人不得与第三者串通或合伙隐瞒真相, 损害保险人的利益。在代理过程中, 保险代理人有义务维护保险人的利益。这是由保险代理关系和代理活动的特点所决定的。

(2) 保险经纪人的权利和义务。

保险经纪人的权利包括: ①要求支付佣金的权利。在保险市场上, 保险经纪人受投保人的委托, 代办投保手续。在完成投保手续、交付保险费后, 保险人应从保险费中提取一定比例(即佣金) 支付给保险经纪人作为报酬; ②拥有保单留置权。保险经纪人一旦接受委托完成投保手续后, 不管投保人是否已交付保费给保险经纪人, 保险经纪人必须向保险人交付保险费。为了防止投保人不交保险费, 保险经纪人在收到保险费以前, 对保险单具有留置权。

保险经纪人的义务包括: ①提供保险信息, 促成订立保险合同。保险经纪人在提供中介服务时, 应将所知道的有关保险合同的情况和保险信息如实告知委托人(即投保人)。保险经纪人还应通过与保险客户进行细致、认真的讨论, 确定保险客户所需要的保险险别、投保金额及有意向投保的保险公司, 并通过其掌握的知识和经验, 为客户寻找到最好的保险条件, 促成保险合同的订立; ②监督保险合同履行。首先, 当保险经纪人收到保险单之后要仔细检查内容, 看其是否符合投保要求。其次, 应当向保险客户说明保险的范围和应遵守的保险条件。最后, 在情况发生变化可能会影响到客户对保险的要求时, 保险经纪人有义务通知保险人; ③协助索赔。一旦发生保险事故, 被保险人可以首先通知保险经纪人, 保险经纪人再通知保险人并立即开始调查索赔事故。保险经纪人对事故做出详细的评估之后, 填写一些必要的索赔文件, 然后提交给保险公司。在这样的中介行为中保险经纪人应该运用自己的知识和经验在合法的条件下为被保险人争取最大金额的赔偿金; ④承担损害赔偿责任。一旦保险经纪人因过错导致被保险人遭受了损失或承担了不合理的费用, 如因保险经纪人的过错使订立的保险合同未能较好地保护被保险人利益, 而在发生保险事故时遭到保险人拒赔、少赔, 或致使被保险人支付了较正常情况下高的保险费等, 保险经纪人应对被保险人的损害承担相应的赔偿责任。我国《保险法》第一百二十五条规定: "因保险经纪人在办理业务中的过错给投保人、被保险人造成损失的, 由保险经纪人承担赔偿责任。"

本 章 小 结

- 保险法是指调整保险关系的一切法律规范的总称，一般由保险合同法、保险业法、保险特别法组成。保险法有五个方面的基本原则：公序良俗原则、自愿原则、最大诚信原则、保险利益原则、近因原则。

- 保险合同是合同的一种，但与其他合同相比，它有自己独有的特征。保险合同主体，包括保险合同当事人、保险合同关系人和保险合同辅助人。

- 保险经纪人和保险代理人是主要的保险中介人。基于保护被保险人合法权益，通过保险法律或行政法规的特别规定、行业的自律性规则以及保险中介合同等来规范保险代理人和保险经纪人的行为。

本 章 作 业

1. 论述保险法的基本原则。
2. 论述保险合同订立的程序。
3. 试述财产保险合同的被保险人和保险人的权利义务。
4. 论述保险代理人和保险经纪人的从业条件及其责任。
5. 论述保险合同履行的三个环节。
6. 案例分析题

德国金泰戈尔有限责任公司承租中国瑞其销售有限责任公司一座楼房经营，为预防经营风险，德国泰戈尔有限责任公司将此楼房在中国保险公司投保 500 万元。中国静安保险公司同意承保，于是，泰国金泰戈尔有限责任公司交付了一年的保险费。9 个月后德国金泰戈尔有限责任公司结束租赁，将楼房退还给中国瑞其销售有限责任公司。在保险期的第10 个月该楼房发生了火灾，损失 300 万元。德国金泰戈尔有限责任公司根据保险合同的约定向中国静安保险公司主张赔偿，并提出保险合同、该楼房受损失的证明等材料。中国静安保险公司经过调查后拒绝承担赔偿责任。

结合以上案例，在此我们讨论一下：

(1) 该楼可否投保？
(2) 德国金泰戈尔有限责任公司提出赔偿的请求有没有法律依据？
(3) 中国静安保险公司拒绝赔偿的法律依据何在？

第 8 章

互联网金融法律规范

本章简介

互联网金融是传统金融机构与互联网企业利用互联网技术和信息通信技术实现资金融通、支付、投资和信息中介服务的新型金融业务模式。近年来，我国互联网金融高速发展，而在发展过程中，安全性和高收益始终是互相矛盾的，两者相互制约，使互联网金融面临不同于传统金融的新风险，对我国的金融监管体系提出了挑战。因此，建立健全的法律制度对于互联网金融健康稳定发展有着至关重要的作用。

本章将重点讲解国内外互联网金融监管制度、网上银行和电子支付的相关法律法规、P2P 网络借贷相关法律规范、众筹相关法律规范和众筹平台的法律风险以及互联网证券、互联网基金销售、互联网保险和互联网银行相关法律规范。

@ 8.1 互联网金融法律规范基本知识

8.1.1 网络金融法

1. 网络金融法的立法

网络金融，也称电子金融，是指在网络平台上实现的金融活动，包括网络金融机构、网络金融交易、网络金融市场和网络金融监管等方面。狭义的网络金融是指在互联网上开展的金融业务，包括网络银行、网络证券、网络保险等金融服务及相关内容；广义的网络金融是以网络技术为支撑的所有金融活动的总称，不仅包括狭义的内容，还包括网络金融安全、网络金融监管等诸多方面。它的运行方式是网络化的，是存在于电子空间中的金融活动。

网络金融法是金融法的范畴，是调整网络金融关系的各种法律规范的总称，是金融法应对金融电子化、网络化的产物。它所规范的社会关系也被银行法、证券法、保险法、网络信息保护法、电子商务法等法律约束。网络金融属于新兴事物，我国目前尚未有配套的法律法规，造成众多前所未有的金融活动无法可依。

2. 网络金融法律法规体系

网络金融法律法规是在金融相关法律法规和电子商务相关法律法规的基础之上建立的，主要内容分为基本层次和辅助层次。

1) 基本层次的网络金融法律法规

(1) 电子货币相关法律法规。包括电子货币的定义和种类、法律契约基础、认证和签名制度、电子货币发行交易制度、电子货币对中央银行货币发行权、货币政策制定的冲击、电子货币对商业银行法律制度的影响及电子货币风险防范和监管制度等。

(2) 电子支付相关法律法规。包括电子支付的定义和种类，网络清算的内涵、分类和体系结构，电子支付和清算中的法律关系及相应的风险防范法律制度。

(3) 网络银行相关法律法规。包括网络银行的定义和分类、网络银行的设立和登记制度、网络存贷业务、网络银行组织制度、网络银行风险防范制度、网络银行涉税、网络银行的监管等法律制度。

(4) 网络证券相关法律法规。包括网络证券的定义、法律特征、网上招股、网络证券交易、网络证券的风险防范法律制度及网络证券监管法律制度等。

(5) 网络保险相关法律法规。包括网络保险的定义、网络保险合同相关法律问题、网络保险监管法律问题。

(6) 网络基金相关法律法规。包括网络基金的定义、网络基金的申购和赎回。网络基金的风险防范法律制度及网络证券监管法律制度等。

(7) 网络信托法律制度。包括网络信托的定义与方式、网络信托权利义务关系、网络信托行为等法律制度。

2) 辅助层次的网络金融法律法规

(1) 网络金融组织法律法规。国家一般会对金融机构设定一定的市场准入条件，网络金融活动自身的特殊性决定了必须加强对网络金融组织结构的严格管理，主要包括网络金融组织机构的设立条件、组织结构、自身的权利和义务等。

(2) 消费者权益保护和隐私权保护法律法规。包括网络金融活动中消费者的权利、网络金融服务机构的职责和义务、侵害消费者权益的法律责任、网络金融活动中个人隐私及数据资料的保护等内容。

(3) 网络金融税收法律法规。包括国家对网络金融的税收政策选择、税收征管、税收种类、税收管辖权的确定、收入种类及来源地的认定、国际税收协作等内容。

(4) 网络金融法律适用制度。包括网络金融案件的主管机关、管辖权的确定、法律选择适用、证据规则、争议解决方式等内容。

8.1.2　国内外互联网金融相关监管制度

1. 美国互联网金融监管政策

美国对互联网金融采取的是比较宽松的监管政策，主要是补充新的法律、法规，使原有的监管规则适用网络电子环境，或者是明确现有的法律制度体系对互联网金融的适用性，对消费者的保护以及信息披露等措施适度的监管。美国互联网的监管政策主要包括以下几个方面。

1) P2P 网络借贷平台的监管政策

美国对 P2P 网络借贷平台实行多头监管，美国证券交易委员会(SEC)与州一级证券监管部门负责保护投资人，美国联邦存款保险公司(FDIC)、消费者金融保护局(CFPB)负责保护借款人。P2P 网络借贷平台以"证券经纪商"身份在美国证券交易委员会注册，注册文件和补充材料包括运作模式、经营状况、潜在的风险因素、管理团队构成和薪酬体系以及财务状况。P2P 网络借贷平台需要将每天的贷款列表提交给美国证券交易委员会，持续不断地发布说明书补充说明出售的收益权凭证和贷款的具体细节以及风险揭示。

2) 股权式众筹的监管政策

2012 年美国《促进创业企业融资法案》允许中小企业通过众筹发行股权筹集资金，赋予股权众筹合法地位，并要求美国证券交易委员会制定相关监管细则。众筹平台须向美国证券交易委员会注册成为证券经纪交易商或融资平台，平台核心成员、董事和持有 20%以上股份的股东信息、公司业务和募集资金使用均需要披露。完成一轮融资的众筹平台必须向美国证券交易委员会提交年度报告。对于众筹项目发起人，众筹交易前 12 个月，融资总额不得超过 100 万美元；未上市企业只能向特定投资者募集资金，且后者的净资产需在 100 万美元及以上。发起人至少在首次销售的 21 天之前，向美国证券交易委员会提交信息披露文件以及风险揭示，如果筹资额超过 50 万美元，需要披露额外的财务信息，包括经审计的财务报表等。众筹项目投资人，单一投资总额不得超过 10 万美元，且投资人年收入或净资产少于 10 万美元的，12 个月内投资额不得超过 5%；投资人年收入或净资产大于 10 万美元的，12 个月内投资额不得超过 10%，也不得高于 10 万美元。

3) 比特币等数字货币的监管政策

比特币是银行系统之外产生的支付创新，与美联储监管的银行体系没有任何交集，美联储无权监管比特币；美国国税局明确宣布，比特币是需征税的财产，比特币投资者须缴

纳资本利得税；用比特币支付薪酬的雇主须进行申报，比特币收入要缴纳联邦所得税和薪资税。对于比特币交易平台，美国财政部要求相关交易平台以及管理公司向其办理缴费登记，并履行记录和报告义务，对洗钱风险进行监管。

4) 互联网货币市场基金的监管政策

根据 2010 年《货币市场基金增补法案》，货币市场基金(MMF)必须获得美国证券交易委员会的券商执照，必须遵守有关银行保密以及反洗钱等方面的法律管制，必须履行相应的登记、交易报告等程序。在州一级的监管层面，必须获得州监管当局的专项业务经营许可；不得从事类似银行的存贷款业务，不得擅自留存、使用客户交易资金，要求其保持交易资金的高度流动和安全。美国证券交易委员会要求货币市场基金及时披露基金组合，将货币市场基金的最大加权平均到期期限从 90 天缩短到 60 天。

5) 第三方支付的监管政策

1999 年《金融服务现代化法》将第三方支付机构界定为非银行金融机构，由联邦存款保险公司和财政部负责监管。美国财政部要求第三方支付企业向其办理注册，接受联邦和州两级的反洗钱监管，及时汇报可疑交易，记录和保存所有交易。第三方支付平台的留存资金需存放在联邦存款保险公司保障的银行的无息账户中，且每个用户账户的最高限额为10 万美元。

2. 我国互联网金融监管政策

由于我国互联网金融起步较晚，其相应的监管政策还不健全，存在以下几个问题。

(1) 我国的互联网金融生态链上的部分业态和部分环节受到了监管，但第三方网络支付等其他互联网金融业态还处于无门槛、无标准、无监管的"三无"状态。2010 年 6月，中国人民银行发布了《非金融机构支付服务管理办法》及其实施细则，明确将第三方网络支付纳入了监管范围。而对于 P2P 小额贷款、众筹融资、网络理财等金融业态涉及的跨市场、跨行业经营，尚没有明确的监管机构和监管规则。

(2) 互联网金融相应的行业协会组织尚处于起步阶段，行业自律管理职能作用有限。2013 年 8 月，中国小额信贷联盟发布了《P2P 小额信贷信息咨询服务机构行业自律公约》，迈出了互联网金融行业自律管理的第一步。2014 年 4 月，中国人民银行条法司牵头组建的中国互联网金融协会正式获得国务院批复筹建(该协会已于 2016 年 3 月 25 日正式成立)，标志着相关部门未来对互联网金融行业的管理将进一步加强。

(3) 监管当局对网络虚拟货币和虚拟信用卡态度非常谨慎。对于比特币等网络虚拟货币，由于存在与真实货币的转换可能性，使得互联网金融与传统货币政策框架交织在一起。2013 年 12 月，中国人民银行等五部委发文明确了比特币在中国不具有与货币等同的法律地位，不能也不应作为货币在市场上流通使用。2014 年 3 月，中国人民银行紧急叫停腾讯、阿里巴巴的网络虚拟信用卡的发行，表明我国监管当局对电子货币等虚拟货币业务持非常谨慎的态度。

3. 中美两国互联网金融监管对比

我国的互联网金融监管政策与互联网金融发展较为成熟的美国之间存在着以下几个不同点。

(1) 中美两国互联网金融发展背景不同。美国互联网金融市场要素定价已经完成市场化改革，而我国正在开始利率市场化改革，互联网金融才刚刚兴起。这使得市场对存款利率的敏感性增加，增强了互联网金融对存款的虹吸效应。

(2) 美国的传统金融体系经过长期发展，产品和服务较为完善，而且金融机构自互联网诞生之初就开始了自发的信息化升级，金融的互联网化巩固了传统金融机构的地位，独立的互联网金融企业生存空间较少，只能在传统企业不能涉及的新领域里发展，如货币市场基金。因此，美国独立的互联网金融业态对市场的冲击不大。目前，我国的互联网金融的主要业态是模仿美国。例如，余额宝、财付通等网络货币市场基金模仿的就是 Paypal 联通支付账户资金的模式。

(3) 美国金融体系相对完善，而我国监管套利空间较大。由于美国金融市场对各类金融业务的监管体制较为健全和完善，体系内各种法律法规之间互相配合协调，能大体涵盖接纳互联网金融新形式，不存在明显的监管空白；而我国虽然金融混业趋势加强，但仍采用分业监管，使得跨部门、跨体系的互联网金融产品与业务能绕开监管。因此，我国监管套利空间较大。

(4) 美国征信体系发达，我国中小企业和个人信息相对缺乏。美国征信行业的兴起源于消费的盛行，经历了快速发展期、法律完善期、并购整合期以及成熟拓展期四大发展阶段，逐步壮大并已经形成了较完整的征信体系。我国征信体系中，中小企业和个人的信用信息极为缺乏，使得中小企业信贷和个人消费贷款一直存在瓶颈，而淘宝等电子商务网站拥有较完善的交易记录，从而可以形成风险定价，推动小微信贷发展，但我国信用数据的排他性使得小微信贷目前只能由部分大公司运营。

@ 8.2　电子货币和网络货币相关法律规范

8.2.1　电子货币的法律性质

电子货币是货币的电子数据形式，不是法律意义上的货币，它是指以计算机网络为基础，以各种卡片或数据存储设备为介质，借助各种与电子货币发行者相连接的终端设备，在进行支付和清偿债务时，使预先存放在计算机系统中的电子数据以电子信息流的形式在债权债务人之间进行转移的，具有某种货币职能的货币。作为纸币的一种替代形式，电子货币同样属于民法上的物。

1. 电子货币与法定货币

我国的法定货币是人民币，由中国人民银行统一印制、发行，本位币具有无限法偿性，在一国境内任何机构或个人都无权拒绝。电子货币的发行既可以是中国人民银行、商业银行等金融机构，也可以是非金融机构，不具备本位币的无限法偿性。第一，它是一种以数字形态表现的观念货币，是在信用货币条件下产生的一种货币形式，电子货币也具有信用性，但并不像法定货币，一旦形成发行机关发行的记载一定金额的纸张或金属，就意味着拥有了它们所代表的金额的货币；而电子货币没有具体实物形态，只是一些代表一定金额的数字，它可以存储在电脑的硬盘上，也可以存储在智能卡的 IC 芯片上、塑料卡片

的磁条上，而这些硬盘、IC 芯片和塑料本身并不是电子货币，拥有这些载体并不代表就拥有了这些载体上所记载的金额的电子货币；第二，它是一种衍生货币，目前世界各国发行的电子货币都不是由国家法定货币发行机关根据法律的直接规定发行的，不属于法定货币，而是法定货币之外的衍生货币或者约定货币。法定货币之外的衍生货币，是不直接以法定货币为基础的，而是在现有法定货币体系之外的当事人之间约定使用的。

2. 电子货币与存款的关系

吸收存款一直被认为是银行的传统业务，而目前电子货币的发行主体除了金融机构外，还包括非金融机构，如果电子货币被认为是存款，那么从事电子货币发行业务的机构就应该是经过银行监管机构许可的，必须遵守有关银行的若干要求。根据现行的金融实践，就金融机构发行的电子货币应该被认为是存款的一种表现形式，但对非金融机构发行的电子货币，是否应该认定为存款，发行者是否具有吸收存款的资格，则需要现行金融法律、法规的解释。当然，电子货币的发展程度不同，法律的解释也不一样。

8.2.2　电子货币当事人的法律关系

1. 电子货币发行者的权利和义务

电子货币发行者的权利包括：①验证客户信息的真伪；②依据法律规定，发行电子货币；③当电子货币持有者以伪造、变造的电子货币要求赎回，电子货币发行者可以该电子货币不符合电子货币发行者发行的货币为由拒绝赎回；④如果电子货币持有者将持有的电子货币丢失了，发行机构可以拒绝赔偿已经遗失的电子货币。

电子货币发行者的义务包括：①如实告知义务，监管机构对于电子货币发行者告知义务的范围，一般采取谨慎态度，避免过于严格的规则增加发行者的成本，阻碍技术的创新。当出现技术故障、表见代理、盗窃、欺诈等情况，电子货币发行者应提供的保护性措施等；②维护消费者的合法权益，保障消费者的信息安全与交易安全；③记录并在一定年限内完整地保存电子货币持有者的开户、交易等信息；④向监管机构提交真实的会计记录、财务报告等监管机构所需资料；⑤如果电子货币持有者向电子货币发行者要求按照合同约定的赎回比例进行赎回时，电子货币发行者应该无条件地履行赎回义务。

2. 电子货币购买者与电子货币接收者的权利和义务

1) 电子货币购买者的权利和义务

运用电子货币去接收电子货币支付的商户处购买商品或者服务的消费者，我们将其称为电子货币购买者。因为其通过支付一定的预付款来获得电子货币的价值。电子货币购买者的权利体现在：①用一定金额的实际货币或财产购买同等金额的货币价值；②将持有的电子货币要求电子货币发行者按照合同约定的比例进行赎回。电子货币购买者的义务体现在：①遵守有关电子货币的法律法规，以及承担与电子货币发行者约定的义务；②在流通、支付的过程中，严格按照规定的方法、程序进行。

2) 电子货币接收者的权利和义务

电子货币接收者是指在电子货币流通过程中，在提供给消费者商品和服务后，接收电子货币作为支付方式的商户。电子货币接收者的权利包括：①决定是否以电子货币为计价单位对所提供的服务、商品进行计量的权利；②决定是否接收以电子货币为支付方式的权利；③将持有的电子货币进行赎回的权利；④在接收电子货币的过程中，对其进行鉴定，确定是否符合发行者要求的电子货币。电子货币接收者的义务包括：①严格遵守有关电子货币的法律法规；②按规定的方法、程序收取电子货币；③在收到的电子货币不符合规定时，要求电子货币购买者提供担保或者要求电子货币发行者承担责任。

8.2.3 我国电子货币的发展现状

1. 金融 IC 卡

金融 IC 卡是由商业银行(信用社)或支付机构发行的，是以芯片作为介质的银行卡。它采用集成电路技术，遵循国家金融行业标准，具有消费信用、转账结算、现金存取全部或部分金融功能，可以具有其他商业服务和社会管理功能。我国的金融 IC 卡是随着"金卡工程"的启动而发展起来的。2000 年前，金融 IC 卡主要应用于电子钱包等小额支付。2013 年，中国人民银行发布了《中国金融集成电路(IC)卡规范(V3.0)》，明确了我国的金融 IC 卡能够兼容国际通用技术标准。2014 年年末，我国累计发行的金融 IC 卡预计超过了12 亿张。同时，金融 IC 卡的降级交易被逐步关闭。2015 年 1 月 1 日起各商业银行停发磁条卡，以金融 IC 卡取而代之。2016 年 1 月 1 日起，发卡机构、银行清算机构等开展的移动金融服务是以金融 IC 卡的有卡交易为主。金融 IC 卡具备预付、信用卡、转账、提款等多项功能，在小额支付领域内，逐渐被消费者作为支付工具。此外，VISA 卡、Mondex 卡也进入内地市场，如中国银行与 VISA 国际组织合作推出的中国银行 VISA 借记卡。

2. 城市一卡通

城市一卡通于 2006 年 5 月 10 日正式启动，适用于公交、地铁、出租车、餐饮、电影院等。如广西、天津、西安、长三角、江苏等地都开通了城市一卡通。以北京的城市一卡通为例，北京城市一卡通也称为市政交通一卡通，市民使用市政一卡通进行消费，可以免去购票、验票、找零等麻烦，还能享受打折优惠。市民不仅可以用该卡乘坐公共交通工具，公园、电影院、书店、餐饮店等消费场所也可以使用。在 2012 年，八达通卡有限公司与深圳通有限公司推出了联名卡，该卡的推出让两地居民能享受更多便利和快捷的服务。广西在 2014 年实现了人力资源和社会保障"一卡通"，持卡人只要上线使用该系统，就可以在定点医疗机构实现异地就诊、结算、查询、消费等功能，并能办理养老、医疗、失业、工伤、生育等社会保险业务。

8.2.4 电子货币的发行和流通中的法律问题

1. 电子货币的发行主体问题

货币是信用社会发展的一种产物，货币的发行关系着一个国家、地区甚至全球的金融秩序的稳定和安全。电子货币发行主体问题主要包括两个方面。

(1) 非银行机构发行主体在电子货币发行与经营中易产生信用风险。一方面，非银行金融机构发行或经营电子货币的业务不受银行或金融机构相关法律法规的约束，由于电子货币的预付机制，一些没有正常兑付能力的发行主体极有可能将发行电子货币作为其融资的一种渠道，从而增加资金的不安全性，导致其兑付能力的减弱，电子货币持有人则面临兑付风险。另一方面，电子货币发行主体的非银行性容易诱发信用风险。非银行金融机构发行的电子货币是给予发行方的信用，而非国家信用。当发行方的经营面临困难，容易诱发信用风险，导致持有者担心其持有的电子货币无法兑付而发生挤兑，从而扰乱市场秩序。

(2) 电子货币的发行业务是否允许非银行机构的参与。对于发行电子货币是否属于银行业务的判断在于发行电子货币是否构成吸收存款业务。根据吸收存款业务的定义可判断电子货币的发行业务属于吸收存款业务。依据我国《商业银行法》第三条第一款的规定吸收公众存款是商业银行的业务范围，需要经过国务院银行业监督管理机构的批准。从理论上来讲既然吸收公众存款业务是属于商业银行的经营范围，那么非银行机构就不能开展电子货币的发行业务。在实践中，由于各国政府的立场不同，对电子货币是否属于吸收存款业务的规定也不一样。例如，美国政府从支持电子货币的角度出发，认为电子货币不是吸收存款业务，非银行金融机构可以开展；而欧盟却从保护消费者利益的角度出发认为电子货币属于吸收存款业务，只能由商业银行经营。

2. 电子货币的赎回问题

电子货币的赎回是指电子货币的持有者在符合一定条件时，可要求电子货币的发行方用法定货币赎回其发行的电子货币。电子货币的赎回问题是保护用户权利的重要问题之一。《2000/46/EC 指令》在其序言中专门论述了电子货币的可赎回性问题。《2009/110/EC 指令》要求电子货币的发行商在任何时候都必须承担对其发行电子货币的赎回义务，发行方收取的赎回费用取决于电子货币持有人行使请求权的时间，如电子货币持有人的赎回请求发生在合同到期前或合同到期后的一年内，持有人须承担一定的赎回费用，但是赎回请求发生在合同到期时或合同到期的一年内，发行方必须免费赎回电子货币。对于赎回权行使的限制条件，存在以下情形时，电子货币发行方可拒绝持有人要求赎回电子货币的请求：①要求赎回的电子货币不是由该发行方发行；②要求赎回的电子货币已被兑换；③电子货币持有人的恶意赎回；④电子货币持有人要求发行方用非合同约定方式进行赎回。

3. 电子货币的洗钱问题

电子货币的出现和利用，为犯罪分子洗钱提供了便利。犯罪分子仅通过互联网就可以瞬间将巨额资金从地球的一端传到另一端。所以电子货币尤其是现金型电子货币，对洗钱犯罪分子具有无限吸引力。有效地预防和打击洗钱犯罪是电子货币发展中亟待解决的问题。电子货币的洗钱问题包含两个方面。

(1) 电子货币的网络性造成的洗钱问题。电子货币依赖网络所获得的快速、匿名与数据虚拟等特性极大地方便了合法资金的转移。在电子货币下，带有可供追踪的印钞号的传统纸币被一串电子符号所代替，洗钱者可以通过电子商务系统轻松便捷地转移大量资金。而且电子货币主要是通过因特网(Internet)与网络银行建立金融关系，避免任何面对面的接触，所有网上银行和金融机构所宣称的便捷性和可靠性恰好成为洗钱者在全球银行始终追求的品质和属性。

(2) 电子货币的加密性造成的问题。传统的打击洗钱犯罪的重要手段是监控与追踪。

但是，为了保证交易安全和客户隐私，电子货币普遍采用加密技术。现存的加密技术使得电子货币的匿名性大大加强，几乎无法查明电子货币的使用人或来源，阻碍了执法机构调查和惩治罪犯。目前，有关执法机构在一定条件下获取密钥的机制已逐渐被提上各国议程，但由于涉及客户隐私权和政府权力的平衡，各国的做法既不统一也不健全。因此，在目前的法制和技术状况下，犯罪分子的洗钱活动仍然可以在隐私权和加密技术的掩护下进行。

8.2.5 网络虚拟货币概述

1. 网络虚拟货币的概念

网络虚拟货币的概念具有广义和狭义之分。广义的网络虚拟货币是指由一定的发行主体以公用信息网为基础，以计算机技术和通信技术为手段，以数字化的形式存储在网络或有关电子设备中，并通过网络系统(包括智能卡)以数据传输方式实现流通和支付功能的网上等价物。狭义的网络虚拟货币是指网络运营企业以互联网络电子信息为载体发行的一种虚拟兑换工具，通常出现在网络游戏中。例如，百度公司的百度币、腾讯 Q 币和 Q 点、盛大点券、新浪微币等都是网络虚拟货币。网络虚拟货币具有虚拟性、局限性、价值不稳定性、计量单位的特殊性等特点。消费者首先向发行网络虚拟货币的公司申请兑换网络货币，公司通过银行将消费者账户中的申请款项兑换成网络货币，消费者可利用此网络货币在网上进行消费。

2. 网络虚拟货币的分类

根据网络虚拟货币的内涵和产生方式、途径的不同，网络虚拟货币可以分为以下三类。

(1) 会员型网络虚拟货币。会员型网络虚拟货币产生于游戏，是被大家所熟知的网络虚拟货币，也是网络虚拟货币的最初阶段。游戏用户通过完成任务或者购买的方式获得游戏中的金币，用于购买游戏装备。随后，各大论坛也推出相应的论坛币，通过上传资料、每天登录签到等方式获得论坛币，从而获得一些论坛中的专享特权，如免费下载资料。会员型网络虚拟货币可以通过网络供应商免费获得，也可以通过互联网交易购买获得。

(2) 充值型网络虚拟货币。充值型网络虚拟货币是现阶段接受度和使用度最广的网络虚拟货币。充值型网络虚拟货币是互联网公司发行的，用于购买本公司内部虚拟商品和服务的电子性质的专用货币。充值型网络货币具有一定的商品属性，消费者需要通过现实法定货币按照一定的比率购买兑换，兑换比率由互联网公司确定。我国只允许人民币向网络虚拟货币的单向兑换。充值型网络虚拟货币的产生减少了交易次数，扩大了消费者转换成本，从而锁定用户。目前我国流通的充值型网络虚拟货币有数十种，比较有代表性的是腾讯公司发行的 Q 币。

(3) 储值型网络虚拟货币。储值型网络虚拟货币以比特币为代表，在产生之初便定义为货币，又称为真正网络虚拟货币。比特币通过一个去中心化的支付系统进行挖掘、交易，是一种 P2P 形式的数字货币。比特币由于其去中心化且数量有限，可用于保值增值。2015 年 5 月 17 日，比特币对人民币的兑换比率为 1 比特币可兑换 1464.62 元人民币，并上下浮动。目前美国、欧洲一些国家已经开始使用比特币进行实物购买，我国尚处于投机

阶段。

3. 网络虚拟货币与电子货币的比较

电子货币和网络虚拟货币都是以电子计算机技术为依托，进行储存、支付和流通，而且使用简便、迅速。但除此之外它们具有很大的差别。

1) 发行主体

电子货币的发行机构主要是商业银行等金融机构，一般要取得金融业务的法律许可证，并接受中央银行和银监会的金融监管，其发行电子货币的目的是为社会提供更方便的交易媒介，而不是销售自己提供的非金融产品；网络虚拟货币的发行主体是普通企业或者公用事业机构。法币预付充值型虚拟货币的发行目的主要是销售发行商提供的非金融商品与服务；网络活动卷入型虚拟货币的发行目的是吸引网民对于网站的关注，并提供网站注册用户之间进行虚拟商品交易的媒介。

2) 信用保证

金融机构发行电子货币的信用保证有两个方面，一是其用纸币缴纳的注册资本金和放贷后留存的纸币准备金，这使得电子货币可以随时无条件兑现为纸币；二是电子货币能够在与发行者有协议的商家处任意使用，购买各种实物商品与服务。法币预付充值型虚拟货币的发行保证主要是发行者的产品提供能力，即购买者能否方便地购买到发行者提供的网络虚拟商品或服务。

3) 监管措施

电子货币的监管单位是中国人民银行，由于电子货币具有多种用途，过量发行可能造成信用风险，导致支付体系受到较大影响，因此中国人民银行采取了较为严格的措施监管电子货币；网络货币的主要监管单位是文化行政部门，网络货币只能用于购买发行者提供的虚拟消费品，即使过量发行，由于虚拟消费品的生产成本几乎为零，发行商能够轻而易举地提供足够多的产品，信用风险较小，因此文化部门采取了较为宽松的监管措施。

此外，电子货币和网络货币的使用方面存在着如下区别：电子货币具有可赎回性；网络货币不可赎回；电子货币主要用于实物消费；而网络货币主要用于虚拟物品消费。

8.2.6　网络虚拟货币法律关系

1. 网络虚拟货币法律关系的主体

(1) 在网络虚拟货币物权法律关系中，法律关系的主体是物权人。虚拟货币发行前，物权人是虚拟货币的发行者，主要是各大网络公司、游戏开发公司等。虚拟货币交易后，物权人则是虚拟货币的购买者。虚拟货币购买者的范围非常广泛，包括自然人、法人以及其他组织。根据十四部委的《通知》和文化部《网络游戏管理暂行办法》的规定：网络游戏虚拟货币交易服务企业不得为未成年人提供交易服务。因此，我国未成年人不能成为虚拟货币的交易主体。

(2) 虚拟货币债权法律关系包含虚拟货币买卖法律关系、虚拟货币消费使用法律关系、虚拟货币交易服务法律关系等。虚拟货币买卖法律关系的主体为虚拟货币的发行者和购买者；虚拟货币消费使用法律关系主体是虚拟货币拥有者和商品、服务提供者；虚拟货币交易服务法律关系主体是虚拟货币发行者和交易服务平台，交易服务平台目前主要是一些交易网站。

(3) 在虚拟货币行政法律关系中，关系主体包括进行虚拟货币发行、交易、中介服务等行为的主体和对虚拟货币发行交易等行为进行监管的行政机关。目前，我国虚拟货币的监管模式为多部门分工合作模式，涉及的部门有文化部、信息产业部(现为工业和信息化部)、中国人民银行、公安部、国家工商行政管理总局、国家税务总局等。

2. 网络虚拟货币法律关系的客体

法律关系的客体是指权利义务所指向的对象。因为虚拟货币法律关系涉及多种法律关系，因此，每种法律关系的客体都不同。在虚拟货币物权法律关系中，法律关系的客体是虚拟货币；在虚拟货币债权法律关系中，买卖双方权利义务指向的对象是一种交付行为；在虚拟货币消费使用法律关系中，法律关系的客体是虚拟货币支付行为，即小额资金划拨行为；在虚拟货币交易服务法律关系中，法律关系的客体是一种提供服务的行为。

3. 网络虚拟货币法律关系的内容

虚拟货币法律关系的内容是指虚拟货币法律关系中各方拥有的权利和承担的义务。

1) 虚拟货币发行者的权利与义务

不同的法律关系中，虚拟货币发行者的具体义务不同。虚拟货币创造出来时，享有对自己创造的虚拟货币的物权，即占有、使用、收益和处分的权利；在虚拟货币债权法律关系中，享有受领相应价款的权利，并负有按质按量交付相应的虚拟货币给买家的义务；在虚拟货币消费法律关系中，享有获得自己的或自己接受的其他发行商发行的虚拟货币的权利，并负有提供相应的商品或服务给消费者的义务；在虚拟货币交易服务法律关系中，享有将自己的虚拟货币相关信息发布至中介者的交易平台以使他人知道自己欲出售相关虚拟货币的权利，负有支付合理的费用给中介服务者的义务；在虚拟货币行政法律关系中，负有接受监管的义务。

2) 其他虚拟货币关系者的权利与义务

虚拟货币购买者享有受领自己购买的虚拟货币的权利，并承担按合同支付相应的对价的义务；在虚拟货币消费合同法律关系中，虚拟货币消费者享有使用自己所拥有的虚拟货币购买相应的商品和服务的权利，并承担向商品和服务提供者支付相应的虚拟货币的义务；虚拟货币交易平台具有收取卖家服务费用的权利和给卖家提供一个合适的平台并承担合理的安全保障的义务；虚拟货币监管者具有对虚拟货币发行者的虚拟货币发行行为、虚拟货币交易平台的交易中介等行为进行监管的义务。

8.2.7 网络虚拟货币的金融风险与法律风险

1. 网络虚拟货币的金融风险

1) 通货膨胀风险

通货膨胀指的是流通中的货币量超过实际需求的货币量，从而引起货币贬值、物价上涨的现象。不仅可用人民币购买，还可通过完成任务等方式获得的可购买现实商品的虚拟货币将有可能造成现实世界的通货膨胀。使用人民币购买的虚拟货币具有和人民币对等的关系，不会增加现实中的货币量。但对于通过完成任务等其他方式获得的虚拟货币没有人民币与其对等，但具有购买现实商品的功能，实质上增加了现实中流通的货币量。如果发行者的此种发行行为不受控制，将很可能引发现实世界的通货膨胀。

2) 挤兑风险

虚拟货币发行者发行虚拟货币后取得的收入，用于支付回兑请求，大部分可能被用作其他投资，少部分用于支付回兑请求。如果大量虚拟货币持有者在短时间内要求将虚拟货币回兑为人民币，此时将可能发生挤兑风险。对于接受其他发行者的虚拟货币在自己处消费的商家，由于某些原因短时间内收受了大量此种虚拟货币，而向发行者要求兑付时，如果此时发行者不能应付如此大数量的兑付，则将也可能发生挤兑风险。并且虚拟货币领域的不利信息，会由于互联网的快速便捷而传播得更加广泛和迅速，一旦市场上出现此种信息，不管真实与否，都很可能导致持有人纷纷要求回兑，而大量的回兑请求极有可能造成发行者的系统瘫痪，从而加剧挤兑风潮，甚至可能导致发行者破产。基于此种风险，我国相关法规禁止网络游戏虚拟货币兑换为人民币。

2. 网络虚拟货币的法律风险

1) 安全风险

安全风险是指虚拟货币的发行系统和交易平台的安全风险。

(1) 虚拟货币发行者，它面临的安全风险主要有被盗、被欺骗和系统受攻击破坏等风险。①虚拟货币被盗的原因主要是黑客攻入。黑客主要是通过扫描他人服务器漏洞、破解他人密码等方式进入虚拟货币发行系统，从而转移大量虚拟货币的。②虚拟货币发行者受欺骗主要是由于外挂程序。利用外挂可以加快挣取游戏中的虚拟货币的速度，如果此虚拟货币可兑换为人民币，则外挂将可能导致此种虚拟货币剧增，如果增至超出了发行者的可控范围，最后将可能导致发行者的挤兑风险甚至破产。③发行者的系统受攻击主要来自计算机病毒、木马等。

(2) 第三方交易平台的安全风险则主要是虚拟货币被盗或系统被攻击。有些虚拟货币是直接寄存在第三方交易平台出售的，也即第三方交易平台有现货，因此第三方交易平台也有可能被盗窃，引起的原因主要也是黑客攻入。

(3) 对于用户，其安全风险主要是被盗。用户在使用虚拟货币时，一般需要通过客户端软件或页面输入用户名和密码以登录自己的账号，进行各种操作。在登录和使用的过程中，黑客很可能利用漏洞扫描技术或病毒木马等获取用户的账号和密码等信息，从而将用户账户中的虚拟货币转移出去或直接消费，或者黑客只需更改用户的密码，就可实现对虚拟货币的实际占有。

2) 隐私权风险

随着网络等新兴媒体的快速发展，隐私权受到越来越严峻的挑战。虚拟货币用户在注册账户、充值交易等过程中都会留下大量的个人信息。由于虚拟网络商务的特点，用户个人信息不仅会受到传统侵权方式的威胁，更可能受到网络环境下新兴侵权方式的侵害。用户隐私权受侵害的方式主要有：①虚拟货币发行者、交易平台对用户信息的不正当收集。很多互联网企业为了给自己的决策提供参考，在不经用户同意甚至不给用户任何提示的情况下，就利用临时文件等工具收集分析用户的浏览记录、购买习惯和偏好等。②发行者、交易平台内部员工对客户信息的泄露甚至买卖。在现代商业社会，客户信息是企业非常重要的资源，是一笔宝贵的无形资产，企业之间的竞争很多时候就是客户资源的竞争，因此，竞争对手很可能以利益或各种关系引诱掌握用户信息的员工泄露或出卖用户信息。③网络安全威胁用户隐私权。虚拟货币是高度技术性的结果，运行于网络这个平台，而黑客、病毒、木马与网络如影随形，这些网络安全隐患也无时无刻不在威胁着用户的隐私安全。

3) 破产风险

虚拟货币发行者也是市场经济中的主体，也要接受市场的检验，面对种种机遇和挑战。由于虚拟货币的特殊性，虚拟货币发行者不仅要面对来自经济领域的风险，而且要面对技术领域的风险。市场瞬息万变，虚拟货币发行者稍有不慎就有可能经营失败，乃至资不抵债，如果无法清偿到期债务，最终将不得不走向破产。网络中信息传输的迅速性、虚拟货币持有人经营范围目前无限制等特性都会加剧虚拟货币发行人的信誉危机和经营动荡，从而加大其破产风险。一旦虚拟货币发行者破产，虚拟货币用户将不得不面临手上的虚拟货币可能得不到完全兑付的风险。

4) 可能沦为某些犯罪的工具

(1) 可能沦为赌博工具。一些游戏的内容就带有博彩性质，而其所谓的奖品就是虚拟货币或虚拟财产，如"梭哈""扎金花"等游戏，其游戏币本身就由人民币转换而来，因此在这种游戏中利用游戏币赌博和传统赌博其实没有本质区别。

(2) 可能沦为诈骗工具。虚拟货币发行于网络，消费者无法或很难去核实发行者身份的真实性，因此，不法分子很有可能建立一个所谓的虚拟货币发行网站，当消费者在付款后却消失得无影无踪。在虚拟货币的流通阶段，不法分子还可能利用虚假虚拟货币交易平台或虚假交易信息诈骗。

(3) 可能沦为洗钱工具。虚拟货币因其载体的隐形、交易者身份的匿名、发行主体的广泛、交易的跨国界等特性使得执法机构难以监管，因此犯罪分子很可能利用虚拟货币的这些特性，大量购进虚拟货币，再通过虚拟货币购买商品或虚拟财产或回兑人民币而洗钱。

(4) 利用虚拟货币逃避税。以虚拟货币为基础的虚拟网络商务，具有匿名性、虚拟性、即时性、无纸性、国际性等特征，监管者难以对其进行监管。传统的基于销售产品与提供劳务的增值税与营业税区分原则、基于"常设机构"作为来源地税收管辖的依据、基于国界而设立的关税制度等都面临巨大冲击。这些都为不法分子利用虚拟货币逃税避税提供了方便。

8.2.8 国内外网络虚拟货币现行立法

1. 网络虚拟货币外国立法

1) 韩国

韩国的网络游戏产业非常发达，我国现流行的很多大型网络游戏都是由韩国开发，较早面临的网络虚拟货币、虚拟财产带来了很多问题。韩国司法认为虚拟货币和真实货币具有同等价值。2006 年 12 月 14 日韩国国会批准的《游戏产业振兴法修正案》规定：禁止进行虚拟货币中介服务，虚拟货币交易网站若再进行虚拟货币类中介服务，将被判处 5 年以下或 5000 万韩元的处罚。这一法令并未说虚拟货币无价值也并未禁止个人之间的虚拟货币交易，法令仅仅是禁止虚拟货币的中介服务行为。

2) 美国

作为引领科学技术发展的大国美国，虚拟货币问题早已经成为法律界和网络界非常关注的话题，特别是一款叫"第二人生"的网络游戏，开展了游戏中的虚拟货币与美元的双向兑换服务，这将虚拟货币问题推到了美国政府的面前。这款"第二人生"游戏是由林登实验室开发的，是一款模拟现实世界的游戏，给网络游戏玩家提供了类似现实社会中的各种生活，例如经商、娱乐、交友、置办产业等。更重要的是，这款游戏的开发商承认玩家对虚拟财产的所有权，允许游戏中流通的林登币与美元进行双向兑换，其兑换的汇率随着游戏玩家买卖的变化而变化。在比特币被取消之前，美国曾一度公开承认了比特币作为一种货币而流通的合法地位。在美国，司法部的"计算机犯罪和知识产权"网站和联邦调查局的"网络犯罪举报中心"都有虚拟经济管理的职能。

2. 我国网络虚拟货币现行法律文件

关于网络虚拟货币的专门法律，我国目前还没有，现行的主要是部门文件和规章制度。

(1) 2007 年 1 月 25 日，公安部、信息产业部、文化部、新闻出版总署发布了《关于规范网络游戏经营秩序查禁利用网络游戏赌博的通知》(公通字〔2007〕3 号)。该通知对于虚拟货币的规定主要是禁止网络游戏企业利用虚拟货币进行赌博或为赌博活动提供便利。通知规定：网络游戏服务单位不得收取或变相收取与游戏输赢相关的佣金；不得提供以虚拟货币等方式变相兑换现金、财物的服务或游戏积分交易、兑换服务；不得提供用户间赠与、转让等游戏积分转账服务等。该通知对虚拟货币问题做了一定的规定，主要是防止虚拟货币成为赌博的工具。

(2) 2007 年 2 月 15 日，文化部、国家工商行政管理总局、公安部、信息产业部、中国人民银行等十四部委发布了《关于进一步加强网吧及网络游戏管理工作的通知》(以下简称《通知》)。《通知》主要是针对网吧和网络游戏管理方面，对网络游戏虚拟货币也做了一定的规定。《通知》规定对网络游戏虚拟货币管理的主体是中国人民银行；对网络游戏经营单位发行虚拟货币的总量以及单个网络游戏消费者的购买额都要进行严格限制；网游企业发行的虚拟货币只能用于购买自身提供的网络游戏等虚拟产品和服务而不能用于购买实物产品；用户将网络游戏虚拟货币回赎为法定货币时回赎金额不得超过原购买金额。

(3) 2008 年 9 月 28 日，国家税务总局发布了《关于个人通过网络买卖虚拟货币取得收入征收个人所得税问题的批复》(国税函〔2008〕818 号)。该批复主要规定：个人通过网络收购虚拟货币而加价出售，如果取得了收入，则其收入属于所得税应税所得，应缴纳个人所得税。此外还规定了销售的虚拟货币的财产原值的计算方式。

(4) 2009 年 6 月 4 日，文化部、商务部发布了《关于加强网络游戏虚拟货币管理工作的通知》。与上面几个文件相比，该通知系统地规定了网络游戏虚拟货币相关问题。它主要包含以下内容：第一，对网络游戏虚拟货币做出了定义；第二，对网络游戏虚拟货币发行和交易的准入条件做出了规定，特别是对发展报告应包含的内容做出了详细规定，并且规定同一单位不得同时经营发行和交易两项服务；第三，详细规定了网络游戏虚拟货币的发行和交易行为规范。规定：网络游戏虚拟货币只能使用法定货币购买、仅限于兑换发行企业自身提供的虚拟服务；网络游戏运营企业要保障用户的合法权益，如计划终止其产品和服务，需提前 60 天予以公告；网络游戏虚拟货币交易服务企业应规定出售方用户实名注册并绑定银行账户；充值、交易记录保存应不少于 180 天；不得为未成年人提供交易服务等；第四，规定要加大对"私服""外挂"和利用网络游戏虚拟货币赌博的打击力度，规定了相应的处罚措施。

(5) 文化部出台了 2010 年 8 月 1 日起施行的《网络游戏管理暂行办法》。《网络游戏管理暂行办法》是对网络游戏相关问题做出系统规定的部门规章。相比于文化部、商务部《关于加强网络游戏虚拟货币管理工作的通知》，本办法关于网络游戏虚拟货币方面的规定变化不大，主要包括以下两点：①对从事网络游戏网上运营、网络游戏虚拟货币发行和网络游戏虚拟货币交易应当具备的条件做出了详细规定；②更加具体明确了网络游戏虚拟货币发行和交易的相关规定以及相关违法行为的处罚。

@ 8.3　网上银行和电子支付涉法问题

8.3.1　网上银行相关法律问题

1. 网上银行电子合同格式条款的表现形式

网络银行电子合同是由网络银行业务经营者事先拟订的，客户并不参与到订立合同事项中，有些合同内容明显不公平、不合理，直接造成合同双方当事人权利和义务的失衡。其主要表现在以下几个方面。

1) 责任不对等

以工商银行为例，工商银行《电子银行章程》中规定：由于网络银行用户未尽到风险防范义务，或其他非中国工商银行原因而导致的客户损失，中国工商银行不承担责任。该条款片面强调了用户的责任。银行通过制定格式条款，将自己放到了一个相对优势的地位上，也就是将其他非中国工商银行也非客户的原因导致客户损失的责任，转嫁到客户身上，相当于银行将责任一次性"打包"给用户，显然违背了公平交易原则。同时，由于司法诉讼坚持"谁主张，谁举证"的原则，在网银资金被盗时，用户举证自己在使用网银时已经尽到风险防范义务是很难的。

2) 提供信息义务的不对等

个人网上银行客户协议书上规定：甲方(申请网络银行服务的客户)办理网上银行注册、注销、变更手续，应保证提供的资料真实、准确、完整。对于甲方提供信息不真实或不完整所造成的损失由甲方承担。甲方在使用网上银行服务过程中，所提供的注册信息如有更改，应及时办理有关手续，办妥上述手续之前所产生的一切后果由甲方承担。此协议条款是义务不对等的条款，只规定了网络银行用户提供真实个人资料的义务，而没有规定网络银行对应提供必要真实信息的义务，有时在网络银行服务协议上根本找不到网络银行的地址、法定代表人、联系电话(非客服电话)等信息。

3) 滥用不可抗力条款

深圳发展银行网上银行服务章程第十五条规定：因不可抗力导致网银系统无法正常运行，银行不承担任何责任。中国民生银行网上银行个人客户服务协议第七章第二条：对于不可抗力(包括但不限于战争、自然灾害、电力供应中断、火灾、地震等)、意外事件或银行无法控制的其他情况所造成的损失，银行不承担责任。目前，各商业银行向客户提供的网络银行服务协议中最不公平的格式条款是不可抗力条款。大部分网络银行服务协议中都约定在遇到不可抗力时，银行如果没有执行客户的指令，可以不承担责任。《合同法》第一百一十七条规定：因不可抗力不能履行合同的，根据不可抗力的影响，部分或者全部免除责任，但法律另有规定的除外。对于网络银行而言，即使因不可抗力而发生无法完全履行合同义务，也不是必然的完全免责。

4) 限制网络银行用户变更合同过程中的协商权

上海浦东发展银行个人网上银行客户服务协议中规定：乙方(上海浦东发展银行)有权通过网站或营业网点公告形式变更个人网上银行业务的服务范围、章程及服务协议。《合同法》第七十七条规定合同的协议的条件为：①原已存在着有效的合同关系；②合同内容发生变化，如标的物数量的增减、标的物品质的改变等；③合同的变更须经当事人协商一致。在网络银行业务服务合同中，只有在当事人双方达成变更合同合意的情形下，网络银行业务经营者才能变更合同。而上述例子，银行是单方面地变更合同。根据《合同法》第八条的规定：依法成立的合同，对当事人具有法律约束力。当事人应当按照约定履行自己的义务，不得擅自变更或者解除合同。显然网络银行业务经营者无权单方面就合同有关内容做出修改。

5) 无视客户的隐私

交通银行个人网上银行服务协议第四条第五款规定：乙方(银行)有权因统计分析、银行管理及运营的目的使用甲方(客户)资料和账户交易资料，依法向有权机构提供相关资料，为执行交易指令向第三方提供必要的甲方资料。网络银行的保密性直接涉及客户的隐私问题。客户注册网上银行时必须向银行提供个人识别资料，包括客户个人资料、客户交易资料等。对客户信息保密是银行的一项重要职责。对客户机密数据的滥用或擅自披露会使银行面临法律与信誉风险。

2. 网上银行电子合同双方的权利和义务

1) 网上银行电子合同双方的权利义务

银行的权利则主要表现为收取一定的服务费用。银行的义务主要是根据客户的指令要求完成一定的行为，如划拨一定的资金，代为收费等。与传统银行业务相比较，网上银行业务中银行对客户义务的特殊之处有：①保证交易安全进行的义务。网上银行应采用合适的加密技术和措施，以确认网上银行业务用户身份和授权，保证网上交易数据传输的保密性和真实性。②如实告知的义务。网上银行业务技术性较强，网上银行应承担告知的义务，包括网上银行提供的服务内容、银行和客户的责任、系统安全措施、交易工具丢失及失灵的责任、错误程序的责任等。③信息保密的义务。网上银行在进行交易时，通过一定的技术程序可以看到客户的个人信息、交易信息和其他情况，这对客户的隐私权是极大的威胁，网上银行应负有相应的保密义务。

客户的权利主要是要求银行按其指令及事先约定的要求提供服务，并可因银行过错而遭受损失时向银行追偿。客户对网上银行的义务包括：①交纳费用的义务。客户在进行网上银行交易时，因网上银行的技术特点需要交纳与传统银行业务不同的费用，如协议费。②按照交易规则向银行发出交易指令的义务。客户办理网上银行业务应按照网上银行操作的规则进行交易，如直接登录网上银行的网站，而不应通过邮件或其他网站提供的链接登录。③保护个人信息的义务。客户应妥善保管自己的注册卡号、客户编号、密码及客户证书等交易信息，并凭借该交易信息进行交易。④交易存在故障时及时通知网上银行的义务。例如，客户证书在有效期内损毁、锁码、遗失，或密码被泄露、遗忘，客户应及时办理更换、解锁、挂失或密码重置手续。

2) 网上银行电子合同双方的合同责任

网络银行与客户间缔约过失责任。缔约过失责任是指缔约人故意或过失违反先合同义务时依法承担的民事责任。先合同义务，是指缔约人双方签订合同而互相接触磋商开始逐渐产生的注意义务，并非合同有效成立而产生的给付义务，包括互相协助、互相照顾、互相保护、互相通知、诚实信用等义务。网络银行与客户间缔约过失责任的构成要件为：①网上银行使用协议的缔约方违反先合同义务；②损害了未违反先合同义务的一方的权益；③先合同义务与损失间有因果关系，即缔约申请人受到的损失是网络银行一方违反上述先合同义务引起的。如果网络银行在缔约过程中没有过错或者因为不可抗力等而造成缔约申请人损失的，则不承担缔约过失责任。我国立法规定缔约过失的形式是损害赔偿。网络银行对缔约申请人信赖利益的损害赔偿，旨在使受损害的缔约申请人的利益恢复到未曾订立合同或者合同成立之前的状态。

3) 网上银行与客户的违约责任

网上银行电子合同的违约责任，是指网络银行电子合同双方当事人违反合同义务所应承担的民事责任。目前网络银行与客户违反合同义务产生纠纷的原因主要有：①银行业务网络遭黑客攻击；②操作系统自身不完善；③客户密码泄露；④客户自身操作失误等。

网络银行与客户间违约责任的归责原则。我国是以严格责任为一般原则，过错责任原则为特殊原则的归责原则。网络银行与客户的违约责任适用何种归责原则，关系到各方当事人利益的平衡和网上银行的长远发展。对于因客户密码泄露客户自身操作失误造成的违约，只要银行方面不存在过错，则不必承担客户的经济损失。对于操作系统自身不完善造成的违约，一般应认定银行存在过错，应由银行负损害赔偿责任。可见，以上三种情形下均适用过错责任原则。网上银行与客户间违约责任的构成要件包括违约行为和过错两个要件。

网上银行承担责任的形式可归纳为三种：①返还资金，支付利息。如果资金划拨未能及时完成，或者资金到位而未能及时通知网络交易客户，从而给客户造成损失，银行有义务返还客户资金，并支付从原定支付日到返还当日的利息，以弥补客户期限利益的损失。②赔偿汇率波动导致的损失。对于在国际贸易中，由于银行的过错造成的汇率损失，网络交易客户有权就此向银行提出索赔，而且可以在本应进行汇兑之日和实际汇兑之日选择对自己有利的汇率。③赔偿其他损失。对由于银行的过错而造成客户的其他损失，应当在可预见的范围内予以赔偿。

8.3.2 电子支付相关法律法规

1. 网银电子资金划拨的相关立法

1993 年，中国人民银行颁布了《信用卡业务管理暂行办法》，专门调整信用卡发行与使用过程中涉及的权利义务关系。至 1996 年 10 月中国人民银行废止了该办法，并于同月发布实施《信用卡业务管理办法》，但是随着银行卡业务的不断拓展，该办法也难以适应银行卡业务的发展，因此中国人民银行于 1999 年 3 月颁布了《银行卡业务管理办法》，它是我国最先颁布的有关调整消费性电子资金划拨关系的法规。该办法对消费者(持卡人)与金融机构之间的权利义务也做出了较为详细的规定，并对电子货币的定义做出了简要说明。2001 年 7 月中国人民银行颁布了《网上银行业务管理暂行办法》，对经营信用卡网上支付的商业银行的市场准入条件和风险管理做出了明确规定。2002 年 9 月颁布的《商业银行内部控制指引》中规定商业银行必须对银行卡的资金交易设置必要的监控措施，并明确银行卡持约商户必须服从商业银行有效管理的原则。2005 年中国人民银行发布了《电子支付指引》(第一号)，该指引指出银行应该提供安全程序以保障电子支付过程中资金的安全性，对电子支付过程中单笔支付金额加以限定，并对电子支付过程中的差错程度责任分配加以阐述。电子资金划拨是个技术性很强的领域，因此全国人大常委会于 2004 年 8 月通过了《电子签名法》(并于 2005 年 4 月实施)，原信息产业部也于 2005 年 2 月制定了《电子认证服务管理办法》(工业和信息化部于 2009 年 2 月重新制定了该办法，并于 2015 年 4 月修订)，对电子签名制度、电子认证制度加以规定，确认电子签名等同签字盖章的法律效力，填补了我国在这一领域立法的空白。2006 年 3 月 1 日实施的《电子银行业务管理办法》和《电子银行安全评指引》，由中国银行业监督管理委员会制定。其中的《电子银行业务管理办法》的立法宗旨中提到了保护客户和银行的利益，尽管其客户的定义包含商业性客户和个人两个方面，但是其法律条文的规定中也包含了对消费者权益的保护的内容。

我国在电子资金划拨立法中以单行法规范为主，在实践中随着立法技术的不断成熟，规范性法律文件的内容也不断丰富，虽然立法整体上缺乏一定的系统性，但是规范的内容更加全面化。

2. 第三方电子支付相关法律规范

1) 第三方电子支付的流程与模式设计

第三方支付的流程包括：①客户在电子商务网站上选购商品并决定购买，买卖双方在网上达成合意；②客户选择了由第三方支付机构作为交易中介，并将货款划拨至第三方支付平台上的账户；③第三方支付平台将客户已经付款的消息通知卖家，并提示其发货；④卖家收到通知后按照订单发货；⑤客户收到货物并验证后通知第三方支付平台；⑥第三方支付平台将其账户上的货款划拨至卖家的账户，交易完成。

第三方支付的服务模式主要包括支付通道模式和支付平台账户模式。①支付通道模式是指网上支付的电子信息必须通过支付网关进行处理后才能进入银行内部的支付结算系统，从而完成安全支付的授权。支付网关是互联网公用网络平台和银行内部的金融专用网络平台之间的安全接口。在这种服务模式下，支付平台只作为支付通道将客户发出的支付指令传递给银行，银行完成转账后再将信息传递给支付平台，支付平台将此信息通知商户并与商户进行账户结算。②支付平台模式是指用户须在支付平台开立一个以电子邮件为名称的虚拟账户，并可以对账户进行充值、使用该账户进行收付款，与活期存款功能类似。用户可以通过支付网关在银行账户转账结算完成收付款，也可以仅在支付平台的虚拟账户之间转账结算完成收付款。不论是转账结算还是参与交易，支付平台都以用户的虚拟账户为中间点，支付过程必须经过虚拟账户。

2) 第三方电子支付合同的法律性质

在第三方支付过程中，具体来说主要涉及以下几种合同：①买卖双方与银行之间的网上银行资金划拨合同，需在用户在银行柜台开通网银功能时签署；②买方和卖方之间的货物买卖合同或服务消费合同；③第三方支付平台分别和买卖双方签订的支付服务合同，即网上交易参与者在支付平台注册虚拟账户或者接受第三方支付服务之前，所接受的支付服务协议；④第三方支付平台与签约银行之间的金融服务合同，一般采用签署金融合作服务协议的形式。

在以上合同中，数个合同始终以交易双方的买卖合同为基础，其他合同的存立均依附于买卖合同的存立，但每个合同都是具备其完整性和独特性的独立合同。因此应该将第三方支付过程中涉及的合同定性为合同联立，在法律适用方面各个合同应当适用各自的合同规范。

3) 第三方电子支付中的法律关系

第三方电子支付中的参与主体主要包括买方、卖方、第三方支付机构和银行。

(1) 交易双方的权利义务关系：以交易双方之间的买卖合同关系为基础，形成合同法的债权债务关系，双方当事人各自享有相应的合同权利和合同义务，这是通过第三方支付平台进行的网络交易的基础法律关系。

(2) 第三方电子支付平台与交易双方的权利义务关系：①资金结算服务中的委托代理关系。在资金结算服务中，第三方支付机构既代理买方向卖方转移资金，同时又代理卖方接收来自买方的资金。②信用中介服务中的担保关系。当买卖合同生效后，买方先将货款划拨至第三方支付平台的虚拟账户，待确认收货后向第三方支付平台提示付款。但在收货前或者收货后发现货物不符合合同约定时，买方可以向第三方支付机构申请不予向卖方支付货款，并在审查属实后由第三方支付机构退款给买方。第三方支付机构在其服务过程中是通过对资金的临时掌控权来实现对买卖双方的担保作用。③虚拟账户服务中的保管合同关系。买方将资金转入第三方支付机构这一行为形成的是保管合同关系，在买方没有事先约定的情况下第三方支付机构无权使用也无权许可第三人使用该沉淀资金，沉淀资金的所有权始终归属于买方。

(3) 第三方电子支付平台与银行的权利义务关系：第三方支付机构与银行之间是一种服务合作关系。银行有权利拒绝第三方支付机构不符合金融服务协议的指令，与此同时承担着核实第三方支付平台账户真实性和按指令划拨款项的义务。第三方支付机构则有权利要求银行按照协议履行其业务，并与各银行相互配合完成资金结算支付业务。

(4) 交易双方与银行之间的权利义务关系：在电子商务中，银行卡使用协议和网上银行协议是银行和交易双方之间的权利义务关系确定的基础，交易双方都是银行用户。2005年10月中国人民银行颁布的《电子支付指引》(第一号)规范了银行在第三方支付中的权利义务关系，对银行的审查、风险管理、相应的安全管理制度做出了具体规定，以确保买卖双方的安全规范使用。

4) 第三方电子支付中的法律风险

(1) 未经授权支付的风险。第三方电子支付对计算机、互联网有着极强的依赖性，其安全性受到各种黑客、病毒、恶意代码的严峻考验。在第三方电子支付过程中，存在着用户支付密码、个人电子签名被假冒、伪造、盗窃等情况，支付行为可能在非真正用户授权的情况下做出，而第三方支付平台只能识别密码的原则，将导致用户利益严重受损。应该如何对所产生的责任进行合理的分配，不仅会对各参与方的利益产生影响，也将会成为影响第三方电子支付行业发展走向的决定性因素。

(2) 支付瑕疵的风险。支付瑕疵的风险是指由于第三方电子支付平台发生故障造成用户损失的情形。根据风险的具体来源，支付瑕疵可以分为以下几种情况：①由于第三方电子支付平台内部工作人员的疏忽大意而造成网上支付被中断或延迟；②由于第三方电子支付平台系统升级维护导致支付服务无法进行；③外在因素包括第三方原因以及不可抗力因素导致支付无法正常完成。以上所有因素造成的损失又该如何来分担，是第三方电子支付业务能否健康稳定发展的关键。

(3) 第三方电子支付中冗余资金沉淀的风险。第三方电子支付过程中，对支付命令的处理和实际的价款转入、转出并不是发生在同一个时间段内，因此形成沉淀资金。沉淀资金引发的主要法律风险是沉淀资金的所有权以及沉淀资金所产生孳息的归属问题。沉淀资金的出现，不仅可能使第三方电子支付平台获得额外的利息收入，而且给其挪用客户交易结算资金留下了一定法律风险隐患。

5) 国内外第三方电子支付的立法现状

(1) 美国的第三方电子支付立法。美国对第三方电子支付平台持鼓励创新的态度，实行动态的功能性监管，并认为第三方支付是传统货币服务的延伸，没有针对其制定专项的法律规范。美国监管的重点在于支付过程，而非支付机构。国家层面是由联邦存款保险公司(FDIC)作为法定机构，对其进行监管，并规定各州按照本州实际情况，根据《统一货币服务法案》制定各自的法律规范。

(2) 欧盟的第三方电子支付立法。欧盟的监管模式为机构监管，将第三方电子支付机构定义为金融机构。并规定，在从事第三方支付之前，应当先获得电子货币营业执照或者银行业营业执照。欧盟对支付机构监管的主要依据是2000年出台的《电子货币监管指令》。首先出台的《电子签名共同框架指令》，规定电子签名具有法律上的效力，并且效力范围遍及整个欧盟地区。《电子货币指令》与《电子货币机构指令》的出台，规定支付机构，应当先获得相关的营业执照方可从事对应的电子货币支付业务。

(3) 我国的第三方电子支付立法。2004年商务部出台的《电子签名法》规定，电子签名的效力等同于盖章、手写签名，从技术方面承认了电子交易的合法性，并为电子商务交易的纠纷提供了法律上认可的解决途径。2005年央行出台的《电子支付指引》(第一号)对电子支付进行了定义，主要起指引作用，没有第三方电子支付方面的规定。2010 年出台的《办法》以及配套的《实施细则》将第三方电子支付机构界定为非金融机构，由央行进行监管，并对市场准入、监督管理等方面进行了制度性规定。2013 年出台的《支付机构客户备付金存管办法》，对备付金的存管、账户管理等方面进行了规定。 2016 年 7 月 1 日施行的《非银行支付机构网络支付业务管理办法》对支付机构的客户管理、业务管理、风险管理以及客户权益保护等方面进行了规定。

6) 第三方电子支付风险责任的分配

(1) 未经授权支付的责任分配。在我国的第三方电子支付中，未经授权支付的责任应该由哪方来承担并没有明确的规定，这类责任往往是在第三电子支付平台所提供的格式合同即支付服务协议中转移到客户。

(2) 支付瑕疵的责任分配。对于支付瑕疵的风险责任，在我国的第三方电子支付行业，第三方电子支付平台在此问题上仍是以格式合同的形式来规避或减轻自身的违约或侵权责任。

(3) 第三方支付平台沉淀资金及其利息的归属。在《非金融机构支付管理办法》中，沉淀资金被定义为"客户备付金"，第二十四条明确规定：客户备付金不属于第三方支付机构所有，其所有权仍然属于用户。

@ 8.4　P2P 网络借贷相关法律规范

8.4.1　P2P 网络借贷平台的法律关系

1. 借款人与贷款人的法律关系

借款人与贷款人存在的基本法律关系是借款合同法律关系，根据《合同法》第一百九十六条的规定可知 P2P 网络借贷属于民间借贷，是民间借贷与网络结合的产物，在该基本法律关系中，存在着普通民间借款合同关系。由于 P2P 线上网络借贷存在的特殊环境，与普通的民间借贷行为存在一定的异同点。

(1) 贷款人提供借款的义务。普通民间借贷的借款合同中的借款均来自贷款人，与 P2P 线上网络借贷中资金筹集方式存在一定的差异。在 P2P 网络借贷中，借款人所发布的借款标的，均是由多个贷款人投标所得，当贷款人为借款标的投入资金时，同时资金所有权暂时转移给第三方支付平台，待所需借款标的满额后，借款资金才由第三方支付平台转移至借款人的账号中。因此，网络借贷的借款合同的成立可被认为是附条件履行合同，所附条件是借款标的在规定的期间内(通常为一周)能够满额，若规定时间内不能满额则造成流标，则借款合同未成立。

(2) 贷款人的保密义务。在普通民间借贷中，借贷双方通常是熟人，日常交往中存在一定的信用认知基础，贷款人仅对其所了解的借款人的商业秘密负有保密义务，不得泄露或者不正当使用。而在 P2P 线上网络借贷中，借款人通过身份证、学籍、户籍、工资证明等认证其还款能力，这些认证均是发生在 P2P 线上网络借贷平台的，贷款人给予贷款也是基于对网站提供的认证结果的信任，同时借款者也不会泄露其商业秘密。

(3) 借款人订立合同的告知义务。根据《合同法》第一百九十九条的规定可知借款人在订立合同前负有提供与借款合同相关的信息，包括借款人财务信息和业务活动信息，并且需保证这些信息的真实性，这是订立普通借款合同时的告知义务。在网络借款中这些告知义务也通过电子化的方式表现出来，如通过上传居住证明文件和收入证明文件、提供身份证明材料等。

(4) 借款人按照约定用途使用借款的义务。普通民间借贷和 P2P 线上网络借贷中的借款者均需按照约定用途使用资金，在后期监管方面两者存在不同。当发现借款者未按照约定用途使用资金，普通民间借贷可以采取停止发放贷款、提前收回贷款或者解除合同。但在 P2P 线上网络借贷中，网络的虚拟性，导致借款人身份信息存在模糊性，后期追讨问题也不同。

(5) 借款人支付本息的义务。P2P 线上网络借贷与普通借贷的相同点是当借款人未按期返还借款时均需承担支付逾期利息和罚息的义务。两者的不同点是：P2P 线上网络借贷的借款人负有每月按照规定摊付等额本息的义务，这是基于网络借款的特殊规定，是降低贷款人放贷风险的有力保障。

2. 借款人与中介平台的法律关系

中介平台与借款人构成居间服务合同关系，其促成借款关系成立所收取的服务费属于合理报酬。居间合同是指居间人为促成委托人与第三人之间的交易，而为双方提供订立合同机会或者为双方提供介绍活动，具体费用的承担则是按照委托人与居间人事先的约定来确定。一般居间合同与 P2P 线上网络借贷居间合同存在着异同点。

(1) 居间人提供媒介服务或报告订约机会。在普通居间合同中，居间人的主要义务是为委托人提供订约机会或缔约服务。网络借贷中，中介平台为借款人和贷款人提供网络交易平台，一方面借款人通过平台发布借款信息，另一方面贷款人通过浏览借款信息列表选择合适的借款人进行投标，其中中介平台仅起到提供平台供借贷双方达成合意，借款合同的成立关键在于借贷双方能否依据各自的真实意思而达成合意。因此，P2P 线上网络借贷中介平台负有报告订约机会的义务。

(2) 居间人的忠实义务和勤勉义务。在普通居间合同中，居间人应如实报告有关订立合同的事项和商业秘密，不得隐瞒重要事实或者提供虚假情况。而在 P2P 线上网络借贷中，中介平台同样应履行这种义务，由于网络环境的无纸化、数据化、开放化、虚拟化，履行义务需要运用现代计算机技术，主动做好平台的数据维护工作，保障借款交易安全。

(3) 居间人的保密义务和居间费用负担义务。普通借款合同中，居间人不得将委托人的姓名或者名称、商号等隐名事项告知他人。在 P2P 线上网络借贷中，借款人首先需要通过网站的实名认证和身份认证，才能发布借款标的，这些认证均是借款人的隐私，中介平台负有利用互联网安全技术保障客户隐私的义务。至于居间人促成合同的，居间人独自负担因居间事务而支出的必要费用，普通居间合同和 P2P 线上网络借贷居间合同并无差别。

(4) 委托人按照约定支付报酬和偿付必要费用的义务。普通居间合同中，费用的支付可以事先约定，在 P2P 线上网络借贷中，费用已在用户加入中介平台时就以格式条款的形式规定，属于中介平台单方意愿，中介平台享有依照约定收取一定比例的服务费的权利。

3. 贷款人与第三方支付平台的法律关系

第三方支付平台，是指利用互联网技术，为收付款人的资金转移提供服务的中介机构。在 P2P 线上网络借贷中，资金的流动往往是从贷款者流向第三方支付平台，最后再进入借款者的账户。在资金流向借款者前，资金暂且由第三方支付平台保管，待借款人发布的借款标的满额后，借款合同即告成立，此时资金才通过第三方支付平台转移给借款者。在此期间，第三方支付平台则与贷款人建立了临时的资金保管合同关系。但此种保管合同与普通保管合同存在一定的差异。

(1) 保管人的保管义务。在普通保管合同中，保管人应按照约定的保管场所和保管方法保管物品，且未经寄存人的同意，不得使用或者允许他人使用保管物品。且非经客户同意，不得以营利为目的向任何第三方泄露用户隐私或商业秘密。在 P2P 线上网络借贷中，由于保管物品的特殊性以及互联网的虚拟性，极易产生使用保管货币的行为。因此，在 P2P 线上网络借贷中第三方支付平台的保管义务表现在其不得以任何形式挪用资金，同时还负有维护交易平台设施和保障运行环境安全的义务。

(2) 保管人按照约定返还保管物及其孳息的义务。普通保管合同中，保管事务完成后，保管人将原物与孳息全部返还给寄存人，而在 P2P 线上网络借贷中，第三方中介平台仅是将本金转移给贷款人，同时对于保管过程中产生的利息归属也未规定和约定。

(3) 贷款人的主要义务。贷款人与中介平台的保管合同与普通保管合同相比，贷款人的义务除了按照第三方支付协议(如支付宝的《支付宝实名认证服务协议》以及《服务须知》)支付转账费用以外，不需要履行保管的告知和声明义务。

8.4.2 国外对 P2P 网络借贷的法律监管

1. 美国对 P2P 网络借贷的法律监管

1) 美国证监会的监管措施

美国将 P2P 发行的票据定义为证券，监管法律主要依据《证券法》。美国对 P2P 网络借贷实行的是多部门分头监管、州与联邦共同监管的管理架构，严格的监管方式对 P2P 行业的发展起到了很好的规范作用。得克萨斯州规定平台保证每一个借款人有能力偿还债务或者平台作为债券发行人担保每一笔贷款；俄亥俄州的法案要求 P2P 平台对借款需求的所有信息的真实性进行确认。自从证监会开始正式管理 P2P 行业后，P2P 行业的监管更加严格，信息披露的要求又进一步增加，高强度的披露要求使得行业门槛被大大提高，一些竞争者因此退出了美国市场。这种严格的监管带来了负面影响，比如严格的披露和注册的要求使得两大平台的金融创新被抑制。

2) 美国审计总署与消费者金融保护局的监管措施

《多德-弗兰克法案》确立了美国审计总署与消费者金融保护局的监管权。美国证监会对 P2P 网络借贷的严格，严重束缚了整个 P2P 行业的发展。而《多德-弗兰克法案》的通过成为缓解当前监管窘况的重要举措。美国的次贷危机使得美国当局清楚地认识到对银行等金融行业的监管需要更直接的监管者和更多元的监管体制。《多德-弗兰克法案》的提出并通过，赋予了美国审计署长官相应的权力，使其更好地了解并掌握 P2P 行业运行状

况，并对其做出监管措施。

《多德-弗兰克法案》第十章设立了专业性的部门化结构，主要作用是授予了 P2P 行业保护主体一定的权利。例如，《多德-弗兰克法案》第 989 节规定审计长在规定的日期之前可对信贷服务中介行业进行调查研究，对联邦管制结构做出最为有利的决策。美国审计总署据此发布了研究报告提出了两种不同形式的监管方案：一种方案是在保持现有监管格局的基础上，将对 P2P 公司的监管业务归属到每一个专业的机构部门；另一种方案是通过专门的立法，进行有针对性的监管，而非通过严格监管制度阻碍甚至扼杀 P2P 企业的活力。但是，这一调查报告仅存在于理论层面，美国各机构都没有做出实质性的行为对该行业的监管做出调整。

《多德-弗兰克法案》第十章还对相关管理化构的职权做了规定：消费者金融权利保护机构应当尽力对金融产品或服务进行监管和规制。此处的金融产品或服务概念包括 P2P 网络金融产品及服务，因此，P2P 公司的运营也需要受到消费者金融保护局的监管。然而，消费者金融保护局的出现加之美国证监会的监管，使得 P2P 行业的监管不但没有放松，反而加大了监管力度。

美国金融业的长期稳定发展得益于其成熟、规范、有效的监管制度，但对 P2P 这一新兴行业的监管过于严格，增加了 P2P 机构的监管成本。难以灵活运用其优势，严重影响整个 P2P 行业的发展。因此，美国需要对相关法律法规进行修订，放宽对 P2P 等此类新兴网络金融机构的监管。

2. 英国对 P2P 网络借贷的法律监管

1) 英国的金融行为监管局的宏观监管

英国政府监管部门对 P2P 借贷行使监管职能的明确时间相对较晚。在英国，具有审慎重要性的金融机构如银行、保险和某些投资公司，由审慎监管局(PRA)和金融行为监管局(FCA)进行双重监管，而其他所有金融机构由金融行为监管局单独监管。由于 P2P 行业并未达到审慎重要性的范围，因此，其监管机构是金融行为监管局。2014 年 4 月 1 日，《金融行为监管局对互联网众筹与其他媒体对未实现证券化的促进监管办法》正式实施，这是世界上第一部专门针对 P2P 行业的监管法案。此法案将众筹分为借贷性众筹(P2P 借贷)和股权投资型众筹两大类，并针对这两种众筹分别制定了不同的监管标准。

2) 英国 P2P 行业自律协会的微观监管

P2P 行业起源于英国，发展时间较长。英国政府虽然承认 P2P 行业的合法性，但没有制定相关法律予以制约，P2P 金融协会因此产生。2011 年 3 月，3 家领头 P2P 公司联合发起并成立了英国 P2P 金融协会(P2PFA)，英国政府要求 P2P 行业在遵守相关法律规则的同时，也要严格遵守 P2P 金融协会制定的规则。P2P 金融协会对会员平台的运营出台了一系列平台运营原则，包括高级人员管理、最低运营资本、客户资金隔离等方面。

P2P 金融协会(P2PFA)规则与金融行为监管局制定的规则相互补充，共同促进英国 P2P 行业的发展。两者的异同点如表 8.1 所示。

表 8.1 P2P 金融协会(P2PFA)规则和监管法案的异同点

项 目	P2P 金融协会规则	监管法案
高管人员	协会成员至少一名董事为 FCA 认可的代理人	未做出具体规定
最低运营资本金	资金能覆盖三个月的运营成本，且不低于 2 万英镑	采用静态资本和动态资本相结合的方式。2017 年 4 月 1 日前为 2 万英镑。此日之后，为 5 万英镑。动态依据平台借贷总金额按公式计算
客户资金	客户资金需存放银行账户	客户资金需存放银行账户
风险管理	审慎经营，确保借款人按时还款	未做出具体规定
反洗钱和反欺诈措施	遵守国家相关规定，建议加入反洗钱和反欺诈服务协会	未做出具体规定
安全和可靠的 IT 系统	应当建立安全可靠的 IT 系统	未做出具体规定
后悔权	未做出具体规定	投资者 14 天内可解除合同，但 P2P 平台中有二级市场，投资者可转让权益，不得解除
有序破产	平台倒闭后，合同能够有效管理。未做出具体规定	未做出具体规定
投诉管理	客户可向平台投诉，如不满意处理结果，可向 FOS 投诉	客户可向平台投诉，如不满意处理结果，可向 FOS 投诉
平台报告要求	未做出具体规定	平台定期向 FCA 提供运营、财务等报告
信息披露	平台应真实披露出借人的信息	平台需要向投资者披露平台及出借人的相关信息

3. 韩国对 P2P 网络借贷的法律监管

韩国金融行业的成熟程度和在计算机网络技术的发展程度与英国和美国有一定的差距，韩国对 P2P 网络借贷行业的监管主要是针对借贷中介进行的立法规制。韩国主管当局将通过网络开展信贷业务的 P2P 信贷公司和普通的电子中介服务公司视为同一性质的公司，通过网络中介电商的监管法律对 P2P 行业进行监管，相关法律包括韩国《电子商业基本法》《促进信息通信网络利用及信息保护法》《电信法》《公平显示广告法》《消费者权益保护法》及其他有关消费者权益保护的法律法规，其监管法律规定包括以下几个方面。

1) 着重保护信息安全

在以上的法律法规中，对 P2P 网贷公司最主要的监管法律是《电子商业基本法》。该法对交易环境安全和交易秘密安全做出了明确的要求和规定。例如，该法第十三条规定：

电子交易参与者在未经客户信息所有权人书面同意之前，不得擅自使用或者向第三方提供该信息。《电子商业基本法》规定为客户保密是网络借贷过程中 P2P 公司对客户承担的基本义务。2002 年，韩国专门制定了《电子商务交易消费者保护法》，强调对电子商务交易中消费者的保护，规定了通信销售中介的义务和责任，包括合理慎重经营义务和确保信息真实准确义务。

2) 韩国当局对 P2P 公司的其他支持

《电子商业基本法》第二十条第一款明确规定，为保障和促进电子商务的发展，政府应制定相关政策并付诸行动；《电子商业基本法》第二十一条规定：应该积极立法，在法律方面给予电子商务支持，新建、修订、撤销和分配与电子商务有关的行业标准，在原有标准的基础上，进一步研究和开发与电子商业有关标准，积极与国际行业交流学习，使国内标准与国际标准接轨及为电子商业的标准化服务的其他相关事项予以支持。《电子商业基本法》第二十七条给予电商税收优惠：国家或地方自治机构组织，可根据《税收例外限制法》《地方税法》及其他与税收有关的法律提供税收优惠，如税收豁免，以促进电子商务的发展。

3) 采取适当的禁止性规定

韩国针对 P2P 行业的立法比较保守，但没有过多地束缚 P2P 行业，在一些基本原则方面做出了禁止性规定。比如，《电子商务交易消费者保护法》在广告欺诈、要约撤回、纠纷解决、违约行为、信息骚扰、擅自使用消费者信息等方面对电商做出了禁止性规定。

8.4.3　我国现行法律对 P2P 网络借贷的监管

1. 我国现行基本法规对 P2P 网络借贷的监管

目前我国还没有专门针对 P2P 行业的相关监管法律，主要是通过与之有联系的相关监管法律进行规制。以下是目前分布在各部法律中的部分重要相关法律条文规定。

1) 民法领域的相关规定

根据运营模式及服务种类的不同，P2P 借贷过程会产生四种合同关系：居间合同关系、担保合同关系、保险合同关系和理财服务合同关系，这四种基本法律关系的相应规制条款在民法中都能体现。此外，针对传统贷款业务中的合同有效性、借贷利率的适用范围、保证担保效力等，民法中也早有规定，虽然不是专门针对网络借贷，但符合 P2P 行业运营中所包含的基础法律关系，客观上能够对 P2P 网络借贷起到规范作用。

2) 刑法领域的相关规定

刑法领域的规定主要是针对破坏金融管理秩序罪、网络诈骗和非法集资等与传统金融活动有密切关系的犯罪行为。例如，《刑法》第四章规定的破坏金融管理秩序的犯罪中，涉及第一百七十五条高利转贷罪，对 P2P 网络借贷中一方利用银行贷款利息与网络借贷收益之间的差价牟利的违法行为起到一定的监管作用；第一百七十六条非法吸收公众存款罪，对一些提供担保的 P2P 公司利用资金收支上的时间差形成实际上的吸收公众存款的情况加以规制。在实际业务开展中还会出现一方以非法目的骗取他人资金的，对这些情况刑法也有规定，按照《刑法》第二百六十六条的诈骗罪和一百九十二条的集资诈骗罪来处理。

3) 消费者权益保护法中的相关规定

P2P 网贷公司也是经营者，其行为对消费者有着直接或间接的影响。因此，《消费者权益保护法》中对经营者的规制和约束同样适用于 P2P 行业。比如，《消费者权益保护法》第三条对经营者提出了概括性的约束；《消费者权益保护法》第八条对消费者的知情权进行了保护；《消费者权益保护法》第四十三条对消费者的人身权利进行了保护性规定。

2. 我国非基本法律法规对 P2P 网络借贷的监管

目前针对 P2P 网络借贷的监管法律法规在全球范围内比较少，我国严重缺乏，国家层面的法律、行政法规还处于空白阶段，只有部分地区针对与这一新事物相类似的民间借贷的管理办法中提到了对网络借贷平台的规制问题，比如，2012 年 6 月 5 日鄂尔多斯市人民政府发布的《鄂尔多斯市规范民间借贷暂行办法》第三章第十五条第二款、第三款包括网络借贷平台的内容，对 P2P 网络借贷的性质进行了界定，即民间借贷网络平台不吸存、不放贷，在民间借贷活动中仅起中介作用，不承担保证责任。

3. 我国特有的政策对 P2P 网络借贷的监管

我国的法律实施过程中政策的作用是最迅速、最有效的。在 2011 年，银监会颁布了《中国银行业监督管理委员会办公厅关于人人贷有关风险提示的通知》，其中针对我国 P2P 机构的运作现状和我国金融行业的整体状况提示了七项风险。这项政策是专门针对 P2P 行业的约束性政策。政策的出台，社会各界对 P2P 网络借贷的关注度显著提高，关于如何监管 P2P 网络借贷公司的文章也层出不穷。这一通知有针对性地指出了 P2P 行业中存在的一些问题，并对解决这些问题提出了明确要求，对规范 P2P 行业秩序、促进 P2P 行业发展乃至保持整个金融业稳定发展是有积极作用的。

4. 行业协会协议监管

在行业协会规范层面，由于目前法律法规的缺失，行业协会必须制定一些适用于其内部成员的规则、规范。例如，中国小额信贷联盟制定的《个人对个人(P2P)小额信贷信息咨询服务机构行业自律公约》；上海市网络信贷服务业企业联盟于 2013 年 12 月 18 日发布的《上海市网络信贷服务业企业联盟网络借贷行业准入标准》。它是我国首个网贷行业准入标准，也为其他地区的同行们做出了榜样。

@ 8.5 众筹相关法律规范

8.5.1 众筹服务合同的种类

1. 公益性众筹服务合同与非公益性众筹服务合同

根据众筹的目的不同，可以将众筹服务合同划分为公益性众筹服务合同与非公益性众筹服务合同。

公益性众筹服务合同，是指众筹支持者提供捐赠资金，而没有任何形式的物质回报的，或没有任何回报的众筹形式。这种公益性众筹服务合同与普通的公益捐赠合同相比，

最显著的区别在于：①将捐助行为与众筹精神相结合，采取了众筹集资的设定时限与目标金额的形式，在募资成功后向支持者寄送象征性的纪念品；②发起公益性众筹的主体资格限制较为宽松，公益性众筹发起的主体不限于经过审批的机构团体，具有广泛性。

非公益性众筹服务合同，是指以某种形式的金钱或物品作为回报的众筹服务合同。根据具体内容的不同可分为股权型众筹服务合同、债权型众筹服务合同、物品买卖型众筹服务合同三类。股权型众筹服务合同是指众筹支持者通过与众筹发起者缔结一系列的合同进行出资，众筹成功后，以运营的收益的一部分作为回报向众筹支持者进行分配。债权型众筹服务合同是指众筹支持者所投入的资金作为对众筹发起人的债权，在约定时间内收回本金以及利息。物品买卖型众筹服务合同是指众筹支持者投入的资金用作生产或者出版产品，发起人将产品作为对众筹支持者的回报。

2. 普通型众筹服务合同与特殊型众筹服务合同

根据众筹服务网站是否提供众筹平台支持以外的额外服务为分类标准，可以将众筹服务合同分为普通型众筹服务合同与特殊型众筹服务合同。

普通型众筹服务合同主要是为众筹发起人发起众筹要约以及众筹支持者提供资金援助建立一个相互联系的平台。特殊型众筹服务合同，则是在普通型众筹服务合同的基础上，根据众筹发起人的需求，众筹服务网站提供的广告宣传，以及数据分析等额外的服务并收取相应的服务费用。特殊型众筹服务合同是基于当事人的自由选择，体现了合同自由的原则。

3. 人数确定的众筹服务合同与人数不确定的众筹服务合同

根据众筹服务合同一方当事人在众筹发起时是否确定，可以将众筹服务合同分为人数确定的众筹服务合同与人数不确定的众筹服务合同。

人数确定的众筹服务合同，是指为了完成某个目的，在众筹网站上发布项目内容以及筹集的资金总额。只有当参加人数确定后，才能确定每个人需要支付的金额，一旦确定则不能更改。这种形式的众筹以 Pay By Group 为代表。人数不确定的众筹服务合同是指在众筹成功前众筹支持者的人数不确定，并且在所设定的筹款时限内可以任意撤回的众筹服务合同。目前主要的众筹服务合同形式是人数不确定的众筹服务合同。

8.5.2　众筹服务合同相关纠纷

1. 与筹资相关的纠纷

1) 未能成功筹足资金时可能产生的纠纷

成功的众筹要受到规定时限以及足额筹资的影响，并且在筹资时限内众筹支持者可以无理由随时撤回出资，这就有可能导致众筹失败。如果众筹发起人已经为履行众筹服务合同做出了相应的准备，或者依赖众筹服务网站提供了增值服务，此种情形下众筹失败，筹资过程中所筹集到的资金会退至众筹支持者，那么众筹发起人所承受的经济损失，是否需要由众筹服务网站或者众筹支持者相应的损失分担成为难题。

此外，在筹资过程中，众筹发起人为了吸引支持者出资，有可能出现"刷支持量"的行为，这实质上是一种使用虚假手段误导众筹支持者的行为，使用这种手段，不仅仅对众筹支持者是一种欺骗，更会对众筹这一积极向上的筹资方式产生不利的影响。此种情形的杜绝，需要众筹服务网站在服务条款中予以明确，更重要的是众筹发起人遵守诚实守信的义务。

2) 已经成功筹足资金后可能产生的纠纷

众筹成功后，可能出现合同履行延迟的问题。众筹发起方，对于众筹项目产品的及时发出，以及相关的售后服务都是众筹发起人应当承担的义务，众筹制造新产品存在轻微瑕疵是在众筹支持者的容忍限度内，对于迟延发货，众筹发起人应当负有详尽说明义务。众筹成功后，还有可能出现合同不能依约履行的情形，可能是非出于合同当事人的故意造成的。此外，众筹发起人也面临被众筹支持者欺诈的风险。

2. 与产品相关的纠纷

1) 产品质量纠纷

为了吸引更多的众筹支持者的资金投入，众筹发起人往往想尽办法来包装自己的项目产品，项目介绍中的产品图片可能与真实的产品不相符或容易使众筹支持者对项目产品或服务的真实样态发生误解，当拿到产品或享受服务时，发现与预期不符。此种情形在网购或邮购中也会常常发生，依据《消费者权益保护法》，消费者可以依法定或约定的事由要求商品或服务的提供者采取退换、修补等补救措施。而众筹服务合同与普通的消费合同有所区别，众筹服务合同在订立之时，产品并未生产，生产产品的资金可能完全依靠众筹支持者的投入，因此要求此类发起人承担退换责任对于发起人是巨大的经济负担，此种纠纷的解决比较棘手。

2) 知识产权侵权纠纷

图书出版或者影像制作是在众筹网站上比较活跃的两种项目，与产品的开发相同，在众筹发起时也需要发布图书相关内容的介绍或者微电影的一段剪接视频，此环节中将涉及著作权的保护问题。在筹足资金作品发表之前，众筹发起人展现在项目简介中的思想很有可能被剽窃而抢先被发表，这样的情况发生后，先发表的作品的创作是不是根据众筹项目简介中的内容启发或者抄袭而来难以证明，由此造成的损失如何分担也难以处理。

8.5.3　众筹平台的运作模式及法律风险

我国的众筹平台可以分为四类：捐赠众筹、回报众筹、股权众筹和债权众筹。

1. 捐赠众筹及其法律风险

捐赠众筹是指投资者对项目或公司进行无偿捐赠，主要用于公益事业领域，捐赠众筹模式下支持者对某个项目的出资支持更多表现的是重在参与的属性或精神层面的收获，不会在乎自己的出资所带来的回报，他们的出资行为带有明显的捐赠和帮助的公益性质。目前，在实务操作中，捐赠众筹的法律风险主要来自两个方面：一是项目信息虚假，二是募集资金使用不透明。如果众筹平台没有尽勤勉的审查义务，致使部分虚假项目上线接受捐赠，甚至自行编造虚假项目接受捐赠，或者虽然项目真实但未将捐赠资金合理使用，则项目发起人可能涉嫌集资诈骗罪。

2. 回报众筹及其法律风险

回报众筹是指投资者对项目或公司进行投资，获得产品或服务，是众筹融资的初始形式，适合音乐、绘画、工艺品等艺术领域。相对而言，回报类众筹是法律风险最小的众筹模式。但是如果回报类众筹不能规范运作，使融资方有机可乘发布虚假信息，则可能触碰集资诈骗的刑事法律风险，若未达到刑事立案标准，则可能构成非法金融类行政违法行为。目前回报众筹最大的法律风险在于项目发起人不能或不能完全履约，这是由众筹项目本身的性质所决定的。在项目发起人和众筹投资人有明确约定的前提下，众筹投资人应自行承担该等风险，但如果项目发起人就项目本身造假，项目发起人可能涉嫌集资诈骗罪。

3. 股权众筹及其法律风险

股权众筹是指投资者对项目或公司进行投资，获得其一定比例的股权。一般至少经过三个阶段：①向平台提交项目，并通过平台的初步审核；②平台进行线上募资，有时也配合进行线下路演；③募资期结束，签署投资法律文件，汇划资金。股权类众筹是目前风险最大的一类众筹，其法律风险包括：非法吸收公众存款罪，集资诈骗罪和擅自发行股票、公司、企业债券罪。如果股权众筹项目本身存在虚假成分，则项目发起人可能涉嫌集资诈骗罪；如果项目发起人直接或间接地承诺给予投资人稳定或固定的回报，则可能涉嫌非法吸收公众存款罪。目前股权众筹平台及项目发起人最容易触犯的是擅自发行股票罪。

4. 债权众筹及其法律风险

债权众筹是指投资者对项目或公司进行投资，获得其一定比例的债权，未来获取利息收益并收回本金。债权类众筹表现的一般形式为 P2P 模式。债权众筹的流程是：①筹资者发布筹资需求后由平台审核信用资料，发布优秀融资项目；②投资者甄选符合自己投资意向的项目并投资，平台在筹资满额后放贷，寻求小贷公司担保，持续关注项目进展，监控风险；③筹资者收到贷款用于项目运行，到期偿还。债权众筹最可能触碰的刑事罪名是非法集资类犯罪，主要是非法吸收公众存款和集资诈骗。

8.5.4 国内外关于众筹的法律规制

1. 美国 JOBS 法案对众筹模式的规定

1) 众筹平台的注册

对于普通平台而言，JOBS 法案(《促进创业企业融资法案》)免除了小额众筹股权融资注册的要求。相比《1933 年证券法》，JOBS 法案对发行人发行证券增加了四点要求：①发行人出售给所有投资人的总额应不超过 100 万美元，包括该交易发生前 12 个月内依照本豁免规定累计出售的所有金额。②发行人出售给任一投资者的总额，包括该交易发生前 12 个月内依照本豁免规定累计出售的所有金额，应不超过 2000 美元，或该投资者年收入或资产净值的 5%，两项中的较大值，如果该投资者年收入或资产净值不超过 10 万美元；并且该投资者年收入或资产净值的 10%，最多不超过 10 万美元，如果该投资者年收入或资产净值达到或超过 10 万美元。③该交易通过符合第 4A(a)条款要求的证券经纪商或集资门户进行。④该发行人符合第 4A(b)条款的要求。

2) 平台的备案管理

在 JOBS 法案颁布之前，证券发行市场采用一套沿用已久的成熟制度。企业公开发行证券需要在 SEC(美国证券交易委员会)登记，进行严格的信息披露。非公开发行可以援引 D 条例免去注册要求。JOBS 法案在《1933 年证券法》第 18(c)条款结尾处增加：该法特指证券或交易完成后成为此类特指证券，不需要进行备案或交纳费用，除了不包括证券发行人的主营业地所在州，或者当地居民持有证券发行总额的 50%或以上的州的证券委员会(或任何具有相似职能的机构或部门)，州包括哥伦比亚特区和美国其他领土。

3) 平台的监管模式

在 JOBS 法案出台之前，美国证券法对于擅自公开发行和销售证券是严令禁止的，但是 JOBS 法案的出台明确允许满足以下条件的公众小额集资可以采用股权融资方式，以此分拆主体角色，分散和控制风险：①发行人主要是需要在 SEC(美国证券交易委员会)备案，募资额度不超过 100 万美元，并履行披露信息的义务等。②中介机构需要在 SEC(美国证券交易委员会)登记，并在 SRO(美国金融业监管局)登记注册，采取措施减少欺诈等。③年收入或其净资产小于等于 10 万美元的个人投资者，实施限定为 2000 美元或者年收入或净资产 5%；年收入或其净资产某项达到或超过 10 万美元的个人投资者，则限定为该年收入或净资产的 10%。

2. 国内对众筹服务合法化的限定

1) 对众筹发起人的要求

(1) 众筹发起人的资格。依据我国现行《证券法》的规定，向不特定对象发行证券或者向超过 200 人的特定对象发行证券的，必须经证监会核准并且通过证券交易所进行交易。由此，我国目前的法律框架下，由于主体资格不符合《证券法》规定，遂将股权众筹的模式排除在外。与股权众筹模式不同，物品回报型众筹中筹集到的资金具有价款、生产资金以及捐助多重性质。筹资主体的要求较股权型众筹更为宽松。但是，特定产品的生产者若根据法律、法规的规定，需要具备相应资质或许可的，在发起众筹时，则应当已经获得相应的许可，负责该特定产品生产者生产资质的审核。

(2) 众筹发起人行为限定。众筹发起人对于其发起的众筹项目，具有正当的权利。对于科技产品来说，众筹发起人应当具有权利人地位，如专利权人；书籍或者影视、音乐作品众筹的发起人，应当是作品的著作权人；若发起的是物品回报型的众筹，那么众筹发起人应当对回报物拥有物权。若以侵权之物发起众筹，则侵害了权利人的物权或知识产权，众筹发起人应当对真正的权利人负相应的民事责任甚至承担刑事责任。正在发起众筹的项目同样有被侵权的可能。那么作为众筹发起人，不得盗用他人的创造结果发起众筹。此外，众筹发起人行为限定还包括：众筹项目合法；众筹项目描述真实；众筹项目完成情况汇报实时；众筹发起人对瑕疵产品负有责任。

2) 对众筹服务网站的要求

(1) 众筹服务网站的资格。众筹服务网站在提供众筹服务的过程中，遇到的最严峻的法律问题，是众筹服务网站对众筹项目的筹资期间产生的沉淀资金管理的主体资格问题。

目前众筹服务平台的运作模式下，众筹支持者在交付援助资金后，资金支付的账户是众筹服务网站的银行账户或其在第三方支付平台上开立的账户。众筹服务平台在众筹过程中管理资金的行为，第一，主体资格方面，问题的主要争议焦点是众筹服务网站是否具有托管资金的主体的资格问题；第二，行为方式方面，众筹服务网站管理资金过程中，应当严格坚持众筹服务网站的中间地位，不得随意动用网站用户的资金；第三，行为规范方面，有观点认为，应当对于众筹服务网站的资金使用行为进行规范，并且希望通过立法层面明确资金使用的受益权问题。

(2) 众筹服务网站行为界定。包括：①明确提示众筹风险，众筹服务网站应当负有使众筹支持者注意众筹项目相关情况的义务，以免众筹参与者的利益因一方的疏忽而受到不利影响。②审慎审核众筹项目，众筹网一方，有义务核实发起人的真实信息以保证发起人的合法身份、主体资格、众筹项目描述的真实性、众筹项目的可操作性、众筹发起人的项目执行力等与合同履行密切相关的信息。③违约当事人信息披露，众筹服务平台有义务对违约一方当事人的真实信息披露的义务。④监督项目完成情况，众筹服务网站应当对发起人资金的使用情况以及众筹发起方合同履行情况进行监督，保障投资人的利益。⑤完善信息审核机制，若众筹项目具有较强的专业性或风险性，此时第三方信息审核机构介入审核，对于保障众筹支持者的利益更有必要。

@ 8.6 互联网证券相关法律规范

8.6.1 国内外券商互联网金融的主要模式

1. 国外证券行业互联网化的主要模式

美国的互联网证券的主要模式包括全能券商、折扣券商和嘉信模式三种类型。

1) 美林模式——全能型

美林证券来自美国纽约曼哈顿，是世界最著名的证券零售商和投资银行之一。从零售业务起家，且兼具机构和零售业务，是美国综合服务型投资顾问模式的标杆，主要定位于高净值客户。主要经济业务可分为两部分：①基于 FC 经纪人制度的高端业务，这类业务采取双高策略，即提供高价格和高品质的业务服务；②基于 MLDIRECT 的网上交易业务，该业务以高端业务为主，并开辟了网上经纪业务领域。

2) E-Trade 模式——网络经纪模式

E-Trade 公司，成立于 1982 年，起初是一家为券商提供高效和安全网络服务的技术公司，在 1992 年与美国在线和 CompuServe 合作，转型为向折扣经纪商提供在线投资的后台服务。经历了前期的客户积累后，在 1996 年通过开设自己的网站走向台前，直接提供线上证券交易服务。自此，E-Trade 公司发展为一家纯粹的网络经纪商，借助无物理营业厅的成本优势，向价格弹性较大的互联网客户提供经纪服务。受 2008 年金融危机的影响，公司业绩惨淡，得到 Citadel 对冲基金注资并出售加拿大业务后走出困境。现在 E-Trade 公司已经成为纯网络经纪商的典型代表。

3) 嘉信模式——"鼠标+水泥"

嘉信理财，创立于 1971 年，最初是一家小规模的传统证券经纪商。主要业务定位于中小客户，并逐渐向大客户和机构客户过渡服务，经历了从纯粹的低佣金吸引客户，到提供全方位的基金超市，然后发展到在线的证券交易经纪商，再到收购信托公司等，以及提供全方位的咨询服务产品发展历程。在 2000 年，嘉信采用无线接入技术，从而成为首家提供移动证券经纪业务的公司。嘉信还设立了专门提供咨询的 Learning Center 网站，是当时唯一提供此类内容的网站。同时公司注重发展线下业务，设立呼叫中心来帮助进行业务交易，通过线上、线下的融合给投资者更多的选择。

2. 国内互联网证券的主要模式

国内的互联网证券的主要模式包括自建电商平台模式、进驻第三方平台模式和独立第三方网站模式。

1) 自建电商平台

自建电商平台是提供全方位、多渠道、个性化的全面服务的技术平台。该平台是集交易、理财、服务、管理于一体的金融服务平台，可优化服务流程、整合服务资源、统一产品发布，实现对渠道、客户、服务产品、营销服务活动、过程控制的全面管理，深度挖掘客户行为数据实现精准营销。该模式投入产出较高，并且先发优势容易转化为品牌效应。其缺点是如果该电商平台缺少流量支撑，则效用无从谈起。在互联网上，要卖出东西首先要有用户，但是对于一个新平台来说，前期可能需要投入较多的营销费用，用以发展客户和提高流量。目前，中信证券、国泰君安、广发证券等证券公司已相继建成电商平台。

2) 进驻第三方平台模式

证券公司做互联网金融面临的主要问题是客户流量有限，品牌认知度比较低，进驻第三方电商平台，可利用电商平台庞大的客户群，吸引更多的投资者关注，了解公司优质的产品和服务，提升网上销售业务能力。此外，进驻第三方电商平台可拓展证券公司营销渠道，加速互联网与金融结合，全面打造金融超市一站式服务，进一步在产品、服务和客户渠道方面得到有效扩展和改善。但类似淘宝、腾讯等第三方电商的客户群体与证券公司的目标客户群体存在比较大的差异。证券公司金融产品的目标客户是有理财需求的较富裕人群，与一般的零售客户群体存在差异。

3) 独立第三方网站模式

独立第三方网站模式是指网上服务公司、资讯公司和软件系统开发商等负责开设网络站点，为客户提供资讯服务，证券公司则在后台为客户提供网上证券交易服务。目前国内典型的第三方网站有同花顺、大智慧、东方财富等。同花顺和多家证券公司之间建立合作，客户可通过股票开户功能完成开户，但其本身没有经营经纪业务的资格。如果需要证券交易，可以通过添加新的券商这一功能来实现；与同花顺不同，大智慧和东方财富通过收购证券公司获得全部证券的经营资格，本身具有经营经纪业务的资格。这种模式的优点在于技术优势和信息优势。缺点在于，证券服务的内容和专业水平要得到客户的认同需要一段时间；此外，类似同花顺的第三方网站，由于没有证券经营业务的资格，很容易被认作非法经营证券业务。

8.6.2　网络证券交易相关法律规范

1. 国外网络证券交易的法律监管

美国网络证券交易监管制度主要包括《命令处理规则》《采纳说明》《网络证券交易制度条例》这三个法律文件。它们通过一系列法律规定建立了美国的网络证券交易监管制度。

1)《命令处理规则》

为了维护证券市场的秩序，维持市场交易的公平，美国证券交易委员会于 1996 年出台了《命令处理规则》，该规则对当时的报价制度进行了革命。新的报价制度要求：当网络证券内部的交易价格低于同一时间证券交易市场的股票成交价格时，该价格必须在第一时间通过网络公开，公开地点可以为证券交易所也可以为纳斯达克市场，以让所有投资者获知，以平衡各投资者的利益。此"网上争取交易价格公开"的规定，减轻了证券交易市场的裂痕，消除了两个市场股票成交价格的差距，平衡了各方利益，维护了证券市场的和谐稳定发展，确立了网络证券交易系统的法律地位。

2)《采纳说明》

美国证券交易委员会于 1998 年出台了新的法律文件——《采纳说明》，这一新规定对传统证券交易制度有了革命性的突破。首先，传统交易所的内涵和外延都有所改变，交易所不仅是狭义上的现实交易场所，也包括网络交易的虚拟场所。其次，网络交易商被赋予交易场所的经营选择权，证券交易商可以选取一个现实的地点或者网络注册一个证券交易平台进行网络交易。以现实地点作为交易场所的证券交易所要受到美国证券交易委员会的监管，而选择网络虚拟交易平台作为交易场所不仅受到美国证券交易委员会的监管，同时也要受制于行业组织的规定。这一监管理念的创新，不仅解决了新旧证券交易制度的矛盾，维护了证券市场的和平稳定，同时也为证券市场上的监管注入了新的元素。

3)《网络证券交易制度条例》

1998 年，为了进一步规范网络证券交易的运作，美国证券交易委员会出台了《网络证券交易制度条例》，该条例专门对网络证券交易进行了规范管理，设置了一个更加系统全面的监管体制。该条例规定：成交量大于 20%的网络证券交易平台可以制定自己内部的管理规则来设置一个具体的标准，符合该标准的投资者均可进入该交易平台并获知该系统平台内部所有信息资料。交易量低于 20%的网络证券交易平台虽然无须制定市场准入标准，但是必须定时承担信息披露义务，即须及时申报交易记录。信息披露程度依据交易量不同，又有所区分。《网络证券交易制度条例》中关于市场准入和交易价格公开制度的规定有利于促进证券市场的公平竞争，增强市场的流动性，保护了投资者的利益，对有网络证券交易市场的发展方向进行了有效指引。

2. 我国对网络证券交易的相关立法

对网络证券交易的立法规制，主要由专门立法、相关的传统立法、行政法规、部门规章和国际条约等组成。目前我国还没有一部规范的专门立法来对网络证券交易进行规制，只是在《证券法》第一百一十一条中规定：投资者应当与证券公司签订证券交易委托协议，并在证券公司开立证券交易账户，以书面、电话以及其他方式，委托该证券公司代其买卖证券。这一"其他方式"的规定为网络证券交易提供了合法存在的空间。其他规定分散在一些法律、行政法规、部门规章和司法解释中。目前我国对网上交易的规章主要是证监会制定的《网上证券委托暂行管理办法》《证券公司网上委托业务核准程序》和《证券公司管理办法》。此外还有针对网络证券某种行为的规定，如对网络路演行为的《关于新股发行公司通过因特网进行公司推介的通知》，对新股发行时招股说明书进行规定的《上市公司新股发行管理办法》对上市公司信息披露进行规制的《上市公司信息披露管理办法》。

对于互联网这一新生事物，我国也没有系统化的法律规定，只是分散于各个法律法规的规定中，如对电子签名效力进行确认的《电子签名法》、对通过互联网提供信息服务活动进行规范的《因特网服务管理办法》、全国人大常委会制定的《关于维护互联网安全的决定》、国务院颁布的《中华人民共和国计算机信息系统安全保护条例》等。

3. 我国现行信息披露制度的法律规定

我国对于证券市场信息披露的法律规制已经初步形成了一个比较完整的体系，目前主要有《公司法》《证券法》《刑法》及《上市公司信息披露管理办法》《公开发行证券的公司信息披露内容与格式准则》等法律法规和部门规章。我国已初步形成了以《证券法》为主体，相关的行政法规、部门规章为补充的全方位、多层次的上市公司信息披露制度框架。信息披露制度主要涉及发行披露和持续披露两个环节。在发行信息披露环节，我国新《证券法》引入了预披露制度，要求首次公开发行股票的申请人预先披露申请发行上市的有关信息。这项制度的引入，拓宽了社会监督渠道，并且在防范发行人采取虚假手段骗取发行上市资格上将发挥重大的作用。在持续信息披露中，《证券法》第六十七条为上市公司设定了临时报告这一法定义务。该条规定与原证券法相比增加了临时公告的具体披露要求，使其更具有操作性。

我国新《证券法》第六十三条规定："发行人、上市公司依法披露的信息，必须真实、准确、完整，不得有虚假记载、误导性陈述或重大遗漏。"这条规定是对目前我国证券信息披露的原则性规定。可见，信息披露的标准主要包括真实性、充分性、及时性。真实性是指发行者公开的信息资料应当准确、真实，不得作虚假记载、误导或欺诈；充分性要求证券上市公司提供给投资人判断证券投资价值的相关资料必须全面，不得故意隐瞒或有重大遗漏；及时性则指上市公司向公众投资者公开的信息应当具有最新性，所公开的信息必须是上市公司的现实状况并且交付公开信息资料的时间不得超过法定期限。

2006 年 7 月，中国证监会发出《关于证券公司信息公示有关事项的通知》，要求所有的证券公司在年底实现信息公示的目标。在 2007 年证券公司已经全面实施了公开披露制度。

8.6.3　证券公司经纪业务相关法律规范

1. 证券经纪业务流程

1）开户委托

投资人在委托交易前，首先需要开设证券账户和资金账户。证券账户是投资者按照法律、法规和相关规定，在证券登记结算机构开立的用于记录投资者所持有的证券种类和数量及其权益的账户。资金账户是投资者在证券公司开立的用于记录资金变动情况和余额的专用账户。分为现金账户、投资计划账户和保证金账户，通常按照银行活期利率计息。

开立证券账户和资金委托账户之后，客户可以进行委托交易，委托书上写明以下内容：①投资者的证券账号和资金账号；②委托交易的方向；③委托买卖证券的名称及代码；④委托买卖证券的数量；⑤出价方式和价格幅度；⑥委托有效期。在委托有效期内，如果交易尚未达成，客户有权变更和撤销委托。

2) 授权交易

当投资者决定买卖证券时，可以电传指令、当面指令、电话指令等形式，向和自己形成委托合同的证券经纪商授权买卖证券。授权指令包括采用限价授权指令或者市价授权指令；限价授权指令是指证券经纪商在执行时须按限价或低于限价买进，按限价或高于限价卖出；市价授权指令是指不限定价格的、按照当时市场上可执行的最优报价成交。

证券经纪商接到委托指令后，将买卖申报的指令通过在交易所的电脑终端输入证券交易所的撮合主机。

3) 竞价成交

证券交易一般采用电脑集合竞价和连续竞价两种方式。集合竞价是指对一段时间内接受的买卖申报一次集中撮合的竞价方式，以"成交量最大"原则确定成交价格，所有成交以同一成交价格成交。集合竞价时间是上午九点十五至九点二十五；连续竞价是指在集合竞价之后，对投资者申报的委托进行逐笔连续撮合处理的过程，采用价格优先和时间优先的原则。连续竞价时间是上午九点半至十一点半和下午的一点至三点。竞价结果包括三种：全部成交、部分成交以及不成交。

4) 清算交割

证券交易成功后，交易双方需要对其交易的结果(应收应付的价款和证券)进行清算，计算应收应付的余额，并通过证券交易所进行交割证券与价款。清算包括两个阶段：①一级清算，各证券经纪商通过证券交易所的清算机构和证券登记结算机构，对同一证券的买卖数量和金额进行结算和撤销，仅就其差额进行交收；②二级清算，投资人与证券经纪商之间券、现交收。

清算完成后，证券经纪商应按规定和投资者办理资金交收和证券交割手续，即在事先约定的时间内对清算余额办理交接和转账。卖方交付价款，收到股票；卖方交出股票，收回现金；清算交割时证券交易全过程的结束。

2. 证券经纪活动中不同性质的合同

1) 委托合同

《证券法》第一百一十一条规定：投资者应当与证券公司签订证券交易委托协议，并在证券公司开立证券交易账户，以书面、电话以及其他方式，委托该证券公司代其买卖证券。一旦投资者在证券公司开设证券资金台账，该证券公司则成为投资者的受托人，投资者与证券公司通过一系列的格式合同构成了委托合同关系。

2) 证券托管合同

投资者所持有的用于交易的证券是证券托管合同的标的。证券托管是指投资者将持有的证券委托给证券公司保管，并由后者代为处理有关证券权益事务的行为。投资者在上交所或者深交所进行交易，需要将所持有的证券委托给证券公司保管和交易。《中国证券登记结算有限责任公司债券登记、托管与结算业务实施细则》规定：证券交易过程中，投资者委托证券经纪商对其证券资产或者相关权益进行管理的行为定位为托管合同。

3) 代理买卖合同

根据我国的证券交易规则，投资者进行证券交易，必须授权具有执业资格的证券经纪商代为办理。投资者向证券经纪商发出委托指令，证券经纪商通过其场内交易员将投资者的买卖指令输入计算机终端，最后由交易所主机撮合成交。证券经纪商在报单时，交易所主机会显示其交易席位代码和投资者的账户代码，证券经纪商在证券经纪的活动过程中其实就是充当了一个代理人的角色，交易的结果由投资者承担。

4) 代理结算合同

目前，我国的上交所和深交所都广泛采用法人结算制度，投资者不能直接与证券登记结算机构进行证券结算。证券结算分为两级，一级清算是证券登记结算机构与证券经纪商之间的结算；二级清算是证券经纪商与投资者之间进行券、现的结算。在证券结算过程中，证券结算登记机构、证券经纪商和投资者三方主体地位不同。证券登记结算机构担当的是证券经纪交易的组织者，对证券经纪交易中的给付做出中立性的表示；证券经纪商是证券交易所的会员，同时也是执行投资者指令的代理商；投资者是委托证券经纪商交易的市场主体。

3. 证券公司在经纪业务中的权利义务

证券公司在经纪业务中的权利包括：①客户选择权，在接受客户委托时，证券公司有权对客户情况进行审查，若不符合证券交易的能力或国家法律法规，则不予接受；②服务费要求权，根据行纪合同的规定，证券公司有按规定向客户收取服务费的权利，如交易佣金等；③账户管理权，证券公司依委托协议享有收取客户保证金并管理客户账户的权利。根据证券交易规则，当客户保证金不足时，证券公司有权通知客户追加保证金，当客户拒绝或不及时追加保证金时，证券公司有权停止交易，解除委托关系，或对保证金不足部分强制平仓；④拒绝委托权，证券公司有权拒绝接受不符合有关法律和规章制度规定的委托要求的权利；⑤资金留置权，对于违约或者损害经纪公司权益的客户，证券公司有权通过留置其资金、证券或司法途径要求其履约或赔偿。

证券公司在经纪业务中的义务包括：①认真与客户签订买卖证券的委托契约，即"开户"；②坚持了解客户原则，经纪商应认真审查委托人，对不符合法律规定的客户，不接受其委托；③证券公司必须忠实办理受托业务；④证券公司对委托人的一切委托事项负有严守秘密的义务，未经委托人许可严禁泄露。但答复主管机构与交易所查询者不在此范围内；⑤证券公司若接受委托，代客买卖证券，在成交时应制作买卖报告书交付委托人；⑥证券公司对委托人的委托买卖内容及交纳保证金和证券库存的变化必须有真实的凭证和翔实的记录。

4. 证券商经纪业务违规行为的表现形式

目前，我国证券商经纪业务领域存在的违规行为，主要表现为挪用客户资产、违背客户指令操作、违规接受客户委托等。

1) 挪用客户资产

证券商挪用客户资产行为是我国证券经纪业务领域最主要的一种违规形式。证券经纪业务是证券商接受客户(证券投资者)的委托，代理客户在二级市场上买卖有价证券的业务。证券经纪关系成立之初，证券投资者开立独立的资金账户(证券交易保证金账户)和证券账户，作为证券交易成交后清算交割的保证。2005 年《证券法》第七十九条、第一百三十九条规定：证券公司不得挪用客户账户上的证券交易保证金和证券。1998 年《证券法》出台后至今，我国证券监督管理主管机关多次以行政规章或者命令的形式，要求证券商为客户开立独立的资金账户和证券账户，并禁止证券商挪用客户的证券交易保证金和证券资产。尽管我国证券监督主管机关依法对证券商挪用客户资产的行为进行了严厉的处罚，但是时至今日，证券商挪用客户资产的行为屡禁不止。

2) 违背客户指令操作

根据 2005 年《证券法》第七十九条第一款和第一百四十一条第一款，证券公司及其从业人员应当根据委托书的内容代理买卖证券，不得从事违背客户的委托为其买卖证券的行为。证券商办理证券经纪业务，证券投资者与证券商签订了证券买卖委托书之后，双方之间就形成了一种行纪合同关系，证券商应该按照行纪合同约定的内容来履行义务，即按照客户在其中约定的条件或者方式来买卖证券，而不得违背客户指令操作。违背客户指令操作是侵害客户利益的欺诈行为，也是证券经纪业务中常常发生的违规行为。

3) 违规接受客户委托

根据 2005 年《证券法》第一百四十三条、一百四十四条、一百四十五条规定，证券公司办理经纪业务过程中不得接受全权委托、不得承诺损益、不得私下受理业务委托。然而，在实践中，证券商们为了追逐利润不择手段争夺客户资源，违规向客户承诺相应的保底收益率以及补偿损失，私下接受客户的委托买卖证券或者全权委托进行证券交易，这些违规行为都可能威胁着客户的合法权益，极可能给客户带来损失。

4) 其他证券经纪业务违规行为

除了上述三种比较典型也是比较常见的违规行为，还有一些违规行为。根据 2005 年《证券法》第七十九条第(二)、(四)、(五)、(六)、(七)款规定，在办理证券经纪业务的过程中，证券商还可能存在其他违背客户真实意思表示、损害客户利益的行为。证券经纪商还可能通过擅自或者假借客户的名义买卖证券、诱使客户进行不必要的证券买卖、利用虚假或者误导性的信息等方式，在违背投资者真实意思的情况下代理客户进行不必要的证券交易，以此来赚取佣金收入。证券商通过上述行为代理客户买卖证券是法律明文禁止的。

5. 我国证券公司经纪业务监管现状

我国证券商经纪业务监管法律体系是由相关的法律、行政法规和部门规章组成的，目前已经形成了比较全面的证券商经纪业务监管法律体系。我国现行的证券商经纪业务监管法律制度主要包括以下几个方面。

(1) 证券商经纪业务主体制度。主要包括证券经纪业务主体资格条件、组织形式、准入标准和退出等方面的规范，这部分法律制度主要以《中华人民共和国证券法》(1998 年通过，2004 年第 1 次修订，2005 年第 2 次修订)中的相关规定、《金融违法行为处罚办法》(1999 年 2 月发布)、《证券公司净资本计算规则》(2000 年 9 月颁布)为依据。

(2) 证券商公司治理和内部控制制度。主要包括我国证券商公司治理结构和内部控制制度方面的规范，相关的法律依据主要有：《证券法》中相关规定、《证券公司内控指引》(2001 年发布，2003 年 12 月修订)、《关于加强证券公司营业部内部控制若干措施的意见》(2003 年 12 月发布)、《证券公司治理准则(试行)》(2003 年 12 月发布)等。

(3) 证券商融资保障制度。主要包括可以采取的融资渠道以及每种渠道的具体标准、程序、方式等方面的规范，相关法律依据主要有：《证券法》中相关规定、《证券公司股票质押贷款管理办法》(2004 年修订发布)、《关于证券公司增资扩股有关问题的通知》(2001 年 11 月发布)、《证券公司短期融资券管理办法》(2004 年 10 月)、《关于证券公司借入次级债务有关问题的通知》(2005 年 12 月发布)等。

(4) 证券经纪业务客户资产管理制度。主要包括证券商开展证券经纪业务过程中，证券投资者提供的用于经纪业务交易结算的现金和证券等资产管理和保护规则，该部分制度的法律依据主要有：《证券法》中相关规定、《关于归还挪用客户交易结算资金方案初审工作的通知》(2000 年 3 月)、《客户交易结算资金管理办法》(2001 年 5 月发布)、《关于执行〈客户交易结算资金管理办法〉若干意见的通知》(2001 年 10 月发布)、《关于对证券公司结算备付金账户进行分户管理的通知》(2004 年 8 月发布)、《关于进一步加强证券公司客户交易结算资金监管的通知》(2004 年 10 月发布)等。

(5) 证券经纪业务规则。主要包括证券商从事证券经纪业务过程中应该遵守的操作规范，该部分法律制度的法律依据主要有：《证券法》中相关规定、《关于清理规范远程证券交易网点有关问题的通知》(1999 年发布)、《网上证券委托暂行管理办法》(2000 年 3 月发布)、《证券公司网上委托业务核准程序》(2000 年 4 月发布)、《关于加强证券服务部管理若干问题的通知》(2000 年 6 月发布)、《关于规范面向公众开展的证券投资咨询业务行为若干问题的通知》(2001 年 10 月发布)、《会员制证券投资咨询业务管理暂行规定》(2005 年 12 月发布)等。

(6) 证券经纪业务检查及违规处罚制度。主要包括证券经纪业务的监管主体制度、执法检查制度以及违规后的处罚规范等，相关法律依据主要有：《金融违法行为处罚办法》(1999 年 2 月发布)、《关于进一步加强证券公司监管的若干意见》(1999 年 3 月发布)、《中国证券监督管理委员会关于清理"存折炒股"业务有关问题的通知》(1999 年 11 月发布)、《证券公司检查办法》(2000 年 12 月发布)、《证券公司管理办法》(2001 年 12 月 28 日颁布)、《创新试点类证券公司客户资金独立存管试行标准》(2004 年 9 月发布)、《关于推动证券公司进行规范创新试点工作的通知》(2004 年 10 月)、《中国证券监督管理委员会关于规范类证券公司评审和监管相关问题的通知》(2005 年 4 月发布)、《国务院办公厅转发证监会关于证券公司综合治理工作方案的通知》(2005 年 7 月发布)、《关于推动证券公司自查整改、合规经营和创新发展的通知》(2005 年发布)等。

8.6.4　机器人投顾相关法律规范

1. 机器人投顾概述

机器人投顾(注：投顾即投资顾问)的概念最早于 2012 年前后出现在美国，主要是指客户提供基于算法的在线投资顾问和资产管理服务。区别于人工投顾模式，机器人投顾无须人工参与的情况下，为客户提供与人工投顾一样的服务内容，包括：投资咨询建议、投资

分析报告、资产类别选择、投资组合选择、交易执行以及风险管理等。

机器人投顾按照主要服务功能，可以分为咨询建议型、资产配置型和资产管理型三个类别。咨询建议型主要是向客户提供一些证券分析和投资咨询建议。这类机器人主要用在投资范围是非标类资产，以及包含诸如税收优化、养老金规划等的场景。它不能接受客户委托进行交易执行以及具有实时特征性质的估值定价、风险管理等服务。资产配置型主要以标准类资产，即在交易所交易的股票、债券、ETF、基金以及期货衍生产品为投资标的，接受客户部分或全权委托。这类机器人投顾主要是应用在投资范围是标准类资产的场景。主要功能包括：资产类别选择、投资组合选择、交易执行以及风险管理。它不拥有独立的客户账户体系，客户的账户体系都由第三方管理和资金托管。

很多大型资产管理公司、商业银行由于不仅具备独立的客户账户体系，同时也有很强的资产配置手段和工具，因此通常能够同时为客户提供上述两种类型的投顾服务，我们称为"资产管理型"的机器人投顾。

2. 我国对机器人投顾的主要合规性要求

我国的《证券账户管理业务规则》(意见稿)中的监管措施对于机器人投顾业务比较实用。本书以资配易公司的机器人投顾业务为例，说明机器人投顾应该如何满足主要的合规性要求。

(1) 客户适当性要求。每一个新用户要想使用资配易的服务，首先需要进行问卷调查以及从专业机构提供的测试题。了解客户，并对客户的各个方面进行评估后，系统进行风险承担能力的评价。满足条件的客户才会被接受使用相应的服务。客户使用服务后，适应性跟踪系统会不断记录用户的行为、盈亏情况，并基于用户的行为数据持续评价客户。并以此作为提高服务的参考依据。机器学习系统是根据客户的投资目标、风险偏好以及风险承担能力，来制定相应的投资策略的。每一个投资策略包括具体的投资方案以及投资组合、风险管理规则、投资限制等，在客户确认并同意后形成文档并进行保存。

(2) 账户规范与安全。作为风险管理的重要手段，平仓止损线及再授权制度都以非常明确的文字向客户说明。并详细约定了在什么情况下，执行平仓止损操作以及再授权的投资权限。客户同意设置止损线后，智能交易代理会不间断地择时，保证止损操作得到切实执行。经客户同意设置再授权制度的，客户账户资产累计亏损占委托资产比例超过一定数额的应当最迟于当日收市结算后半个小时内通知客户，并再次获得客户授权方可继续进行账户代理操作。

(3) 信息披露。按与客户协议约定，不定期和定期向客户发送账户信息，包括配置状况、净值变动、交易记录等情况。客户可以通过手机 App、Web 以及邮件随时获取信息。做到操作透明、数据透明、信息透明和可追溯的三位一体的信息披露体系。

(4) 防火墙和隔离制度。每一个客户的机器人投顾都是独立的。机器人之间没有任何的信息、数据交换。同时，每个客户的数据都是采用公钥、私钥加密方式进行加密。只有在得到客户授权的情况下，才能获得数据。

(5) 交易执行。交易执行主要由智能交易代理负责。每个客户的智能交易代理都会根据各自独立的账户资产状态、证券组合、择时信号，选择最佳买卖执行价格，满足对客户有利原则。所有的智能交易代理都是并发、同步运行，以确保公平对待不同客户的交易。智能交易代理严格执行各自独立的投资策略、风险管理规则，因此，只有在触发某些风险管理操作时，才执行交易，不会盲目的过度交易。

(6) 留痕管理。资配易公司建立了一个存储设施，并采用分布式存储技术、三重备份机制确保所有的数据都会记录下来。

@ 8.7　互联网基金销售相关法律规范

8.7.1　互联网基金销售概述

1. 基金的界定

基金是一种集合理财方式，基金公司通过发售基金份额，投资者购买基金份额后，投资者分散的资金就会集中起来形成独立财产，由基金公司交给基金托管人进行托管。按照投资领域的不同，基金可分为产业投资基金和证券投资基金，其中证券投资基金主要的投资方向是证券市场，如股票、债券、金融衍生品等金融产品。根据运作方式的不同，证券投资基金可分为封闭式证券投资基金和开放式证券投资基金。封闭式证券投资基金是指在基金合同期限内基金的总份额保持固定不变，基金份额持有人不能申请赎回的一种基金运作模式。在我国证券市场上，开放式证券投资基金占主导地位，开放式证券投资基金是指在基金合同期限内基金的总份额不固定，基金份额持有人可以在基金合同约定的条件下申请赎回的一种基金运作模式。目前从各种创新模式来看，互联网基金销售的主要是货币市场基金。

2. 互联网基金销售的界定

互联网基金销售，是指基金销售机构通过互联网进行销售基金的活动，包括在互联网上发售基金份额，办理基金份额申购、赎回，基金宣传推介等。基金销售机构可以通过自建网络平台进行销售，或者与互联网平台合作进行基金销售。基金销售机构通过自建网络平台销售基金，销售基金的行为与传统柜台销售一致，都仅涉及基金销售机构，监管的对象都是基金管理公司或是基金代销机构，两者目前都已纳入较完善的监管，而与互联网平台合作销售基金的方式兴起不久，由于互联网平台的加入，引发了一系列新的问题，在监管方面仍然有很多不足之处，本书将主要以余额宝为例进行介绍。

8.7.2　案例分析

1. 余额宝业务的性质

余额宝是支付宝和天弘基金管理公司联合推出的一项理财服务。支付宝负责提供客源、客户资金以及购买账户和购买渠道，天弘基金管理公司负责用支付宝提供的资金为客户进行天弘增利宝货币市场基金的管理，包括基金份额申购、赎回、计算红利以及信息公布等，即进行货币基金的全面管理。在支付宝官方界面，可以看到官方宣称余额宝是支付宝为淘宝客户提供的一种余额增值服务。而在推出余额宝业务的宣传期间，天弘基金和支

付宝又将此次合作定义为"直销"，并且支付宝的官方界面，也将这一形式认定为直销。

基金直销一般是通过基金公司或者基金公司网站买卖基金，申购和赎回直接在基金公司网站进行。此前外界预期天弘与阿里的合作模式会是"基金公司入驻淘宝，在淘宝的理财平台上销售基金，用户利用支付宝支付"，而从目前的情况来看，事实与这种直销模式相差甚远。支付宝、天弘与投资人的法律关系中，与投资者签订基金认购合同的另一方主体是支付宝公司，而非天弘基金管理公司，但投资者购买的天弘增利宝这一基金产品既非支付宝公司开发和管理，也非淘宝网(含天猫)店铺所售商品。相反，开发、管理、销售这一基金产品的却是天弘基金管理公司。

这项业务并不是支付宝官方宣称的单纯的增值服务或者天弘基金管理公司的基金直销，支付宝并非只是作为一个支付工具而存在，而是作为一个基金的销售(代销)平台。

2. 余额宝业务可能存在的问题

1) 余额宝业务中的基金销售资格问题

从基金销售方面看，我国基金销售的主体必须具备基金销售牌照。《证券投资基金销售管理办法》第八条规定：只有基金管理人及其他经中国证监会规定的机构可以向证监会申请基金销售业务的资格。《证券投资基金销售管理办法》第二十六条规定：从事基金销售支付结算业务的支付机构应当取得中国人民银行颁发的《支付业务许可证》。因此，证监会是将第三方支付机构置于支付而非销售地位，作为支付机构的支付宝只有基金销售的支付结算业务资格。按照《证券投资基金销售管理办法》第九条的规定，在政策的严格监管下，作为支付企业的支付宝无法具备办理基金发售、申购和赎回等业务的技术设施，也不可能有评价基金投资人风险承受能力等要求的方法体系。因此，目前支付宝也不具备证监会所要求的基金销售的硬性指标。

2) 余额宝面临的法律监管问题

(1) 客户备付金和风险准备金问题。为了更好地保障电子交易各方的合法权益，促进支付行业稳定健康地发展，中国人民银行先后出台了《非金融机构支付服务管理办法》和《支付机构客户备付金存管办法》等。《支付机构客户备付金存管办法》第二十五条和二十九条规定：支付机构每月及每季都应该按照相应比例计提备付金的风险准备金。《非金融机构支付服务管理办法》第三十条规定：支付机构的实缴货币资本与客户备付金日均余额的比例，不得低于 10%。作为拥有我国支付市场半壁江山的支付宝而言，其备付金数额庞大，存放在备付金银行的保证金也增多。一方面有利于央行对支付市场的合理监管，另一方面是对当事人的一种强有力的保障。然而，余额宝一出，大部分的支付宝客户都将资金划拨到了余额宝，留在支付宝账户里的资金迅速缩减，从而使得存放在备付金银行的保证金急剧下降。支付宝此举可能意在通过合法的手段规避央行对于客户备付金和风险准备金的监管。

(2) 监管主体问题。目前，我国实行的是金融分业经营和分业监管机制，银监会负责对银行业金融机构的统一监管，证监会对全国证券基金投资市场实行集中统一的监督管理，而保险业和保险市场则由保监会负责监管。《证券投资基金销售结算资金管理暂行规定》第三条规定：证监会及其派出机构依法对基金销售机构、基金销售支付结算机构、基金注册登记机构、基金托管银行等与基金销售结算资金相关的经营活动实施监督管理。因此，证券基金业的相关活动应当由国务院证券监督管理机构统一监管。《非金融机构支付服务管理办法》第三条二十款规定：第三方支付机构的监管机构为中国人民银行。余额宝的操作涉及支付宝和天弘基金管理公司。央行负责监管支付宝，无法监管天弘基金管理公司；证监会负责监管天弘基金管理公司，对支付宝无从监管。因此，余额宝的监管问题是主管部门思考的又一个问题。

(3) 备案相关问题。证监会在 2013 年 6 月 23 日的发布会上表示，支付宝推出的"余额宝"服务违反了相关规定：余额宝业务中有部分基金销售支付结算账户信息未向监管部门备案，要求在规定期限内完成备案，否则将进行调查处罚。支付宝需要提交与监管银行签署的协议。因为根据监管要求，基金销售行为必须得到银行监管，以保护投资者的利益。2014 年 3 月 4 日，全国政协副主席、中国人民银行行长周小川表示不会取缔余额宝，对余额宝等金融业务的监管政策会更加完善。证监会和央行方面的态度表明，备受争议的余额宝不会被取缔，但并不意味着余额宝完全符合监管要求，相信日后对余额宝的监管措施会逐渐明朗。

3) 投资人可能遭遇的投资风险及权益保障问题

(1) 投资人可能遭遇的投资风险及余额宝的风险提示问题。余额宝业务主要是通过将支付宝钱包里的资金用于购买天弘增利宝货币市场基金，其风险主要来源于以下几个方面：①网络交易的不安全性导致的支付风险。网络交易的安全性一直以来都是社会关注的焦点，由于互联网技术本身的特点及缺陷，用户不可避免地会遭遇到交易失败、资料外泄、钓鱼网站、黑客攻击等问题。第三方支付不需要完成实名制认证即可购买和支付，资金的来源和去向很难辨别，难免会引起违规套现、偷税漏税等一系列的违法犯罪活动。②货币市场基金"天弘增利宝"的投资风险，与其他类型的基金相比，具有风险低、流动性好的特点，比较适合风险厌恶型的投资者。虽然这种风险发生的概率较低，但如果货币市场疲软，货币性基金收益也会下降，甚至赔本，作为一种非保本型的理财，其与银行定存这种保本的投资方式有着本质区别。

(2) 余额宝投资人的权益保护问题。第一，责任人(索赔主体)的确定。支付宝和天弘基金管理公司的格式条款使得投资人维权难度大。例如，支付宝方面的《余额宝服务协议》有如下规定："对非本公司原因引起的一切风险、责任、损失、费用等应由投资者自行承担。本公司亦无义务参与理财产品协议交易资金划转及支付环节之外的任何赔偿、纠纷处理等活动。"天弘基金管理公司制定的《天弘基金管理有限公司网上交易直销式自助前台服务协议》规定："如因支付宝或者对应银行系统故障、系统升级，或投资者支付宝账户已销户、账户状态不正常(挂失、冻结)，或天弘基金合作的划款银行或者支付机构暂停服务，或自然灾害等不可抗力事件，或其他不可预见的非常情况，或网络、通信故障等非天弘基金原因导致过户份额对应的款项无法按期向投资者划付的，天弘基金不承担任何责任。"第二，网络交易证据难以收集，投资人维权处于被动。余额宝交易中，资金如何划转和运作投资人都无从了解，只能通过支付宝或者天弘的网站查看账户余额、收益情况、基金势头等信息，而这种信息投资人是无法掌握的，如果发生了不合理的风险，投资人将难以搜集这种虚拟的网络证据。

8.7.3　互联网基金销售监管的立法现状

1. 我国互联网基金销售的规范体系

在基金销售方面，第十届全国人大常委会第五次会议于 2003 年 10 月 28 日通过了《证券投资基金法》，第十一届全国人大常委会第三十次会议于 2012 年 12 月 28 日对其进行了修订(第十二届全国人大常委会第十四次会议于 2015 年 4 月 24 日对其进行了修正)。《证券投资基金法》对基金销售机构、基金销售支付机构进行了大致规范。2004 年 6 月 25 日证监会发布了《证券投资基金销售管理办法》，该办法从基金代销机构的准入、基金宣传推介材料的制作、基金销售费用的确定、基金销售业务的规范等角度对基金销售活动进行了全面的监管。随着基金市场的迅速发展，基金销售机构、基金销售人员、基金投资人的队伍逐步壮大，基金销售业务创新不断涌现，办法中的部分内容已不能适应市场发展的现状，亟须予以调整。2011 年 6 月 9 日，证监会对《证券投资基金销售管理办法》进行了修订，从法律上保证了基金销售结算资金为客户资产；调整了基金销售机构准入资格条件，降低了非专业条件，提高了专业条件；规范了基金销售支付结算；完善了基金宣传推介等内容，更好地对基金销售进行监管。2013 年 3 月 15 日，证监会发布《证券投资基金销售机构通过第三方电子商务平台开展业务管理暂行规定》，进一步拓宽了基金的销售渠道，保障基金销售机构在第三方电子商务平台上基金销售活动的安全有序开展。第三方电子商务平台主要提供基金销售的辅助服务，该规定对第三方电子商务平台的申请资格、制度设计、管理人员、信息技术系统、赔偿责任、披露义务、销售适用性、个人信息安全、资金安全等做了规定。

在互联网平台方面，余额宝模式中的互联网平台为支付宝，支付宝作为第三方支付机构，中国人民银行于 2010 年 6 月 14 日和 12 月 1 日公布了《非金融机构支付服务管理办法》及其实施细则，2013 年 6 月 7 日中国人民银行公布了《支付机构客户备付金存管办法》，对第三方支付机构的市场准入、业务规范做出了详细的规定。另外，鉴于基金销售支付结算的一些业务特性，证监会作为基金销售业务的主要监管部门，于 2011 年 9 月 23 日发布了《证券投资基金销售结算资金管理暂行规定》，向从事该业务的第三方支付机构提出了资金外部监督、基金销售结算专用账户备案等业务监管要求。目前支付宝已向证监会提交了资金外部监督协议、基金销售结算专用账户等备案材料，证监会按照有关规定进行备案材料的核查。

2. 基金销售的适用性原则

(1) 投资人利益优先原则。当公司或基金销售人员的利益与基金投资人的利益发生冲突时，应当优先保障基金投资人的利益。

(2) 全面性原则。公司将基金销售适用性作为内部控制的重要组成部分，将基金销售适用性贯穿于基金销售的各个业务环节，对基金管理人或产品发起人、基金产品或基金相关产品和基金投资人都要了解并做出全面的评价。

(3) 客观性原则。建立科学合理的方法，设置必要的标准和流程，保证基金销售适用性的实施。对基金管理人、基金产品和基金投资人的调查和评价，做到客观准确，并作为基金销售人员向基金投资人推介合适基金产品的重要依据。

(4) 及时性原则。根据实际情况及时更新基金产品的风险评价和基金投资人的风险承受能力。

3. 基金信息披露的监管框架

我国的基金信息披露制度体系分为国家法律、部门规章、规范性文件与自律性规则四个层次。我国法律对基金信息披露的规范主要体现在 2004 年 6 月 1 日起施行的《证券投资基金法》中。基金信息披露的部门规章主要体现在 2004 年 7 月 1 日起施行的《证券投资基金信息披露管理办法》中。基金信息披露的规范性文件分为三类：基金信息披露内容和格式准则、基金信息披露编报规则、基金信息披露 XBRL 模板和相关标引规范(Taxonomy)。

基金信息披露主要包括募集信息披露、运作信息披露和临时信息披露。基金管理人、基金托管人是基金信息披露的主要义务人。在基金募集信息披露中，基金合同、基金招募说明书和基金托管协议是三大法律文件；基金运作信息披露包括：基金净值公告、基金季度报告、基金半年度报告、基金年度报告和基金上市交易公告书；基金临时信息披露包括：关于基金信息披露的重大性标准、基金临时报告、基金澄清报告。

@ 8.8 互联网保险相关法律规范

8.8.1 我国互联网保险的商业模式

1. 官方网站模式

传统保险公司的官网模式是这几种模式中出现最早的，也是各大保险公司最早所采用的模式。官方网站模式是指传统保险公司通过自己建立的官网来展现自身品牌、保险产品信息、保险产品销售和提供在线咨询和服务等。公司如果选择通过官方网站模式开展互联网保险业务，需要有足够多的客户，并且这些客户能经常关注公司的官网。因此大多数有实力的保险企业会选择此种模式。在我国互联网保险发展进程中，2000 年是具有里程碑意义的一年。平安保险、太平洋保险、泰康人寿相继成立官方网站作为直销平台，开始了企业官方网站的品牌宣传和资讯传播。随着互联网的快速发展，建立官方网站并进行网上展业已经不存在技术难题，因此几乎每家保险公司都建立了官方网站。

2. 第三方电商平台模式

第三方电子商务平台的模式指的是保险公司与第三方电子商务公司合作，在第三方电子商务公司的网站上开展保险业务。第三方电商平台包括两类：一类是综合电商平台，包括淘宝网、苏宁易购、京东网、腾讯网、新浪网等；另一类是保险中介电商平台，主要由保险专业中介机构(包括保险经纪公司、保险代理公司等)建立网络保险平台，目前有优保网、慧泽网、中民保险网等。这个平台的网站并不是保险公司的网站，而是保险公司技术服务的提供者，它可以为保险公司及中介等相关机构和个人共用，可以为多数保险公司提供网上交易及清算服务。公司借助第三方平台开展互联网保险业务，大多数暂时没有大量的客户关注度，因而只能先通过该平台来展示和销售自己公司的保险产品，等到聚集了一

定规模的知名度和人气后，再开通自己的官网销售渠道。在这类平台中，比较具有代表性的是天猫。目前已经有许多家企业在天猫上开设了自己的官方旗舰店来集中销售公司的产品。同样京东等大型电子商务网站也已经有公司入驻。除了电子商务网站，搜狐、新浪等综合服务类网站也开始介入互联网金融，在网上直接销售金融产品。

3. 网络兼业代理模式

网络兼业代理模式是在互联网时代衍生的保险产品代理模式之一，它的优点在于办理简单、低门槛和对经营主体的规模要求不高等，目前已经成为互联网保险公司的中介代理模式中主要的业务模式之一。这种模式是指航空、银行、旅游等非保险企业，通过自己的官方网站代理保险企业销售保险产品和提供相关服务等。网络兼业代理机构一般销售与其主业有一定关联的保险产品种类。例如，人们乘坐飞机时会有飞机失事的风险，航空公司便代理销售航空意外险；银行客户如果有投资理财需求，银行可以为这些客户代理一些投资联结保险产品。网络兼业代理机构可以提供给客户更好的增值服务，另外自己也能获取利润。但目前许多兼业代理机构都以自己的主业为主，代理的保险产品种类较单一，因而对保险产品的销售也不会投入较大的财力和物力，在客户体验度方面效果不佳。

4. 专业中介代理模式

专业中介代理模式是指由保险经纪或代理公司搭建自己的网络销售平台，代理销售多家保险企业的产品并提供相关服务，客户可以通过该平台在线了解、对比、咨询、投保、理赔等，这些公司实际起到的是中介代理的作用。专业中介代理模式包括两类：一类是聚焦保险产品的垂直搜索平台，利用云计算等技术精准、快速地为客户提供产品信息，从而有效解决保险市场中的信息不对等问题，典型的有富脑袋、大家报等；另一类保险门户定位于在线金融超市，充当网络保险经纪人的角色，为客户提供简易保险产品的在线选购、保费计算以及充当综合性保障安全等专业性服务，较有代表性的有大童网、慧择网等。

5. 专业互联网保险企业模式

专业互联网保险企业模式是指专门针对互联网保险需求，不设线下分支机构，从销售到理赔全部交易流程都在网上完成的保险经营模式。根据保险公司经营业务主体的不同，专业互联网保险企业大致分三种：财寿结合的综合性金融互联网平台、专注财险或寿险的互联网营销平台和纯互联网的"众安"模式。众安保险成立于 2013 年，是全球第一家专业互联网保险公司。众安保险的定位是"服务互联网"，即服务于互联网生态的保险需求，业务范围主要是与互联网交易相关的责任险和保证险两大财产类险种。众安保险不仅通过互联网销售传统的保险产品，而且通过创新型的保险服务项目帮助互联网在融入各行各业的过程中化解和转移风险，为互联网行业的稳健、高效运行提供风险保障，使互联网生态更加安全、丰富。

8.8.2 互联网保险合同的法律关系分析

1. 互联网保险合同法律关系的主体

1) 互联网保险合同当事人

保险合同当事人是互联网保险合同的缔约双方，即保险人与投保人。互联网保险合同中的保险人是指经保险监管机关批准并经合法注册登记，由工商行政部门审核后设立的组织，如自营模式下的保险机构和专业互联网保险公司；投保人是指互联网保险合同保险人的相对人，对所投的保险标的有可保利益，向互联网保险人提出保险申请并承担缴纳保费义务的主体。互联网保险合同投保人除传统保险投保主体外，多为互联网市场主体。

2) 互联网保险合同关系人

互联网保险合同关系人为被保险人与受益人。被保险人是指因保险事故遭受损害时享有保险赔偿请求权的人，投保人可以是被保险人。根据《中华人民共和国保险法》(以下简称《保险法》)规定，被保险人应当对被保险的财产或人身具有保险利益，但虚拟的互联网环境下保险利益是否存在难以查实。因此，互联网保险产品在保险险种选择上应加以区别和限定；受益人是指经投保人或被保险人指定，保险事故发生时有权请求保险人赔偿的人。因受益人经投保人或被保险人指定而来，互联网保险合同的受益人与传统保险合同受益人大致相同，不再赘述。

3) 互联网保险合同辅助人

保险合同辅助人分为保险代理人、保险经纪人与保险公证人三种。第三方网络平台是指除自营网络平台之外代营互联网保险业务的网络平台，保险机构与第三方网络平台之间是一种网络服务关系，准确地说，是委托代理法律关系。除代为签订互联网保险合同外，第三方网络平台还经营代收保费、核保等其他保险业务。因此从性质上看，互联网保险中的网络代理平台与网络兼业代理平台等互联网经营主体是互联网保险代理人。《暂行办法》规定参与互联网保险业务的第三方网络平台须具备互联网企业主营部门颁发的许可证及相应运营系统与信息安全管理体系等条件。

2. 互联网保险合同法律关系的客体

法律关系中的客体是指主体权利义务所指向的对象，是法律关系三要素中不可分割的一部分。互联网保险合同法律关系的客体即保险标的，是指保险合同双方当事人权利与义务所指向的对象，主要为物和物的相关利益及人的生命和身体。财产保险中，被保险人应为保险标的的所有权人或其他权利人；人身保险，特别是死亡保险中，若非为自己投保，投保人应为与被保险人之间具有保险利益的人。因缔约时摆脱时空限制，互联网保险合同被保险人的确定存在异于传统保险合同的障碍，易引发法律风险。因此，互联网保险合同的客体较为特殊，只有特定种类的物及人身才能成为其客体。

3. 互联网保险合同法律关系的内容

1) 互联网保险合同当事人的权利与义务

由于互联网环境的特殊性，保险人除了应履行传统保险合同中保险人对投保人的义务，还应履行如下义务：①自营资质须合法。应具备互联网保险业务许可证，建立互联网保险业务管理制度和操作流程等一系列条件；②应具有完备的网络安全管理体系。互联网大大增加了网络保险交易的安全风险，确保保险消费者的信息安全是保险人的重要义务之一；③互联网保险产品信息须真实。投保人通过互联网购买保险产品，自营主体应确保互联网保险产品的真实性，不得虚假陈述或夸大其销售业绩、违规保证保险收益或进行其他诱导性宣传。

投保人的主要义务是遵循保险合同向保险人缴纳保费。当投保人为自身利益投保时，投保人即被保险人，投保人有请求保险人支付保险金的权利；当投保人为他人利益投保时，则无保险金请求权，但有请求互联网保险合同保险人向他人支付保险金的权利。此外，投保人还有如实告知义务等其他合同义务。

2) 互联网保险合同关系人的权利与义务

互联网保险合同的被保险人与受益人在保险事故发生时均有赔偿请求权，但两者的来源不同。被保险人因保险事由发生遭受损害而享有获得赔偿的权利；受益人是经投保人或被保险人指定而有受领保险金资格的人。因被保险人与受益人并非互联网保险合同的当事人，两者均只享有赔偿请求权而无须缴纳保费。

3) 互联网保险合同辅助人的权利与义务

第三方网络平台是互联网保险发展以来新类型的保险辅助人。第三方网络平台代营互联网保险业务除应得到保险人的授权外，应承担以下义务：①相关信息披露须真实。第三方网络平台应在其销售页面的醒目区域披露与其合作的保险人的相关信息以及其自身的备案信息。②保险产品宣传服务须真实、准确、合规。第三方网络平台应按保险监管规定宣传保险产品，不得作不实宣传。③投保人资料信息须保密。在收到投保人的申请后，第三方网络平台应在 24 小时内将投保人的姓名、账户、证件类型及号码等信息资料反馈给保险机构，并保护投保人资料信息的安全使其免遭泄露。

8.8.3　互联网保险合同与传统保险合同的比较

1. 互联网保险合同与传统保险合同的共性

1) 要式合同

保险合同属要式合同。保险合同须有明确的载体，以书面形式载明合同内容。这在传统保险领域表现为纸质的书面合同。法定的书面形式是指可有形记载内容的形式，如合同文本、信件或数据电文等。《中华人民共和国电子签名法》第四条对此问题进一步明确：能有形地表现所载内容，并可以随时调查备用的数据电文，视为符合法律、法规要求的书面形式。因此，互联网保险合同以数据电文载明合同内容的方式只是在载体上有所创新，仍符合保险合同的要式性。

2) 最大诚信合同

最大诚信原则贯穿保险合同磋商、缔约及履行等过程始终。保险的每一个环节都对保险合同的当事人双方有最大诚信要求，且处处体现对有最大诚信原则行为的规制。之所以保险合同的当事人双方须对最大诚信原则严格遵守，是因为缔约双方在保险合同磋商、订立及履行过程中有充分的信息披露，彼此保持最大的善意才能保证双方的利益。从这个角度看，当事人双方均处于网络虚拟空间的互联网保险合同仍受最大诚信原则的制约且应更为严格。

3) 双务合同

合同以当事人是否互负给付义务作为区分标准，可分为双务合同与单务合同。保险合同投保人有按合同约定支付保费的义务，在保险事故发生时有获得赔付的权利；保险人享有向投保人收取保费的权利，在保险合同生效后承担一定危险，保险事故发生时有承担赔偿责任或者给付保险金的义务。当事人双方互享权利，互负给付义务，互联网保险合同也属于对价悬殊的双务合同。

4）射幸合同

射幸合同也称不确定合同。保险合同成立时，当事人的权利义务是否发生以及发生后双方的权利义务的内容处于未知状态，都必须依未确定事实是否发生和发生的时间来确定。不确定事实既包括"将来可能会发生"的事实，也包括"将来会发生，但发生时间不确定"的事实。与一般的双务合同相比，保险合同中相互给付的不一定为等价物，当事人双方均有可能获得巨大收益，也可能一无所获。因此，保险合同包括互联网保险合同都具有射幸性，这是保险事故发生概率的偶然性决定的，也是保险合同与其他民商事合同的一个重大区别。

2. 互联网保险合同与传统保险合同的差异性

在性质上，互联网保险合同是电子合同。电子保单通过电子数据形式记载和传递互联网保险合同内容，是记载互联网保险合同约定内容的重要形式。互联网保险合同兼具电子合同的属性，与传统保险合同相区别。互联网保险合同与传统保险合同的差异性主要表现为以下四个方面。

1）合同成立的要式性

保险合同作为要式合同，在传统保险领域主要为纸质合同，而互联网保险合同采用电子数据形式，其缔约过程具有无纸化的特征。互联网保险合同的缔约、保费支付、索赔、理赔等一系列行为均在线上完成。这种虚拟化的形式不再强调以原始纸质材料作为记载合同内容的载体，而是通过以计算机、磁盘或互联网记录保险合同的数据信息。同时，互联网保险合同须通过计算机技术采用的电子签名、电子证书加以确认和规范。

2）更高的诚实信用要求

保险合同是最大诚信合同，互联网保险拓宽了开展保险业务的时空范围，也扩大了保险经营者与消费者的空间距离，同时增加了法律风险、道德风险等。时间和空间距离的扩大使依最大诚信原则而设立的保险制度(如投保人身份的认定和如实告知义务，保险人的提示说明义务等)的遵守产生新的障碍。因此，摆脱面对面的保险交易模式的互联网保险对合同当事人的诚实信用提出更高要求，这也应在互联网保险合同制度中有所体现。

3）合同主体的权利义务有强化或弱化趋势

为防止道德风险或其他因时空限制而潜在的风险，互联网保险合同被保险人与受益人的范围将受到保险人更严格的限制，因此被保险人或受益人的权利将因此而弱化；同时，保险人的提示说明义务的履行必须从口头说明，向以电脑设备为终端的书面说明转变。这意味着对互联网保险人在签署互联网保险合同时信息披露的要求也将更为严格，互联网保险人必须通过新的方式强化其对保险合同内容，特别是免责条款的提示说明义务，给予投保人充分的提示和解释。

4）合同所涉险种范围特定

互联网保险的可保险种主要包括人身意外伤害保险、定期寿险和普通型终身寿险；投保人或被保险人为个人的家庭财产保险、责任保险、信用保险和保证保险等。除上述特定人身保险和财产保险险种外，互联网保险合同还有传统保险合同未涉及的特有险种，即能够独立、完整地通过互联网实现保险活动全流程的财产保险业务，这是指类似众乐宝等互联网保险市场独有的专门针对互联网经济活动参与者的保险业务。

8.8.4 互联网保险合同实践阶段的法律风险

1. 合同成立与生效时间界点模糊的风险

合同形式电子化和虚拟化是互联网保险合同的主要特征。保险实务中的电子保单是互联网保险合同的一种重要形式，主要通过网上业务、对接业务、卡式业务三种模式签发，但电子保单并非简单等同于互联网保险合同。这种无纸化的电子合同提高了保险交易效率，但也影响着传统金融交易规则的变化。比如，签订互联网保险合同时，《合同法》和《保险法》中规定传统保险合同成立生效的标准的适用性是一个问题。合同成立、生效的时间界点影响保险责任的开始时间，互联网保险合同责任开始时间点的特殊性在卡式电子保险单中表现得特别突出。

以徐某诉某保险公司人身保险合同纠纷一案为例：徐某向被告业务员购买意外伤害保险卡一张，约定在合理期间内由徐某自行网上激活。保险卡交付后，网上激活操作之前，徐某因交通事故受伤入院。被告以保险合同并未成立生效为由拒绝进行赔付，由此引发人身保险合同纠纷。此案的争议焦点为：保险卡交付后，网上激活程序未完成之前，保险合同是否成立生效，关于这个问题，有以下几种具有代表性的观点：①收费说。该观点认为被告收取保费，应视为同意承保。保险合同自被告收到徐某保费时成立并生效。②激活说。该观点认为保险合同自徐某按照被告自营平台所设计的流程操作并最终点击同意确认时才可认定为成立。③合意说。该观点认为，徐某提出购买保险卡的请求为要约，被告业务员同意属承诺，若被告对保险卡和保费交付问题未特别约定，保险合同即告成立，保险卡是否交付，保费交付与否都非保险合同成立生效的要件。

因数据电文传输快捷，互联网保险合同订立具有时效性，即互联网保险合同成立、生效的过程时间短、速度快，很难对互联网保险合同成立、生效的具体时间界点进行分割，模糊的时间界点将产生直接影响保险合同效力的法律风险。

2. 保险人说明义务履行标准不统一的风险

保险人说明义务是指缔约时保险人应当依法将保险合同内容、所含专业术语及格式条款等内容，向投保人如实陈述并做出解释，确保投保人准确理解其合同权利义务的法定义务。互联网保险合同文本均为保险人提供的格式合同，合同双方对保险合同内容的理解程度大有不同，保险人应当对合同相关内容特别是免责条款做出明确说明。传统保险合同纠纷中就有相当一部分是由保险人是否明确履行说明义务的争议而引发的，在互联网保险领域，该问题也更为突出。

以李某诉某保险公司保险合同纠纷一案为例：原告李某通过被告自营网站与被告签订重大疾病保险合同一份，投保过程中李某按投保流程如实勾选了《电子投保单》中《告知事项》所询问的概括性问题，并在《保险条款告知书》及《提示书》项下点击确认。后李某因恶性肿瘤入院治疗，向被告申请理赔，被告以原告李某未尽如实告知义务为由拒绝赔偿遂引发纠纷。李某表示其为非专业人士，对《告知事项》及有关后果并不完全知晓，后李某以被告未尽提示说明义务为由将其诉诸法院。对于上述案例的问题，有以下几种观点：①以投保流程是否已被激活为标准判断保险合同保险人是否已向投保人履行了提示和说明义务。根据投保流程，李某必须阅读《保险条款告知书》及《提示书》并在该项下点击"确认"后，才可继续投保流程。李某点击"同意"的行为可被认定为保险人已履行提示和说明义务；②投保人在免责条款说明项下点击"确认"，不足以表明保险人说明义务已完全履行。本案中，被告将本应履行的提醒义务转化成了李某的主动阅读义务，事后被告也未通过其他途径确认李某对该免责条款是否充分理解，不应认定其提示说明义务已完全履行；③以理性投保人标准衡量投保人的知识理解能力。明确告知义务应结合形式审查与实质审查，采用形式判断为主和实质判断为辅的方式。本案中被告列明的《保险条款告知书》及《提示书》在形式上说明已履行了提示与说明义务，但在实质上未能证明通过该形式投保人对其所提示内容已完全理解，应另行举证证明。

传统保险面对面销售的相关人员可以当面对保险合同相关内容进行具体解释与说明。《保险法司法解释(二)》出台后，对保险人提示和说明义务的范围、方式及程度等进行了规定，但互联网保险非面对面这种形式缺少人的具体说明行为的模式，其说明方式和标准难以直接适用。保险人说明义务履行标准模糊，将直接影响互联网保险合同免责条款的效力。

3. 投保人如实告知义务范围不明的风险

投保人的如实告知义务由最大诚信原则发展而来，投保人应当在合同签订时将相关事项向保险人披露并如实告知。但互联网环境下，投保人自动完成网上投保流程，易导致对保险人所询问问题理解偏差而未予告知的情形。

以卢某诉某财产保险股份有限公司人身保险合同纠纷一案为例：卢某近亲属刘某与被告签订《人身意外伤害综合保障》电子保单一份，并如实勾选投保流程中有关所持机动车驾驶证的询问选项。后刘某驾驶机动车与他人相撞后身亡，被告以刘某未尽如实告知义务，其所持有的驾驶证与事故发生时的车辆不符为由拒绝赔偿。卢某诉称，刘某已对被告所询问问题如实告知，对于被告未询问事项无告知义务。上述案例中，刘某如实勾选了所持机动车驾驶证的相关选项，但是否应告知其所驾驶机动车的相关事实并未明确。因此，明确投保人告知义务的履行方式及履行范围是防范互联网保险合同法律风险的必然要求。

传统保险合同保险人以投保单、风险提示单和风险调查表等书面形式进行询问通常较容易掌握合同所涉及的基本事实，但互联网保险电子化操作过程中保险人核实投保人所告知信息的难度加大，有的甚至对投保人的如实告知义务予以省略，这使得该互联网保险合同潜藏合同效力法律风险。互联网保险为追求方便快捷，同时也为其解除保险合同或不承担保险责任找借口，不合理扩大告知范围，保险人常设置无针对性的原则性问题供投保人勾选。这种概括性条款，许多投保人会忽视或不确定其询问的具体范围而未予告知。

4. 互联网保险投保人身份难认定的风险

互联网保险投保人身份的认定很大程度上是互联网保险合同面临的新问题。合同之债具有特定性和相对性，合同当事人明确是合同成立生效的基本要件，这就要求保险合同的投保人必须是特定的。否则，保险人履行提示和说明义务的对象将无处可寻，负有如实告知义务的主体也不能确定。传统保险合同通常按投保人本人的签名来确定投保人的身份及其投保的真实意思表示。《〈保险法〉司法解释二》第三条规定由保险人的代理人代为签章但没有投保人签章的保险合同对投保人无效。可见，本人签字或盖章是传统保险确定投保人身份和合同成立、生效的一个必备要件。

受时空限制的保险人很难直观地确定相对人的身份。这意味着，在计算机终端实施操作的人、缴纳保费的人与实际的投保人可能并非同一人。虽然我国《电子签名法》认可可靠的电子签名与手写的签名或盖章具有同样的法律效力，部分保险公司已采用电子签名的方式，但电子签名因受各种因素制约，目前普及率较低。这意味着，通过电子签名确定互联网保险投保人的方式仍有阻碍。另外，如卡式业务中保险卡的购买者购得保险卡后在未激活前转让给第三人时，投保人身份确定问题也存在争议。投保人身份的不确定性使保险人很难正确评估投保人的投保资格，未成年人或限制民事行为能力人所投保的电子保单的效力等问题也需要明确。

8.8.5　国内外互联网商业保险法律监管

1. 美国与欧洲互联网商业保险法律监管

美国的互联网保险起步早并且发展迅速，得益于其高效合理的监管政策。美国的互联网保险机构是各州的保险监管局，其采用的是宽松审慎的监管模式。在美国互联网保险市场中，强调市场的主导作用，避免政府过多干预互联网保险业的发展。互联网保险市场秩序的维护主要依靠行业的自律，由政府提供政策指引、企业提供资金支持设立非营利性的机构，制定并推行行业交易准则和自律条款，这都为互联网保险市场的发展提供了良好的秩序规范。

欧洲互联网保险的发展状况远远落后于美国，其主要根源在于其由不同国家组成，监管制度的设立难以跟上互联网保险发展的速度，缺乏统一的政策和规范，更难开发适用于各个国家的保险产品。从整体来看，欧洲互联网保险市场的监管制度不同于美国的行业自律制度，它也对市场与消费的自律和自觉有所依赖，但其监管的重点在于市场准入制度。其中最为典型的是英国的松散监管模式，通过制定严格的互联网经营主体市场准入标准，规范经营主体的业务流程，明确监管机构的管辖范围，及时进行跟踪评估，促进监管机构的多元化等措施，从而稳定互联网保险市场秩序，使保险市场的监管环境更加公开透明，从根本上维护消费者的利益。

2. 我国互联网商业保险政府监管的现行制度

1) 法律制度

2000年互联网商业保险兴起后，国家和监管部门均予高度重视，中国保监会围绕放开经营区域限制、产品管理、信息披露、落地服务、信息安全等一系列重点问题起草了相关管理办法。2005年《中华人民共和国电子签名法》颁布，后续对从事互联网商业保险业务的主体资质条件、经营规则、经营区域、业务流程、管理制度等方面加以规范，2014年出台的关于促进人身公司互联网商业保险业务规范发展的相关文件，以及2015年7月公布的《互联网保险业务监管暂行办法》，均体现了监管部门对互联网商业保险持续健康发展的支持。《关于规范人身保险公司经营互联网保险有关问题的通知(征求意见稿)》中规定：保险公司通过互联网销售短期意外险和健康险、定期寿险和终身寿险产品，经保监会审批为网销专属产品的，可以将经营区域扩展至未设立分支机构的法人机构经营范围。保险公司互联网保险业务可以通过赠送保险，或与保险直接相关物品和服务等形式开展促销活动。这些条款均充分尊重了互联网商业保险与传统商业保险销售模式的差异性，是我国商业保险政府监管的新突破。

2) 市场行为监管制度

根据监管内容的不同，商业保险市场行为监管大致分为市场准入机制监管和市场交易行为监管两大类。

(1) 市场准入机制监管。互联网商业保险的经营机构除了要满足《中华人民共和国保险法》等商业保险相关法律规定的商业保险机构基本准入要求外，还必须符合中国保监会针对互联网商业保险监管的规定中对机构准入条件的补充规定。如针对经营互联网商业保险业务的商业保险代理机构和商业保险经纪公司，还应具备下列条件：①具有健全的互联网商业保险业务管理制度；②具有合理的互联网商业保险业务操作规程；③注册资本不低于人民币 1000 万元，且经营区域不限于注册地所在省、自治区、直辖市。针对专业互联网商业保险公司，则必须设立独立的信息安全部门，配备专职信息安全工作人员，明确分管信息安全工作的公司主管领导和责任人；建立明确的信息安全风险战略，并提交信息安全审计和风险评估报告。针对人身保险公司，应具备以下条件：①经营期间偿付能力保持充足门类；②运营和业务管理系统支持在线投保、保全、退保、理赔等运营功能，以及交易信息保存、单证实时查询、售后服务和投诉处理等服务功能；③运营网站取得互联网行业主管部门颁发许可证或完成备案，且未受到重大行政处罚。

(2) 市场交易行为监管。最重要的市场行为监管是对合同签订和产品费率的监管。第一，合同签订。《保险代理、经纪公司互联网保险业务监管办法(试行)》中规定：保险代理、经纪公司开展互联网保险业务的，应当在相关互联网站页面的投保流程中设置投保人点击确认环节，由投保人确认以下内容：是否已阅读保险条款的全部内容，了解并接受包括免除保险公司责任条款、犹豫期、费用扣除、退保、保险单现金价值等在内的重要事项。第二，产品费率。2013 年 8 月，普通型人身险费率改革启动，中国保监会在《关于普通型人身保险费率政策改革有关事项的通知》中明确提出普通型人身保险预定利率由商业保险公司按照审慎原则自行决定。2015 年 2 月，中国保监会正式发布《关于深化商业车险条款费率管理制度改革的意见》，商业车险费率市场化改革正式启动。

3) 偿付能力监管制度

偿付能力监管是现代商业保险监管的核心，也是中国保监会监管商业保险机构的最基本指标。2003 年，中国保监会启动偿付能力监管制度体系建设工作，搭建起具有中国特色的第一代偿付能力监管制度体系。2012 年 4 月，中国保监会正式启动了第二代偿付能力监管制度体系的建设工作，于 2014 年年末顺利完成了偿二代 17 项目主干监管规则的研发工作。偿一代以偿付能力充足率为核心指标，确保商业保险机构有足够的偿还债务能力，仅做定量监管。偿二代采用了目前国际上金融审慎监管普遍采用的三支柱模型，即分别从定量资本要求、定性监管要求和市场约束机制三个方面对金融机构的风险和资本进行监督和管理。

4) 公司治理监管制度

2006 年，中国保监会出台《关于规范保险公司治理结构的指导意见(试行)》，该文件基本确定了我国商业保险公司治理监管的框架原则。在该原则基础上，中国保监会后续又发布了《保险公司独立董事管理暂行办法》《保险公司内部审计指引(试行)》《保险公司风险管理指引(试行)》《保险公司合规管理指引》《保险公司内部控制基本准则》《保险公司关联交易管理暂行办法》《保险公司总精算师管理办法》等一系列规章制度，逐步形成了我国商业保险公司治理监管制度体系。该体系包括完善内控流程、规范组织架构和优化股权结构三个方面。

@ 8.9 互联网银行的相关法律规范

8.9.1 我国互联网银行的发展现状

目前，我国已获批筹建的互联网银行有浙江网商银行和前海微众银行。深圳前海微众银行股份有限公司于 2014 年 7 月 24 日获银监会批准筹建。经营范围包括：吸收公众存款和办理国内外结算以及票据、债券、外汇、银行卡等业务。主发起人为腾讯、百业源、立业集团。2015 年 1 月 18 日，微众银行试营业。5 月 15 日，微众银行的产品"微粒贷"正式推出市场。浙江网商银行于 2014 年 9 月 29 日获得银监会批复筹建，于 2015 年 6 月 25 日正式开业。

微众银行和网商银行有着极多的相似之处。同由互联网公司发起，专注于中小客户，利用大数据和自身已有的平台优势，想做成"轻资产、平台化、交易型"的互联网银行。但两者也略有不同。微众银行的模式是"个存小贷"，即"个存"的存款将不再设定下限，将重点服务个人消费者和小微企业。与之相比较，网商银行模式为"小存小贷"，主要提供 500 万元以下的贷款产品，小微企业、个人消费者和农村用户是其主要客户。网商银行的客户初期将主要来自电商平台，利用阿里巴巴电商平台优势，即阿里巴巴 B2B、淘宝、支付宝等电子商务平台上积累的信用数据及行为数据，向无法在传统金融渠道获得贷款的客户发放"金额小、期限短"的纯信用小额贷款。

2015 年 6 月 22 日，国务院办公厅以国办发〔2015〕49 号转发银监会《关于促进民营银行发展的指导意见》。已经有超过 50 家企业或企业联合体向银监会发起民营银行申请，其中包括互联网企业，今后可能有更多的以互联网公司为主导的互联网银行出现。以小米和京东为例，小米已经成立了多家业务公司，陆续推出了"小米金融""小米活期宝""小米贷款"等金融产品，在电子支付、移动金融等领域均有所布局。京东金融业务涉足了传统的存、贷、汇和供应链金融、消费金融、众筹、财富管理、支付、保险等领域。未来银行和非银行机构的业务边界越来越模糊，将有更多的企业开始创办互联网银行。

互联网银行和传统银行目标市场不重叠，有与传统银行"互补双赢"的发展趋势。相比于传统银行，这两家互联网银行充分体现了互联网的特性，所有获客、风控、服务都在线上完成，可以做到跨地域全国放贷，运营成本投入更低。从目前情况来看，网上银行或者电子银行服务等传统银行业务的互联网化，受到了比较严格的监管，风险相对可控。而对于新兴的纯互联网银行业态，现有监管体系还没有专门的风险防控与监管办法，对其监管重点和方式的确定和调整已迫在眉睫。

8.9.2 互联网银行与网上银行业务比较

网上银行业务是实体银行业务的一个分支或者是其柜台业务的一种网络形式。商业银行的网上银行业务一般主要负责转账汇款以及一些理财产品的购买等，但是用户信息变更以及数额较大的交易还是需要到实体柜台办理。传统商业银行的网上银行业务已经开展多年，并拥有了固定客户群体。

互联网银行与网上银行业务相比，具有如下区别：第一，在身份识别上，网上银行有银行实体柜台作为支撑，网上银行用户需要到实体柜台办理，而互联网银行为了弥补无柜台的不足，推出了面部识别系统。面部识别系统的精准度以及运用过程中的法律效力还有待确认，对于整容的用户以及因其他原因而面容有所改变的用户，远程面部识别系统能否同样适用还需要更加详细的测评。第二，互联网银行的服务效率相比于网上银行业务有所提升，可以实现二十四小时全天候云计算运行服务。第三，网上银行的用户信息主要来自客户在该银行的存贷款记录以及中国人民银行发布的用户信用评级体系。而互联网银行则依靠的是用户的支付信息、购买信息等组成的个人征信体系。在客户群上互联网银行主要瞄准了被传统银行忽略的80%的个体客户以及农村市场。

8.9.3 互联网银行的风险表现

互联网银行本质上也是商业银行，因此互联网银行也具有商业银行所具有的风险类型，比较突出的风险类型有市场风险、流动性风险、信用风险、技术风险、声誉风险等。但是，两相比较，互联网银行风险在诱发原因、表现形式、危害程度等方面会有所不同。

1. 互联网银行的市场风险

利率变化、外汇汇率变动、资本和期货市场的价格变化也会带来利率风险、汇率风险等市场风险。尤其是像传统银行一样，存贷利差也将是互联网银行的主要利润来源。互联网银行没有物理网点，如果要吸引更多的资金来源，就得给客户尤其是网商客户提供更有吸引力的存款利息和贷款利率。因此，利率变动更容易让互联网银行蒙受损失。

2. 互联网银行的流动性风险

互联网银行不提供纸质支付结算工具和现金管理服务，存款增长的持续性难以保证，其面临的流动性风险比传统银行更突然、更严重。电子商务营销活动(如"双十一"活动)的集中支付、网络谣言或者互联网银行的经营情况变化都会引发互联网银行的挤兑问题，网络的便捷性会使得挤兑风险在短时间内同时爆发。互联网银行如果不能迅速变现已经投资的资产或者以合理的成本迅速增加负债来应对挤兑问题，便会产生流动性风险，而且一旦产生，便难以控制。

3. 互联网银行的信用风险

利用大数据分析客户信用信息是互联网银行的比较优势之一，在解决信息不对称、降低信用获取成本等方面具有积极作用。但是，由于我国信用环境不健全和信用数据不完整，大数据分析所得的信用信息还不能全面客观地反映和佐证借款人的还款意愿和行为品质，客户可能隐蔽对自己不利的信息，银行对客户的身份识别完全依赖电子技术，无法通过实地走访及与相关人员的访谈来加以鉴别，因而难以支撑互联网银行的网络信贷模式。这种纯网络信用容易埋下信用风险的隐患，出现借款人还款违约的信用风险问题。

4. 互联网银行的技术风险

互联网银行的一切业务交易都是通过互联网来进行的，对网络具有高度依赖性。业务数据和 IT 系统极容易受到来自网络的病毒和黑客的攻击，通信、电力中断、服务器瘫痪等也会影响业务操作。此外，所使用的数字证书、数字签名等电子证据没有获得法律支

持，也给客户操作带来较高风险。

5. 互联网银行的声誉风险

对传统银行来说，以国有为主要控股方的自身声誉有效保障了其经营稳定性。而互联网银行具有互联网和民营双重特征，产生声誉风险的可能性高于传统银行机构。其声誉风险主要来自互联网的虚拟性、开放性和对民营投资方安全性的担忧。比如，浙江网商银行发起人是 4 家民营企业，每一个民营企业的声誉出现问题都会给网商银行造成声誉风险，负面效应会迅速蔓延。

8.9.4　国外对互联网银行的监管

1. 美国对互联网银行的监管

对于互联网银行的监管，美国政府一直持有相对宽松的监管态度，除针对互联网银行的特征出台的专项监管规则以外，现存的对于传统银行监管的法律法规也适用于互联网银行的监管。在监管体系的建立上美国对互联网银行采用部门分工合作监管，美联储以及美国货币监理署主要负责监管职能，同时财政部与联邦储蓄保险公司也担负一部分监管职责。美国现行有效的互联网银行监管的法律法规主要规范了互联网欺诈、互联网隐私泄露，以及互联网金融交易中电子证书的效力认证等问题，为互联网银行的平稳运行提供了保障。在互联网银行的风险控制上，美国的监管主要关注以下两个方面。

(1) 在市场准入方面的严格审批。设立网络银行主要流程及审批标准规定于美国货币监理署 2001 年发布的《国民银行网上银行注册审批手册》中。对于作为传统银行分支机构的网络银行的设立程序，按照设立新的营业部或分支机构的规则办理无须经过注册审批，只需当地的监管部门进行定时年检，收集数据资料。而对于本文所讨论的互联网银行，则需要按照新银行的程序进行审批注册，并要满足其他更为严格的要求。

(2) 互联网银行的特殊风险控制。对于互联网银行的风险监管，最为详尽的规则体现在 1999 年由美国财政部货币总监署(简称 OCC)颁布的《互联网银行业务——监管手册》，该手册规定了新的风险管理应包括的基本要素。并分别规定了银行的董事长、高级管理人员应具备的防控风险的技能。对于个人数据的保护美国除了分部门进行保护以外，还强调行业自律，由各大公司联合成立的自律组织承担了重要角色。

美国对于互联网银行的监管除了多个部门分工合作以外，在法律规定中对于银行监管的各项指标专业性很强并具有明显的针对性，总体来说以自由经营为主，但是对于可能产生的风险有着明确的防范措施，并且每种可能存在的风险都有明确的技术标准以供参考。

2. 日本对互联网银行的监管

日本对于银行业实行一体化监管制度，由金融厅对证券业、保险业和银行业进行统一监管。与美国自由发展，分部门灵活监管的模式不同，日本对于银行业的监管呈现出政府高度参与的态势。虽然随着金融自由化发展的呼声日益强烈，政府部门逐渐放权，但是政府仍然扮演着重要角色。2000 年，日本金融厅发布的《异业种加入银行经营及网络专业银行等新型态银行执照的审查指针方案》明确提出了允许如日本乐天金融集团这类企业参与银行业，并最终发展为包括银行、保险等各类金融服务的互联网金融集团。日本政府对于网络安全以及个人信息的保护一直高度重视。在 2014 年国会通过的《网络安全基本法》的基础上，2015 年日本更是提出了"网络发展新战略"强调政府与金融领域等民间机构联合应对网络袭击。

对于个人征信体系的建立，日本政府初期采取资助的形式。例如，东京兴信所每年可以得到一定的补助金，在征信机构联合银行逐渐建立完善以后，日本政府逐渐退出。政府扶植导致了日本征信机构形成了一定的行业垄断，但是因为征信机构需要大量调查员以及海量资料储备，大公司垄断配合专门领域内的中小型公司经营的模式一定程度上有利于提升征信报告的准确度。自 2001 年《政府信息公开法》实施以来，政府掌握的大量信息免费向公众公开，如企业登记以及历次变更状况、土地房屋状况、股东变换状况、破产申请等，变相丰富了征信体系的信息来源。

本 章 小 结

- 网络金融法律法规是在金融相关法律法规和电子商务相关法律法规的基础上建立的，主要内容分为基本层次和辅助层次。基本层次的网络金融法律法规包括：电子货币相关法律法规、网络银行相关法律法规、网络证券相关法律法规等。辅助层次的网络金融法律法规包括：网络金融组织法律法规、消费者权益保护和隐私权保护法律法规等。
- 由于我国互联网金融起步较晚，其相应的监管政策还不健全。我国的互联网金融生态链上的部分业态和部分环节受到了监管，有些互联网金融业态和环节还处于无门槛、无标准、无监管的"三无"状态。

本 章 作 业

1. 网络电子货币与虚拟货币有哪些相同点和不同点？
2. 网上银行电子合同双方的权利义务有哪些？
3. 第三方电子支付中的法律风险有哪些？
4. 我国现行法律制度对 P2P 网络借贷的监管是怎样的？
5. 众筹运营的法律风险有哪些？
6. 简述国内外券商互联网金融的主要模式。
7. 简述我国互联网基金销售的规范体系。
8. 简述我国互联网商业保险政府监管的现行制度。
9. 试论述国内外互联网银行的监管体系。

第9章

金融犯罪

本章目标

- 熟悉金融犯罪的概念、种类、特征及构成要件。
- 掌握金融管理秩序罪相关罪的概念、立案标准、构成要件及相关刑法条文。
- 掌握金融诈骗罪相关罪的概念、立案标准、构成要件及相关刑法条文。
- 能运用所学知识分析金融犯罪相关案例。

本章简介

　　金融犯罪属经济犯罪的一种，是近些年来我国经济领域中多发性、严重性的犯罪之一。它是发生在银行、证券等领域中的刑事犯罪，对金融安全和金融秩序造成了巨大危害。我国颁布的有关刑事法律对金融犯罪做了相关规定，有关行政法规和非刑事法律中也把违反金融管理法规的严重危害行为规定为犯罪行为，并追究其刑事责任。

　　本章将重点讲解金融犯罪的种类、特征、构成要件、金融管理秩序罪相关罪以及金融诈骗罪相关罪。

@ 9.1 金融犯罪概述

金融犯罪是指发生在金融活动过程中的，违反金融管理相关法律法规，破坏金融管理秩序，危害金融业相关制度，侵害我国资金融通体系，情节已达到犯罪标准，依法应受刑事处罚的行为。从犯罪学的角度来定义，金融犯罪指一切侵犯社会主义金融管理秩序、应该受到刑法处罚的行为；从金融学的角度来考察，金融犯罪指一切破坏我国资金聚集和分配体系的犯罪行为。金融犯罪主要集中在《刑法》分则第三章第四节"破坏金融管理秩序罪"和第五节"金融诈骗罪"中。

9.1.1 金融犯罪的种类

依据不同的分类标准，金融犯罪有不同的分类。通常依据犯罪客体的不同，将金融犯罪分为破坏金融管理秩序的犯罪和金融诈骗犯罪两大类。

破坏金融管理秩序罪是指违反国家对金融市场监督管理的法律法规，从事危害国家对货币、外汇、有价证券以及金融机构管理的活动，破坏金融市场秩序，情节严重的行为。破坏金融管理秩序的犯罪根据具体侵犯客体又可分为：①违反货币管理秩序罪；②破坏金融机构经营管理秩序罪；③破坏银行业管理秩序罪；④破坏金融票证管理秩序罪；⑤破坏证券、期货管理秩序罪等。

金融诈骗罪是指以非法占有为目的，采用虚构事实或者隐瞒事实真相的方法，骗取公私财物或者金融机构信用，破坏金融管理秩序的行为。金融诈骗罪主要包括集资诈骗罪、贷款诈骗罪、票据诈骗罪、金融凭证诈骗罪、信用证诈骗罪、信用卡诈骗罪、有价证券诈骗罪、保险诈骗罪等。

此外，有些涉及金融行业的犯罪行为，虽然侵害的直接客体不是金融机构管理秩序，而是公私财产或者是公司、企业或者其他单位的管理秩序，如职务廉洁性。但是，实施犯罪行为的主体却是国有金融机构的工作人员，客观犯罪行为发生在金融领域内。例如，国有金融机构工作人员实施的受贿罪、银行或者其他金融机构的工作人员实施的挪用资金罪等。这些犯罪也纳入金融犯罪的研究领域。

9.1.2 金融犯罪的特征

与其他犯罪相比，金融犯罪具有以下几个主要特征。

(1) 多元化。

当前金融犯罪主体呈现出多元化趋势。不仅仅是各商业银行时有金融犯罪案件发生，行使监管协调职能的人民银行系统以及其他非银行金融机构同样发生各类金融犯罪案件，金融犯罪活动遍及整个金融行业。金融犯罪主体有自然人，也有单位；有金融机构的工作人员，也有非金融机构的社会成员；有懂金融专业知识的人员，也有不懂金融专业知识的人员；有国内不法分子，也有国外不法分子。相对于其他单一的犯罪主体，金融犯罪的一大特征就在于犯罪主体的多元化。

(2) 隐蔽性。

首先，犯罪手段的隐蔽性，多数金融犯罪是采取欺诈方式实施的，难以发现。其次，犯罪危害结果的隐蔽性，金融犯罪的危害结果往往是过一段时期以后才出现，只有危害结果导致重大经济问题，才能发现该犯罪行为。再次，违法行为过程的隐蔽性，一些金融犯罪涉及金融专业知识，非金融专业的人难以发现行为的违法性。最后，犯罪主体身份的隐蔽性，犯罪主体多为金融机构工作人员，以合法身份为掩护，利用熟悉业务之便或执行业务之机，利用法律与管制制度上的疏漏伺机作案，不易被业外人士怀疑和发现。

(3) 智能性。

金融机构的工作流程及监督管理具有较为复杂的金融专业性，所以金融犯罪是一种带有明显智能型的犯罪，犯罪手段需要运用较高的智商，且具有复杂性。犯罪人除了利用金融专业知识外，还利用计算机程序等高新技术、高科技手段作案，还有一些是利用国内联行、国际信贷结算业务等作案，其智能性高于一般刑事犯罪。

(4) 非暴力性。

金融犯罪的主体总是借助一定的身份，利用自己的职业、地位，依靠自己较高的技能水平和较丰富的技术知识，行骗造假，在犯罪过程中，是没有暴力痕迹的。这种犯罪行为虽然是非暴力性的，但行为的危害结果一旦发生，对经济社会造成的严重后果，远远高于其他一般侵犯财产类的犯罪。

9.1.3　金融犯罪的构成要件

犯罪的构成要件，是指某一行为构成犯罪必须具备的基本条件。我国刑法学通常说的犯罪构成要件包括四个方面：犯罪主体、犯罪主观方面、犯罪客体以及犯罪客观方面。金融犯罪的构成要件也是如此。

(1) 犯罪主体。

犯罪主体是指实施了犯罪行为并依法承担刑事责任的人。金融犯罪的主体包括自然人和单位。自然人可分为一般主体和特殊主体。一般主体是指年满 16 周岁、精神正常，能够承担刑事责任的人。特殊主体是指实施某种犯罪，除满足一般主体的条件外，还应当是符合某种身份的自然人。金融犯罪中的犯罪主体可以是自然人，也可以是单位，可分为一般主体和特殊主体，特殊主体指银行或者其他金融机构本身及其工作人员。

(2) 犯罪主观方面。

犯罪主观方面是指犯罪主体对其实施的危害行为及危害结果所持的心理态度。金融犯罪的主观方面包括故意和过失两种，大多数金融犯罪主观上是故意的，少部分如违规发放贷款罪、对违法票据承兑、付款、保证罪的主观方面也可以是过失的。司法实践中，对一些金融犯罪进行审判时，要求必须证明行为人实施犯罪行为时是故意的同时，还必须证明行为人是否具有非法占有的目的。因为一些金融犯罪的行为人是否具有非法占有的目的，是分罪与非罪或此罪与彼罪的关键。

(3) 犯罪客体。

犯罪客体是指我国刑法所保护而被犯罪行为所侵犯的社会关系。根据《刑法》的规定，金融犯罪侵犯的客体是金融管理秩序和公私的财产权利，包括银行、货币、外汇、信

贷、证券、票据、保险管理秩序等。金融犯罪侵害的对象，可以是包括自然人、单位、其他组织和公众等，也可以是各种金融工具，包括货币、金融票证、有价证券、信用证、信用卡等。

(4) 犯罪客观方面。

犯罪的客观方面是指犯罪活动的客观外在表现，包括危害行为、危害结果以及犯罪的时间、地点和方法等要件。金融犯罪的客观方面表现为违反金融管理法规，非法从事货币资金融通活动，危害国家金融管理秩序，情节严重的行为。

@ 9.2 破坏金融管理秩序罪

本节主要叙述了破坏金融管理秩序罪中的非法吸收公众存款罪，高利转贷罪，吸收客户资金不入账罪，伪造、变造金融票证罪。

9.2.1 非法吸收公众存款罪

1. 非法吸收公众存款罪的定义

非法吸收公众存款罪，是指违反国家金融管理法规非法吸收公众存款或变相吸收公众存款、扰乱金融秩序的行为。

2. 非法吸收公众存款罪的立案标准

涉嫌以下三种情形中的一种，应当对非法吸收公众存款立案侦查。

(1) 从非法吸收或者变相吸收公众存款的数额来看，个人非法吸收或者变相吸收公众存款，数额在 20 万元以上的，单位非法吸收或者变相吸收公众存款，数额在 100 万元以上的；

(2) 从非法吸收或者变相吸收公众存款的户数上来看，个人非法吸收或者变相吸收公众存款 30 户以上的，单位非法吸收或者变相吸收公众存款 150 户以上的；

(3) 从造成的经济损失上来看，个人非法吸收或者变相吸收公众存款给存款人造成直接经济损失数额在 10 万元以上的，单位非法吸收或者变相吸收公众存款给存款人造成直接经济损失数额在 50 万元以上的。

3. 非法吸收公众存款罪的构成要件

(1) 犯罪客体。
本罪侵害的客体是国家对金融机构储蓄业务的管理秩序。

(2) 犯罪客观要件。
本罪客观行为表现为：未经中国人民银行批准，向社会不特定对象吸收资金，或者以吸收公众存款的名义，出具凭证，承诺在一定期限内还本付息，扰乱金融秩序的行为。包括两种情况：一种是行为人不具备吸收存款的主体资格而吸收存款；另一种是行为人有吸收公众存款的主体资格，但是采取非法的方式吸收公众存款，如商业银行违反中国人民银行有关利率的规定，擅自提高利率吸收存款等。

(3) 犯罪主体。

本罪主体是一般主体，年满 16 周岁具有刑事责任能力的自然人和单位均可以成为本罪主体。

(4) 犯罪主观方面。

本罪主体主观上是故意的，并且只能是直接故意。但行为人不能有非法占有的目的。

4. 非法吸收公众存款罪的主要表现

(1) 非法提高存款利率。

以非法提高存款利率的方式吸收存款，扰乱金融秩序。其主要表现方式为：吸收存款人径直在当场交付存款人或储户的存单上开出高于央行法定利率的利率。因而此种方式又可简称为"账面上有反映"方式。

(2) 变相提高利率。

以变相提高利率的方式吸收存款、扰乱金融秩序。变相提高存款利率，是指吸收存款人虽未在开付出去的存单上直接提高存款利率，但通过存款之际先行口付，或允诺事后一次性地给付或许诺其他物质、经济利益好处的方式来招揽存款，以使存款在事实上获得相当于提高存款利率的"实惠"后，欣然"乐于存款"于吸收人所在银行或其他金融机构。此种方式，又可简称为"账面上无反映"方式。

(3) 非法吸收公众存款。

依法无资格从事吸收公众存款业务的单位非法吸收公众存款，扰乱金融秩序。对此类行为，无论其是否提高了国家规定的存款利率，也不论其是否采取了其他变相提高存款利率的手法来吸收存款，只要其从事了"吸收公众存款的行为"即属"非法"行为，一概构成本罪。

5. 刑法条文

《刑法》一百七十六条规定，犯非法吸收公众存款罪，处三年以下有期徒刑或者拘役，并处或者单处二万元以上二十万元以下罚金；数额巨大或者有其他严重情节的，处三年以上十年以下有期徒刑，并处五万元以上五十万元以下罚金。单位犯非法吸收公众存款罪的，对单位判处罚金，并对其直接负责的主管人员和其他直接责任人员，依照自然人犯罪的法定刑进行处罚。

案例：非法吸收公众存款罪

2004 年 5 月至 2007 年 6 月，被告人王某、王甲(女)夫妇以所经营的十堰市龙坤工贸有限公司需要资金周转为由，许诺支付 2% 或 2.5% 的月息，先后向 23 人借款 218.66 万元，用于经营汽车生意及代理销售林河酒生意。截至案发，已支付利息 50 余万元，除用现金及物资抵款归还 120 余万元外，尚有 11 人的 90 余万元无法偿还。

在审理中，被告人王某和王甲提出了两项辩护意见，一是认为自己属于民间借贷，不构成非法吸收存款罪；二是认为自己所借资金均用于公司运营，属于单位犯罪，不应当由自己承担责任。

【裁判】十堰市茅箭区人民法院审理认为被告人的行为已经超出了合法的民间借贷的

范围，并且不符合单位犯罪的特征，其非法吸收公众存款数额应属巨大，故认定二者构成非法吸收公众存款罪，分别判处两人有期徒刑四年，三年缓刑四年，各处罚金人民币50 000 元。

【法理分析】本案在审理过程中争论的焦点在于两被告人的行为是否属于民间借贷、是否属于单位犯罪。民间借贷针对的是少数个人或者是特定的对象，利率一般较低，且是在法律规定的银行同期贷款利率的四倍之内；非法吸收公众存款的借贷对象存在着广延性，亦即借贷的范围为具有不特定性，面对不特定的社会公众，利率超过了法律规定的利率最高限额；其次，单位犯罪是指公司、企业、事业单位、机关、团体实施的依法应当承担刑事责任的危害社会的行为。单位犯罪的特征在于其犯罪是在单位主体的意志支配下实施的，且该行为构成犯罪是由刑法分则或者分则性条文明确规定的。结合本案具体内容来看：首先，被告人王某以借款名义，以高出银行利率的利息面向社会不特定的众多对象吸收存款，且造成存款人 90 余万元无法偿还，扰乱了国家金融管理秩序，其行为已经超出了民间借贷的范围，已然构成非法吸收公众存款罪；其次，两被告人的行为不符合单位犯罪的特征，属于个人犯罪。

9.2.2　高利转贷罪

1. 高利转贷罪的定义

高利转贷罪，是指违反国家规定，以转贷牟利为目的，套取金融机构信贷资金高利转贷他人，获得违法所得数额较大的行为。通常情况下，行为人以高于金融机构同一种类贷款四倍以上的利率转贷他人，违法所得数额较大的是高利转贷罪。《刑法》第一百七十五条规定的"数额较大"，是指个人违法所得在 5 万元以上，单位违法所得在 20 万元以上的。

2. 高利转贷罪的立案标准

以转贷牟利为目的，套取金融机构信贷资金高利转贷他人，涉嫌下列情形之一的，应予追诉。

(1) 个人高利转贷，违法所得数额在五万元以上的；

(2) 单位高利转贷，违法所得数额在十万元以上的；

(3) 虽未达到上述数额标准，但因高利转贷，受过行政处罚二次以上，又高利转贷的。

3. 高利转贷罪的构成要件

(1) 犯罪主体。

本罪的主体为特殊主体，即借款人，即经工商行政管理机关或主管机关核准登记的企(事)业法人、其他经济组织、个体工商户或具有中华人民共和国国籍的具有完全民事行为能力的自然人。

(2) 犯罪主观要件。

本罪在主观上只能由故意构成，而且以转贷牟利为目的。过失不构成本罪。

(3) 犯罪客体。

本罪所侵犯的直接客体是国家对信贷资金的发放及利率管理秩序。信贷资金，指金融机构根据中央银行有关贷款方针、政策，用于发放农村、城市贷款的资金。主要由下述三部分构成。

① 银行及其他金融机构吸收的各种形式的存款，主要是单位的公营存款。这是信贷资金的主体部分。

② 国家财政拨发给银行及其他金融机构的自有资金。这在信贷资金中占极小比例。

③ 由资金市场拆借而入的资金。包括从中国人民银行贷入的短期贷款；本行内部上、下系统内的借款；金融机构之间的拆借款。此类资金原则上不能安排长期贷款。

(4) 犯罪客观要件。

本罪在客观上表现为以转贷牟利为目的，套取金融机构信贷资金高利转贷他人数额较大的行为。换言之，借款人在依正常程序依法贷得金融机构信贷资金之后，以转贷牟利为目的，将贷款高利转贷他人。本罪属结果犯，只有在转贷行为取得违法所得数额较大的情形下，才构成犯罪，至于何谓数额较大，有待于有权机关做出解释。

4. 刑法条文

《刑法》一百七十五条规定，以转贷牟利为目的，套取金融机构信贷资金高利转贷他人，违法所得数额较大的，处三年以下有期徒刑或者拘役，并处违法所得一倍以上五倍以下罚金；数额巨大的，处三年以上七年以下有期徒刑，并处违法所得一倍以上五倍以下罚金。

案例：非法吸收公众存款罪

1997 年 10 月至 1998 年 11 月，郝某得知某工程队急需资金，郝某与其在某工程队任会计的季某某商量，由季某某出面与某工程队经理李某联系，由郝某借给李某工程队资金，郝某按月息 18% 收取利息，李某每两个月支付郝某一次利息，本金及剩余利息款在两年内还清。李某在无法筹措资金的情况下与郝某达成借款协议。郝某与李某订立借款协议后，遂找到在某市工商银行工作的表弟蒋某(信贷员)，谎称因修建贸易综合大楼急需贷款，并答应事成后送给蒋某好处费。经蒋某撮合，郝某编造了修建贸易综合大楼的规划图、经费支出计划表以及贷款所需证明文件，以 7.5%的利息一次性从某银行贷出资金1200 万元。而后，郝某将其中 800 万元贷款以月总 18%转贷给李某的工程队。案发后，银行提前收回贷款的 65%，其余已由郝某用于购销和李某用于支付工程款，给国家造成了较大的经济损失。

在审理中，被告人季某某认为从银行将款贷出和转贷给某工程队都是由郝某一人所为，自己只是从中起一个牵线搭桥的中介作用，不应当以犯罪处罚；被告人郝某认为自己从银行将资金贷出履行了合法手续，而将这些款项贷给某工程队是双方自愿协商同意，并且没有超出国家许可的利息范围，因此该行为不构成犯罪。

【裁判】被告人郝某、季某某共同实施了犯罪行为，被告人郝某在犯罪过程中起主要作用，是主犯，被告人季某某属于从犯。根据《中华人民共和国刑法》第一百七十五条的规定，做出如下判决：被告人郝某犯高利转贷罪，判处有期徒刑 5 年，并处罚金 50 万元；被告人季某某犯高利转贷罪，判处有期徒刑 3 年，并处罚金 15 万元。

【法理分析】被告人郝某、季某某编造借款用途，采用套取金融机构信贷资金的办法，将国家贷款从银行骗出后，不是用于自己发展生产和正当经营，而是用高利牟取暴利

的手段将借款转借给他人，其行为是利用国家资金坐地谋利，完全是一种金融投机犯罪行为，不仅干扰了正常的金融信贷秩序，也破坏了国家的金融贷款政策，具有严重的社会危害性，应依法严厉打击。郝某在产生高利转贷行为的意图后，与季某某商量，由季某某出面与某工程队联系贷款户，郝某出面充当贷款人，共同实施高利转贷行为，二人具有共同犯罪的事实；被告人郝某在犯罪过程中起主要作用，是主犯，被告人季某某在犯罪过程起次要作用，是从犯。

9.2.3　吸收客户资金不入账罪

1. 吸收客户资金不入账罪的定义

吸收客户资金不入账罪，是指银行或者其他金融机构的工作人员，以牟利为目的，采取吸收客户资金不入账的方式，将资金用于非法拆借、发放贷款，造成重大损失的行为。本罪中的"牟利"，一般是指谋取用账外客户资金非法拆借、发放贷款所产生的非法收益，如利息、差价等。

2. 吸收客户资金不入账罪的立案标准

银行或者其他金融机构的工作人员吸收客户资金不入账，数额巨大或者造成重大损失的，涉嫌下列情形之一，应予追诉。

(1) 个人吸收客户资金不入账，造成直接经济损失数额在 50 万元以上的；

(2) 单位吸收客户资金不入账，造成直接经济损失数额在 100 万元以上的。

3. 吸收客户资金不入账罪的构成要件

(1) 犯罪主体。

犯罪主体是特殊主体，即银行或者其他金融机构的工作人员，单位也可以成为本罪的主体。

(2) 犯罪主观要件。

主观方面是故意，且具有牟利的目的。

(3) 犯罪客体。

侵犯的客体是国家对存贷款的管理秩序。

(4) 犯罪客观要件。

客观方面表现为采取吸收客户资金不入账的方式，将资金用于非法拆借、发放贷款，造成重大损失的行为。"吸收客户资金不入账"，是指不记入金融机构的法定存款账目，以逃避国家金融监管，至于是否记入法定账目以外设立的账目不影响该罪成立。"非法拆借、发放贷款"，是指将没有入账的资金挪借给其他单位，或者将没有入账的资金作为贷款发放其他单位或个人。

4. 刑法条文

《刑法》一百八十七条规定，银行或者其他金融机构的工作人员吸收客户资金不入账，数额巨大或者造成重大损失的，处五年以下有期徒刑或者拘役，并处二万元以上二十万元以下罚金；数额特别巨大或者造成特别重大损失的，处五年以上有期徒刑，并处五万元以上五十万元以下罚金。单位犯前款罪的，对单位判处罚金，并对其直接负责的主管人员和其他直接责任人员，依照前款的规定处罚。

案例：吸收客户资金不入账罪

被告人闫学军在担任南召县小店信用社朱庄村农户信息联络员期间，从 2002 年开始，违反有关规定，通过写存款凭条，加盖私人印章的办法，收取小店乡储户存款共计 82 笔，合 719 350 元，未交付南召县小店信用联社入账，分别用于个人发放贷款、经商、赌博使用。2007 年 9 月潜逃。2009 年 4 月 24 日晚，被告人闫学军在南阳市永安路一旅馆内被抓获。为指控犯罪，公诉机关随案移送了被告人的供述、被害人的陈述、证人证言及相关书证，诉请以职务侵占罪追究被告人闫学军的刑事责任。被告人闫学军对指控犯罪事实供认不讳，其辩解的主要意见为构不成职务侵占罪，请求从轻处罚。

【裁判】被告人闫学军犯吸收客户资金不入账罪，判处有期徒刑三年，并处罚金十万元。犯罪所得赃款 719 350 元予以追缴。

【法理分析】被告人闫学军是金融机构的工作人员，违反规定，将其经手储户的存款未交信用社入账，其行为已构成吸收客户资金不入账罪。南召县人民检察院指控的罪名不妥，因为依照法律规定，对金融机构工作人员的上述事实做出了特殊规定，且被告人不具有从事存、贷现金的职务之便，不符合职务侵占罪所必需的"利用职务上便利"的要求，应予以纠正。被告人、辩护人辩称理由不能成立，被告人闫学军犯吸收客户资金不入账罪。

9.2.4 伪造、变造金融票证罪

1. 伪造、变造金融票证罪的定义

伪造、变造金融票证罪，是指伪造、变造汇票、本票、支票、委托收款凭证、汇款凭证、银行存单、其他银行结算凭证、信用证附随的单据、文件，扰乱正常金融秩序的行为。

2. 伪造、变造金融票证罪的立案标准

伪造、变造金融票证，涉嫌下列情形之一，应予追诉。

(1) 伪造、变造金融票证，面额在一万元以上的；

(2) 伪造、变造金融票证，数量在十张以上的。

3. 伪造、变造金融票证罪的构成要件

(1) 犯罪主体。

本罪的主体是一般主体，凡是达到刑事责任年龄且具有刑事责任能力的自然人都可以构成本罪主体。依据本条第二款的规定，单位也可以构成本罪的主体。

(2) 犯罪主观要件。

本罪在主观方面只能由故意构成。如果行为人因过失而错写误填票证内容的，虽然要承担相应的民事责任，但不能让其承担刑事责任。即使行为人错写误填票证后又故意使用的，也只能按金融票据诈骗罪等其他犯罪追究刑事责任，而不能以本罪论处。

(3) 犯罪客体。

侵犯客体是国家对存贷款的管理秩序。本罪的客体，是国家的金融票证管理制度。金

融票证是商品交换和信用活动的产物，它对于加速资金周转，提高社会资金使用效益；及时进行商品交易，促进商品流通；及时清结债权债务，节省流通费用以及规范商业信用等具有重要意义。随着我国改革开放后经济的快速发展，金融票证在商品交易、清洁债权债务等方面逐渐得到日益广泛的应用。金融票证已成为我国经济生活中日益重要的信用支付或结算工具。随着金融票证在经济生活中的作用越来越大，伪造、变造金融票证的违法犯罪活动也开始滋生、蔓延。这种犯罪行为不仅损害了有关当事人的正当权益，更影响了金融票证应有的信誉，破坏了国家的金融票证管理制度，妨害了经济健康有序的发展。因此本法将这种行为单独规定为犯罪，予以惩处。

(4) 犯罪客观要件。

本罪在客观方面表现为伪造、变造各种金融票证的行为。所谓伪造金融票证，是指无权制作金融票证的假冒他人或虚构他人的名义擅自制作金融票证的行为；所谓变造金融票证，是擅自对他人的有效金融票证上所载内容进行变更的行为。伪造和变造金融票证的结果都产生"假金融票证"，但伪造是一种完全的造假行为，变造则以真实的金融票证为前提，变造后的金融票证并未完全否定原来的有效成分。因此相对来说，伪造金融票证的危害性要大于变造金融票证，前者可能给被害人造成更大的损失。

4. 刑法条文

《刑法》一百七十七条规定，有下列情形之一，伪造、变造金融票证的，处五年以下有期徒刑或者拘役，并处或者单处二万元以上二十万元以下罚金；情节严重的，处五年以上十年以下有期徒刑，并处五万元以上五十万元以下罚金；情节特别严重的，处十年以上有期徒刑或者无期徒刑，并处五万元以上五十万元以下罚金或者没收财产。

(1) 伪造、变造汇票、本票、支票的。

(2) 伪造、变造委托收款凭证、汇款凭证、银行存单等其他银行结算凭证的。

(3) 伪造、变造信用证或者附随的单据、文件的。

(4) 伪造信用卡的。

单位犯前款罪的，对单位判处罚金，并对其直接负责的主管人员和其他直接责任人员，依照前款的规定处罚。

案例：伪造、变造金融票证罪

2009 年 5 月，被告人樊某出钱委托他人伪造了某银行人民币定期存单一张(面额人民币 15 万元)，并将存单交给其女友许某。2009 年 6 月 27 日，许某持上述伪造的某银行人民币定期存单至某银行支行欲取款时，被银行工作人员发现并报案。

【裁判】被告人樊某伪造银行存单，破坏金融管理秩序，已构成伪造金融票证罪，依法判处被告人樊某有期徒刑九个月，缓刑一年，罚金人民币二万元。

@ 9.3 金融诈骗罪

本节主要阐述了金融诈骗罪中的集资诈骗罪、贷款诈骗罪、票据诈骗罪、金融凭证诈骗罪、信用证诈骗罪、信用卡诈骗罪。

9.3.1 集资诈骗罪

1. 集资诈骗罪的定义

集资诈骗罪是指以非法占有为目的，违反有关金融法律、法规的规定，使用诈骗方法进行非法集资，扰乱国家正常金融秩序，侵犯公私财产所有权，且数额较大的行为。

2. 集资诈骗罪的立案标准

以非法占有为目的，使用诈骗方法非法集资，涉嫌下列情形之一的，应予追诉。

(1) 个人集资诈骗，数额在 10 万元以上的；这主要是指以非法占有为目的，使用诈骗方法非法集资，个人集资诈骗数额累计达到 10 万元以上的。所谓"以非法占有为目的"，是指犯罪行为人在主观上具有将非法募集的资金据为己有的目的。所谓"诈骗方法"，是指行为人采取虚构集资用途，以虚假的证明文件和高回报率为诱饵，骗取集资款等手段。

(2) 单位集资诈骗，数额在 50 万元以上的。根据最高人民法院《关于审理诈骗案件具体应用法律的若干问题的解释》的规定，具有下列情形之一的，应当认定其行为属于"以非法占有为目的，使用诈骗方法非法集资"：①携带集资款逃跑的；②挥霍集资款，致使集资款无法返还的；③使用集资款进行违法犯罪活动，致使集资款无法返还的；④具有其他欺诈行为。

3. 集资诈骗罪的构成要件

(1) 犯罪主体。

犯罪主体是一般主体，任何达到刑事责任年龄、具有刑事责任能力的自然人均可构成本罪，单位也可以成为本罪主体。

(2) 犯罪主观要件。

本罪在主观上由故意构成，且以非法占有为目的。即犯罪行为人在主观上具有将非法聚集的资金据为己有的目的。所谓据为己有，既包括将非法募集的资金置于非法集资的个人控制之下，也包括将非法募集的资金置于本单位的控制之下。在通常情况下，这种目的具体表现为将非法募集的资金的所有权转归自己所有，或任意挥霍，或占有资金后携款潜逃等。

(3) 犯罪客体。

本罪侵犯的客体是复杂客体，既侵犯了公私财产所有权，又侵犯了国家金融管理制度。

(4) 犯罪客观要件。

本罪在客观方面表现为行为人必须实施了使用诈骗方法非法集资，数额较大的行为。构成本罪行为人在客观方面应当符合以下条件：①必须有非法集资的行为，所谓非法集资，是指公司、企业、个人或其他组织未经批准，违反法律、法规，通过不正当的渠道，向社会公众或者集体募集资金的行为，是构成本罪的行为实质所在；②集资是通过使用诈骗方法实施的，所谓使用诈骗方法，是指行为人以非法占有为目的，编造谎言，捏造或者隐瞒事实真相，骗取他人资金的行为；③使用诈骗方法非法集资必须数额较大，才构成犯罪。否则，不构成犯罪。

4. 刑法条文

《刑法》规定，犯本罪的，处五年以下有期徒刑或者拘役，并处二万元以上二十万元以下罚金；数额巨大或者有其他严重情节的，处五年以上十年以下有期徒刑，并处五万元以上五十万元以下罚金；数额特别巨大或者有其他特别严重情节的，处十年以上有期徒刑或者无期徒刑，并处五万元以上五十万元以下罚金或者没收财产；若数额特别巨大并且给国家和人民利益造成重大损失的，处无期徒刑或者死刑，并处没收财产。同时，单位犯本罪的，对单位判处罚金，并对其直接负责的主管人员和其他直接责任人员，处五年以下有期徒刑或者拘役；数额巨大或者有其他严重情节的，处五年以上十年以下有期徒刑；数额特别巨大或者有其他特别严重情节的，处十年以上有期徒刑或者无期徒刑。

5. 集资诈骗罪与非法吸收公众存款罪的区别

非法吸收公众存款也是一种非法集资的行为，因此，集资诈骗罪与非法吸收公众存款罪之间有相同之处。但是，两者存在以下区别。

(1) 侵犯的对象不同。集资诈骗罪的对象是他人用于集资获利所交付的集资款，既可以表现为资金，又可以表现为财物；非法吸收公众存款罪的对象则是公众的存款，它只能表现为金钱的形式，并且只能以存款人用于存款而获取一定利息的形式出现。

(2) 犯罪客观行为的表现方式不同。集资诈骗罪是以诈骗的方法去非法聚集资金，表现为诈骗方法与非法集资两种行为的统一。诈骗行为属于方法行为，其是为非法集资这一目的行为服务的；非法吸收公众存款罪，是以存款的形式非法吸收公众存款。其虽可采用欺骗的方法进行，但不是必备条件之一。

(3) 犯罪的目的不同。集资诈骗罪的目的是将所非法募集到的集资资金据为己有，即具有非法占有之目的；但非法吸收公众存款罪的目的是营利，其不具有占有的目的意图。

案例：集资诈骗罪

被告人吴某某为维持其名下公司能再生产，欠下大量债务。2013 年上半年，在债主林某的介绍下，吴某某意欲成立电子商务公司利用网络平台进行融资。吴某某以身陷债务和民事诉讼为由，找到被告人吴秋某，让其担任新设公司的法定代表人，承诺给付吴秋某每月 3000 至 5000 元的工资，并书面承诺新设公司产生的一切法律责任自己承担。随后，吴某某通过财务公司的运作，注册成立了铜陵市某某电子商务有限公司，该公司注册资本为 1000 万元(1000 万元出资、验资后即被抽走)，经营范围为一般经营项目：网上电子商务咨询，电子产品销售，投资咨询，企业管理咨询。

之后，吴某某以融资额的 10%为报酬，由余某帮助建立了名为"某某财富"投融资 P2P 互联网交易平台，并于 2013 年 9 月 14 日正式上线经营。吴某某指使吴秋某等人制作虚假的借款合同和抵押合同，在互联网上发布虚假的借贷信息。由于承诺的回报率较高，网民觉得有利可图，便在该网站上注册为会员，通过第三方平台或直接将钱转入该公司账户或吴秋某的银行卡的形式进行投标。截至 2013 年 12 月 12 日，该公司共收到 440 余人的 1867 笔投资款 1626 万余元，用于归还 408 位投资人本息 529 万余元，未返还 240 位投资人 1109 万余元。所骗取的 1109 万余元中，吴某某为取信投资人而投资购买池州某林场用去 235 万元；剩余款项中，吴某某用于归还林某借款本息 450 万元，给付余某建立和维护平台费用 140 万元，其余用于某某公司的运营和归还其个人其他债务等。

【裁判】被告人吴某某犯诈骗罪，判处有期徒刑十四年，并处罚金人民币 50 万元；被告人吴秋某犯诈骗罪，判处有期徒刑八年，并处罚金人民币 10 万元；责令被告人吴某某、吴秋某退赔各被害人的经济损失 11092168.8；对被告人吴某某、吴秋某给付林某的 450 万元以及给付余某的 140 万元依法予以追缴。

【法理分析】这是一起典型的利用 P2P 平台集资诈骗案。集资诈骗罪是指以非法占有为目的，违反有关金融法律、法规的规定，以诈骗的方式进行非法集资，扰乱国家正常金融秩序，侵犯公私财产所有权，且数额较大的行为。"非法占有"通常是指将非法募集的资金的所有权转归自己所有，或任意挥霍，或占有资金后携款潜逃等。"以诈骗的方式"是指行为人以非法占有为目的，通过编造谎言、捏造或者隐瞒事实真相等欺骗的方法，使他人在基于错误的认识下，处分财产，骗取他人资金的行为。案例中的被告人吴某某、吴秋某即采用了在 P2P 平台伪造虚假项目信息、承诺虚假回报、骗取广大社会公众投资者资金的行为，表面上看似投资某某项目，或委托理财等其他事项，但实际投资者的资金都大部分用于被告人吴某某私自的其他事项上，且没有归还的意图。吴某某利用"某某财富"互联网交易平台募集社会公众巨额资金，用作偿还公司债务、自身债务等与生产经营不相干的用途，符合"非法占有"的情形。对于被告人吴秋某，虽然他未实际占有并使用募集来的款项，但其作为公司高管、主要业务负责人，其清楚并参与帮助了被告人吴某某非法占有款项的过程，属于帮助犯。因此，法院在对二被告人定罪的时候均以集资诈骗罪认定。

9.3.2 贷款诈骗罪

1. 贷款诈骗罪的定义

贷款诈骗罪，是指以非法占有为目的，编造引进资金、项目等虚假理由、使用虚假的经济合同、使用虚假的证明文件、使用虚假的产权证明作担保、超出抵押物价值重复担保或者以其他方法，诈骗银行或者其他金融机构的贷款、数额较大的行为。

2. 贷款诈骗罪的立案标准

以非法占有为目的，使用诈骗方法非法集资，涉嫌下列情形之一的，应予追诉。

(1) 个人集资诈骗，数额在 10 万元以上的；这主要是指以非法占有为目的，使用诈骗方法非法集资，个人集资诈骗数额累计达到 10 万元以上的。所谓"以非法占有为目的"，是指犯罪行为人在主观上具有将非法募集的资金据为己有的目的。所谓"诈骗方法"，是指行为人采取虚构集资用途，以虚假的证明文件和高回报率为诱饵，骗取集资款等手段。

(2) 单位集资诈骗，数额在 50 万元以上的。根据最高人民法院《关于审理诈骗案件具体应用法律的若干问题的解释》的规定，具有下列情形之一的。应当认定其行为属于"以非法占有为目的，使用诈骗方法非法集资"：①携带集资款逃跑的；②挥霍集资款，致使集资款无法返还的；③使用集资款进行违法犯罪活动，致使集资款无法返还的；④具有其他欺诈行为。

3. 贷款诈骗罪的构成要件

(1) 犯罪主体。

本罪的主体是一般主体，任何达到刑事责任年龄、具有刑事责任能力的自然人均可构成，单位不能成为本罪的主体。

(2) 犯罪主观要件。

本罪在主观上由故意构成，且以非法占有为目的。即犯罪行为人在主观上具有将非法聚集的资金据为己有的目的。所谓据为己有，既包括将非法募集的资金置于非法集资的个人控制之下，也包括将非法募集的资金置于本单位的控制之下。在通常情况下，这种目的具体表现为将非法募集的资金的所有权转归自己所有，或任意挥霍，或占有资金后携款潜逃等。

(3) 犯罪客体。

本罪侵犯的客体是双重客体，既侵犯了银行或者其他金融机构对贷款的所有权，还侵犯国家金融管理制度，贷款是指作为贷款人的银行或者其他金融机构对借款人提供的并按约定的利率和期限还本付息的货币资金。

(4) 犯罪客观要件。

本罪在客观方面表现为行为人必须实施了使用诈骗方法非法集资，数额较大的行为。构成本罪行为人在客观方面应当符合以下条件：①必须有非法集资的行为，所谓非法集资，是指公司、企业、个人或其他组织未经批准，违反法律、法规，通过不正当的渠道，向社会公众或者集体募集资金的行为，是构成本罪的行为实质；②集资是通过使用诈骗方法实施的，所谓使用诈骗方法，是指行为人以非法占有为目的，编造谎言，捏造或者隐瞒事实真相，骗取他人资金的行为；③使用诈骗方法非法集资必须达到数额较大，才构成犯罪。否则，不构成犯罪。

4. 刑法条文

《刑法》第一百九十三条规定，有下列情形之一，以非法占有为目的，诈骗银行或者其他金融机构的贷款，数额较大的，处五年以下有期徒刑或者拘役，并处二万元以上二十万元以下罚金；数额巨大或者有其他严重情节的，处五年以上十年以下有期徒刑，并处五万元以上五十万元以下罚金；数额特别巨大或者有其他特别严重情节的，处十年以上有期徒刑或者无期徒刑，并处五万元以上五十万元以下罚金或者没收财产：①编造引进资金、项目等虚假理由的；②使用虚假的经济合同的；③使用虚假的证明文件的；④使用虚假的产权证明作担保或者超出抵押物价值重复担保的；⑤以其他方法诈骗贷款的。

9.3.3　票据诈骗罪

1. 票据诈骗罪的定义

票据诈骗罪，是指以非法占有为目的，明知是伪造、变造、作废的票据而使用，或冒用他人的票据，或签发空头支票、签发无资金保证的汇票、本票，或捏造其他票据事实，利用金融票据进行诈骗活动，骗取财物数额较大的行为。

2. 票据诈骗罪的立案标准

进行金融票据诈骗活动，涉嫌下列情形之一的，应予追诉。

(1) 个人进行金融票据诈骗，数额在 5000 元以上的；

(2) 单位进行金融票据诈骗，数额在 10 万元以上的。

3. 票据诈骗罪的构成要件

(1) 犯罪主体。

票据诈骗罪的主体是一般主体、凡达到刑事责任年龄并具有刑事责任能力的自然人均可构成。根据本节第 200 条之规定，单位也能成为票据诈骗罪的主体。

(2) 犯罪主观要件。

本罪在主观上须由故意构成，且以非法占有为目的。如果行为人出于过失而使用金融票据，如不知是伪造、变造或作废的金融票据、误签空头支票、对票据事项因过失而导致记载错误等，不构成犯罪。

(3) 犯罪客体。

票据诈骗罪侵犯的客体是双重客体，既侵犯了他人的财物所有权，又侵犯了国家的金融管理制度。

(4) 犯罪客观要件。

本罪在客观方面表现为利用金融票据进行诈骗活动，骗取财物数额较大的行为。一般表现为以下五种行为方式。具体包括：①明知是伪造、变造的汇票、本票、支票而使用；②明知是作废的汇票、本票、支票而使用；③冒用他人的汇票、本票、支票；④签发空头支票或者与其预留印鉴不符的支票，骗取财物的；⑤汇票、本票的出票人签发无资金保证的汇票、本票或者在出票时做虚假记载，骗取财物的。

4. 刑法条文

《刑法》第一百九十四条规定，进行金融票据诈骗活动，数额较大的，处五年以下有期徒刑或者拘役，并处二万元以上二十万元以下罚金；数额巨大或者有其他严重情节的，处五年以上十年以下有期徒刑，并处五万元以上五十万元以下罚金；数额特别巨大或者有其他特别严重情节的，处十年以上有期徒刑或者无期徒刑，并处五万元以上五十万元以下罚金或者没收财产。

案例：票据诈骗罪

2003 年 5 月 26 日、27 日、29 日、30 日，被告人黎月华先后四次窜到佛山市南海区桂城南桂钢铁材料有限公司(以下简称南桂公司)，以四张由中国银行 4764055010573700 账号开出的空头支票(总面额为 820 580.18 元)，购买了该公司的五批钢材，然后以低于买入价的价格转卖到顺德区乐从镇东升钢材贸易有限公司(以下简称东升公司)。

【裁判】被告人黎月华以非法占有为目的，采用签发空头支票的手段，骗取他人数额特别巨大的财物，其行为已构成票据诈骗罪。依照《中华人民共和国刑法》第一百九十四条第一款第(四)项、第五十六条第一款、第五十五条第一款、第五十二条、第五十三条之规定，以票据诈骗罪判处被告人黎月华有期徒刑十三年，剥夺政治权利四年，罚金五十万元。

9.3.4　金融凭证诈骗罪

1. 金融凭证诈骗罪的定义

金融凭证诈骗罪，是指使用伪造、变造的委托收款凭证、汇款凭证、银行存单等其他银行结算凭证，骗取他人财物，数额较大的行为。从广义上来说，汇票、本票、支票都属于银行的结算凭证，与委托收款凭证、汇款凭证、银行存单等其他银行结算凭证等金融凭证具有相同的性质。但作为本罪行为对象的金融凭证，则仅是指委托收款凭证、汇款凭证及银行存单。

2. 金融凭证诈骗罪的立案标准

以使用伪造、变造的委托收款凭证、汇款凭证、银行存单等其他银行结算凭证进行诈骗活动，涉嫌下列情形之一的，应予追诉。

(1) 个人进行金融凭证诈骗，数额在五千元以上的；

(2) 单位进行金融凭证诈骗，数额在十万元以上的。

3. 金融凭证诈骗罪的构成要件

(1) 犯罪主体。

本罪主体为一般主体，既包括个人，也包括单位。

(2) 犯罪主观要件。

本罪在主观方面必须出于故意，过失不能构成本罪。行为人对所使用的伪造、变造的金融凭证必须表现出明知。如对伪造、变造的金融凭证不表现为明知，即不知道所使用的金融凭证是伪造或变造的，则不构成本罪。

(3) 犯罪客体。

本罪所侵害的客体是复杂客体。既侵犯了国家有关金融凭证的管理制度，同时又对公私财产的所有权造成损害。

(4) 犯罪客观要件。

本罪在客观方面表现为使用伪造、变造的委托收款凭证、汇款凭证、银行存单等其他银行结算凭证，进行诈骗活动，数额较大的行为。伪造，是指仿照真实的金融凭证形式的图样、格式、颜色等特征擅自通过印刷、复印、描绘、复制等方法非法制造金融凭证或者在真实的空白金融凭证上做虚假的记载的行为；变造，则是指在真实的金融凭证的基础上或者以真实的金融凭证为基本材料，通过挖补、剪贴、粘贴、涂改、覆盖等方法，非法改变其主要内容的行为，如改变确定的金额、有效日期等；使用，在这里是指将伪造或变造的金融凭证谎称、冒充为真实的金融凭证，用于骗取他人财物的行为。

4. 刑法条文

《刑法》第二百条规定，单位犯本罪的，判处罚金；对其直接负责的主管人员和其他直接责任人员处 5 年以下有期徒刑或者拘役；数额巨大或者有其他严重情节的，处 5 年以上 10 年以下有期徒刑；数额特别巨大或者有其他特别严重情节的，处 10 年以上有期徒刑或者无期徒刑。

案例：金融凭证诈骗罪

中国光大银行南京分行白下支行客户经理部原客户经理胡晋松因自己经手的人民币200万元贷款到期未能收回，且多次向借款人南京康富达实业有限公司法定代表人王军催要未果，遂与王军合谋骗取钱财用于归还所欠贷款及个人使用。胡晋松以光大银行客户部经理的身份上门吸储，取得被害单位存款后交给王军，王军则提供虚假单位定期存款开户证实书和银行进账单，再由胡晋松转交存款单位的手段，多次骗取人民币近3000万元，案发前归还人民币近1000万元，其中：2001年9月，胡晋松通过他人介绍，骗取苏富特公司的信任，同意将人民币1000万元存入光大银行白下支行。胡晋松以银行工作人员的身份取得该公司人民币1000万元本票一份交给王军，并向苏富特公司提供虚假的单位定期存款开户证实书和银行进账单。后王军将该钱款以苏富特公司的名义在广东发展银行南京城东支行开设通知存款，并伪造该公司的印鉴章，将钱款转移。2002年3月，胡晋松再次骗取苏富特公司的信任，同意将人民币1000万元存入光大银行白下支行。胡晋松以银行工作人员的身份取得该公司人民币1000万元本票一份交给王军，并向苏富特公司提供虚假的单位定期存款开户证实书和银行进账单。后王军将该钱款以苏富特公司的名义在广东发展银行南京城东支行开设通知存款，并伪造该公司的印鉴章，将钱款转移。为掩盖骗取存款的事实，胡晋松三次支付给苏富特公司"利息"合计人民币97万余元。2003年4月1日，胡晋松主动向公安机关投案。

【裁判】被告人胡晋松以非法占有为目的，借助银行工作人员身份上门吸储，伙同他人骗取存款单位开出的本票，并将伪造的银行单位存款开户证实书、银行进账单交存款单位，使存款单位误认为存款已经存入银行，从而骗取公共财物1900余万元，并且造成实际损失1700余万元，其行为符合金融凭证诈骗罪的构成要件，且属数额特别巨大，给国家和人民利益造成特别重大损失，依法应予严惩。在金融凭证诈骗犯罪中，胡晋松主观上对王军利用伪造的银行开户证实书及银行进账单实施诈骗行为明知且态度积极、主动，客观上利用其银行工作人员的特殊身份上门吸储并以高息作诱饵，致使多次诈骗得逞，最终造成被害单位的巨额损失，其在共同犯罪中起主要作用，应属主犯。根据胡晋松犯罪事实及自首情节，对其量刑适当，判处有期徒刑十五年，并处罚金人民币10万元；公安机关已追缴的赃款人民币144万元，美元7488.49元和胡晋松亲属为其退缴的赃款人民币12万元发还被害人单位苏富特软件股份有限公司；本案赃款继续予以追缴，发还被害单位。

9.3.5 信用证诈骗罪

1. 信用证诈骗罪的定义

信用证诈骗罪，是指以非法占有为目的，利用信用证进行诈骗活动，数额较大的行为。信用证是指开证银行应申请人的要求并按其指示向第三方开立的载有一定金额的，在一定的期限内凭符合规定的单据付款的书面保证文件。

2. 信用证骗罪的立案标准

进行信用证诈骗活动，涉嫌下列情形之一的，应予追诉。

(1) 使用伪造、变造的信用证或者附随的单据、文件的；

(2) 使用作废的信用证的；

(3) 骗取信用证的；

(4) 以其他方法进行信用证诈骗活动的。

3. 信用证诈骗罪的构成要件

(1) 犯罪主体。

本罪的主体是一般主体，任何达到刑事责任年龄且具有刑事责任能力的自然人均可构成。依本节第二百条之规定，单位也可以成为本罪的主体。

(2) 犯罪主观要件。

本罪在主观方面必须出于故意，并且具有非法占有之目的，过失不能构成本罪。如对于使用伪造、变造的信用证或者附随的单据、文件、作废的信用证进行诈骗的，构成犯罪必须以明知所使用的信用证属于伪造、变造或是作废的为必要。倘若行为人确实不知道是伪造、变造、作废的，如对于可转让的信用证通过转让而得来自己不知道的，或出于过失设立了一些"软条款"的，则因不具有本罪故意而不构成本罪。

(3) 犯罪客体。

本罪侵犯的客体，是双重客体，既侵犯了他人的财物所有权，又侵犯了国家的金融管理制度。

(4) 犯罪客观要件。

本罪在客观方面表现为行为人实施了利用信用证进行诈骗行为。具体包括：①使用伪造、变造的信用证或者附随的单据、文件；②使用作废的信用证。这种情形主要是指使用过期的信用证、使用无效的信用证、使用明知是经他人涂改的信用证进行诈骗的行为；③骗取信用证的。这种情形是指行为人编造虚假的事实或隐瞒事实真相，欺骗银行为其开具信用证的行为；④以其他方法进行信用证诈骗活动。这种情形指的是行为人以前三种以外的其他方法进行信用证诈骗的行为，司法实践中尤其需要引起重视的是利用"软条款"信用证进行诈骗的犯罪行为。

4. 刑法条文

《刑法》第一百九十五条规定，进行信用证诈骗活动的，处五年以下有期徒刑或者拘役，并处二万元以上二十万元以下罚金；数额巨大或者有其他严重情节的，处五年以上十年以下有期徒刑，并处五万元以上五十万元以下罚金；数额特别巨大或者有其他特别严重情节的，处十年以上有期徒刑或者无期徒刑，并处五万元以上五十万元以下罚金或者没收财产。

案例：信用证诈骗罪

1995 年，海南省财信总公司总经理李家福与海南昌隆公司经理马家仁商议进行融资。由财信总公司的子公司与香港的中隆集团公司、华宝东峰发展有限公司等境外企业签订假进口贸易合同，然后向工商银行海南省分行申请开具远期信用证，骗取资金，双方进行分成。曾育环在担任海南省财信总公司副总经理和融资小组组长期间，在总经理李家福的指挥和授意下，以总公司担保，在各子公司的配合下，以签订假合同为名，先后骗取银行信用证 11 单，金额共为 3290 万多美元。该信用证到期后，银行为其垫付 3019 多万美元，造成损失合计人民币 2.5 亿多元。另查明，1995 年年底，海南省澄迈县海深建筑安装公司经理李某(另案处理)准备承建财信总公司的海口金楚小区工程。1995 年 12 月 28 日下午，李某打电话约曾育环到海口市南大桥下，把 5 万元人民币送给了曾育环。1996 年 7 月，李某顺利地承建了省财信总公司的金楚小区工程。

【裁判】曾育环作为财信总公司副总经理兼融资小组组长，在开具信用证过程中起到了积极配合的作用，其行为已经构成信用证诈骗罪。同时他还利用职务之便收受了 5 万元人民币，已构成受贿罪。鉴于他有自首情节，原审法院已依法减轻处罚。据此，海南中级人民法院判处曾育环有期徒刑 14 年。

9.3.6　信用卡诈骗罪

1. 信用卡诈骗罪的定义

信用卡诈骗罪，是指以非法占有为目的，违反信用卡管理法规，利用信用卡进行诈骗活动，骗取财物数额较大的行为。利用信用卡，一般是指使用伪造的、作废的信用卡或者冒用他人的信用卡、恶意透支的方法进行诈骗活动。

2. 信用卡诈骗罪的立案标准

根据相关法律规定，涉嫌下列情形之一的，应予追诉。

(1) 使用伪造的信用卡、以虚假的身份证明骗领的信用卡、作废的信用卡或者冒用他人信用卡，进行信用卡诈骗活动，数额在 5000 元以上的行为；

(2) 恶意透支 1 万元以上的行为。

3. 信用卡诈骗罪的构成要件

(1) 犯罪主体。

本罪的主体是一般主体，凡达到刑事责任年龄、具有刑事责任能力的自然人均可构成。单位也能成为本罪的主体。

(2) 犯罪主观要件。

本罪在主观上只能由故意构成，并且必须具有非法占有公私财物的目的。如果行为人确无诈骗故意，即使违反有关信用卡管理规定获取了财物，也不能以犯罪论处。如不知是伪造、作废的信用卡而使用，善意透支，误用他人信用卡等，均不能作犯罪论处。

(3) 犯罪客体。

本罪所侵害的客体是复杂客体，其既对国家有关的金融票证管理制度，具体来讲是信用卡的管理制度造成侵害，同时也给银行以及信用卡的有关关系人的公私财物所有权产生损害。

(4) 犯罪客观要件。

本罪在客观上表现为使用伪造、变造的信用卡，或者冒用他人信用卡，或者利用信用卡恶意透支，诈骗公私财物，数额较大的行为。其具体行为表现为：①使用伪造的信用卡

进行诈骗。所谓使用，包括用信用卡购买商品、在银行或者自动取款机上支取现金以及接受信用卡进行支付、结算的各种服务；②使用作废的信用卡进行诈骗，所谓作废的信用卡，是指使用因法定的原因失去效用的信用卡；③冒用他人的信用卡进行诈骗，所谓冒用他人的信用卡，是指非持卡人以持卡人的名义使用持卡人的信用卡而骗取财物的行为；④使用信用卡进行恶意透支，信用卡的透支，是指持卡人在其发卡银行信用卡账户上资金不足或已无资金的情况下，经过银行批准，持卡人仍可使用信用卡进行消费。

4. 刑法条文

《刑法》第一百九十三六条规定，进行信用卡诈骗活动，数额较大的，处五年以下有期徒刑或者拘役，并处二万元以上二十万元以下罚金；数额巨大或者有其他严重情节的，处五年以上十年以下有期徒刑，并处五万元以上五十万元以下罚金；数额特别巨大或者有其他特别严重情节的，处十年以上有期徒刑或者无期徒刑，并处五万元以上五十万元以下罚金或者没收财产。

案例：信用卡诈骗罪

2009 年 6 月，阿玲在某银行三明分行申办了一张信用卡。2011 年 12 月 19 日开始连续透支后未及时还款，至 2012 年 3 月 19 日累计未还款金额为人民币 263 150.06 元。在阿玲连续透支未能及时还款的这段时间里，2011 年 3 月，她又使用本人身份证向某银行厦门分行申办了一张信用卡。这一次，她竟然透支了 598 808 元，用于购买某品牌豪车。经发卡银行多次通过电话方式催讨，阿玲才归还了 10 000 元。对于透支 59 万余元未及时还款一事，阿玲未持异议。而在透支 26 万余元一事上，银行方面称，自 2011 年 11 月 21 日至 2012 年 2 月 14 日期间，银行多次拨打阿玲电话，仅有两次成功打通进行了催讨，还多次将书面催收的函件交付邮局投递。对此，阿玲辩称，因其办理信用卡时登记的手机丢失，自该手机丢失起，从未接到银行方面的催收电话或短信，并经查询，均未收到过银行催收函件或对账单。

【裁判】阿玲多次超过规定期限透支信用卡，透支本金达人民币 598 808 元，数额巨大，并且经发卡银行多次催收后超过三个月仍不归还，主观上已经具有非法占有的目的，属恶意透支，其行为已构成信用卡诈骗罪，判处有期徒刑五年三个月，并处罚金人民币五万元。阿玲应当赔偿被害单位某银行厦门分行人民币 588 808 元。

本 章 小 结

- 金融犯罪是指发生在金融活动过程的，违反金融管理相关法律法规，破坏金融管理秩序，危害金融业相关制度，侵犯我国资金融通体系，情节已达到犯罪标准，依法应受到刑事处罚的行为。
- 金融犯罪的构成要件包括四个方面：犯罪主体、犯罪主观方面、犯罪客体以及犯罪客观方面。金融犯罪具有多元化、隐蔽性、高智能性、非暴力性的特点，可分为破坏金融管理秩序的犯罪和金融诈骗犯罪两大类。破坏金融管理秩序又可分为：违反货币管理秩序罪、破坏金融机构经营管理秩序罪、破坏银行业管理秩序罪、破坏金融票证管理秩序罪、破坏证券、期货管理秩序罪等；金融诈骗罪主要包括集资诈骗罪、贷款诈骗罪、票据诈骗罪、金融凭证诈骗罪、信用证诈骗罪、信用卡诈骗罪、有价证券诈骗罪、保险诈骗罪等。

本 章 作 业

1. 试述金融犯罪的构成要件。
2. 试述金融犯罪的种类和特征。
3. 试述非法吸收公众存款罪的主要表现。
4. 试述非法吸收公众存款罪与集资诈骗罪的区别。
5. 简述信用卡诈骗罪的构成要件。
6. 案例题

朱某原为中国农业银行某支行一储蓄所的代办员，2000 年 6 月 23 日，朱某与该农行支行解除了劳动关系，朱某在离开时，私自留存了一份空白的、加盖农行印章的银行定活两便储蓄存单。2000 年 9 月 26 日，朱某将存单填写、涂改成面额为 10 万元的五年定期存单，以吸储为名，许诺 8.35% 的年息，从张某处得款 10 万元，朱某将该款用于私人借贷和使用。案发前朱某已归还张某 7 万元，案发后朱某又归还本金和利息 4.5 万元。

本案在审理过程中，出现了三种不同的意见。

第一种意见认为，朱某的行为构成变造金融票证罪。理由是朱某变造了虚假的银行存单，扰乱了国家金融机构的正常管理秩序，其行为符合变造金融票证罪的构成，应以变造金融票证罪定罪量刑。

第二种意见认为，朱某的行为构成非法吸收公众存款罪。理由是朱某填写、涂改银行的存单是为了非法吸收公众存款，从张某处骗取 10 万元，其行为侵犯了国家金融管理制度，对其应以非法吸收公众存款罪定罪量刑。

第三种意见认为，朱某的行为构成金融凭证诈骗罪。理由是朱某变造银行存单，其从张某处以吸储为名骗取张某 10 万元的行为符合金融凭证诈骗罪的构成，应以金融凭证诈骗罪定罪量刑。

朱某的行为构成何罪？

第 10 章

互联网金融消费者权益保护与不正当竞争法律制度

- 掌握互联网金融消费者权利与受损问题。
- 了解国内外互联网金融消费者权益保护立法。
- 掌握不正当竞争行为的表现形式。
- 掌握当前新型不正当竞争行为。
- 掌握反不正当竞争法之下的消费者权益保护。

互联网金融消费者作为消费者的一个重要组成部分，也应该享有《中华人民共和国消费者权益保护法》赋予一般消费者的所有权利，但现实生活中其合法权益尚未得到有效的保护。此外，随着市场经济的蓬勃发展，不正当竞争行为的方式和种类越来越多，不仅扰乱了正常的市场秩序，还直接或间接地侵害了广大消费者的权益。因此，互联网金融消费者的权益保护和不正当竞争法律制度的建立健全是必要的。

本章将重点讲解互联网消费者的权利与受损问题、国内外互联网金融消费者权益保护立法、不正当竞争行为的表现形式、当前新型不正当竞争行为以及反不正当竞争法之下的消费者权益保护。

@ 10.1 互联网金融消费者权益保护法律制度

10.1.1 互联网金融消费者权利

互联网金融消费者作为消费者的一个重要组成部分，也享有《中华人民共和国消费者权益保护法》赋予一般消费者的所有权利。结合《消费者权益保护法》和现阶段我国在实践过程中对互联网金融消费者权益做出的保护，互联网金融消费者应享有的权利包括自主选择权、知情权和公平交易权、财产安全权和求偿权以及隐私权。

1. 自主选择权

《消费者权益保护法》第九条规定：消费者享有自主选择商品或者服务的权利。消费者有权自主选择提供商品或者服务的经营者，自主选择商品品种或者服务方式，自主决定购买或者不购买任何一种商品、接受或者不接受任何一项服务。消费者在自主选择商品或者服务时，有权进行比较、鉴别和挑选。因此，互联网金融消费者有自主选择金融产品和服务及其提供者的权利，任何机构和个人无权干涉其自主选择权。

互联网消费者享有自主选择权，具体是指互联网金融消费者在参与金融交易活动之间，对符合消费需求的金融产品或服务进行详细了解，不受他方的误导和干涉，仅仅凭借本人的需求和偏好对金融产品或服务进行比较和分析，从而做出选择。由于互联网金融领域中交易双方的地位不平等，对互联网的操控和支配能力也不平等。一些虚假信息、欺诈手段、因势利导等可能出现的情况都会使得互联网金融消费者做出逆向选择，而非真实自我表示。这些情况在互联网金融交易活动中的判定难度很大，会妨碍互联网金融消费者的维权活动。面对此种情况，法律制度应对互联网金融机构的不良行为加以限制，尤其是恶意欺诈等行为。以此对互联网金融消费者自主选择权进行保护，使其意思表示自愿、真实，并增加对互联网金融领域的信任。

2. 知情权和公平交易权

《消费者权益保护法》第十条规定：消费者享有知悉其购买、使用的商品或者接受的服务的真实情况的权利。消费者有权根据商品或者服务的不同情况，要求经营者提供商品的价格、产地、生产者、用途、性能、规格、等级、主要成分、生产日期、有效期限、检验合格证明、使用方法说明书、售后服务，或者服务的内容、规格、费用等有关情况。消费者享有公平交易的权利。消费者在购买商品或者接受服务时，有权获得质量保障、价格合理、升量正确等公平交易条件，有权拒绝经营者的强制交易行为。互联网金融消费者有权获得机会均等、自愿交易、收费合理的金融服务，相应地，互联网金融企业向消费者提供商品或者服务，应当恪守社会公德，诚信经营，保障消费者的合法权益；不得设定不公平、不合理的交易条件，不得强制交易；不得使用格式条款减轻或免除己方责任；不能违背公平交易原则，歧视性对待客户。因此，互联网金融消费者有权知悉所选择的金融产品和服务的真实信息和公平交易的权利。

互联网金融消费者的知情权和公平交易权是指互联网金融消费者在获取信息及要求对

方履行信息披露的义务方面，能够拥有相对公平的机会和平等的权利参与到互联网金融交易活动中。任何经济活动在任何情况下都是一种信用经济的存在，信誉度对于经济活动的重要性远高于其他方面。互联网金融消费者在参与金融交易过程中，一直处于弱势地位，获取信息及辨别风险能力不足，难以对金融领域产生信任感。那么在互联网金融消费者与互联网金融机构开始进行交易活动后，互联网金融机构能否充分地进行有关产品和服务的信息披露，对产品和服务的合同条款、利率、交易条件、风险收益等做出明确阐述从而使得互联网金融消费者可以全面、充分、真实地了解其金融产品和服务是互联网交易成败的关键因素。保护互联网金融消费者的知情权和公平交易权可以平衡双方不平等的地位及信息的不对称，减少互联网金融消费者对互联网金融的隔阂。

3. 财产安全权和求偿权

《消费者权益保护法》第七条规定：消费者在购买、使用商品和接受服务时享有人身、财产安全不受损害的权利。消费者有权要求经营者提供的商品和服务，符合保障人身、财产安全的要求。《消费者权益保护法》第十一条规定：消费者因购买、使用商品或者接受服务受到人身、财产损害的，享有依法获得赔偿的权利。因此，互联网金融消费者也享有财产安全权和求偿权。

互联网金融交易活动，不仅涵盖互联网金融消费者、机构，还会涉及第三方机构或者平台等。在消费者与金融机构之间存在着潜在的风险和危机，作为涉足交易的第三方，有义务在持有互联网金融消费者的财产时保证其安全。当互联网金融消费者在权益受到损害时，法律应赋予其向有关机构或侵害方请求赔偿的权利，视为财产安全权和求偿权。互联网金融消费者之所以参与互联网金融交易活动，出发点在于获得财产利益。而参与互联网金融交易一般需遵循一定的流程，比如说，建立个人账户，资金转账，以便随时购买或使用金融产品或服务。在此流程中，一般较多涉及资金的出借和返还，那么对于互联网金融消费者来说，第三方平台或者相对方有义务保证在资金进入他方后的财产安全，一旦财产安全受到损害，互联网金融消费者可以通过各种途径维护自己的财产利益并获得相应的赔偿。财产安全权和求偿权对于互联网金融消费者所享有的权利是最切合实际也是最需要的，也是当前我国互联网金融消费者权益保护制度的重点。

4. 隐私权

《消费者权益保护法》第十四条规定：消费者在购买、使用商品和接受服务时，享有人格尊严、民族风俗习惯得到尊重的权利，享有个人信息依法得到保护的权利。因此，互联网金融消费者也享有隐私权。

在互联网金融消费者参与金融交易活动时，享有个人信息不被他人知悉、非法利用或者侵害的权利，称为隐私权。此种权益在互联网金融领域大多与财产利益相关，一旦泄露或者被非法利用，后果十分严重。在互联网金融交易活动中，互联网金融消费者的银行存款账户、财产情况是仅限于互联网金融消费者知悉的，互联网金融消费者在互联网金融交易活动中可自由支配，其个人账资信情况会显示在所建立的账户中，互联网金融机构对于其在账户设立时所要求必须填写的、已经掌握的相关信息应负有保密义务。如果出现信息泄露问题，互联网金融消费者将毫无隐私可言且牵连甚广，所侵害的财产利益巨大。因

此，互联网金融机构应及时采取有效措施防止此种情况的发生，即使发生了此种情况第一时间对互联网金融消费者提供帮助以减少损失的扩大。

在上述权利之外，互联网金融消费者还应享有受教育权、批评监督权等。互联网金融消费者由于自身文化水平，对新奇事物的接受程度等方面存在差异，在互联网逐渐普及的今天，对于互联网金融消费者应赋予其受教育权，在日常基层活动中开展普及互联网相关知识及基本操作等方面加大教育培训力度，且鼓励全社会对互联网金融领域提出自己的看法，对其进行监督，并设立专门机构来对互联网金融的相关问题予以及时的处理和解决，增强全社会对互联网金融的信心，从而推动互联网金融领域高速、全面、持续发展。

10.1.2　互联网金融消费者受损问题

1. 格式合同中客户处于弱势地位

格式合同被广泛运用于第三方网络支付中，互联网金融消费者在进行第三方网络支付机构注册时，支付机构都会提供一份服务协议，注册者无法与第三方网络支付机构协商服务协议的内容，只有选择接受才能注册成功，否则不予注册。客户在签订协议时很少会深入了解协议的内容，即使充分了解协议内容，也有很多隐蔽性的条款操作消费者无从得知，这就使得消费者容易忽略一些潜在危险。第三方网络支付机构在制定服务协议时会考虑自己的利益而故意规避责任。因此，相对于第三方网络支付机构，客户处于弱势地位。

例如支付宝协议中，支付宝公司对于黑客攻击造成的服务中断和延迟，不承担任何责任，这显然是不合理的。黑客攻击属于技术风险范畴，提供技术服务的支付宝公司应该在现有技术水平下充分防范黑客攻击，对于一些无法防范的黑客攻击，应该根据各种情况来确定责任承担范围，而不是免除责任。第三方网络支付机构大多是实力雄厚的企业，有些第三方网络支付机构甚至会利用自己的垄断地位制定一些明显不公平或者不合理的条款。例如，财付通服务协议规定：财付通公司对本服务条款拥有最终解释权。可以推出，当与消费者发生纠纷时，财付通公司将会对条款做出有利于本公司的解释，一定程度上会损害消费者的利益。

尽管在现有的法律法规中已经对格式合同进行了必要规制，但是在实际操作中第三方网络支付客户由于格式合同而受到的不平等对待仍然大量存在。第三方网络支付机构会利用法律监管的不成熟来减轻自身的责任承担，消费者往往处于弱势地位。

2. 支付安全保障问题

(1) 账户分离徒有虚名。

中国人民银行颁布的《支付机构客户备付金存管办法》第六条规定：备付金银行对第三方支付机构的客户备付金存管活动有监督的职责。实际上，第三方支付依然可以自由使用备付金账户的资金。原因有以下两点：①利益驱使。法律规定第三方支付机构需要通过与银行签订服务协议来建立金融服务合作关系，合作银行由第三方支付机构自由选择。银行与第三方支付机构建立金融服务合作关系，意味着银行拥有了更多活期存款，这对银行是非常有利的。为了与第三方支付机构建立良好的合作关系，可能会牺牲消费者的利益，对第三方支付机构的违规行为视而不见。②无效监管。目前，在我国第三方支付机构的运营模式下，消费者在第三方支付机构开立虚拟账户采用的是非实名制，第三方机构给银行上交的交易信息是内部编辑的，存在着虚假或不完整的情况，银行只能以此为第三方支付机构提供清算服务，这直接造成银行监管"有名无实"。

(2) 擅自挪用沉淀资金。

《非金融机构支付服务管理办法》第二十四条规定：支付机构接受客户备付金不属于支付机构的自有财产，禁止支付机构以任何形式挪用客户备付金。按照资金存放账户的不同，客户存入第三方支付机构的资金可分为两部分：一部分在银行的客户备付金专用账户上，称为银行账户资金；另一部分在第三方支付机构账户上，是为了网络交易的需要而暂时存入的，被称为平台账户资金。这两部分资金也被称为沉淀资金。对于银行账户资金，因银行对其监管存在漏洞，无法做到账户分离，仍然有被第三方支付机构挪用的可能性。对于平台账户资金，可按照平台账户作用的不同划分为交易预付金、预先充值金及退款金，这部分沉淀资金更容易遭到第三方支付机构的任意挪用或侵占。主要有以下两个原因：一是银行外部监管的缺乏。这部分沉淀资金是存在第三方支付机构的账户之中，因缺乏外部监管，在第三方支付机构挪用沉淀资金时，银行无从得知；二是法律有效监管的缺乏。《存管办法》虽然规定客户资金是不允许任何人擅自挪用、占用、借用或为他人进行担保的，但是《存管办法》没有规定相应的法律责任，此时该条规定形同虚设。例如，2011 年，作为第三方支付机构领头羊的支付宝就发生过此事，当时一位支付宝客户在不知情的情况下，其账户中的六千余元全部被转入某个公益基金。因此，为防止互联网金融消费者的财产受到损失，建立相应的保险制度十分必要。

3. 信息披露不充分与夸大宣传并存

信息披露不充分与夸大宣传并存主要表现在以下几个方面：①突出强调收益，弱化风险提示。例如，支付宝用户通过余额宝购买的货币基金产品并非保本产品，但支付宝公司过多强调收益，对亏损风险提示不足。实际上，货币基金在 2006 年出现过大面积浮动亏损现象，一些大规模的基金公司也存在着负值的货币基金。同时，不同货币基金的收益率也有较大差异。余额宝一旦因收益发生法律纠纷，由此带来的影响将难以预计。②名称含糊不清、操作过于简单，易使消费者产生误解。例如，支付宝用户选择余额宝主要是受支付宝的品牌效应影响，在未充分、明确提示风险的情况下，余额宝的名称容易让消费者误认为是类似支付宝的第三方支付业务。实际操作中，用户将资金转入余额宝过程中，支付宝公司未进行客户风险评估、未强制要求客户阅读协议内容，也未提示购买货币基金的风险，消费者难以认识到其作为理财产品的本质。

4. 互联网金融平台的"资金池"现象严重

(1) "资金池"存在现状。

"资金池"是指非金融机构为办理客户委托的借贷或投资业务而实际收到并存于其账户上的货币资金。"资金池"有以下特点：①所有权属于互联网金融消费者；②为了投资而存于互联网金融机构的账户之中；③互联网金融机构可以对这笔资金自由支配。从以上特点可以发现，"资金池"很容易引起不法分子利用互联网金融平台进行非法集资或非法吸收公众存款，给互联网金融消费者资金带来损失。

监管机构为了防范由于"资金池"而造成金融消费者的资金损失，要求 P2P 网贷平台

必须加入客户资金第三方托管制度。但该规定并没有得到积极的响应，现阶段至少有 60% 以上的 P2P 网贷平台并没有采取第三方托管制度。此外，很多网贷平台称为有银行托管，但事实上银行托管的范围也只限于平台的风险准备金，并非全部的客户资金，因此，还是无法从根本上保障互联网金融消费者的资金安全。

(2) 第三方托管制度中存在的问题。

目前，我国 P2P 网贷平台资金管理模式大致可以分为三种：①渠道型，是指没有实行资金托管，互联网金融消费者把资金直接存入网贷平台的账户之中；②备付金型，是指在银行或第三方支付机构开设一个客户资金的转款账户，互联网金融消费者把资金存于该账户之中；③托管账户模式，是指互联网金融消费者在第三方支付机构或银行建立一个与网贷平台账户相对应的二级账户，实现第三方存管机构对客户资金的有效监管。

上述三种资金管理模式之中，托管型才是真正的第三方存管。但是目前我国的网贷机构大部分采用的是渠道型和备付金型，许多网贷平台为了吸引消费者来投资，声称建立了第三方托管制度，实际上只是在第三方支付机构开设了一个账户，并没有真正实现第三方托管。例如 2012 年 6 月发生的淘金贷卷款跑路事件。借款网站淘金贷与第三方支付平台环讯支付合作，实际操作的流程是，投资者通过网上银行转账给淘金贷在环讯的账户，淘金贷从环讯账户中提现，还款日淘金贷再通过私人账户把钱打给投资者，第三方支付平台并没有起到一定的资金监管作用，最终负责人陈锦磊携 100 多万元卷款逃跑了。

我国 P2P 网贷平台的资金管理模式有以下几个问题：①网贷平台仍有资金控制权。大多数 P2P 网贷平台没有建立真正意义上的第三方托管，他们仅是在第三方支付机构或银行开设一个独立的客户资金专用账户，保障自由账户资金与客户资金的分离，但该账户是以网贷平台名义开立的，第三方支付机构或银行对此账户中的资金无法进行监管，网贷平台仍然有挪用资金的可能。②第三支付机构存在倒闭或挪用的可能。目前网贷平台主要是在第三方支付机构开设独立账户，类似备付金管理方法。但对于该账户是以第三方支付机构的名义开具的银行账户，因此，银行对此账户中的资金是无法进行监管的。此外，第三方支付机构存在着破产的可能，此时，必然会对该账户中的资金造成损失，损害消费者的利益。③真正的第三方托管制度也存在问题。首先，目前银行因为政策的限制，都不愿意涉入第三方托管业务，主要是由第三方支付机构来进行第三方托管，但尚无法律规定第三方支付机构具备托管资质和能力。其次，互联网金融的第三方托管制度缺少类似的证券登记结算中心，无法对网贷平台提供的交易信息进行核对。即使第三方托管制度起到了资金流与信息流的分离，但仍无法防止虚假标的的情况出现，无法全面保障客户资金的安全。

5. 互联网金融平台破产违约时缺乏救济措施

(1) 借款人违约时消费者的资金安全无保障。

在 P2P 网贷平台中，借款人也会给投资者带来资金风险，具体有以下几种情况：①恶意借贷，这类借款人主要是利用网贷平台故意骗取钱财；②延期还款或不返还借款，这类借款人由于自身经济能力的缺乏导致不能还款。在网络借贷中，发生坏账情况时，主要有两种管理模式：①协助式管理，是指平台不承担最后的坏账后果，仅仅协助出借人去追回贷款，贷款能否追回，取决于平台的催账能力，但是在现实中，若发生坏账情况，催账成功的可能性很小，因此出借人承担了较大的风险；②承担垫付式管理，主要是指当发生坏账情况时，平台利用风险准备金为出借人垫付本金，并获得出借人的债权，从本质上来说，相当于平台担保模式的体系。承担垫付式管理表面上保障了出借人的资金安全，但实际上只是风险转移而已，即坏账风险由出借人转移到了平台，从而加大了网贷平台的流动性风险。协助式管理中，借款风险主要由出借人承担，而在承担垫付管理模式中，借款风险主要由网贷平台承担。

(2) 互联网金融机构破产时消费者安全权无保障。

相比于传统金融机构，互联网金融机构更容易破产倒闭。对于互联网金融机构破产后应如何保障其消费者的安全权问题，中国人民银行在《非金融机构支付服务管理办法》的第二十条中也只简单地提及了"客户权益保障方案"，并没有具体规定该方案的基本框架或基本条款和要求，这导致"客户权益保障方案"有名无实，在第三方支付机构终止业务或破产时，根本无法保障消费者的资金安全和信息安全。

P2P 网络借贷平台是破产倒闭数量最多的互联网金融机构，若发生坏账或贷款人违约的情况，出借人收回资金的概率非常小。如何保证金融消费者资金安全就显得十分重要。中介性质的网贷平台的出借人和贷款人是一对一的，如果倒闭，贷款人由于失去了平台的约束，就很容易出现恶意不还贷款的情况；复合中介性质的网贷平台的出借人和贷款人非一对一关系，如果倒闭，出借人将无法找到贷款人。因此，网贷平台破产直接导致尚未到期的合同违约，直接造成出借的资金损失。

互联网的受众面广，影响范围大，且互联网金融平台自身没有建立相应的保护措施，应对突发事件时能力经验不足导致互联网金融机构经常面临重大的经营危机，随时都有破产倒闭的可能。在现有的法律体制下，法律法规关于如何在互联网金融平台破产时保障金融消费者的合法权益的规定仍是处于空白状态。这样的情况，不仅对金融消费者是不利的，更加影响互联网金融行业的健康发展。在互联网金融平台破产之后，如何保护互联网金融消费者的合法权益，如何降低他们的损失，是保护互联网金融消费者合法权益过程中亟待解决的问题。

6. 担保措施流于形式

目前，P2P 网贷平台为了吸引消费者进行投资，为消费者主动提供担保，主要有以下三种模式。

(1) 平台担保。是指平台用自有资金或注册资金进行担保。这种担保容易造成资不抵债，无法起到担保的作用。因为新修改的《公司法》已经取消了最低注册资本的限制。因此，对于网贷平台，根本没有能力用其注册资本进行担保。这种担保措施只能是作为一个象征，给互联网金融消费者起到一个安心的作用，却无法起到真正的担保作用。

(2) 风险保证金。平台收取所有贷款金融的 1%来进行担保，平台只收取所有贷款金融的 1%作为风险保证金，这种措施看上去十分有效，但现实告诉我们网贷平台的坏账率远高于 1%的风险保证金，因此，此种担保模式无法长期生存下来。其不合理的费率设置，让风险保证金无法起到实质的担保作用。

(3) 公司担保。主要是与关联公司或小额贷款公司进行合作，让其为消费者进行担保。对于关联公司担保来说，很多关联公司与网贷平台有密切的关系。如果关联公司因担保发生资金风险，直接影响网贷平台的安全，引起系统风险。甚至会出现关联公司与网贷

平台是同一家的情况，这等同于自己为自己提供担保。这样担保措施的存在无法起到任何担保作用。对于小额贷款公司来说，该公司是否有担保能力和资质对消费者来说是至关重要的。2010 年 3 月，银监会颁发《融资性担保公司管理暂行办法》对融资性担保公司的资质做出了具体的规定，即一是要求获得审批；二是接受资本金的监管，并且规定担保的最高杠杆是 10 倍。但现实中，许多为网贷平台担保的公司根本没有融资性担保资质，且他们的担保杠杆也远远超过最高杠杆的十倍。让小贷公司来为网贷平台的消费者承担风险的做法，是无法起到实质效用的。

网贷平台看似安全的担保模式实际上并不安全，上述三种担保措施都不能让消费者规避风险；而网贷平台多数采取各种担保措施，其目的是增加互联网金融消费者的安全感，担保措施是否真正起到担保作用，却并非是网贷平台所关心之事，这导致担保措施的作用流于形式。

7. 个人信息泄露问题

在互联网金融的大数据时代，不断累积的交易数据逐步形成一种新的信息源。部分互联网金融企业内控制度不健全，不注重对金融消费者信息安全的保护。信息主体的合法权益得不到有效保护，信息被泄露、盗用和滥用的风险隐患增加。被泄露的个人信息包括基本信息、设备信息、账户信息、隐私信息、社会关系信息和网络行为信息等。比如第三方支付机构对用户和交易的审查不严，部分互联网金融企业通过数据挖掘获得个人与企业信用信息，造成个人与企业信息被滥用、错用和非法使用。工信部信息安全协调司调查数据显示，2012 年我国有 84.8%的网民遭遇过个人资料泄露、网购支付不安全等网络信息安全事件，总数达 4.56 亿人次，产生经济损失的占 7.7%，涉及直接经济损失达 194 亿元。因此，在互联网金融交易中，个人信息泄露问题十分严重。

10.1.3　国内外互联网金融消费者权益保护立法

1. 美国互联网金融消费者权益保护制度

(1) 美国对互联网金融机构法律地位的定性。

美国不存在"互联网金融"这个名词，对 P2P 网贷平台和网络众筹平台也没有通过法律形式进行正式的界定。美国主要是通过对互联网金融机构(如 P2P 网贷平台)所从事的业务范围进行定性，根据业务范围的性质再来确定互联网金融机构的监管机构及所适用的法律。

以 P2P 网贷平台为例。美国证券交易委员会(简称 SEC)通过引用 SEC v. W. J. Howey Co.案的判例和 Reves v. Ernst & Young.案的判例来证明 P2P 网贷平台从事业务的性质是属于证券，应该由美国证监会来监管，同时适用于与证券相关的法律。因此，P2P 网贷平台在营业前都必须向美国证券交易委员会进行注册。

(2) 美国对保护互联网金融消费者资金安全方面的规定。

美国在保护互联网金融消费者资金安全的成果主要包括：①建立存款保险制度；②限制投资者的最高投资金额；③限制无过错消费者的资金损失；④第三方支付机构介入网贷平台活动；⑤互联网机构自制破产后备计划。

第一，建立存款延伸保险制度。存款延伸保险制度是美国专门针对互联网金融消费者设立的，其目的是保护互联网金融消费者的资金安全。存款延伸保险制度是指互联网金融机构可以将客户资金存入一个银行(由联邦存款保险公司承保的银行)，从而间接使客户资金获得存款保障，同时，该账户上的每个消费者将获得 10 万美元的存款保险金。但互联网金融机构必须严格按照规定实行账户分离制度，即客户资金账户与自有资金账户分离，以防止互联网金融机构非法挪用客户资金的行为。当存款银行出现终止支付服务或破产的情况时，存款保险金将向消费者进行赔付，以弥补资金的损失。但当互联网金融机构破产或倒闭时，存款保险金不会对消费者进行赔付。该制度对互联网金融消费者的资金安全的保护具有一定的局限性。

第二，限制投资者的最高投资金额。2012 年，美国政府为了规范和支持互联网金融的发展，颁布了《促进初创企业融资法案》。该法案对融资项目总额和合格投资者的投资金额做出了限制性规定：发行人每年最高合计的众筹融资不超过 100 万美元；年收入少于 10 万美元的个人累计投资至多为 2000 美元；年收入超过 10 万美元的个人可将其收入的 10% 用于投资。此外，美国的 P2P 网贷平台 Lending Club 和 Prosper 为了防止投资者投资过度而破产，将投资上限设为投资个人净资产的 10%。

第三，限制无过错消费者的资金损失。为防止网络诈骗使消费者受到严重的经济损失，美国颁布了相关法律法案对消费者资金损失最大额度做出了规定。2009 年颁布的《信用卡持有者权利法案》规定：美国网络消费者的信用卡被欺诈时最大损失不超过 50 美元，超过 50 美元的部分由保险公司来承担。《资金电子划拨法》规定：如果持卡人在知道借记卡被盗后的两个工作日内告知发卡行，则所负责任最多不超过 50 美元。

第四，第三方支付机构介入防止虚假标的。美国国会颁布的《多德－弗兰克华尔街改革与消费者保护法案》要求 P2P 网贷平台必须有银行监管其开展业务，以防止恶意借贷和虚假标的的出现。在 P2P 网贷平台交易中，出借人在选定借款人之后，先在网络银行购买相应的收益权凭证，网络银行对借款人的贷款进行审核，审核通过之后，由网络银行向借款人发放贷款。这一监管模式有如下几个要求：①P2P 网贷平台需要与银行机构合作；②银行机构通过对贷款的审核与发放参与到 P2P 网贷平台的活动之中；③与网贷平台合作的银行必须加入美国的存款保险制度，由联邦存款保险公司承保；④合作银行主要作用是监管 P2P 网贷平台，保障出借人的资金安全，但并不承担贷款违约风险。

第五，自制破产后备计划。为网贷平台破产之后继续保护其投资者的资金安全，美国 P2P 网贷平台的自制了破产后备计划，它是指当网贷平台破产之后，通过第三方支付机构对平台的接管，使得其能够正常经营，继续履行尚未完成的借贷合同，让消费者的服务得以延续。

(3) 美国对保护互联网金融消费者信息安全方面的规定。

《公平信用报告法》《消费者财务隐私保密最终规则》《金融现代化法》这三部法律对美国的金融消费者信息安全方面做出了规定，主要包括以下五个方面的内容。

第一，对金融消费者信息内容的确定。根据美国的《公平信用报告法》的规定，个人信用所需征集的个人信息包括以下三类：①基本信息，包括姓名、性别、家庭地址、电话等；②账户情况，如开户日期、信用额度、贷款金额等；③公共信息，包括个人破产信息，税款质押金、经济纠纷判决等。此外，还把宗教信仰、种族等信息规定为敏感信息，从而限制第三方机构的采集。2000 年 6 月，美国货币监理署联合四大联邦机构制定了《消费者财务隐私保密最终规则》中对个人财务隐私的概念及内容做出了具体规定。个人财务隐私是指个人非公开、可识别的财务信息，主要包括三方面的内容：①个人资料，如姓名、性别、出生年月、电话号码；②业务交易数据，如交易金额、账户余额、支付记录、交易记录等；③衍生信息，如银行对客户的印象、客户的交易习惯等；④银行在网络上收集到的个人信息。

第二，对消费者个人信息采集限制。美国《公平信用报告法》规定采集个人信息必须征得他人同意，并且只能采集与消费者个人信用相关的信息，如职业信息等，诸如个人敏感信息、个人违法信息等以"黑名单"的形式被列在了信息征集范围之外。

第三，对消费者个人信息使用的限制。美国 1974 年颁布的《隐私权法》规定：在未经当事人同意的情况下不得使用任何有关当事人的资料。1999 年颁布的《金融现代化法》规定：第三方在接受了消费者非公开个人信息后不得再向其他当事人进行该信息的再次提供，但其下属机构、公安、法院或政府相关部门除外。

第四，对消费者信息共享的规定。《消费者财务隐私保密最终规则》规定：银行在向第三方机构透露金融消费者的个人信息之前，必须向金融消费者提供隐私政策说明书和选退说明书。隐私政策说明书包括金融机构所收集的信息内容、提供信息的机构、个人信息的保护措施等。选退说明书则规定在金融机构向第三方机构透露消费者的个人信息之前，消费者有权通过银行提供的合理方式予以拒绝。同时，《消费者财务隐私保密最终规则》规定了 8 项免责事由：①在消费者同意或没有拒绝的情况；②发现消费者进行非法交易时或进行欺诈行为的情况；③把个人信息透露给其法律代表或利益关联方；④把个人信息透露给其保险公司、担保机构及银行检查人员；⑤把个人信息提供给现金交易报告机构；⑥把个人信息提供给法院、公安等政府机构；⑦第三方机构与银行有约定要求提供消费者个人信息；⑧银行与其他金融机构共同为同一消费者提供金融服务。

第五，消费者个人网站信息保护措施。美国的 P2P 网贷平台为了保护其投资者的信息安全，主动采取了以下措施：①网络隐私认证计划。是指网贷平台的官方网上设置信息保护网页，并与独立的第三方机构——数据隐私管理公司(如 TRUSTe、BBB online)进行合作，获取隐私认证标志，同时要求在其网站上张贴隐私认证标志的网站必须遵守在线收集个人信息的规则，并接受全方位的监管；②在网站上发布隐私保护政策，主要包括网贷平台在交易服务过程中所需获得的个人信息的内容、信息使用、信息保存的期限、信息共享规则等。

2. 英国互联网金融消费者权益保护制度

英国是互联网金融发展较为成熟的国家之一，是 P2P 网贷的起源地。最初英国对互联网金融主要采取放任的态度，由自律行业协会监管互联网金融。2014 年 4 月，英国出台了规范互联网金融的专项法律，把 P2P 纳入了英国金融监管局的监管范围之内。

(1) 英国对互联网金融机构法律地位的定性。

英国对互联网金融的监管与美国有所不同。英国的互联网金融机构最初主要由行业自律机构进行监管，主要有两个原因：一是英国的自律行业协会对互联网金融的监管还是有一定作用的；二是由于缺乏法律的规定，作为新兴之物，互联网金融机构的性质及其业务性质无法纳入现有的金融体系之中，导致英国金融监管局无权对其进行监管。为了保障互联网金融消费者的合法权益，2014 年 1 月，英国金融监管局把 P2P 网贷平台和网络众筹平台纳入了监管范围。2014 年 3 月 6 日，英国金融监管局颁布的《关于网络众筹和通过其他方式发行不易变现证券的监管规则》规定：从事 P2P 网贷平台和网络众筹平台的公司需取得英国金融监管局的授权。该规定还明确了英国互联网金融机构的法律地位和从业资格、业务范围和性质、监管机构和所应适用的法律。

(2) 英国对保护互联网金融消费者资金安全方面的规定。

英国保护互联网金融消费者资金安全的成果主要包括：①建立存款保险制度；②P2P 网贷平台破产后对客户资金安全的保护；③建立账户隔离制度；④限制无过错消费者的责任承担。

第一，建立存款保险制度。1979 年，英国建立了专门的存款保险机构——存款保险委员会。2000 年，为了满足欧盟出台的《欧巴存款保险计划指导原则》，英国对《英格兰银行法》进行了修订，制定了《金融服务和市场法》，成立了金融服务业补偿计划有限公司，英国目前的金融服务赔偿机制即存款保险制度也因此形成。该存款保险制度的投保对象是其承认的银行和许可接受存款的机构，对其他国家或地区法律设立的金融机构进行了限制，但英国金融机构的海外分支也是受到存款保障制度保护的。金融服务业赔偿计划有限公司是一个独立的法人机构，具有商业公司的所有特点，任何英国公司一旦被金融服务管理局批准在英国运营时，该公司则自动成为金融服务赔偿计划的成员，并向金融服务赔偿计划缴纳出资。金融服务业赔偿计划有限公司的职能是在参保机构破产倒闭后，为参保机构的消费者支付承保金额，及时保护金融消费者的资金安全。在参保机构正常运营，终止为其消费者提供金融服务时，金融服务业赔偿计划公司不承担支付补偿责任，也没有对参保机构进行监管的职责。2012 年 9 月 4 日，金融服务赔偿计划将 P2P 网络贷款投资者纳入赔偿范围，但投资者获得赔偿的前提是实现交易的 P2P 网贷平台在经英国金融行为监管局注册登记的银行开立委托账户，用于储存投资者资金。英国存款制度对存款人存款的保护是限额保护，而非全额保护。承保金额从 2001 年的 18 000 英镑上升到现在的 5 万英镑，主要目的是保护小额存款人的存款安全。

第二，P2P 网贷平台破产后对客户资金安全的保护。英国金融监管局的规定：当 P2P 网贷平台出现破产或倒闭时，对于尚未到期的借贷合同主要有破产清算后准经营和转移业务这两种处理方式。当网贷平台破产时，一方面，平台的资金账户进入破产程序继续清算，但客户的资金账户继续正常运营，直到所有的借贷合同全部到期。另一方面，可以将平台上尚未到期的业务移交给其他经营状况良好的 P2P 网贷平台，由该网贷平台来接管尚未完成的借贷合同，从而保证网贷平台消费者的资金安全。

第三，建立账户隔离制度。《电子货币条例》中规定，电子支付机构应当把自由资金和客户资金进行隔离，为客户建立专有资金账户。并对该账户资金的使用进行了限制，电子支付机构禁止随意挪用、支取，但允许进行低风险投资，从而维护互联网金融消费者的权益。

第四，限制无过错消费者的责任承担。根据英国《支付服务条例》的规定，在未经客户授权的支付交易情况发生时，如果客户及时向支付机构报告，则客户不承担任何损失，但即使客户没有及时向支付机构报告，客户最多也只承担 50 英镑的损失，除非是由于客户自身存在欺诈、故意或重大过失行动导致的。即在消费者无过错的情况下发生未授权的支付交易时，消费者只要尽了通知义务，就不承担任何损失。

(3) 英国对保护互联网金融消费者信息安全方面的规定。

英国在保护金融消费者个人信息安全方面的立法较少，最具有代表性的就是《数据保护法》。该法主要规定了以下三个方面。

第一，对个人信息的界定。英国的《数据保护法》中对个人信息的内容做出了规定。个人信息包括基本身份信息和信用信息。基本身份信息主要来源于公共部门，主要用于识别消费者的个人身份；信用信息主要来源于私人部门和法院。信用信息又包括：①公共信息，如法院判决、个人破产信息和行政处罚信息等；②账户信息，如交易记录、信贷内容等；③查询信息，如个人信用信息查询次数、查询时间等；④关联信息，如家庭成员的情况等；⑤欺诈信息，如逃避债务。

第二，对个人信息采集、使用的限制。1984 年制定的《数据保护法》对金融消费者个人信息的采集和使用做出了规定：①对个人信息采集的限制，金融机构采集个人信息前要经过金融消费者的同意，符合事先预定的目的，对于基本身份信息和信用信息之外的敏感信息不予采集；②对个人信息使用的限制，金融机构在使用个人信息时，必须符合事先设定的目的，不得与之冲突。

第三，纳入专门的信息监管机构的监督。英国为了促进政府进行公开和保护个人信息安全，专门设立了英国信息专员办公室，对征信机构进行监管。英国信息专员办公室由英国女王任免信息专员，独立于英国政府监管。2004 年 10 月，英国网贷平台 Zopa 在英国信息专员办公室完成注册，此后，该网贷平台在业务活动中所获取的消费者个人信息将受到英国信息专员办公室的监管与保护，从而更好地保障了互联网金融消费者的信息安全权。《1998 年数据保护法》规定：任何在经营活动中获取个人信息的个人或组织都要在英国信息专员办公室进行登记，有豁免权的除外，否则将会构成刑事犯罪。该法还赋予公众有查询权和投诉权，即当任何人在英国信息专员办公室网站上查询其已登记机构的信息，如机构的基本信息、采集信息的目的、内容等，若发现其个人信息被不当使用或管理的都可以在英国信息专员办公室网站进行投诉。同时，该法赋予英国信息专员办公室有执法权和处罚权，予以纠正登记机构或个人不当使用或管理信息的行为。

第四，赋予金融消费者权利以保护个人信息。为了使金融消费者在保护个人信息时处于主动地位，英国的《1998 年数据保护法》中赋予金融消费者很多权利，如：知情权、阻止权、控制权、更新修权、咨询权和补偿权等。以知情权为例。该法规定，消费者有权了解数据采集机构是否在处理或使用个人数据、如何处理数据、处理数据的目的、数据披露的对象等。

3. 我国互联网金融消费者权益保护现状

(1) 我国互联网金融消费者权益保护法律制度现状。

我国互联网金融起步较晚，互联网金融以及互联网金融消费者权益保护的相关法律制度尚不完善，存在着市场准入门槛低、行业标准低以及配套金融监管被疏忽的情况。近几年，互联网金融迅速发展，互联网金融企业、互联网金融产品和服务种类越来越多，良莠不齐，侵害互联网金融消费者权益的情况经常发生。因此，建立和完善我国互联网消费者权益保护的法律势在必行。

目前，我国互联网金融领域相关法律制度较少，针对互联网金融领域或直接规定互联网金融消费者权益的法律尚且没有。互联网金融法律问题，主要按照其属性分别由银行法、证券法、票据法、担保法等金融行业颁布的法律进行规范。对于互联网金融领域产生的民事纠纷，主要根据《合同法》《电子签名法》《消费者权益保护法》等予以认定和解决。互联网金融消费者最重视的是个人的财产安全、资金安全，针对这一方面，仅有《第三方支付机构客户备付金存管办法》《证券投资基金销售机构通过第三方电子商务平台开展业务管理暂行规定》及《中国互联网金融行业自律公约》对互联网金融平台及产品做了相关规定。此外，互联网金融领域内的 P2P 网贷和众筹这两种商业模式，由于牵扯资金过大，具有非法集资、非法吸收公众存款及非法发行证券的性质，可能会被认定为刑事犯罪，这无疑会加大对互联网金融消费者保护的难度。

(2) 我国互联网金融消费者权益保护监管制度现状。

在我国传统金融行业中，监管制度经历了多次改革已成体系。其中，主要监管机构为中国人民银行、中国银监会、中国证监会、中国保监会(简称"一行三会")，除此之外，还包括一些其他辅助的相关行业协会及行业自律组织。这些组织机构在国家法律法规、政策的授权下，参与对整个金融领域的分业管理。然而，在互联网金融兴起后，由于其兼具互联网和金融两种特性，所面临的风险也是双重的，给我国金融监管机构的完善带来了更大的挑战。

由于我国经济发展水平较低，社会辅助设施和法律制度尚不完善，在互联网金融监管方面尚处于低阶的分业监管阶段，因此对于互联网金融领域的风险控制和互联网金融消费者权益保护方面还处于初级阶段。在我国互联网金融监管过程中，虽然有一行三会对其进行全面监管，但是对于此种分工不明确的监管情况来说，互联网金融这个新兴的金融领域逐渐衍生出多种复杂又与其他行业交叉结合的新型互联网金融产品及服务，存在着很多漏洞和灰色地带。"一行三会"对互联网金融实行分业监管，由于互联网金融产品及服务往往相错交叉，性质模糊，种类混杂，归类的不明确使得原本监管之间的分工并不明确的"一行三会"对于分类认定较为困难。2014 年国务院就中央和地方在金融监管责任方面出台了一个意见，认为在地方上，正规的金融体系则由"一行三会"进行监管，而非正规的金融体系基本上交由地方政府来负责监管，以避免或减少一个互联网金融产品或服务由多个监管部门监管，而同一监管部门对多个产品或服务混杂监管的现状多次发生。目前由于没有明确的监管规则和监管条例出台，互联网金融消费者权益保护仍然进展缓慢。

@ 10.2 反不正当竞争法律制度

10.2.1 不正当竞争行为的表现形式

1. 混淆行为

(1) 混淆行为的定义。

当前市场上的经济混淆行为主要是指经营者在进行商品经营的过程中，以种种不实手法，对自己的服务或商品做虚假表示、说明或承诺，或者利用他人的智力劳动成果来推销自己经营的商品或服务，故意误导消费群众，对市场经营的秩序造成混乱，严重损害消费者和同业竞争者的利益。

(2) 混淆行为的认定。

混淆行为的认定包含三个方面：一是混淆行为具有主观故意性。混淆行为的行为人是经济交易中的经营者，通常具有较强的主观故意性。混淆行为的实质其实就是对别人经营优势进行掠夺，即仿冒一些市场销售量大、知名度高、质量好的商品，侵占其他经营者通过长期的经营积累下来的无形资产。二是混淆行为具有混淆的特定性，这种不正当行为可以侵占市场经营优势，因此这种行为针对的对象必定是一些具有一定优势的经营者。三是混淆行为具有后果的误导性，行为人通常都不会以自己的真实身份去进行不正当竞争行为，引起他人混淆的目的就是模糊对方对自己的商品和服务的概念，故意让对方产生误解，最终实现让对方接受自己商品和服务的目的。

(3) 混淆行为的主要表现形式。

根据《反不正当竞争法》第五条的规定，下列行为均属于混淆行为：①假冒他人的注册商标。②与知名商品相混淆，擅自使用知名商品特有的名称、包装、装潢，或者使用与知名商品近似的名称、包装、装潢，造成和他人的知名商品相混淆，使购买者误认为是该知名商品的。③擅自使用他人的企业名称或姓名，引人误认为是他人的商品。企业名称及自然人个人的姓名，是其拥有者最具特色的、最基本的识别性符号。④在商品上伪造或者冒用认证标志、名优标志等质量标志，伪造产地，对商品质量作引人误解的虚假表示。上述行为均为反不正当竞争法所禁止，危及用户和消费者生命和财产安全的，将作为严重违法行为。

2. 政府机构限制竞争行为

(1) 政府机构限制竞争行为的定义。

政府机构指的是除国务院以外的各级行政机构，包括国务院各部、委及其下属机构，各级地方政府及其所属机构。政府机构限制竞争行为表现为：滥用行政权力，限定他人购买其指定的经营者的商品，限制外地商品进入本地市场，或本地商品流向外地市场。凡是有以上几点的都能构成不正当竞争行为，均可追究相关法律责任。

(2) 政府机构限制竞争行为的认定。

政府机构限制竞争行为的认定包含以下三个方面：①该行为主体不是经营者，而是政府机关，包括政府机关所属部门；②行为侵犯的客体是市场上经营同类商品的经营者的公平交易权和公平竞争秩序；③客观方面表现为政府及其所属部门限定他人购买其指定的经营者的商品，限制其他经营者正当的经营活动，或者限制外地商品进入本地市场，或者本地商品流向外地市场。凡符合以上四个方面构成要件的，即可认定行为人的行为违反了《反不正当竞争法》，应追究其责任。

(3) 混淆行为的主要表现形式。

混淆行为有如下三个主要表现形式：①滥用职权，限制并阻止其商品进行正常的销售活动；②政府行政部门利用其职权实施强制性的销售和相关经营活动，限制他人自由购买商品并只能购买指定企业销售经营的商品，限制了其他合法正当经营销售者的商品正常经营销售；③直接进行地区性的封锁行为，限定外地企业或者经营者的商品流入本地市场进行商品的经营销售，同时限制了本地企业的商品和经营者的商品进入外地市场开展相关的销售经营活动。

3. 具有独占地位的经营者限制竞争行为

(1) 具有独占地位的经营者限制竞争行为的定义。

具有独占地位的经营者限制竞争行为是指公用企业或其他具有独占地位的经营者滥用其经济实力，限定他人购买指定的经营者的商品，以排挤其他经营者的公平竞争。独占地位是指经营者的市场准入受到法律、法规、规章或其他合法的规范性文件的特别限制，该经营者在市场上独家经营或者没有充分的竞争以及用户或者消费者对其提供的商品经常有较强的依赖性的经营地位。

(2) 具有独占地位的经营者限制竞争行为的认定。

具有独占地位的经营者限制竞争行为的认定包含以下方面：①行为主体具有特殊性。行为的主体只能是公用企业或者是依照法律占有地位的经营者。②行为客体具有特定性。行为侵害的客体是其他经营者进行自由公平竞争的机会或者是消费者对经营的商品所拥有的自由选择权。③行为具有主观性。经营者的行为人主观上具有排挤其他经营者的过错。④行为具有现实或潜在危害性。行为人在经营过程中实施了限制或者是指定的交易行为，给其他的经营销售者和大众的消费者造成损害。

(3) 具有独占地位的经营者限制竞争行为的主要表现形式。

具有独占地位的经营者限制竞争行为表现在以下七个方面：①限定用户和消费者只能购买和使用其他附带提供的相关产品，同时限制消费者购买一些其他经营者提供的符合相关标准要求的同类商品；②限定用户、消费者只能购买和使用其指定的经营者生产或者经销的商品，而不得购买和使用其他经营者提供的符合技术标准要求的同类商品；③强制要求消费者和用户购买和使用经营者不必要的商品及配件；④强制要求消费者和用户购买和使用其指定的经营者提供的不必要的商品；⑤以检验商品质量、商品性能等为理由，阻碍消费者和用户拒绝、中断或者削减供应相关商品或者滥收费用；⑥对不接受经营者不合理条件的消费者和用户，拒绝提供或者削减供应相应的商品，或者滥收取费用；⑦其他的不正当限制竞争行为。

公用企业和其他依法具有独占地位的企业若违犯法律、行政规章的规定，实施上述行为的，应承担相应的法律责任。工商行政管理机关可责令其停止违法行为，并可根据情节，处以五万元以上二十万元以下罚款。被指定的经营者借此销售质次价高的商品和滥收费用的，工商行政管理机关可没收违法所得，并可根据情节，处以非法所得一倍以上三倍以下的罚款。考虑到这种限制竞争行为的主体具有特殊性，法律规定有权查处公用企业或依法具有独占地位企业限制竞争行为的职能部门是省级或设区的市的工商行政管理机关，不包括县级工商行政管理机关。

4. 商业贿赂行为

(1) 商业贿赂行为的定义。

商业贿赂行为是指经营者为争取市场交易机会销售商品或者购买商品，提供服务或者接受服务，通过财务或者其他手段进行贿赂的不正当竞争行为。商业贿赂行为损害了其他经营者的合法权益和广大消费者的利益，扰乱了社会经济秩序，被我国法律所禁止。

(2) 商业贿赂行为的认定。

商业贿赂行为的认定包含以下几个方面：①商业贿赂行为的主体广泛，包括经营者、商品的购买者和销售者、经营性服务的提供者和接收者；②商业贿赂行为的对象是交易对方或者交易的经办人或者对交易有影响的人，也包括单位；③商业贿赂行为的目的是争取市场交易的机会，也即销售商品或者购买商品，提供经营性服务或者接受经营性服务；④商业贿赂行为的主体具有主观故意性，主观上不存在过失问题；⑤商业贿赂的客观方面表现为使用财务手段直接给对方某物或者给对方某种利益，如提供旅游、度假等。

(3) 商业贿赂行为的表现形式。

根据《反不正当竞争法》及其有关规定，商业贿赂行为表现在以下几个方面：①经营者为销售商品或购买商品提供经营性服务或接受经营性服务，采用财物贿赂对方单位或者个人的行为；②经营者为了上述目的通过提供旅游、娱乐等给付财物以外的其他利益的手段进行的商业贿赂行为；③单位或者个人在销售或者购买商品时收受或者索取贿赂的行为、在账外暗中给予对方单位或者个人回扣的行为；④对方单位或者个人在账外暗中收受回扣的行为；⑤经营者在账外暗中给予对方单位或者个人折扣的行为、接受折扣不如实入账的行为；⑥经营者给付对方佣金不明示、如实入账的行为；⑦对方单位或者个人接受佣金不如实入账的行为；⑧经营者违法在商品交易中向对方单位或者个人附赠现金或者物品的行为；⑨其他商业贿赂行为。

5. 虚假宣传行为

(1) 虚假宣传行为的定义。

虚假宣传行为是指经营者在商业活动中利用广告或者其他途径对商品或服务的特征、商品的地位、价格、质量、制作成分、性能、用途、生产者、有效期限及其他情况宣传与实际内容不符的虚假信息，导致客户或消费者误解的行为。这种行为违反诚实守信和商业原则，是一种严重的不正当竞争行为，违反了中国《反不当竞争法》第九条的规定。

(2) 虚假宣传行为的认定。

虚假宣传行为的认定包含四个方面：①行为主体包括直接提供产品或服务的经营者或进行广告活动的广告商、广告代理制作者和广告发布者。有些情况下，三者身份可能重叠；②行为主体以故意的心态为主，虚假宣传或虚假广告在客观上达到了令人误解的程度，给消费带来了一定的危害；③虚假广告采取虚构事实、隐瞒真相等手段，故意欺骗或误导消费者，使其产生错误的认识，进而购买其宣传的商品或接受其宣传的服务；④主观方面，广告主必须对虚假广告负法律责任，无论其是否明知，广告商在不知道或不应知的情况下，不需要对虚假广告承担法律责任。

(3) 虚假宣传行为的主要表现形式。

虚假宣传行为主要有以下六种表现形式：①对产品性能、功效等在科学上没有定论的，做定论性宣传，以达到掩盖事实真相、令消费者误解的行为；②夸大产品性能，做不符合实际的宣传者；③使用专利申请号进行宣传，让自己的产品更具竞争力；④采取忠告性用语做虚假宣传，让消费者警惕产品的真假，实质是抬高自己商品的地位；⑤假冒或伪造质量标示、认证标示以及名优标示，借助他人的影响提高自己产品的竞争力；⑥对产品进行排他性宣传，如宣称自己产品是"独家经营"，侵占其他同业经营者的市场份额；⑦通过低价引诱、高价结算、虚假降价、模糊标价等宣传行为误导消费者，达成交易。

我国《反不正当竞争法》第二十四条第一款规定：经营者利用广告或者其他方法，对商品做引人误解的、虚假的宣传，监督监察部门应当责令停止违法行为，消除影响，可以根据情节处以一万元以上二十万元以下的罚款。《反不正当竞争法》第二十四条第二款规定：广告经营者，在明知或应知的情况下，代理、设计、制作、发布虚假广告的监督管理部门，应当责令停止违法行为，没收违法所得，并依法处以罚款。

6. 侵犯商业秘密行为

(1) 侵犯商业秘密行为的定义。

侵犯商业秘密行为是指利用不正当的手段获取、披露、使用或者向他人透露权利的商业秘密，给权利人造成重大损失的行为。商业秘密是指不为公众所知悉，能为权利人带来经济利益，具有实用性并经权利人采取保密措施的技术信息和经营信息。

(2) 侵犯商业秘密行为认定。

侵犯商业秘密行为的认定主要包括以下几个方面：①行为主体既可以是经营者，也可以是其他人；②认定行为主体是否构成侵权，首先依法确认商业秘密是否确实存在；③客观上行为主体通过盗窃、利诱、胁迫或不当披露、使用等实施了侵犯他人商业秘密的行为；④行为主体通过非法手段获取和使用别人的商业秘密，已经或者可能给权利人带来损害。

(3) 侵犯商业秘密行为的表现形式。

侵犯商业秘密行为主要有以下几种表现形式：①通过盗窃、利诱、胁迫等不正当手段和方式获取权利人的商业秘密；②披露、使用或者允许他人使用以上述手段获取权利人的商业秘密；③和权利人有业务往来的单位和个人违反合同约定或者违反权利人保守商业秘密的要求，披露、使用或者允许他人使用其所掌握的权利人的商业秘密；④权利人的职工违反合同约定或者违反权利人保守商业秘密的要求，披露、使用或者允许他人使用其所掌握的权利人的商业秘密；⑤第三人明知或者应知前款所列行为，获取、使用或者披露他人的商业秘密，以侵犯商业秘密。

我国《反不正当竞争法》第二十五条规定：侵犯商业秘密的，监督检查部门应当责令停止违法行为，可以根据情节处以一万元以上二十万元以下的罚款。

7. 低价倾销行为

(1) 低价倾销行为的定义。

低价倾销行为是指经营者为了排除竞争对手，违背企业生存原理及价值规律，以低于成本的价格销售商品。以下四种以低于成本销售商品的行为不属于低价倾销行为：①销售鲜活商品。经营者在销售新鲜的水果、蔬菜或有生命而存活期短的活鱼、活虾等商品时，可以根据天气、购买力的变化而改变价格。②处理有效期即将到期的商品，或者其他积压的商品。经营者在处理有效期限即将到期的罐头、饮料等商品或者因为产销不对路等原因积压的老式球鞋、袜子等商品时，可以低于成本价格进行销售。③季节性降价，对于过季的服装，经营者可以降价销售。④因清偿债务、转产、歇业而低于成本价拍卖商品。

(2) 低价倾销行为的认定。

低价倾销行为的认定包含以下几个方面：①行为的主体是处在卖方地位的经营者，通常是大型企业或者在特定市场上具有竞争优势的企业；②经营者客观上实施了以低于成本的价格销售商品或者提供服务的行为；③行为人主观上存在故意，进行低价销售的目的主要是想有效地排挤有竞争力的对手，进而侵占整个市场；④侵犯的客体是社会正常秩序，低价倾销行为在实质上违反了市场竞争规律，是对正常竞争秩序的破坏。

(3) 低价倾销行为的表现形式。

低价倾销行为主要有以下几种表现形式：①生产企业销售商品的出厂价格低于其生产成本，或经销企业的销售价格低于其进货成本；②采用优等产品充抵低劣、多给数量、批量优惠等方式，变相降低价格，使生产企业实际出厂价格低于其生产成本，经销企业实际销售价格低于其进货成本；③采取折扣、补贴等价格优惠手段、进行非对等物资串换、通过以物抵债、压低标价或其他方式，使生产企业实际出厂价格低于其生产成本，经销企业实际销售价格低于其进货成本。

《反不正当竞争法》没有对低价倾销的法律责任做直接而具体的规定，我国《价格法》第四十条第一款规定，有低价倾销行为的，有关主管部门可以责令改正、没收违法所得，可以并处违法所得五倍以下的罚款；没有违法所得的，予以警告，可以并处罚款；情节严重的，责令停业整顿，或者由工商行政管理机关吊销营业执照。

8. 招投标串通行为

(1) 招投标串通行为的定义。

招投标串通行为是指在招标投标过程中，招标人与投标人或投标人之间，违背招标投标规则私下秘密接触，就招标投标的有关事项达成协议，损害其他潜在投标人、投标人或招标人利益，破坏竞争秩序的行为。

(2) 招投标串通行为的认定。

招标串通行为的认定包括以下几个方面：①行为主体必须是两个以上，主要有投标者以及招标者；②主观意识方面是故意的，其目的就是通过不正当手段排挤其他竞争者或者损害招标者的利益；③客观方面实施了不正当的招标投标行为；④招标串通行为主要侵害的客体是其他经营者的公平竞争权和市场上正常的交易秩序。

(3) 招投标串通行为的主要表现形式。

串通投标行为主要有两类表现形式：投标人之间相互串通投标以及招标人与投标人之间相互串通投标。投标人之间相互串通投标行为的主要形式有：①投标人之间相互约定，一致抬高或压低投标报价或者在招标项目中轮流以高价位或低价位中标；②投标人之间先进行内部竞价，内定中标人，然后再参加投标，约定给没有中标或弃标的其他投标人以补偿费。招标人与投标人之间相互串通投标行为的主要形式有：①招标人在公开开标前，开启标书，并将投标情况告知其他投标人，或者协助投标人撤换标书，更改报价；②招标人向投标人泄露标底；③投标人与招标人商定，在招标投标时压低者或者抬高标价，中标后再给投标人或者招标人额外补偿；④招标人预先内定中标者，在确定中标者时以此决定取舍；⑤招标人在投标人做标书澄清事实说明时，故意做引导性提问，以促使其中标；⑥招标实行差别对待；⑦招标人故意让不合格的投标人中标；⑧投标人贿赂招标人以获取招投标的信息。

9. 不正当有奖销售行为

(1) 不正当有奖销售行为的定义。

不正当有奖销售，是指经营者在销售商品或提供服务时，提供奖励(包括金钱、实物、附加服务等)为名，以引诱客户达到交易目的。实际上是采取欺骗或者其他不当手段损害用户、消费者的利益，或者损害其他经营者的合法权益。有奖销售是一种有效的促销手段，其方式大致可分为两种：一种是奖励给所有购买者的附赠式有奖销售，另一种是奖励部分购买者的抽奖式有奖销售。法律并不禁止所有的有奖销售行为，而仅仅对可能造成不良后果、破坏竞争规则的有奖销售加以禁止。

(2) 不正当有奖销售行为的认定。

不正当有奖销售的认定主要包括以下几个方面：①实施不正当有奖销售的主体是经营者；②经营者在经营销售商品的过程中使用了法律条款上明令禁止的不正当有奖销售行为；③经营者主观意识是故意的，实施不正当有奖销售行为的最终目的是争夺客户资源，扩大市场份额，排挤其他竞争对手。

(2) 不正当有奖销售行为的主要表现形式。

不正当有奖销售主要有以下几种表现形式：①谎称销售中有奖，对中奖概率，最高奖金额，总金额，奖品种类、数量、质量、提供方法等做虚假表示；②使用不正当手段故意让内设人员中奖；③将故意有奖的商品、奖券不投放市场或不与商品、奖券同时投放，并且故意将不同的有奖商品奖券按不同的时间投放市场；④有奖销售的奖金金额超过 5000 元的奖金额度；⑤使用有奖销售手段以高价推销质量较差的商品；⑥其他不正当的有奖销售。

根据《反不正当竞争法》第二十六条的规定，经营者违反该法规定进行有奖销售的，监督检查部门应责令停止违法行为，可以根据情节处以一万元以上十万元以下的罚款。有关当事人因有奖销售活动中的不正当竞争行为受到侵害的，可根据《反不正当竞争法》第二十条的规定，向人民法院起诉，请求赔偿。

10.2.2 当前新型不正当竞争行为

1. 无形资产领域的不正当竞争行为

不正当竞争行为不仅在有形商品市场大量存在，在无形资产领域也广泛存在。我国的相关法律规定：无形资产中包含部分知识产权、权力型无形资产和关系型无形资产等。不是所有的知识产权都是无形资产，与知识产权相比较，无形资产均是收益性资产。无形资产领域的不正当竞争行包含以下几种表现形式。

(1) 商标权方面。主要包括：①在同一种或者类似商品上使用与他人注册商标相同或者近似的商标，或擅自制造销售他人商标标识，或者假冒他人注册商标；②擅自使用与他人知名商标特有的名称，包装、装潢等商品标志相同或相似的商品的名称，包装或装潢造成和他人知名商品相混淆，使购买者误认为是该知名商品。以普通方式使用商品的普通名称或交易中通常在同种类商品上习惯使用的标志的商品的行为，或者以普通方式使用交易中通常在同种营业上习惯使用的名称或其他标志的行为等不构成不正当竞争行为。

(2) 著作权方面。主要包括：①借用他人现有作品之角色或者典型艺术形象、场景、线索等进行时空延拓的不正当竞争行为；仿制他人同类作品的标志，致使与原作品或者原作者相混淆的行为；②故意使用与其他作者姓名相同或者相似的姓名，引人误认为是该作者的作品的行为。

(3) 专利技术方面。主要包括：①未经专利权人同意，在经销物品上标注或者在与其相关的广告中使用专利权人的姓名、专利号，以伪造或仿造专利人的标记，欺骗消费者；②在未取得专利权或者并未申请专利的物品上标注、缀附或者在有关广告中使用"已申请专利""专利审查中"字样，或者任何含有已经申请之含意的其他字样。

2. 网络领域的不正当竞争行为

网络领域的不正当竞争行为是指在网络环境下使用违反商业原则、商业道德的手段进行不正当竞争，损害其他经营者和消费者利益，破坏社会经营秩序的行为。其包含以下两种表现形式。

(1) 侵犯商标权和商业混同。在网络世界中，物体、字符、标识等表现形式的电子化和网络易模仿、易复制等特性，增加了制造商混淆的机会和手段。由于信息网络平台的快捷性和多变性，网络环境下新型的侵犯商标权及商业混同行为层出不穷，主要表现在将他人的注册商标尤其是驰名商标注册作为域名，利用他人商标的知名度进行不正当竞争。此外，采用图像链接时为增加其醒目性和识别性，设链者有时会使用他人的文字或图形商标作为链接标识，这种情况下极有可能导致商标侵权，尤其是在使用了他人驰名商标的情况下，因为法律对驰名商标的保护力度更大，是严禁跨类使用的。而视框链接的"加框"技术也有可能导致商标侵权的争议。设链者可以在框中任意添加他人的文字和图案商标，以扩大自己网站的影响，提高自己网络服务的知名度或可识别性，这就涉及"商标淡化"问题。虽然我国商标法中没有反淡化的条款规定，但可以适用《反不正当竞争法》有关规制引人误解、市场混淆行为的条款来调整。

(2) 域名纠纷。域名是一种用于互联网上识别和定位计算机的地址结构，是对应于互联网数字地址(IP 地址)的层次结构的网络字符标识，是进行网络访问的基础。由于在网络领域中具有唯一性、专有性、识别性其法律性质类似于商业范畴中的商标，因此，域名也成为唯一识别某个特定组织或个人在国际互联网上的标志。在电子商务开展中，由于它是企业在网络中的名称，通过它才能开展电子商务，并且产生可观的经济效益。所以，它又是企业的无形资产，可以作为商品出售。受商业利益的驱动和域名注册管理制度薄弱环节的影响，一些单位和个人将他人的商标、厂商名称、国际组织名称、网站名称、名人姓名等注册为自己的域名，再高价出售给商标、厂商名称所有者牟利或利用他人知名商标、名称的良好商誉达到混淆、引诱、误导消费者访问以攫取不正当商业利益的目的。

3. 广告领域的不正当竞争行为

广告是指商品经营者为扩大经济效益，通过一定形式的媒体，公开而广泛地向消费者推广产品和服务的手段。它是经营者和消费者之间传递信息的重要手段，是企业占领市场、推销产品、提供劳务的重要形式。广告领域的不正当竞争行为主要包括以下几种表现形式。

(1) 广告主在广告领域中的不正当竞争表现形式。主要包括：①采用不正当的比较广告诋毁或者间接诋毁其他经营者、生产者的商品和服务，从而有效证明自己向消费者所提供的产品或者相关的服务比较好，对竞争对手造成一定的打击；②宣传虚假或夸大事实的广告欺骗、误导消费者，排挤其他竞争者；③为减少广告成本，利用广告服务指标的形式，采用不正当手段获取商业秘密，侵犯广告作品著作权。

(2) 广告经营者在广告领域中的不正当竞争表现形式。主要包括：①为争取有限客户资源，利用回扣或向广告主、广告发布者提供报酬或其他便利条件承揽广告业务；②凭借行政垄断地位优势排挤其他竞争者，如公交、地铁等系统成立的广告公司；③以丰厚的报酬互挖广告人才，获取广告经营信息和客户资源，侵犯竞争对手的合法权益；④经营者出线，在各种媒体上聘请一些专家对所经营的产品或者商品进行相关的咨询、访谈、向广大的消费者进行所谓的知识性普及，实质是在进行广告宣传推销。

(3) 广告发布者在广告领域中的不正当竞争表现形式。主要表现在利用自己的媒体或者其他发布手段的优势地位，妨碍或者排斥广告经营者的正当竞争。

10.2.3　反不正当竞争法之下的消费者权益保护

比较反不正当竞争法和消费者权益保护法两部法律，反不正当竞争法主要以规制企业的竞争行为维护市场秩序；消费者权益保护法是从权益保护的角度，保障消费者的基本利益。无论正当竞争还是不正当竞争，消费者都是竞争行为的最终承受者。

1. 反不正当竞争法之下的消费者权益保护的地位

反不正当竞争法中的消费者权益是公法视野下的消费者安全、公平地获得市场经营主体所提供的商品和服务的权利，其本质是在公法保护框架内的消费者以生存权为主的基本权。体现在消费者自主选择权与自主交易权等方面。

不正当竞争行为直接或间接损害了消费者的合法利益。不正当竞争者偏向于使用商业贿赂、侵犯秘密、虚假商标和混淆行为等手段欺骗消费者，误导消费者做出错误的选择，损害消费者权益。反不正当竞争法正是为完成调整竞争关系、制裁规范这一类行为的基本任务应运而生的，以维护市场竞争秩序为最终目的。只有当满足消费者需求成为市场上经营者展开生产经营活动所围绕的一个目标，市场上优胜劣汰的竞争机制才能有效确立，从而自动筛选出真正的适者与优者，增加市场活力，促进经济的平稳快速发展。因此，保护消费者权益与竞争者的利益、社会公共利益是相辅相成，相互关联的，两者处于同等地位。

2. 反不正当竞争法之下的消费者权益保护的方式

反不正当竞争法是采用防范和规制损害市场竞争的行为，即禁止不正当竞争行为的方式来保护消费者合法权益的。从各国反不正当竞争法的立法宗旨以及具体条文内容可以归纳出，这本质上属于一种间接保护，即通过对秩序的维护实现对消费者权益的保护。其通过禁止有违市场公平竞争的行为，保障一种公平的竞争环境，以防止经营者的失范行为而损害消费者。

反不正当竞争法与消费者权益保护法有着本质的不同，后者是保护消费者权益的专门法律，它采用列举消费者权利来实现对其权益的保护。而前者则是通过规制经营者的不正当竞争行为来保护消费者的权益，而并未列举具体权利。德国《反不正当竞争法》在第一章一般规定中规定了市场中可能出现的不正当竞争行为，而这部法律的其后部分也没有规定消费者权利，我国《反不正当竞争法》也是如此。《反不正当竞争法》之所以如此规定，是因为消费者权益的损害是来源于这些不正当行为，《反不正当竞争法》中直接侵害消费者权益的行为包括：①采用欺骗性标志从事交易行为；②虚假宣传行为；③附条件交易行为；④不正当有奖销售行为；⑤不可合理预期的骚扰；⑥网络上的强迫选择行为。间接侵害消费者权益的行为包括：①商业贿赂行为；②侵犯商业秘密行为；③损害商业信誉行为。商业贿赂行为导致市场中那些质量低劣的产品和服务增加，消费者接受到的也是那些价高质次的商品；侵犯商业秘密扰乱了正常的竞争秩序，阻碍了市场经济的发展，也会间接损害消费者的权益；损害商业信誉行为会使具有良好信誉的经营者因不正当竞争行为退出市场，不法商家增多，最后消费者的权益也会受到侵害。

所以对这些不正当竞争行为的法律规制在一定程度上保护了消费者权益。因此，必须采用法律手段规制这些损害消费者权益的不正当行为，才能从根本上保护消费者的利益。

本 章 小 结

- 我国互联网金融发展相比于国外较晚，互联网金融消费者权益保护立法尚不健全，消费者权益受损问题严重，主要表现在格式合同中客户处于弱势地位、支付安全保障问题，信息披露不充分与夸大宣传并存等方面。
- 随着市场经济的蓬勃发展，竞争日益深化。不正当竞争行为的种类越来越多，除了混淆行为、政府机构限制竞争行为、商业贿赂行为等传统表现形式外，在网络领域、广告领域以及无形资产领域出现了新型的不正当竞争行为，严重扰乱了市场秩序，损害了经营者和消费者的利益，有必要了解反不正当竞争法之下的消费者权益保护。

本 章 作 业

1. 互联网金融消费者的权利有哪些？
2. 互联网金融消费者存在哪些受损问题？
3. 国内外互联网金融消费者权益保护立法的现状怎样？
4. 我国不正当竞争行为的表现形式有哪些？
5. 当前新型不正当竞争行为有哪些？
6. 反不正当竞争法之下的消费者权益是如何进行保护的？

参 考 文 献

[1] 朱大旗. 经济法[M]. 北京：中国人民大学出版社，2007.

[2] 张楚. 电子商务法初论[M]. 北京：中国政法大学出版社，2000.

[3] 万以娴. 电子签章法律问题研究[M]. 北京：中国人民法院出版社，2001.

[4] 刘品新. 中国电子证据立法研究[M]. 北京：中国人民大学出版社，2005.

[5] 高富平. 电子商务法律指南[M]. 北京：法律出版社，2003.

[6] 诸葛隽. 民间金融：基于温州的探索[M]. 北京：中国经济出版社，2007.

[7] 王利明. 合同法研究[M]. 北京：人民出版社，2002.

[8] 张腊梅. 合同效力[M]. 合肥：安徽人民出版社，2009.

[9] 马栩生. 登记公信力研究[M]. 北京：中国人民法院出版社，2006.

[10] 车辉，李敏. 担保法律制度新问题研究[M]. 北京：法律出版社，2005.

[11] 许多奇. 债权融资法律问题研究[M]. 北京：法律出版社，2005.

[12] 邹海林，常敏. 债权担保的理论与实务[M]. 北京：社会科学文献出版社，2005.

[13] 高圣平. 动产抵押制度研究[M]. 北京：中国工商出版社，2004.

[14] 张义华. 物权法论[M]. 北京：中国人民公安大学出版社，2004.

[15] 汪贻祥，王瑛. 《中华人民共和国担保法》理论与实务[M]. 北京：中国政法大学出版社，1995.

[16] 何绍慰. 中国保证保险制度研究[M]. 北京：社会科学文献出版社，2010.

[17] 傅廷中. 保险法论[M]. 北京：清华大学出版社，2011.

[18] 陈本寒. 担保物权法比较研究[M]. 武汉：武汉大学出版，2006.

[19] 蔡耀忠. 中国房地产法研究[M]. 北京：法律出版社，2007..

[20] 刘萍. 应收账款担保融资创新与监管[M]. 北京：中信出版社，2009 .

[21] 高圣平. 动产抵押登记制度研究[M]. 北京：中国工商出版社，2007 .

[22] 王泽鉴. 《动产担保制度与经济发展》民商法论丛(第二卷) [M]. 北京：法律出版社，1994 .

[23] 赵旭东. 公司法学[M]. 北京：高等教育出版社，2003.

[24] 李扬，杨思群. 中小企业融资与银行[M]. 上海：上海财经大学出版社，2001.

[25] 黄斌. 国际保理——金融创新及法律实务[M]. 北京：法律出版社，2006.

[26] 朱宏文. 国际保理与法律实务[M]. 北京：中国方正出版社，2001.

[27] 王传丽，史晓丽. 国际贸易法[M]. 北京：中国人民大学出版社，2012.

[28] 谢菁菁. 国际保理中应收账款转让问题研究[M]. 北京：中国检察出版社，2011.

[29] 克里斯·布比耶. 租赁与资产融资——执业者的综合指南[M]. 4 版. 北京：中国金融出版社，2009.

[30] 史燕平. 金融租赁原理与实务[M]. 北京：对外经济贸易大学出版社，2005.

[31] 李雪阳，张雪松. 金融租赁的监管[M]. 北京：当代中国出版社，2007.

[32] 罗艾筠，李俊霞，刘杰，等. 金融法理论与实务[M]. 北京：人民邮电出版社，2014.

[33] 韩龙. 金融法[M]. 北京：清华大学出版社，2008.

[34] 朱大旗. 金融法[M]. 北京：中国人民大学出版社，2007.

[35] 刘心稳. 票据法[M]. 北京：中国政法大学出版社，2008.

[36] 李爱君. 电子货币法律问题研究[M]. 北京：知识产权出版社，2008.

[37] 赵其宏. 风险管理[M]. 北京：经济管理出版社，2001.

[38] 胡云腾，陈国庆，彭桂林. 银行卡犯罪司法认定和风险防范[M]. 北京：中国人民公安大学出版社，2009.

[39] 杨军. 电子货币对货币供给的作用与影响研究[M]. 北京：中国金融出版社，2011.

[40] 王署黔. 电子支付法律问题研究[M]. 武汉：武汉大学出版社，2005.

[41] 陈旭光. 第三方支付模式研究[M]. 大连：东北财经大学出版社，2006.

[42] 帅青红，夏军飞. 网上支付与电子银行[M]. 大连：东北财经大学出版社，2009.

[43] 钟志勇. 网上支付中的法律问题[M]. 北京：北京大学出版社，2009.

[44] 宋国良，方静姝. 互联网金融新业态[M]. 武汉：湖北科学技术出版社，2014.

[45] 姚文平. 互联网金融——即将到来的新金融时代[M]. 北京：中信出版社，2014.

[46] 苏宁. 网络虚拟货币的理论分析[M]. 北京：社会科学文献出版社，2008.

[47] 齐爱民，陈文成. 网络金融法[M]. 长沙：湖南大学出版社，2002.

[48] 刘爱民，崔聪聪. 电子金融法研究[M]. 北京：北京大学出版社，2007.

[49] 齐爱民，万暄，张素华. 电子合同的民法原理[M]. 武汉：武汉大学出版社，2002.

[50] 陈小敏. 美国银行法[M]. 北京：法律出版社，2000.

[51] 何松琦，周天林，石峰，等. 互联网金融——中国实践的法律透视[M]. 上海：上海远东出版社，2015.

[52] 零壹财经，零壹数据. 众筹服务行业白皮书[M]. 北京：中国经济出版社，2014.

[53] 韩世远. 合同法总论[M]. 北京：法律出版社，2011.

[54] 罗明雄，唐颖，刘勇. 互联网金融[M]. 北京：中国财政经济出版社，2013.

[55] 霍学文. 互联网时代证券市场的发展与监管[M]. 北京：中国金融出版社，2004.

[56] 李东方. 证券法学[M]. 北京：中国政法大学出版社，2007.

[57] 徐志坚. 网络证券[M]. 贵阳：贵州人民出版社，2001.

[58] 姜洋. 中国证券商监管制度研究[M]. 北京：中国金融出版社，2001.

[59] 宋煜凯. 中国证券投资基金运行研究[M]. 北京：知识产权出版社，2012.

[60] 王倩，王鹏. 基金的风险管理——基于欧盟基金监管体系的思考[M]. 上海：上海交通大学出版社，2013.

[61] 陈文辉. 国际保险监管行业原则的最新发展与中国实践[M]. 北京：人民日报出版社，2012.

[62] 中国保险行业协会. 互联网保险行业发展报告[M]. 北京：中国财政经济出版社，2014.

[63] 王雨静. 保险合同法律问题研究[M]. 北京：中国政法大学出版社，2014.

[64] 张海棠. 保险合同纠纷[M]. 北京：法律出版社，2015.

[65] 任以顺. 保险法理论与实务[M]. 济南：山东人民出版社，2015.

[66] 袁成. 中国保险监管制度研究[M]. 南京：南京大学出版社，2011.

[67] 陈勇. 中国互联网金融研究报告(2015) [M]. 北京：中国经济出版社，2015.

[68] 肯尼斯·斯朋. 美国银行监管制度[M]. 中国银行业监督管理委员会，译. 上海：复旦大学出版社，2008.